왜 인격들에 대해 말하는가

'사물'과 '사람'에 대한 인간학적 고찰

Personen

Versuche über den Unterschied zwischen "etwas" und "jemand"

by

Robert Spaemann

왜 인격들에 대해 말하는가

'사물'과 '사람'에 대한 인간학적 고찰

로베르트 슈패만 지음

박종대, 김용해, 김형수 옮김

서광사

이 책은 Robert Spaemann의 *Personen*(Klett-Cotta Verlag, 1996)을 번역한 것이다.

〔본 역서는 가톨릭대학교 강 엘리사벳 학술연구기금의 연구비 지원으로 작성되었다.〕

왜 인격들에 대해 말하는가

'사물'과 '사람'에 대한 인간학적 고찰

로베르트 슈패만 지음
박종대, 김용해, 김형수 옮김

펴낸이 | 김신혁, 이숙
펴낸곳 | 도서출판 서광사
출판등록일 | 1977. 6. 30.
출판등록번호 | 제 406-2006-000010호

(10881) 경기도 파주시 회동길 77-12 (문발동)
대표전화 (031) 955-4331   팩시밀리 (031) 955-4336
E-mail: phil6161@chol.com
http://www.seokwangsa.co.kr | http://www.seokwangsa.kr

제1판 제1쇄 펴낸날 — 2019년 10월 20일

ISBN 978-89-306-2178-6   93120

인권 사상에 대한 기본적 반론은, 이 사상이 다른 문화들에 이식할 수 없는 유럽적 개념이라고 생각하는 것이다. 대부분의 아시아인들에게는 사회가 개인보다 우선시되는 경향이 있으며, 이와 반대로 유럽인들에게는 개인의 권리가 우위를 차지하는 것이 일반적이다. 이러한 유럽적 개인주의를 아시아로 접목하려는 시도는 제국주의의 한 양상일 것이다.

이 책은 개인과 사회의 이원론을 넘어선 곳에 자리하고 있으며, 이러한 이원론의 극복을 시도하고자 한다. 인간 개체는 본래 하나의 말하는 존재이다. 그러나 자연 언어란 존재하지 않는다. 다시 말해, 인간은 언어적 의사소통을 통해 비로소 인간이 되는 것이며, 인간은 이미 항상 그러한 무엇으로서 존재한다: 언어적 존재, 논리적 존재(ein zoon logon echon). 만일 지그문트 프로이트가―루소 역시 그랬듯이―인간의 문화 적응을 소외로 간주한다면, 그것은 잘못된 판단이다. 사실은 그것과는 정반대이다: 인간은 언어를 통해서 비로소 자기 자신이 된다. 따라서 각 개인은, 그가 인간공동체에서 그 무엇으로서 자신이 되는 것이다.

이 책의 제목은 "인격"이 아니라 "인격들"로 신중하게 정했다. 인간이 공동체에서 비로소 자기 자신이 된다면, 인간공동체는, 각 개인이 목표 자체로, 즉 인격으로 인식되는 것이 가능한 장이 되어야 한다. 그리스도교는, 신은 인격이라고 가르치면서, 그것을 일신교에 포함시키곤 한다. 이것은 하나의 축소된 표현방식이다. 그리스도교는 신을 세 위격(位格)으로 생각하도록 가르친다. 만일 신이 인격이라면, 그 신은 절대자가 아닐 것이다. 그 신은 상대편을 창조해야만 할 것이다. "태어난 것이다. 창조된 것이 아니다."라고 사도신경(Credo)은 두 번째 신적인 인격을 표현한다.

인간의 권리 대신에 인격의 권리에 대해 논의하려는 시도가 생겨났다. 그 이면에는, 모든 인간이 인격들인 것이 아니라, 실제로 특정한 인격적 특성들을 갖춘 그런 인간적 존재만이 인격이라는 전제가 깔려 있다. 이러한 전제 또한 모든 인간에 대한 목적론적 규정을 제대로 인식하지 못하고 있다. 모든 인간 존재는 인격을 목표로 하며, 인격에 대한 존중은 모든 인간 존재에 대한 존중에서 실현된다. 이 책이 한국에서 이러한 생각을 위한 공간이 마련되는 데 기여할 수 있다면, 이 책의 번역을 맡아 주신 박종대, 김용해, 김형수 교수 세 분은 중요한 일을 해낸 것이리라.

슈투트가르트에서 2018년 1월

로베르트 슈패만

: **차 례**

❖ 일러두기 ❖

1. 성경 표기는 가톨릭 성경 표기를 따랐다.
2. [ ] 안의 사항은 독자의 이해를 돕기 위해 번역자가 보충한 내용이다.
3. 일반적으로 번역서로 잘 알려진 작품에 대해서는 각주에서 한글로 표기했다.

서론

존재하는 모든 것들 중에 인격들은 특별한 지위를 지닌다. 인격들이 서로 함께 하나의 자연적 종을 이루는 것은 아니다. 우리가 '어떤 것'과 혹은 '어떤 사람'과 관계하는지 알기 위해서는 어떤 종류의 존재를 말하는지 알아야만 한다. 우리가 '어떤 사람' 즉, 한 인격에 관해 이야기하고 이를 통해 그에게 고유한 지위에 대한 권리를 인정할 때 이는 무엇을 의미하는가? 인격은 "이성적 본성을 지닌 개별적 실체"[1]라고 한 보에티우스(Boethius)의 유명한 정의 이후, 철학은 어떤 근거로 우리가 특정한 존재를 "인격"이라고 칭하는지 그 특징을 세분하기 위해 노력해 왔다. 이 노력은 두 가지 방향으로 진행되었다. 하나는 보에티우스에게서 '이성적(rationabilis)'이라는 것이 무엇을 뜻하는지 상세히 연구하는 방향이었다. 무엇보다 로크부터 현대의 언어 분석에 이르는 영국의 사상은 인격들을 정의하는 일련의 서술어를 가려내 작업을 하였다. 스

---

1 A. M. S. Boethius: *Contra Eutychen et Nestorium*, cap. 3, 74: "naturae rationabilis individua substantia".

트로슨(Strawson)은 인격이 정신적이고 육체적인 서술어를 동시에 이
끄는 담지자, 즉 데카르트의 의미로 "사유하는 사물"만이 아니라는 것
이 본질이라고 판단한다.[2] 이것은 의심할 여지 없이 인격 철학을 주관
성 이론 혹은 의식 이론과 구별하기 위해서 중요하다. 그러나 "의식의
서술어"라는 표현이 주관적 체험의 모든 종류를 표시한다면 스트로슨
의 정의는 너무 앞질러 갔다. 아마도 작은부리울새한테도 "내면"이 있
을 것이다. 따라서 다른 저자들은 인격의 특징을 의식, 기억, 자기 삶
전체에 대한 관계, 이 생애에 대한 관심 등 내면적인 것으로 규정하려
고 노력했다. 이미 막스 셸러는 인격을 다양한 유형의 지향적 활동을
하는 주체로 정의하였다.[3]

　인격 개념에 대한 이해의 또 다른 방향에서는 인격 존재의 사회적 성
격이 중심에 세워졌다. 인격들은 오직 복수로만 있다. 인격들에게는 상
호 인정의 관계가 본질을 이룬다. 인격은 단지 종의 특성 때문에 인격
인 것이 아니라, 의사소통하기에 인격의 지위를 갖게 되는 것이다. 피
히테와 헤겔을 이 사상의 대부로 인정하기 쉽다. 그러나 헤겔은 이 지
위를 종국에 가서 포괄하는 이성적 보편자 안에서 다시 지양했기 때문
에, 이른바 인격주의는 20세기 전반기 동안 헤겔로부터 이반하면서 자
기 고유한 모습을 획득했다.

　인격 개념에 대한 사변적인 노력은 지금까지 이론적, 학문적 관심에
관한 것으로 보였다. 그러나 이것은 지난 수년 동안 예상할 수 없는 방

---

2 "(…) 인격 개념은 이 유형의 개체에 그것의 의식 상태에 서술될 수 있는 서술어들
뿐 아니라 물리적인 상태 등에 서술되는 육체적 특징으로도 사용될 수 있는 종류의 기
체의 개념으로 이해되어야 한다." P. F. Strawson: *Einzelding und logisches Subjekt*.
Deutsch, Stuttgart 1972, 134.
3 참조: M. Scheler: *Der Formalismus in der Ethik und die materiale Wertethik*
(Gesammelte Werke Bd.2), Bern 6. Aufl. 1971, 382 이하.

식으로 변화하였다. 보에티우스 이후 '인격'은 존엄한 이름으로, 즉 가치론적 함축을 지닌 개념으로 통용되었다. 칸트 이후에 인격은 인권을 근거 짓는데 있어서 중심 개념으로 작용했다.

　그러나 지난 수년 동안 인격의 기능은 반대가 되었다. 인격 개념은 인간이 인격이기 때문에 다른 인격에 대해 권리와 같은 것을 가지고 있다는 사상의 해체 작업에서 갑자기 열쇠 말 역할을 하고 있다. 인간이 인간으로서 권리를 갖는 것이 아니라, 단지 그가 인격이라는 한도에서만 그렇다. 모든 인간이 인격이 아니며, 인간 생애의 모든 단계에서 인격인 것도 아니고, 인간 의식의 모든 포착이 인격인 것이 아니라고 말하는 것이다. 예컨대 인간은 이를 통해 비로소 인격이 되는 인정공동체에서 처음부터 받아들여지지 않는다면 인격이 아니다. 또한 어떤 이들에게 우리가 일반적 인격성을 지닌 인간이라고 부르는 특징들이 개체로서 결여되어 있다면, 즉 그들이 이 특징들을 아직, 더 이상, 과도기적으로 혹은 온 생애 동안 갖추지 못하다면 인격이 아니다. 예컨대 유아, 중증 정신박약인, 노인 치매 환자 등은 인격이 아니다. 이 방향의 근본주의적 사상가인 데이비드 파핏(David Parfit)에 따르면 잠자는 이와 잠정적인 의식 불명자도 인격이 아니다.[4] 이런 사람들에게 생명에 대한 청구권 같은 것을 허용할 어떤 근거도 없다. 이것을 허용한다면 자기 종에게 유리하게 하는 비도덕적 당파성, 즉 호주의 동물 보호 철학자이자 윤리학자인 피터 싱어(Peter Singer)가 도발적으로 표현하고 있듯이, "종적 우월주의(Speziesismus)"가 될 것이다.[5]

　종적 우월주의에서 발생한 충격 현상으로 인해, 이 테제에서 이론적 난점이 발생했다는 사실을 은폐하고 간과해서는 안 된다. 여태까지 어

4　D. Parfit: *Reasons and Persons*, Oxford 1984.

5　P. Singer: *Praktische Ethik*, Deutsch: Stuttgart 1984.

떤 설명도 필요해 보이지 않던 문화적 자명성이 갑자기 의문에 부쳐진 상황에서 이러한 현상은 이례적이지 않다. 놀라움에 대한 저항력은 그런 경우에 필요한 첫 번째의 것이지만 이것으로 숙고를 대신할 수 없다. 자명한 것도 그것이 논쟁거리가 되면 장기적으로는 근거 짓기가 필요하다. 고대 그리스적 생활방식의 해석학자인 아리스토텔레스는 사람이 자신의 어머니를 죽일 수 있다고 말하는 어떤 이에게는 논증이 필요한 것이 아니라 질책이 필요하다고 말했다. 그러나 소크라테스는 그들의 도전 덕분에 직관적인 확실성에 대해 더 깊은 근거를 찾아내어야 한다는 것을 알고 있었다. 많은 자명한 것들은 그런 경우에 근거 지어지지 않은 것으로 드러나고, 그러고 나면 그것의 자명성에 상처를 입게 된다.

모든 사람이 인격인가? 이 물음에 긍정하는 대답에는 전제가 있다. 이 대답은 인격들이 비록 선험적으로 인정을 기초로 하는 상호 관계 안에 있지만, 이 인정은 인격 존재에게 있어서 그것의 조건으로 선행하는 것이라기보다 누군가로부터 기인하는 요구에 답해서 나온 것이다. 이는 더 나아가 우리가 이 요구를 일정한 종의 특징 때문에 인정하는 것을 전제하고 있지만, 인격으로서의 인정을 위해 이 특징이 사실적으로 존재하는 것이 아니라, 이 특징에 관한 전형적인 범례를 갖춘 종에 속하는 것이 중요하다는 점이 전제되어 있다. 이 패러독스가 이 책에서 전개되는 숙고의 결과 중 하나이다. 이 숙고가 인간과 인권에 관한 점증적인 이해와 함께 우리 문화적 전통에 대한 도전에 의해 자극을 받았으면서도 이 전통에 대한 수세적 변호로 이해되어서는 안 된다. 바로 이 전통이, 특히 의식과 주체성을 생명의 개념으로부터 분리하여 고립시켜, 자기 자신의 해체를 위한 전제 조건도 제공하였다. 그런데 생명은 존재자에게 경우에 따라 속하거나 속하지 않거나 하는 특징 혹은 성질이 아니다. 오히려 생명[살아있음]은 아리스토텔레스가 말했듯이,

"생명체의 핵심"[6]이다. 인격은 살아 있는 존재들이다. 인격들의 존재와 정체성의 조건들은 각각 특정한 종에 속한 살아 있는 존재의 그것이다. 우리는 인격들을 하나의 종 혹은 하나의 유로 편입시키는 것이 아니라, 원리상으로는 어떤 유일한 종에 속한 것으로 제한되지 않고, 그러나 이 종에 속한 각자는 유일하고 고유한 그리고 바로 자기 자신에 의해 정의된 지위를 획득하는 하나의 공동체로 편입한다. 이 지위를 받은 자는 '어떤 것'이 아니고 '어떤 사람'이다. 우리가 '어떤 사람'에 관해 말한다는 것은 무엇을 뜻하는가? 어떻게 '인격'에 관한 말이 발생했는가? 인격은 무엇을 전제로 하고, 무엇을 내포하며, 무엇을 배제하는가?

아래의 숙고들은 이 물음을 중심으로 진행할 것이다. 인격은 무엇으로 존재하는 어떤 것이 아니다. 존재하는 것은 사물, 식물, 동물, 인간이다. 존재하는 다른 모든 것이 서로 연결되어 있는 것과는 다른 방식으로, 인간은 존재하는 모든 것에 더 심원한 방식으로 연결되어 있다. 바로 이것이 인간이 인격이라는 말의 의미이다.

---

6 아리스토텔레스: 『영혼론』 II, 4: 415 b 13: "vivere viventibus est esse."

왜 우리는 인격들에 대해 말하는가

I

'인격(Person)'이라는 말의 의미는 다른 말과는 달리 유난히 문맥에 따라 좌우된다. 대개의 경우 인격들이라는 말은 인간들을 의미한다. 예를 들어 "우리는 오늘 저녁에 여덟 명[=인격]¹과 식사를 하게 된다."라고 말할 수 있다. 이 문장에서 "명"이라고 나타낸 "인격"은 결코 강조하기 위한 표현이 아니다. 오히려 "우리는 여덟 사람(Menschen)을 기다린다."고 하는 표현이 좀 더 신중하게 선택하고 더 격조 높은 것으로 들린다. 반면에 "여덟 명[Personen]"은 추상적이고 개인적인 요소가 좀 덜 개입되어서, 단순히 수를 세는 방식으로 들린다. 말하자면 단순히 수적인 측면을 언급할 때, 우리는 인격들에 대해서 말하게 된다. 예컨대, "여객 열차(Personenzügen)"라고 하지 않고 "인간 열차(Menschenzügen)"라고 말한다면, 이는 그 가치를 무시하기보다 불필요하게 부풀린

---

1 [독일어에서는 이 경우에 'Personen'을 쓴다.]

것처럼 보인다. 또 우리가 "이 인격"이라고 말한다면 이는 오히려 비인
격적으로 느껴진다. 굳이 공적인 대화방식이 아니라면, 이렇게 부르는
것은 부정적으로 들릴 것이다.

하지만 이와 다른 맥락에서는 정확히 정반대로 적용된다. '인격'이
라는 용어가 술어로 쓰일 때, 곧 구체적으로 명시된 어떤 주체가 인격
이라고 말할 때 그러하다. 최근에 '인간의 권리'라는 말을 '인격의 권
리'로 대체하려는 새로운 제안이 제시되었는데, 이는 인격이 특정한 성
질을 통해 구분되어 표시되는 그러한 사람들에게만 해당된다는 언어사
용법이다. 반면에 모든 인간들이 인격들이라고 주장하는 사람은 '인격'
을 '존엄성의 이름'으로도 사용한다. 누군가를 인명부[2]에서 볼 수 있는
이름 정도로만 여기는 것이 아니라, 그에게 명시적인 '인격 존재'를 귀
속시키는 것은 그와 특별한 방식으로 교제하기를 원하는 어떤 사람으
로 그를 인정하는 것을 의미한다.

우리는 전혀 다른 의미로 고풍스럽게 이용하는 용례를 연극 티켓에
서 발견한다. 이 티켓에 인쇄된 '페르조넨(Personen)'은 인격들, 곧 사
람이라는 의미가 아니라, 배우 자신과 구별되는 배역일 뿐이다.[3] 바오
로 사도가 "하느님은 역할(Person)을 차별하지 않으십니다."[4]고 말했을
때 이와 거의 비슷한 의미를 지닌다. 여기서 하느님이 보시는 대상이

---

2 [여기서 말하는 인명부(*Personenstandsregister*)는 개인의 생일, 결혼, 죽음에 대한
기록을 말한다.]
3 [예를 들어 영화 포스터에 있는 등장인물의 리스트를 볼 수 있는데, 이는 영화에서
배역을 맡은 배우로서의 역할(dramatis personae)을 말하는 것으로써, 배우 자신은 인
격이지만 단지 이 배우가 맡은 인격이 아닌 등장인물을 가리키는 것이다. 따라서 여기서
배우 역할을 의미하는 페르조넨(Personen)은 실제 인격인 배우와는 구분된다.]
4 갈라 2, 6. [영어 성경(NEB)은 "하느님은 [사람을] 역할로 구분하여 알아보지 않으
십니다."고 번역하고 있다. 그리스어 원문의 *πρόσωπον*은 불가타 성경에서는 perso-
nam으로 번역되었다.]

무엇인지 되묻는다면, 그분이 보시는 것은 오늘날 우리가 '인격들'이라고 부르는 것이라고 답하게 될 것이다. 마지막으로 그리고 인격 의미의 완벽을 기하기 위해서, '1인칭, 2인칭, 3인칭'이라는 문법적 표현 역시도 숙고되어야 한다. 이러한 문법적 표현은 오늘날 인격 개념에 비하면 전혀 다른 의미로 받아들여지게 되었다.

아래에서는 먼저 '인격'이라는 용어의 의미에 대해서 논의할 것이다. 여기서는 인격이라는 용어가 문장에서 술어로 사용될 때, 곧 "이러저러한 존재가 '인격'이다."라고 말할 때 의미하는 인격에 관련된다. 그러나 이 용어는 단순히 수적인 것과 동일한 것으로 여김으로써 '비인격적으로' 사용할 가능성도 야기된다.

'인격'이라는 용어는 우리가 어떤 것을 이러저러한 것으로 표시함으로써 표시한 것과 동일한 것으로 만드는, 종류를 구분하는 표현이 아니다. "이것은 무엇인가?"라는 물음에 대해서, "이것은 사람이다." 또는 "이것은 램프이다."라고 대답하지, "이것은 인격이다."라고 답하지는 않는다. 그것이 인격들인지를 알 수 있기 위해서, 우리는 그 전에 그것이 사람인지 램프인지를 미리 알고 있어야 한다. 인격이라는 개념은 어떤 것으로서의 어떤 것을 확인하는데 기여하는 것이 아니라, 이미 이러저러하게 정해진 것에 관해 무엇인가를 표현한다. 하지만 다른 측면에서 볼 때, 이 개념은 이미 자신의 종으로 분류된 것에서 특정한 추가적인 속성에 귀속되는 술어와 관계되는 것은 아니다. '인격적 존재'라고 불리는 속성은 존재하지 않기 때문이다. 오히려 이것은 우리가 이전에 확인했던 특정한 속성들을 근거로 존재에 대해서 말하는 것이고, 이 존재들이 인격들이라고 말하는 것이다.

그렇다면 이 속성들은 어떤 것이며, 인격적 존재를 술어적으로 서술하는데 있어서 이러한 속성들을 확정하여 추가하는 것은 무엇인가? 나는 잠정적이고 비체계적인 정보들을 제시하는 것으로 시작할 것이다.

어떤 선개념(先槪念)이 그러한 출발의 모색에서 우리를 이끌어 줄 수 있을까? 여기에 대한 답은 우리가 이미 발견한 것, 즉 그 단어를 사용할 때의 특징으로부터 발생한다. 한편으로 인격이라는 용어를 통해서 우리가 그렇게 부르는 것에 어떤 특별한 존엄성을 부여하며, 다른 한편으로 인격이라는 용어는 특성들을 구분하는 것을 무시하고, 단순히 수에 대응하는 것을 표시하는데 기여한다. 한편으로 이 용어는 우리가 어떤 것을 그것이 속하는 종류의 어떤 것으로 동일화할 수 있도록 하는 분류적인 표현은 아니다. 하지만 다른 한편으로 이 용어는 속성도 아니다. 오히려 이 용어는 특정한 속성들의 담지자를 나타낸다. 이제 우리가 이 두 가지 쓰임새를 단순히 이름만 갖고 다른 의미를 갖는 경우로 여기지 않고 그들의 상관성에 집중한다면, 우리가 찾아야 하는 방향에서 첫 번째로 암시하는 것을 파악하게 된다. 인격은 다른 사물들이나 생명체가 무엇인지와는 전혀 다른 방식으로 존재하는 어떤 분일 것이다. 그렇다면 이 다른 방식은 무엇인가? "마술피리"의 한 문장이 아마도 이 물음에 도움을 줄 것이다. 사라스트로스(Sarastros)의 유명한 아리아 "이 거룩한 장소에서는 누구도 복수(復讐)를 알지 못하네."는 박애주의적인 선언인데, 다소 의아하기는 하지만, 누구나 이해할만한 문장으로 끝을 맺는다. "그런 교훈을 기뻐하지 않는 자는 인간일 자격이 없으리라."[5] 여기서 인간됨이란 하나의 특권으로서, 상실할 수 있는 어떤 것으로 보인다. 우리는 왕자가 될 자격이 없다는 사례가 어떤 것인지는 쉽게 이해한다. 하지만 인간이 될 자격이 있거나 없는 사람은 과연 누구인가? 여기서 "인간"은 소위 분류적인 용어로서, 이 용어를 통해 무엇보다 그럴만한 자격이 있거나 자격이 없는 어떤 사람과 동일시 할 수 있다. 아리스토텔레스는 실체 표현에 대해 말하는데 이는 다음과 같은 특징을

---

5 모차르트, 『마술피리』, 2. Aufzug, 13. Auftritt.

지닌다. 즉 실체는 어떤 것에 의해 서술되는 것이 아니라, 어떤 것을 바로 그것으로 확정할 수 있게 만들며, 그렇게 확정된 것에 대해 다른 것이 더 서술되는 것이다.[6]

두 표현 간의 차이는 어떤 경우에는 짖지만, 또 어떤 경우에는 짖지 않는 개의 예에서 분명하게 드러난다. 개는 짖지 않음에도 불구하고, 지속해서 존재한다. 하지만 개이기를 멈추는 순간, 이때 우리는 개가 더는 존재하지 않는다고 말하게 된다. 우리는 이에 대해 반론을 제기할 수 있다. 개가 짖기를 멈춘다면, 그 개는 이제 짖지 않는 존재라는 의미에서 더는 개가 아닐 뿐이다. 개가 개이기를 멈춘다면, 그 개는 무로 사라져 버리는 것이 아니라, 어떤 다른 것으로, 곧 썩은 짐승의 시체로, 그 후에는 흙으로 변화된다. 남는 것은 한때 개라고 불렸고, 후에는 흙이라 부르는 물질적인 기체이다.

아리스토텔레스는 바로 이러한 사유를 거부했으며, 그는 두 가지 종류의 '변동'을 올바르게 구분한다. 생성과 소멸이 그 한 종류이고, 변화가 다른 하나이다.[7] 어떤 사람이 죽는다면, 우리는 그것이 마치 시공간에 있는 한 조각의 물질처럼, 여기서 어떤 것의 상태가 변화했다고 말하지는 않는다. 오히려 어떤 사람, 곧 한 인간의 실존이 중단되었다고 말한다. 우리가 이것저것이라고 말하는 어떤 사물을 분별할 때, 그 분류 용어는 그것으로 우리가 이 사물을 비로소 온전히 분별하게 만드는 개념이다. 어떤 것이 생성된 그것은 우선 이 사물의 유래로서 분별될 수 있지만, 우리가 그에 대해서 진술하는 진짜 주어는 아니다. 사라스

---

6   아리스토텔레스. 『형이상학』 1017 b 10. [아리스토텔레스, 『형이상학』, 김진성 역주, 이제이북스 2007, 222쪽: "그리고 이 모든 것들은 자신들이 '바탕이 되는 것(주어)'에 대해 말해지기 때문이 아니라 다른 것들이 자신들에 대해 말해지기 때문에 실체라 불린다."]

7   Aristoteles: *De gen. et corr.* 314 aff.

트로스가 "그런 교훈을 기뻐하지 않는 자는 인간일 자격이 없으리라."
고 말할 때, 그는 시공간적인 한 조각의 물질에 대해서 말하려고 한 것
이 아니라, 인간이 왕자의 자격을 상실할 수 있듯이, 그것이 인간됨을
상실하였다고 말한 것이다. 어떻게 한 조각의 물질이 어떤 것에 자격을
부여하거나 상실할 수 있겠는가. 사라스트로스가 말한 것은 그러므로
모순적이다. 사람만이 사람됨에 자격이 있거나 상실할 수 있다. 이럴
수 있기 위해서 그는 이미 사람이어야 한다. 이러한 모순에도 불구하고
우리는 사라스트로스의 말을 어떤 식으로든 직관적으로 이해하는데,
그것은 우리가 인간과 그 인간됨의 관계를 개와 개임의 관계와는 다르
게 생각하기 때문이다. 여기서 우리는 개인을 한 종(種)의 예시로 파악
하는 경우와는 전혀 다르게, 하나의 관계, 즉 내적 차이를 생각한다. 인
간은 개가 개인 것과 동일한 방식, 즉 그의 종개념과 똑같은 방식으로,
인간이지 않다는 것은 명백하다.

　'인간적인(menschlich)'과 '인간의(human)' 같은 개념들을 사용하
는 예를 살펴보면, 이 점이 더욱 분명해진다. 하나의 특정한 의미에서
보자면 '인간적인'이라는 말은 정확히 인간이 행동하는 바이다. 즉 어
떤 동물도 그렇게 할 수 없는, 특히 추악한 행동들이 '인간적'이다. 그
러나 우리는 '인간적'이라는 용어를 이처럼 사용할 수는 없다. 우리는
훨씬 더 많이 이 용어를 규범적으로, 우리가 동의하는 특정한 행위방식
을 우리가 비난하는 행위와 구분하기 위해서 사용한다. 하지만 때로는
이런 언어 사용이 이상한 방식으로 전도되기도 한다. 우리는 살며시 거
부하면서 용서를 구하고 싶을 때 하는 행동방식을 '인간적'이라고 부른
다. 예컨대, "실수는 인간적이다."와 같은 경우이다. 이 같은 경우에서
인간적이라는 용어는 항상 나약함에서 기인하는 것으로서 규범으로부
터 벗어나려는 의식과 관련된다. 그러나 나쁜 의도, 곧 악의적인 위반
의 경우에, '인간적'이라는 용어를 사용하지는 않는다. 비록 이 나쁜 의

도가 인간에게 특징적인 점이라 할지라도 말이다. 특히 역겨운 나쁜 의도와 같은 것을 우리는 '비인간적'이라고 부른다. 따라서 '비인간적'이라는 말은 인간에게 특별한 방식으로 귀속되는 것이 분명하다.

II

이제까지 언급한 역설들은 하나의 현상을 내포하고 있는데, 이것이 바로 우리가 호모 사피엔스 사피엔스 종의 개체들을 단지 그 종적 개념, 즉 '인간들'로만 부르는 것이 아니라 더 나아가 '인격들'로 부르는 이유이다.

오늘날 우리는 보통 인간과 짐승을 구별한다. 그러나 무엇보다 '인간'은 동물학적 종개념이고, 고대와 중세 철학은 인간을 동물 중의 하나로 분류했다. 인간은 이성적 동물이다. 독일어에는 처음부터 인간이 아닌 것을 내포하는 '짐승(Tier)'이라는 단어, 즉 라틴어의 'bestia(짐승)'가 있기 때문에 우리는 동물(*animal*)을 지칭할 때는, 즉 인간과 짐승을 아우르는 용어여야 할 때, 합성어 '동물(Lebewesen)'을 사용하고, 인간을 '이성적인 짐승'이라 하지 않고 '이성적인 동물'로 부르는 것이 예사다. 여기서 다시 인간이 자기 종의 본보기인 방식은 다른 유(類)의 개별적 본보기가 그러한 것과는 구별된다는 의식을 표현하고 있다.

우리는 '나'라는 대명사의 도움을 받아 우리를 우리 자신들과 관계하는 방법으로 그 특이성을 설명할 수 있다. '나'(Ich)는 일종의 참조 대상을 표현한다. '나'를 말하면서 우리는 '하나의 나', 즉 한 철학자의 발명과 같은 것을 의미하는 것이 아니라, 이 세상에서 특정한 동물, 특정한 인간, 말하자면 다른 사람들이 특정한 특성을 붙여주는 바로 그 사람을 의미한다. 실제로 각자는 '나(Ich)'라는 말을 가지고 그, 즉 화자가 자신인 그 사람을 표현한다. 그런데도 이것은 이 인칭 대명사를 가지고 적어도 두 가지 방법으로 특별한 설명을 덧붙인다.

첫째, 이 표현이 '그', '그녀', '그것', '이것', '바로 이것', 하물며 '너'라는 말도 해당되지 않는, 실제로 있는 어떤 사실적인 것을 지시하고 있다는 것은 의심할 수 없다. 앞에서 나열한 지시 대명사들은 모두 어떤 경우에 상상의 대상을 가리킬 수 있다. '나'라고 말하는 사람은 존재한다. 이것이 유명한 데카르트의 "나는 생각한다. 그러므로 존재한다."는 정식의 기초이다.

그러나 존재한다는 것은 무엇을 뜻하는가? '나'라고 말하고 존재하는 그는 누구이며, 그는 어떤 종류의 존재인가? '나'라고 말하는 이는 이것을 알지 못하거나 혹은 이것에 대해 속고 있다고 생각해 볼 수 있다. 그리고 이것이 이 인칭 대명사의 두 번째 특별함이다. 우리가 앞서 본 것처럼, 어떤 것들은 그것이 이러저러하다는, 질적인 특성으로, 즉 어떤 종류의 표현으로 특정한 유로 분류되는 그런 것으로 동일화하면, 쉽게 동일화될 수 있다. 그러나 바로 이것은 인칭 대명사 '나'를 통한 동일화에서는 유효하지 않다. 누군가 그가 누구인지 어떤 종류의 사람인지에 관해 잘못 생각할 수는 있다. 그는 또한 자신이 어느 공간, 어떤 시간에 있는지 잘 모를 수 있다. 그는 기억과 시력을 동시에 잃어버린 사고 이후에 "나는 누구지?", "나는 어디에 있지?"라는 질문을 던질 수 있다. 그는 하물며 인간이라는 사실도 잊어버릴 수 있다. 그럼에도 불구하고 '나'라는 지시어는 그 어떤 불확실한 것과 관련되지 않는다. 이 지시어는 모든 질적 특징들과는 무관한, 순수하게 수적이기 때문이다. '나'라는 것은, 그 밖에 그가 존재하는 모습의 모든 것과는 독립적인, '나'라고 말하는 바로 그 존재와 관련된다.

이것을 마치 '나'라는 표현이 순수한 생각하는 사물, 혹은 말하자면 무에서 어떤 특정한 것, 본질적인 것을 처음으로 만드는, 본질 없는 실존을 지시하는 것처럼 이해되어서는 안 된다. 이것은 현상에 대한 오해이다. 기억상실증에 걸린 사람이 우연히 "나는 누구인가? 어디에 있는가?"라고 묻지 않는다. 그는 '하나의 나'가 아니라 세상 어떤 곳에 존재하는 이러저러하게 창조된 어떤 사람이라는 것을 전제하고 있다. 그는 의식을 갖게 되자마자, 자신이 의식 자체가 아니라는 것을 안다. 그러나 그가 존재하고 있다는 지식은, 누구인지 그리고 어디인지의 지식보다 우선한다. 그의 자기 동일화는 어떤 질적 특성을 통해 매개되지 않는다. 나는 내가 어떠한 하나의 특정한, 이러저러하게 창조된 본질을 가지고 있음을 안다. 그러나 나는 바로 이 본질이 아니다. "내가 있다."라는 표현은 특정한 시공간의 점에 현재화 하는 것과 같은 의미가 아니고, 그러한 현재화를 요구한다. 인간은 우리가 조응하는 그 밖의 모든 것이 그러하듯 같은 방식으로 그가 무엇으로 있는 것[본질]이 아니다. '인격들'이라는 말은 이 현상과 관련된 어떤 것이다.

인류 전체에 퍼진 변신의 이념이 이 방향으로 진행한다. 카프카의 소설『변신』에서는 인간이 커다란 벌레로 변신한다. 동화와 신화는 '개구리 왕', 혹은 '강아지 남매'로 알려진 것처럼 수많은 변신의 이야기로 가득하다. 오비디우스(Ovidius)는 그의『변신 이야기(Metamorphoses)』라는 책에서 변신의 신화를 연달아 소개한다. 새로운 작품들 중에는 특별히 구이마레스 로사의『나의 삼촌 재규어』라는 이야기가 있는데 재규어 안에서 점점 진행하는 화자의 변화를 재규어의 내부관점에서 경험할 수 있게 하는 독백이다. 이 이야기에서 무엇이 일어나는가?

소멸과 생성을 통한 아리스토텔레스의 실체적 변화를 말하는 것이 아니다. 그런 실체 변화는 한 사물이 존재하는 것을 중지하고 이 질료적인 기체에서 다른 어떤 것이 생길 때 성립한다. 하나는 소멸하고 다른 하나는 생성되는 것이다. 이 양자 사이의 연속체는 아리스토텔레스가 말한 질료(hyle)이다. 오직 이것, 이 양자의 지속적인 실체들의 구성원질이 남는 것이다. 우리는 이러한 변화를 자연 안에서 계속해서 체험한다. 유기체가 죽으면 흙이 되고 이것이 다시 새로운 유기체의 질료가 된다. 이것은 악몽, 신화 혹은 문화적 허구가 전혀 아니다.

반면에 변신의 특징은, 변화 중에도 지속되는 것이 질료적인 기체가 아니라, 우선 인간으로서 실존하고 '나'라고 말하는 주체 자신이라는 점이다. 이 주체는 이어서 곤충, 개구리, 노루, 재규어, 혹은 더 나아가 오비디우스의 이야기에서처럼 나무로도 존재한다. 그런데 재미있는 것은 자기의 수적 동일성은 종적 존재의 변신을 거치는 동안에도 계속되고, 때때로 다시 본래로 변화하며 '구제'될 수 있는 것은 항상 유일하게 인간뿐이라는 점이다. 전에 인간인 적이 없는 동물이 인간으로 변하는 경우는 결코 없다. 이런 추상화된 수적 동일성은 꿈에서도 나오는데, 여기서 우리는 우리가 아는 사람을 만난다. 그가 우리에게 알려진 어떤 사람과 전혀 공통점을 가지고 있지 않음에도 우리는 그가 이러저러하다고 알고 있다. 우리는 단지 꿈속의 그가 이 사람이라는 것을 안다. 그러나 우리가 여기서 아는 것은 무엇인가? 우리가 이름은 알지만 이 사람과 명백히 전혀 공통되지 않는 꿈 사진의 '이 사람'으로 아는 것은 무슨 까닭일까? 여기서도 우리는 모든 질적 공통점으로부터 수적 동일성을 추상한다. 이 모든 예가 허구를 다루고 있다는 말이 아니다. 중요한 것은 우리가 인격적 정체성을 질적인 특성을 통해 정의하는 것이 아니라는 점이다. 우리에게 이 추상을 가능하게 만드는 것이 인간 종의 질적인 특성 때문임에도 불구하고 그렇다. 명백하게도 우리가 누구인지는 우리가 무엇인지와 단순히 동일하지 않다.

어떻든 변신에 관한 동일한 상상은 모든 윤회 사상을 이끌고 있는데, 심지어 인간이 짐승으로 다시 태어나는 경우에도 물론 그렇다. 서양의 윤회설에서는 인간이 같은 특성을 계속 지닌, 단지 다른 인간으로 태어나는데, 이 경우에 우리는 수적 동일성을 질적 정체성으로부터 분리시킬 수 있다. 반면에 인도의 윤회설에서는 마술피리의 사제의 말 그대로 사실적으로 이해된다. 즉 어떤 이는 또다시 인간이 되도록 허용되지 않는다. 그는 인간과 다른 어떤 것이 될 것이고 그럼에도 동일한 존재로 있는 것은 중단되지 않는다.

III

끝으로 나는 인간이 자기 자신으로부터의 내적 차이를 드러내는 현상을 삼자의 입장에서 더 가까이 관찰해보려 한다.

한 자연적 실재는 그것이 무엇인지를, 그것이 행하는 것을 통해, 자신을 표현하는 방식을 통해 보여 준다. "행위는 존재를 따른다."고 스콜라 철학의 격언은 말한다.[8] 그럼에도 이것은 엄격한 의미로는 단지 물리적인 사실에만 부합한다. 벌써 동식물 중에는 우리가 "종에서 벗어났다"고 부르는 어떤 것이 존재한다. 이미 동물은 단순히 그것이 무엇으로 있는 것이 아니다. 이들은 자신이 무엇인지에서 어느 정도 벗어날 수 있다. 그것이 무엇인지는 그것이 자신을 드러내는 것과 일치하지 않기 때문이다. 본질은 '지향성(Aussein-auf)'이라는 의미의 '내면(Innen)'으로서 훨씬 더 보편적으로 규정된다. 우리가 지향성을 그렇게 해석할 때만 그것을 동물 일반으로 인식한다. 관행적으로 우리는 이 지향성을 자기 보존과 종 보존의 본능으로 해석한다. 동물 안에서 이 목적은 사실상 상상으로 현존하는 것처럼 있는 것이 아니다. 동물 안에서 상상으로 현존하는 것은 먹이, 교미 상대자, 노획물 그리고 위험 등이다. 관찰자인 우리는 이 '충동'을 체계 기능적으로 해석하고 진화

---

8 토마스 아퀴나스, 『대이교도대전』, III, 69항.

론적으로 설명하는 존재이다. 그러나 그것이 이런 의미로 구성될 수
있는 것처럼, 지향성, 즉 목적론적 포착이 있으면 거기에 또한 오류가
생길 가능성이 있다. 물리적인 영역에서는 물리학자가 만드는 오류들
외에, 다른 오류가 존재하지 않는다. 자연은 이 영역에서 어떤 오류를
만들지 않는다. 무엇을 지향하는 경우에 지향되는 그것에 오류가 생길
수 있다. 그러므로 세 발 달린 토끼는 잘못 형성된, 혹은 불행한 토끼
인 셈이다. 이는 단지 통계적으로 과반수의 토끼와 구별되는 것뿐만
아니라, 이 구별은 이 토끼가 자기 생태 환경에 네 발 달린 토끼들보다
더 적응하기 어렵다는 뜻이다. 이는 이 토끼가 덜 행복하고 생존 기회
가 덜하다는 뜻이다. 어떤 것을 욕구하는지, 좋은 것인지, 나쁜 것인
지, 이 모든 것은 동물이 본래적인 것과 사실적으로 있는 것 사이에 내
적인 차이를 드러내는 표현이다. 인간이 동물인 한에 있어서 인간 역시
이 차이에 놓여 있는데, 아리스토텔레스는 이 차이, 생명(zen)과 좋은
생명(eu zen)의 차이가 모든 고등 동물에게 특징적으로 있다고 말한
다.[9] 인간은 아마도 이 차이를 차이로 의식하는 유일한 존재일 것이다.
우리는 언제나 단지 인간의 자기 경험에 비추어 짐승에 관해서나, 우리
에게는 한낱 체계일뿐인 기계에 대해 유비적으로 말할 수 있다. 다시
말하면 충동으로 구성되고, 충동에 고유한 차이를 동반하는 지향성의
현상은 이 차이를 극복하는, 즉 이 차이에 고유한 생명성의 형상에 한
번 더 태도를 취할 수 있는 존재에게만 나타난다. 예컨대 인간은 고통
속에서 단순한 생명의 손상인 것과는 다른 무엇을 본다. 방어 혹은 회
피 전략은 그것의 유일한 가능적 반응이 아니다. 인간은 고통을 의식적
으로 받아들일 수 있고 혹은 생명 자체를 고통의 조건으로 간주하고 부
정할 수 있다. 마지막으로 인간은 자신을 '특정의 부정'의 방식으로 특

---

9 아리스토텔레스, 『영혼론』 434 b 21.

정한 성질, 소망, 충동으로부터 멀리할 수 있다. 인간은 자신이 있는 그
대로 존재하는 것을 유감으로 생각할 수 있다. 그래서 스스로 자기 자
신을 변화시킬 수 있다. 이제 우리가 자기 자신을 인정하는 것을 배워
야 한다고 말한다면, 이는 이 차이를 메꾸는 것과 아둔한 자기 인정을
의미하는 것이 아니고, 또한 배려 없는 태도 때문에 비난받는 사람의
"그래, 바로 내가 그래."라는 몰상식적인 대답을 의미하는 것도 아니다.
이 "그래, 바로 내가 그래."라는 말은 그것을 가지고 타인을, 그의 태도
를 보고 이런 사람이라고 못 박아 고정하고 그에게, 다른 한 사람으로
보여줄 수 있는 가능성 —용서를 청하는 것으로 시작되는 가능성— 을
빼앗은, 자비심 없는 "그래, 네가 그렇지."라는 말에 대응하는 말이다.
어느 누구도 오로지 그리고 단순히 무엇으로 있는 것이 아니다. 자기
수용이란 비동일성을 전제하고 비동일성의 의식적 획득, 즉 '통합'(C.
G.Jung)으로 이해되어야 하는 하나의 과정이다. 하리 프랑크푸르트
(Harry Frankfurt)는 「의지의 자유와 인격 개념」[10]이라는 논문에서 비
슷한 생각을 발전시키고 있는데 그는 '두 번째 의지'에 관해 말하고 있
다. 여기서 다루는 핵심은 우리가 우리의 욕구와 의지행위에 대해 다시
한번 태도를 취할 수 있다는 점이다. 우리는 특정한 욕구를 가질 것인
지 혹은 그렇지 않을 것인지 욕구할 수 있다. 우리는 단지 우리 욕구에
대응하는 사물을 평가하는 것이 아니라 우리의 욕구 자체를 평가할 수
있다. 우리의 욕구가 이 평가와 일치를 이루는데 성공하면 우리는 자유
롭다는 것을 느낀다. 그러나 그렇지 않으면, 욕구하는 것조차 포기한
중독자나 본능적 행위자와 같이 무력감을 느낀다. 사람은 자신의 충만
함을 원하지 않고 하나의 특정한 욕구를 실현하기 위해 이 욕구도 욕구

---

10 H. Frankfurt: "Freedom of the Will and the Concept of a Person" in: *The
Journal of Philosophy* 68(1971), 5-20. Deutsch in: *Analytische Philosophie des
Geistes*. Hrsg. von P. Bieri, Königstein 1981, 287-302.

할 수 있다. 오디세이는 한편으로 사이렌의 소리를 듣고 그녀의 노래가
일깨우는 갈망을 체험하기 위해, 그러나 다른 한편으론 이 갈망의 희생
제물이 되지 않으려고 세심한 예방조치를 취한다. 그는 자신의 귀는 열
어 놓은 채 귀를 틀어막은 동료들에게 자신을 돛대에 묶도록 조치를 취
한다.[11] 플라톤은 가능하다면 젊은이들이 두려움이 만드는 위협을 극복
하고 용감하게, 즉 아름다움과 정의로 인식한 것을 두려움 때문에 주저
하지 않고 실천할 수 있는 능력 속에서 살도록 해야 한다고 『법률』에서
제안한다.[12] '두 번째 의지'는 동기의 평행선상에서 자기를 관철하는,
매번 더 강할 뿐인 욕구(드라이브)인 것이 아니다. 그것은 결코 항상 관
철하지 않는다. 이 경우 우리는 평행 자체를 통제하려 시도한다. 즉 우
리는 우리 자신의 상벌 시스템을 작동시켜, 이런 갈등 상황에서 원하지
만 너무 약한 기본 욕구가 다른 기본 욕구를 통해 강화될 수 있도록 주
의를 기울인다. 흡연 때문에 건강을 해친다는 사실이 흡연에 대한 현실
적 욕구를 끊기 위한 동기로 충분하지 않다. 그 대신에 보상을 통해 금
연을 격려하는 조치를 취한다면 가능하다. 금연에 대한 상상이 실제적
으로 이루어지게 하는 그런 보상이어야 한다. 이 경우에 우리는 마치
우리가 다른 사람을 조종하려고 시도할 때처럼 그렇게 자신을 다루어
야 한다.

　물론 우리는 여기서 피할 수 없는 한계를 만난다. 이 자기 영향이라
는 기초 방향은 한 번 더 우리의 개입하에 들어오지 않는다. 다른 경우
에는 욕구의 욕구라는 무한한 되풀이의 문제가 발생할 수 있다. 이 최
초의, 자발적인, 더는 대상화되지 않는 욕구와 관련된 것을 이제 시작
하는 숙고의 단계에서 과제로 삼을 수는 없다. 우선 중요한 것은 인간

11　호메로스, 『오디세이』, 12번째 노래.
12　플라톤, 『법률』, I, 648 a-c.

이 자신의 고유한 본질과 내적 차이를 가지고 있음을 증명하는 것이다. 이것이 우리의 인격에 관한 대화에서 중요해 보인다.

이 차이(간격)는 '반성'이라는 제목으로 우리에게 친숙하다. 그러나 반성은 그것의 징후 중 하나일 뿐이다. 이 차이는 우리가 반성하지 않는다 하더라도 우리의 현존을 규정한다. 차이는 반성을 가능하게 하지만, 반성에서 발생하는 것은 아니다. 반성이란 자기 내면으로 들어가는 것이다. 그러나 차이는 '자기 밖으로 나오는 것', 즉 헬무트 플레스너 (Helmut Plessner)가 이름 붙였듯이, '중심에서 벗어난 위치'로 서술될 수 있다.[13] 이 위치란 나-화자의 표시보다는 삼인칭으로 있는 자기에 관한 이야기가 더 어울린다. 어린아이들은 보통 자기 자신에 관해 말하는데, 어떤 의미에서 일인칭 화자보다도 더 신기하게 말한다. 삼인칭 인격에서 자기 자신에 관해 말하면서 인간은, 모든 자연적 동물이 자신의 환경과 관계할 때 취하는 중심 위치에서 나오고, 다른 사람의 눈으로 자신을 세계에서의 하나의 사건으로 바라본다.[14] 자신을 그렇게 보기 위해서 인간은 자기 밖, 즉 자기 유기체적 중심 밖에서 하나의 입장을 취해야 한다. 도덕성은 자기 대상화의 이 능력과 자기 상대화 때문에 비로소 가능하다. 그리고 그럴 때만 언어도 가능하다. 언어는 말하는 중에 상대방의 입장, 즉 말이 전달한 단어를 듣는 것이 예상되는 현상이므로 자연적 생명의 표출과 구별된다. 누가 "나는 통증이 있다."고 말한다면 이 말은 말 외의 다른 수단을 가지고 계속적으로 비명을 지르는 것이 아니다. 사람은 무엇보다 자신의 통증을 세상 안에 발생한 사건으로 전달하기 위해 고통의 직접적인 표현을 억누르고, 다른 이들이 이러한 전달을 이해할 수 있다는 것을 전제로 말하는 것이다. 여기서

---

13 참조: H. Plessner: *Die Stufen des Organischen und der Mensch* (Gesammelte Schriften IV), Frankfurt 1. Aufl. 1981, 360 이하.

14 참조: R. Spaemann: *Glück und Wohlwollen*, Stuttgart 1989, 86과 119.

우리는 우리를 직접 표현하는 대신, 그러한 이해를 가능하게 만드는, 주어진 규칙 체계에만 진입해야 한다. 그리고 이것이 이제 거꾸로 되었지만 바로 이 체계가, 우리 안에서 무엇보다 앞에서 말한 차이, 앞에서 말한 자기와의 거리를 만들도록 하는 언어이다. 이러한 언어 때문에 우리가 인격에 관해 말하는 것이다.

　인간은 다른 사람의 시선을, 다른 모든 사람의 시선을, 가능한 그 어떤 시선도 자신에게 결부시키지 않는 채 느낀다. 인간이 이 시선을 체험하고, 이것에 관해 알고, 이를 안다고 믿는 것, 이것들이 인간을 단지 유기 체계로만 이해하는 것을 불가능하게 만든다. 어떻게 유기 체계가 생태계를 구성하고, 그 안에서 자기 고유한 체계의 욕구를 상대화하고 모든 만나는 존재를 의미 있도록 배치할 수 있겠는가? 자신의 유기체적 중심을 벗어난 인간은 어떤 지평에 서게 된다. 이 지평에서 유의미성이란 무엇인지에 대해, 그리고 유의미성을 구성하는 것이 '본성(자연)'에 의하지 않는 방식으로 결정된다. 이미 이 방향에서 이해의 매체는 전혀 자연적이지 않다. 인간의 자연 언어란 존재하지 않는다. 그러나 우리는 또한 언어를 발명하지도 않는다. 인간이 자신의 소통 발생으로 들어가 자신이 무엇으로 있는 것으로서, 곧 인격으로서 자신을 실현한다면 언어는 항상 이미 전제되어 있다. 그렇다면 왜 '인격들'인가?

왜 우리는 인격들을 '인격들'이라 부르는가

I

우리는 1장에서 인간, 말하자면 우리 스스로가 속하는 존재를 단지 포유류의 특정한 생물 종으로 분류하지 않고 완전히 다른 종의 그룹, 즉 인격들의 그룹에 분류해야 하는 이유를 이해할 수 있는 몇 가지 특성을 살펴보았다.

그런데 인격들은 하나의 그룹을 만드는가? 이 질문은 이해하기 어렵다. 이것을 이해할 수 없는 이유는 한편으로 인격 개념이, 개체들을 한 그룹으로 분류하는 다른 개념들처럼 작동하기 때문이다. 우리는 어떤 개체들이 어떤 특징들 때문에 인격 그룹에 속하는지, 인간은 이 그룹의 유일한 성원인지, 그리고 또한 모든 인간이 이에 속하는지 질문할 수 있다. 다른 한편 인격들의 그룹에 관해 말하는 것은 두 가지 이유에서 적절하지 않다.

첫째로 우리가 특정한 개체들을 '인격들'로 표현한다면, 그들이 특정한 그룹에 속하기에 혹은 하나의 보편 개념의 요청이기에 그러한 것이 아니다. 그보다 우리는 '인격'이라는 단어를 가지고 이 개체들이 자신들의 본질에, 또는 속하는 종(種) 혹은 류(類)에 관계 맺는 방식이, 일반적으로 한 종의 개체가 자기 종에 관계 맺는 방식, 즉 개체들이 종 아래 종속되는 것과는 다른 방식으로 관계 맺고 있는 것을 말한다. 인격들은 어떤 것이든 항상 하나의 자연적인 종에 속하지만, 이들은 다른 개체가 이 종에 속하는 것과는 다른 방식으로 종에 속한다.

둘째로 인격들의 그룹에 관해 말하는 것이 논리적으로 타당하면서도 존재론적으로 적절치 않은 이유는 우리가 인격 개념을 사용하여 개별자들에게 이 특정한 지위, '불가침성'의 지위를 부여하고 있다는 사실이다. 이 지위의 부여를 통해 동시에 인정의 의무가 중요하게 부가된다. 우리는 어떤 사람에 대해 그가 왕, 명예시민, 혹은 관리라고 말할수 있다. 그러나 동시에 왕과 관리에 반대하여 이런 신분 표식은 폐지할 만하다고 여긴다. 그러나 인간들을 인격들로 존중하고 싶지 않은 사람은 인간에게 인격이라는 신분 표식을 거부하거나, 혹은 인격 개념은 도무지 어떤 것을 특징짓기에는 근거도 없고 부적절하다고 여긴다. '인격'이라는 개념의 사용은 그렇게 부르는 사람들에 대해 특정한 의무를 인정하는 행위와 같다. 우리가 그렇게 부르는 이들의 선택은 비록 특정 서술어로 정의할 수 있는 특징(인격성은 그러한 특징들과 상호 작용한다)에 달려있지만, 그 자체로 하나의 종적 특징이 아니고 하나의 지위, 즉 그 누구도 다른 이에 의해 수여되는 것이 아니라 자연적으로 부여된, 유일한 지위이다. 이는 인간이 어떤 '자연적 존재'라는 의미가 아니다. 그래서 또한 인간은 비록 '자연적'으로 언어를 사용하는 존재이지만 그러나 언어는 '자연적인 것'이 아니다.

'인격'은 기술적인 표현이 아니기 때문에, 이는 하나의 색처럼 어떤 단순한 질에 관한 힌트를 통하여 명백히 정의될 수도 없고, 또한 '헤르만 전투'의 예처럼 하나의 표현을 통해 표현된 것의 역사를 설명하는 이야기식으로 정의될 수도 없다. 이 표현은 일련의 긴 역사를 내포하고, 이것이 진정 어떤 실재를 표현하는지는 이 이야기가 진실인지에 달려있다. 이 점은 자연적인 종들에게도 원리상 동일하다. 예컨대 진화설은 이 역사를 설명하려는 시도이다. 다른 것이라면 규범적 주장을 내포하고 있는 개념들로 구성된다는 점이다. 여기서도 역시 우리는 개념들의 의미를 이해하기 위해서 역사를 설명해야 한다. 그러나 이것은 인격 개념이 의미하는 대상의 역사가 아니라 개념의 역사 자체이다.

이제까지의 숙고를 기반으로 인격 개념이 그러한 규범적 개념에 속하는 것은 분명하다. 우리가 뒤에서 보겠지만 이 개념은 사실적으로 세 번째 종류의 개념에 속한다. 그러나 잠시 동안 이 개념의 사용이 규범적 함축을 가지고 있다는 것을 확인하는 것으로 충분하다. 우리가 여기서 말하는, 표현하고 토론하는 의미에서 이 개념의 사용은 어떤 것(어떤 존재)이 인격인지 주장하는 것보다 더 포괄적이다. 그것은 한 진리주장을 제기하는 것이다. 이제 이 주장을 이해하기 위해서 우리는 그것이 어떻게 발생하게 되었는지를 살펴보아야 한다.

인격 개념의 역사는 그것의 현재 모습을 갖추기 위해 얼마동안 그리스도교 신학을 관통하는 우회의 역사를 가졌다. 우리가 오늘날 '인격'이라 부르는 것은 그리스도교 신학이 없었다면 불리지 않은 채 머물렀을 것이고 세상에 존재하지 않았을 것이다. 인격들은 결코 쉽사리 자연적으로 출현한 것이 아니다. 그렇다고 해서, 마치 길게 보아 신학적 차원이 사라지면 인격 개념도 역시 사라지는 것인 양, 이 개념의 사용이 단지 특정한 신학적 전제하에서만 의미 있다는 뜻이 아니다.

플라톤은 우리가 이 개념으로 생각하는 것을 한 번도 생각하지 않았다. 참으로 그에게 인간은 호메로스가 그러했듯이 자기 스스로 어떤 것도 할 수 없는 힘이 작용하는 현장이 더는 아니다. 바로 이 시각이 호메로스가 플라톤의 도시에서 자리를 내주어야만 했던 이유이다. 플라톤이 이해한 소크라테스가 수사학에 대항해 싸우는 것 역시 인간의 자율을 위한 싸움이다. 고르기아스는 『헬레네 찬가』에서 이러한 자율과 더불어 책임에 대한 생각에 대해 논쟁한다. 초인적인 힘은 더 이상 헬레나를 소유하지 못하고, 파리스의 연설이 그녀가 저항할 수 없게 사로잡는다. 그 말을 따르거나 혹은 따르지 않는 것은 헬레네의 자유와 관계없다.[1] 플라톤 역시 사람들이 그저 따를 수 있는 말을 안다. 그러나 이것은 인지하고 행하는 말이다. 말을 따르는 사람은 말하는 사람을 따르는 것이 아니라, 말하는 사람도 따르는 동일한 진리를 따르는 것이다. 그리고 이 진리에는 진리가 자유롭게 한다는 명제가 유효하다. 진리를 따르는 사람은 그가 갈망하는 것을 행한다. 수사학은 진리의 외관을 만들고 이로써 사람들이 진리를 알았더라면 행하려고 하지 않았을 것으로, 곧 그들이 진정으로 원하지 않았을 것으로 움직이게 만드는 기술이다. 그가 행하는 것을 아는 사람만이 그가 갈망하는 것을 행한다. 그리고 플라톤이 자신의 도시에서 신에 열광한 시인들마저 추방한 이유는 바로 그들이 비록 진리를 말한다 해도, 알면서 말한 것이 아니라, 어떤 힘에 사로잡혔기 때문이었다. 그들 스스로는 이 힘이 그들을 어디로 이끄는지 판단하기 위한 어떤 기준도 가지고 있지 않았다. 그들이 말하는 것은 그들의 말이 아니기 때문에, 진리를 검증하는 소크라테스의 대화에서 소크라테스의 눈물 어린 호소에도 불구하고 그들은 이 말을 버릴 수 없었다.

따라서 플라톤에게는 잘 아는 사람이 자유롭다. 왜냐하면 그만이 자신이 갈망하는 것을 행하기 때문이다. 그가 행하는 것은 참으로 우연하게가 아니라 자기 스스로 자기 행동의 근거이기에 그렇다. 그렇다면

---

1 Gorgias von Leontinoi: *Reden, Fragmente und Testimonien*, Hrsg. von Th. Buchheim, Hamburg 1989, 3 이하.

'자기 스스로' 라는 말은 무엇을 의미하는가?

　의심의 여지 없이 여기서 인격의 생각에 대한 사유 방법이 중요하다. 이 사유에 있어서 고유한 점이 플라톤에게 아직 사유되지는 않는다는 점 역시 분명하다. 인간이 '자기 스스로' 행위 한다는 것은 플라톤에 있어서는 그를 홀로 가르치는, 즉 각 사람들이 갈망하는 가치와 관련해서 인식하도록 만드는, 자신 안의 영혼의 부분이 행위한다는 것을 의미한다. 영혼의 부분은 이성이다. 자율이란 이성의 지배를 뜻한다. 그러나 이성이란 공통의 것이고, 이성은 모든 공통적 진리의 기관이다. 개인, 즉 특수자는, 그가 일반 존재, 즉 이데아에 대치되어 있는 한, 비본질적 존재, 무이다. 이것은 본질적인 것, 즉 이데아를 실현하고 드러내기 위해서 실존한다. 그렇게 개인들은 국가 안에서 혼인, 소유, 쾌락 등의 개별성을 목적으로 하는 하층 계급일 뿐이다. 이들은 자신들을, 모든 개별성을 뒤로 하고 개인적 결속이나 가족, 소유도 없이 오로지 국가 안의 정의의 이념을 드러내기 위해 열중한, 일반성만을 몰두하는 이들에 의해 지배되도록 허락하는 것을 통해서 진리에 참여하게 된다. 국가에서 철인의 지배를 요구하는 것은 진정 플라톤에게 있어서는 인간에 대한 인간의 지배를 배제하는 것과 동일한 의미이다. 철인의 지배는 인간의 지배가 아니고 이데아의 지배이다. 모든 사람들이 피타고라스의 정리를 받아들인다고 해서 그것이 피타고라스라는 개인의 지배라라고 생각하지 않는 것처럼 말이다.

II

일반성의 반대 요소(개별성 혹은 종)는 플라톤에 있어서 개별적인 사람들에게 자신의 단순한 개별성, 단순한 한 종의 요소로서의 존재를 넘어

고양될 수 있는 가능성을 열어 준다. 개인은 본질, 즉 일반 존재 자체를 생각하고 그래서 자기 특수성을 극복할 수 있다. 플라톤이 생각하지 못한 것은 자기 스스로를 '보편화하는' 이들이, 그리하여 이 존재가 보편성 자체인 것 보다 더 존재의 상위 방식으로 올 수 있다는 사실이다. 정의로운 사람 안에서 실현되고 구체화된 정의는 정의의 이데아보다 더 위대하고, 그리고 자기 조국을 위해 죽은 사람이 조국보다 더 위대하다. 개인으로서 그는 단지 자신의 민족의 부분이다. 그러나 그가 이 부분으로서의 존재를 실현함으로써, 그는 하나의 전체(Totalität)가 된다. 민족은 이 전체에 비하면 하나의 추상(Abstraktion)에 불과하다. 헤겔은 바로 이를 위해 '개별자(das Einzelne)' 개념을 내세웠다. 개별자는 일반 존재 그 자체를 자기 안에 수용하고 실현하기 때문에 특수자(das Besondere)와 일반자(das Allgemeine)의 모순 너머에 서 있다. 인격들은 개인들이다. 그러나 한 일반자의 '경우들(Fälle)'인 방식으로가 아니라, 그들이 존재하는 각각의 개인들, 즉 개별적이고 불가역적 방식으로 보편자 자체인 개인들이라는 방식으로 존재한다. 그들은 하나의 포괄적인 전체의 부분들이 아니고, 전체와 관련하여 모든 것이 부분인 그 자체로 전체이다.

따라서 인격들에게 자기규정이란 초개인적 타당성을 가진 진리가 인격들 안에서 비본질적이고 단지 감각적으로 정의되는 개별성에 반하는 본질적인 것으로서 관철되는 것을 뜻하지 않는다. 플라톤은 그렇게 본다. 이성은 보편자의 기관이다. 이성이 다스리는 곳에서 인간은 자유롭다. 그런데 왜 많은 사람들 안에서는 이성이 다스리지 않는가? 이성은 다스리기 위해 존재하는데도 말이다. "왜냐하면 인간이 갈망하지 않기 때문이다."라는 대답은 플라톤에게는 의미가 없다. 모든 인간은 자신에게 좋은 것을 갈망한다. 그리고 인간에게 좋은 것은 오로지 '선 자체'이다. 그가 이것을 원하지 않는다면 그가 그것을 모르기 때문에만 그렇다. 그는 왜 그것을 모르는가? 여기서 고대 철학은 순환론에 빠진다.

신약 성경의 답은 다음과 같다. 그는 그것을 알고 싶지 않기 때문에, 왜냐하면 "어두움을 빛보다 더" 사랑하기에, 그것을 알지 못한다.[2] 요한 복음에 따르면 성령의 첫 계시는 죄가 "그들이 나를 믿지 않는 데"[3]에 있다는 것을 말한다. 이런 담화방식은 도대체 소크라테스적일 수 없다. 그러나 바로 이 방식에서 인격의 발견이 시작된다. 왜냐하면 여기서 사유되는 것은 이성적인 것으로서 선의 무조건적 요청이 인간 안에서 관철되는지 아닌지가 자연발생적인 .운명의 일, 즉 유전자와 교육의 소관이 아니기 때문이고, 이에 대한 근거가 다시 한번 인간 자신에 놓여 있기 때문이다. 신약 성경과 이를 따르는 그리스도교는 이 근거를 '마음'이라 부른다. 정의상으로는 이성적이지만 많은 경우 설명할 수 없는 것으로 지배하기에는 너무 약한 이성과는 달리 마음은 항상 지배하고, 특히 누구에게 지배하도록 허용하기를 원하는지 스스로 결정한다. 무엇을 근거로 마음은 결정하는가? 자기 본질 때문에, 마음이 어떤 것도 할 수 없는 자기 본성 때문에? 아니다. 이런 이해로서의 마음은 본성이 아니다. 어떤 본질도, 선을 회피하고, 어두움을 사랑하게 하는 근거가 되는 어떤 질적인 규정도 존재하지 않는다. 마음은 고대에서는 어떤 사유적인 혹은 개념적인 동의어를 찾아볼 수 없다는 점에서 근거 없는 근거이다. 마음의 정체성은 모든 질적인 규정성보다 더 깊은 곳에 놓여 있다. 여기서 표현되는 것은 인간학적인 발견이다. 왜냐하면 이것은 하나의 경험에 상응하기 때문이다. 우리는 한 인간에게 실제로 그가 존재하는 바대로 존재하기 때문에 고마워하고, 다른 사람이나 우리 자신들은 우리가 존재하는 바대로 존재한다고 비난한다. 악이 신약 성경에서도

2 요한 3, 19.
3 요한 16, 9.

무지와 밀접하게 관련되어 있다는 것은 확실하다. 그러나 여기서는 악이 무지의 근거가 된다. 반면에 플라톤이 이해한 소크라테스에게는 무지가 악의 근거다. 이로부터 예수의 자기 적들에 대한 단호한 말과 소크라테스의 온화하고 반어법적인 말 사이의 차이도 설명된다.

이 마음 개념은 이제 인격의 후기 개념의 근간을 이루고 있다. 이는 인격의 발견과 같은 어떤 것을 의미한다. 이것은 선과 악, 빛과 어두움 사이의 결정이 한 이데아에 대한 결정이 아니라, 뒤로 물릴 수 없는 진리의 계시로서 유효한, 한 인격에 대한 결정이라는 것을 통해서 강조된다. 그래서 요한복음의 그리스도는 본래의 죄를 "그들은 나를 믿지 않는다."는 것에서 보고, 다른 곳에서도 말한다. "내가 오지 않았더라면 (…), 그들은 어떤 죄도 짓지 않았을 것이다."[4] 진리의 인식은 '믿음의' 인격적 행위로 생각된다. 진리 자체는 초개인적 일반성으로가 아니라 한 개별 타자의 구체적 얼굴로 드러난다.

III

여기서 표현하는 경험을 생각으로 따라잡고, 고대의 용어를 가지고 새로운 개념에 통합시키기까지 수백 년이라는 시간이 걸렸다.

왜 여기서 라틴어의 '페르소나(persona)'가 핵심적 기능을 하는 걸까? 라틴어 개념 '페르소나', 마찬가지로 유비적인 그리스어 개념 '프로소폰(prosopon)'은 처음에는 연극의 세계에 속하고 배역을 의미했는데, 이는 그 배역을 연기하는 사람과 구별된다. 이것은 오늘도 연극표에 사용하고 있는 바로 그 개념이다: '배역과 그 배역을 맡은 배우들'.

---

4 요한 15. 22.

처음에 '페르소나' 는 이를 통해 배우가 소리를 내는 단순한 가면이었다. 후에 '페르소나' 는 전의된 의미로 사회 안에서의 역할, 사회적 지위를 의미하게 되었다. 여기서 우리는 오늘날 인격 개념의 구조적 요소, 즉 비동일성의 요소를 보게 된다. 배우는 연기자일 뿐, 그가 연기하는 어떤 존재가 아니다. 우리의 언어 사용과 다르게 처음엔 '페르소나' 는 역할 뒤에 있고 연극을 가능하게 하는 어떤 존재가 아니라 역할 자체였다. 역할 뒤에 있는 것을 '본성(자연)' 이라 부른다. 고대인들은 자신들의 본성 뒤에 있는 인간의 어떤 퇴로, 즉 본성의 객관화도 알지 못했다. 인간에게 있어서 본성은 사실적이고 규범적인 의미로 최종적이다. '페르소나' 는 그래서 이차적인 것, 얹혀 있는 것, 이차적 정체성이고, 그런 이유로 본성적인 것에 비해 더 미약한 것이다. 세네카는 이런 맥락으로 적고 있다. "어느 누구도 오랫동안 가면을 쓰고 있을 수 없다. 허위는 재빠르게 자기 본성으로 돌아간다."[5] 물론 사람은 이 이차적인 역할 정체성에 대해 어느 정도 의무가 부과된다. 배우는 자신의 역할을 정해진 대로 연기해야 하고, 스토아 철학자들은 올바른 인생 여정을 극 중 역할의 훌륭한 연기와 비교하곤 했다. 그들은 이를 통해 인간의 제일의 목적에 대한 간접적인 관계를 요구했다. 그러나 인간은 이성적 존재로서 고유한 목적, 즉 본성을 통해 주어진 것을 훌륭한 방식으로, 즉 이성적인 존재로서 행해야 한다. 키케로 역시 우리가 '페르소나' 에, 즉 역할 정체성에 의무가 있다고 말한다.[6] '공적 의무' 가 있고, 우리가 쓰고 있는 '공인' 의 개념 안에는 역시 고대의 '페르소나' 개념이 현존한다.

역할로서의 인격 개념에 알렉산드리아의 언어학이 접근했다. 그들은 일인칭, 이인칭, 삼인칭 등 문법에서 화자의 세 역할을 '프로소폰

---

5 Seneca: *De clementia* I, 1, 6. "Nemo potest personam diu ferre. Ficta cito in naturam suam recidunt."

6 Cicero: *De finibus*, I, 1.

(prosopon)'이라 표시했다. 이것을 라틴어 문법에서 다시 승계하였다. 왜냐하면 말하는 역할(화자), 말이 전달되는 사람의 역할(청자), 그리고 누구에 관해 말해지는 역할(제삼자) 등 역할의 삼중 본성에 관해 말하기 때문이다. 여기서 두 번째와 특히 세 번째의 경우는 인격의 지위에서 다른 동물이나 사물에게도 적용할 수 있다.[7] 마지막으로 로마의 황제 시대의 법학에서 사용한 세 번째 개념인 페르소나 개념을 언급할 만하다. 여기서 우리는 비로소 인격과 인간을 동의어로 쓰는 것을 발견한다. 즉 '인격(Person)'을 가지고 노예에 상반되는 자유인이든지, 혹은 다른 모든 존재에 상반되는 인간을 표시한 것이다. '인간(homo)'이라는 단어는 법률가들에게는 대개 노예, 즉 인간 종의 생물학적 의미에서만 속하고, 자신의 지위는 이를 통해 정의되지 않는 존재를 의미한다. 다른 한편 인격과 사물 사이의 구별 또한 존재한다. 또한 모든 인간을, 노예를 포함해서 인격이라 부른다. 그러나 노예는 '다른 사람에게 종속된 인격(personae alieno juri subjectae)'으로서 '독립된 인격(personae sui juris)'과 구분된다.[8]

'페르손'이라는 단어의 모든 고대인의 사용방식은 이것이 인간, 경우에 따라 모든 인간을 표시하고, 또한 그러나 이것이 한 종의 모범으로, 이 개념의 예화로서의 인간을 표시한 것이 아니라, 넓은 의미의 사회적 역할의 수행자, 혹은 하나의 법적 지위를 지닌 소유자로서 표시한 점에서 공통적이다. 이 역할 뒤에는 이 역할의 전제로서 그리고 수행자로서 항상 한 인간의 '본성(자연)'이 존재한다. 물론 스토아 철학에서 인간 본성 자체의 실현이 역할 연기의 유비에 따라서 이해되기 시작했

7 참조: M. Fuhrmann, Artikel "Person" in: *Ritter/Gründer: Historisches Wörter-buch der Philosphie* Bd. 7, Basel 1989, 269–283; B. Kible, Artikel "Person", 같은 책, 283–300.
8 Gaius: *Institutiones* I, 10 f.; I, 48; I, 142.

다. 여기서 연기의 주체가 누구인지는 물론 감추어져 있다. 본질적으로 어떤 주체도 주어진 것 같지 않다. 왜냐하면 스토아 철학의 결정주의와 운명론은 연기가 성공했는지 실패했는지를 종국에 가서는 운명으로 돌리기 때문이다. 그리고 진리는 최종적으로 바로 이 우주적 운명의 저항 없는 수용에 다름없다.

IV

인격을 자신의 본성에 대한 하나의 역할과 관련한 존재로 부르는 관점의 변화를 이해하려면, 우리는 그리스도 이후 1세기 동안 그리스도교의 그리스도론에 관한 사변적 해석에서 인격 개념이 취했던 기능을 상기해야 한다. 이 개념은 신약 성경의 진술과 이에 대한 교회의 해석을 합치하기 위한 시도를 행하면서 발생한 모순을 해결하는데 두 번이나 기여했다.

첫 번째 모순은 엄격한 유다교의 일신론을 신약 성경의 특정한 진술과 일치시키기 위한 노력에서 발생한다. 즉 예수가 자신을 아버지와 "하나"라고 표현하거나[9] 제자들에게 말하길, "나를 보는 사람은 아버지를 보는 것이다."라는 표현이[10] 그것이다. 요한복음의 서문은 예수 안에서 육화된 로고스를 곧 "하느님"이라고 부른다. 다른 한편 예수는 하느님, 즉 "자신의 아버지"에 관해 말한다. 기도 안에서 아버지는 자신의 상대자이다. 그래서 예수를 단순히 고대 신화론에 따라 신의 현현, 성부의 지상의 모습으로 이해하는 것은 금지되었다.

---

9   요한 10, 30.
10   요한 14, 9.

더 나아가 신약 성경은 그리스도를 통해서 인간들에게 불어넣어진, 하느님의 '성령(Pneuma)'에 관해 말하고 있다. 덧붙이자면 성령(Spiritus)은 아버지와 아들과 구별된 실재로서 실체화되었다. 요한복음에서 예수는 "변호자", 즉 아버지가 예수의 이름으로 보내고 그의 제자들에게 "모든 것을 가르칠", "진리의 영"에 관해 말한다.[11] 첫 그리스도교 신학자들은 조건을 달지 않은 유일신론자들이었다. 그들은 하느님의 유일성을 아버지, 아들 그리고 성령의 구별과 함께, 즉 신의 내적 구별과 함께 합치되게 생각해야 할 과제에 직면했다. 이 과제에 대한 도움은 예컨대, "아브라함이 있기 전에 내가 있었다."[12]와 같은 요한복음에서 전한 예수의 말들이다. 예수의 이 "나는"이라는 말은 동일한 복음의 서문 말씀과 동일하다. "맨 처음에 말씀(로고스)이 있었다. 말씀은 하느님과 함께 있었고 하느님은 말씀이셨다."[13] 그리고 이 말씀에 대해 이야기 하는데, 말씀이 "사람이 되신"(육화) 것이다.[14]

물론 이 텍스트 자체와 특히 헬레니즘의 세계관의 이 개념은(신약 성경 자체가 헬레니즘 세계에 속한다), 신플라톤주의, 즉 맨 처음의 '일자'로부터 유출되었다는 플로티노스의 사상과 관련하여 이해해야만 한다. 일자에서 이성, 즉 정신(nous) 그리고 이로부터 세계영혼이 기원한다. 일자로부터 나오는 영원한 유출이라는 이 사유는 그리스도교 사상가들, 특히 오리게네스와 카파도키아 교부들과 같은 희랍의 동방학자들과 명확히 연결되어 있다. 그러나 새로운 시도 안에서 계속되는 노력은 이 생각을 더 깊이 수정하게 되는데, 마침내 처음의 정신과 세계의 영혼의 유출과 모든 뒤따르는 것, 즉 물질에까지 이르는 것 사이에 하

---

11 요한 15, 26.
12 요한 8, 58.
13 요한 1, 1.
14 요한 1, 14.

나의 극적인 변환점이 설정된다. 이 뒤따르는 것은 논리적, 존재론적 필연성을 가지고 하나가 다른 것으로부터 연유되는 유출로 더는 이해되지 않고, 이제 성경 창세기의 의미에서 '창조'로 표현된다. 이것들은 자유롭고, 우연적인 하느님의 결정으로 발생한다. 절대자, 즉 일자는 비록 영원으로부터라고 해도 자유로이 결정했다. 유출의 은유, 신성으로부터 유출은 무로부터 불러내 옴으로 대체된다. 다른 한편 신성은, 자유로운 결정과 같은 행위의 주체로서 사유될 수 있기 위해서, 이제 그 자체로 자기 중재를 전혀 내포하지 않는 일자로 생각되어서는 안 된다. 이렇게 사유된다는 한에서, 일자의 타자가 필연적으로 일자로부터 직접 나오게 된다. 로고스(말씀)는 이 첫 유출로서, 일자를 일자로서 인식하는 것이 물론 허용된다. 첫 유출 없이는 일자가 자기 자신을 인식할 수 없다. 그러나 플로티노스에 따르면 일자도 자신을 전혀 모른다. 자신의 인식은 이미 자기 밖에서 일어난다. 반면에 그리스도교의 사상가들은 일자를 신으로서 생각한다. 곧 그들은 일자가 자기 자신 안에 중재를 갖고, 그래서 자기 자신을 인식하고 자기 자신을 긍정한다고 생각한다. 그러나 이것은 그들이 처음의 두 유출은 자유로운 결정의 성격이 아니라 필연적인 자기 중재의 성격을 가지며, 각각 더 낮은 힘으로 하강하는 것이 아니라 일자가 자신 안에서 완전하게 유지하고 자기 자신의 타자를 자기 안에 갖는 방식으로 생각했다는 것을 의미한다. 로고스(말씀)와 성령은 말하자면 다시 한번 동일한 일자이고, 따라서 하느님이라는 상위 개념의 위계화(Instantiierungen)가 아니다. 이로부터 일자는 이제 세 개의 복사, 즉 세 하느님을 갖게 된 셈이다. 이것은 성경적 유일신관에 모순되고 일자의 개념을 버리게 되는 것이다. 그밖에도 하나이고 동일한 것의 복제는 플라톤과 아리스토텔레스, 특히 신플라톤주의 이해에 따르면 항상 한 중간자가 전제된다. 이 중간자는 복제되어지는 본질(eidos)과 구별되어야 하고, 말하자면 하나의 공간을 의

미하는데 여기서 동일자가 자신을 복제할 수 있다.(라이프니츠는 그러
한 비분활 물질에 관한 생각을 버렸는데, 그 또한 단지 수적으로 구별
되지만, 질적으로는 다르지 않은, 다수 개체의 가능성 또한 부인한다.)

그러나 신성의 세 '자립체(Hypostasen)'는 그리스적 사고에 따르면
단지 수적으로 구별되어야 한다. 일자의 무한한 힘은 어떤 복제도 허용
하지 않고 이 일성이 다만 자기 중재의 과정으로, 즉 일치의 영원한 발
생, 다른 말로는 '생명'으로 생각되는, 하나의 내적 분화이다. 일자는,
그것이 표현되면 일자로 존재하는 것을 이미 중지해야만 하는, 그러기
에 표현할 수 없는 자가 아니다. 그것은 이제 자기 스스로 표현하는 자
로 생각된다. 이 내적 분화는 질적으로, 그래서 자립체가 서로 다른 것
으로 생각돼서는 안 된다. 자립체가 서로 다른 것으로 생각되어지는 경
우이면 근원은 로고스(말씀) 안에서 자신을 진실로 상응하게 인식하고
표현할 수 없다. 그런 경우라면 로고스는 그가 자기의 로고스인 존재와
다른 어떤 자가 될 것이다. 그리스도교의 이해에서 로고스는 다른 자가
아니라, 예컨대 아버지가 아들을 낳지만, 아들이 아버지를 낳지 않는,
관계의 비대칭을 통해서 단지 아버지와 차이가 있는 하나의 다른 존재
이다. 그 밖의 것에서 차이는 단지 수적인 것이다. 우리는 4, 5세기경
이처럼 매우 사변적인 구별이 콘스탄티노플의 주민들을 잠시도 가만두
지 않아서, 니싸의 그레고리우스가 보도하듯이 사람들은 제과점 혹은
대장간에서 빵, 혹은 말굽쇠를 문의하기 전에 신성 안에서 아버지와 아
들의 본질이 동일한지, 동일하지 않은지에 관한 토론에 끼어들었다는
것을 알아야만 한다.[15]

우리가 공간적으로 외부에 서로 따로 있는 것을 상상하지 않고, 단지

---

15 Gregor von Nyssa: Rede über die Göttlichkeit des Sohnes und des Heiligen
Geistes, in: *Migne: Patrologia Graeca* Bd. 46, 151.

순수하게 서로로부터 수적인 유출의 차이와 그것들의 원천에 관한 것을 도대체 어떻게 생각할 수 있을까? 희랍 신학자들은 추상적 개념 '자립체(Hypostase)'를 이를 위한 도움으로 삼았다. 이 개념은 '독립적으로 존재하는 자(자립체)'와 같이 쓰인다. 아프리카의 테르툴리아누스로부터 시작하는 서방 신학자들은, 문법학자들을 통하여 언어 발생의 분석으로 돌아가 인격(Person)이 사용되는 개념을 포착하였다. 벌써 구약 성경의 주석에서, 특히 시편 주석에서 자주 첫인상으로 분명하지 않은 것은, 누가 여기서 각각 '나-형식'으로 말하고 있는 지였다. 테르툴리아누스는 완전히 문법학자의 스타일로 "누가 말하지? 누구에 관해 말하지? 누구에게 말하지?"라고 묻는다.[16] 그리고 테르툴리아누스 역시 그리스의 '휘포스타제' 개념을 덜 추상적이고 덜 사변적인 인격(person) 개념으로 대체한 사람이 되었다. 문법학자의 인격 개념은 인격들의 모든 차이를 사상(捨象)한다. 한번은 1인칭으로 다른 경우엔 2인칭, 혹은 3인칭으로 이야기되는 것이 동일한 사람일 수 있다. 격들은 단지 발화상황에서 그들의 관계되는 입장을 통해서 구별된다. 이 발화상황이 하느님의 말씀에 관한 요한복음의 이야기를 통해서 하느님의 자기 구성의 발생을 표현하는데 본보기로서 제안되었다.

"하나의 본질, 세 위격"은 최종적으로 정통 그리스도교의 정식이 된다. 여기서 본질은 아리스토텔레스의 "제이실체"의 의미, 곧 자신의 위계화에 대해 그리고 더욱 그것의 수와는 무관한, 일반적으로 여러 층위의 위계화된 본질성의 의미로가 아니라, "제일실체"의 의미로, 즉 하나의 유일한 "개별적인" 실체의 의미이다. 이 실체는 그것이 자신을 실현하는 "위격"들인 방식으로 존재한다. 이 실체성은 하나의 특정한 질서

---

16 Tertullian: Ad. *Praxean 11*, 4. "Quis loquitur? De quo loquitur? Ad quem loquitur?"

속에서 서로 증여하고 "자기 자신의 증여와 자기 자신의 수취"의 과정에서 자신의 실재를 가진다. 이 위격의 자기 본질성(Sosein, Wesenheit)에 대한 구별은 그렇게 이해된 하나의 위격이 단지 다른 위격들(그러니까 복수로)에 대한 관계 안에서만 사유될 수 있다는 것과 직접 관련되어 있다. 후에 신스콜라 철학이, "자연적 이성"은 그것을 하나의 위격적 신에 대한 사유로 인도했다고 가르칠 때, 이 설은 자유로운 창조라는 생각과는 호환되지 않게 된다. 왜냐하면 하나의 위격을 가진 신은 유한한 위격들을 자신의 필연적 상대자로 가지게 될 것이기 때문이다.

인격 개념은 다시 그리스도교 신학에서 두 번째로 모순을 해소하는 데 기여했다. 이 모순은 신앙인의 자각을 통해 예수 그리스도는 영원한 신적 말씀의 육화이자, 동시에 진실하고 고유한 의미에서 인간으로 생각해야 한다는, 따라서 제3형태의 혼합 본질로서가 아니라는 생각에 맡겨진 것이다. 여기서도 역시 극적이고 오래 지속된 그리스도론에 대한 토론이 있었는데 다음과 같은 결론에 이르렀다. 칼케돈 공의회에서 희랍 교부들이 준비했던 정식을 받아들인 것이다. 즉 예수 그리스도는 신성과 인성, 두 가지 본성(Nature)을 가진다는 것이다. 이 두 가지 본성의 개체적 일치는 그것들의 혼합으로 일어나는 것이 아니고, 하나의 위격(Person)은 이 두 가지를 '소유'하는 데서 이루어진다. 이 위격은 신적이다. 그러니까 이미 신적 본성에 관계하는 위격이고 동시에 인성을 '소유'하는 방식이다.[17] 그리고 바로 그 때문에 신적 위격은 또한 하나의 유한하고 창조된 본성과 이 본성을 소유하는 방식으로 관계할 수 있게 된다. 고유한 이름 '예수'는 하나의 본성이 아니고, '어떤 분', 본성의 담지자로서 인격이기 때문에 우리는, 예수는 하느님이다. 그리고—

---

17 "Symbolon Chalcedonense"; in: H. Denzinger, A. Schönmetzer: *Enchiridion Symbolorum* (= DS), Barcelona/Freiburg/Rom, 36. Aufl. 1976, 300-303.

유일신론자의 항의에 반대하여—마리아는 하느님을 낳은 이(Theoto-
kos)라고 말할 수 있을 것이다.[18] 탄생하는 것은 어떤 것이 아니고, 고유
한 이름 혹은 인칭 대명사로 불려지는, 어떤 분이기 때문이다. 오로지
그래야만 예수가 요한복음에서 자신에 관해 말하는 것이 가능하다. "나
는 아브라함이 있기 전부터 존재해 왔다." 이것이 인격 개념이었다. 이
것이 그리스의 실체(hypostasis) 개념의 대체어로서, 이 문장에서 인칭
대명사의 사용을 다음과 같이 이해 가능케 한다. 예수는 인간의 모습
으로 변장하여 나타난 신의 현현이 아니었다. 이것이 초대 그리스도교
에 결정적인 의미를 던졌다. 그리스도교는 고대 신화와 연결하고 자신
의 신앙 해석을 위해 이 신화를 차용하는 것 일체를 엄격히 금했기 때
문이다. 제우스는 인간으로, 구름으로, 백조로 나타난다. 그러나 그는
이 모든 것이 아니다. 그가 백조로 레다에게 왔을 때, 그는 하나의 반
신을 낳는다. 예수는 그러나 반신으로 공경되는 것이 결코 아니다. 그
가 인간의 영혼, 인간의 정신, 그리고 인간의 의지를 가지고 있는, 완
전한 인간이라는 것은 이제 다음과 같이 표현된다. 그는 하나의 인간
'본성'을 소유한다. 이제 그리스도론에서 본성(physis)의 개념은 위격
개념에 보완적인 본질의 개념에, 즉 삼위일체론의 usia(본질)에 상응한
다.

　피지스(usia)는 유한한 존재, 곧 생성과 소멸에 운명 지어진 존재의
본질이다. 물론 피지스는 이것이 무엇이냐는 질문에 답변하는 모든 개
념과 같은 뜻으로도 더 넓게 사용되었다. 키케로는 『신들의 본성에 관
하여(De natura deorum)』라는 책을 쓰는데, 그리스도교 텍스트, 특히
그리스도론에서 '신적 본성'에 대해 말하는 것도 이와 유사하다. 성장,
변화 그리고 소멸의 원리로서의 피지스의 처음 의미가 여기서 이미 모

18　DS, 250.

든 것—인위적인 사물과 구별하여—그것이 무엇인지가 자기 자신으로
부터 나온 모든 것을 의미하는 자연(Natur)의 개념과 같게 되었다.

보에티우스는 6세기에 그리스도론의 토론과 관련하여 본성(natura)
에 관한 여러 종류의 개념들의 목록을 만들었다. 그는 네 가지 나뚜라
개념을 구별한다. 첫째로 나뚜라는 모든 지성으로 파악할 수 있는(가지
적: intelligible) 실재, 따라서 어떤 실체인지 혹은 어떤 특성인지 묻는
것과 무관하게 "그것은 무엇인가?"라는 질문에 우리가 대답하는 모든
것이다. 우리는 "색의 나뚜라"에 관해서도 말할 수 있다. 둘째 의미에서
는 나뚜라 개념이 사물, 질료적인 그리고 비질료적인 실체로 제한된다.
셋째 의미는 더욱 특별히 모든 비인공적 몸체에 사용한다. 마지막 네
번째로 "나뚜라(natura)"는 구체적인 사물이 아니라, 이 종류의 실체가
그 밖의 모든 것과 다른 특별한 차이를 만드는 일반 형상, 혹은 본성을
의미한다. 이 마지막 본성의 의미를 이제 보에티우스는 천 년 동안 표
준적으로 남아있어야 했던 그의 인격 개념 정의에 기여하게 한다. 이에
따르면 인격성은 개체적으로 구체화시키는 "이성적 본성"의 특별한 방
식이다. "인격은 이성적 본성을 지닌 개별적 실체이다(Persona est na-
turae rationabilis individua substantia)."[19] "숩스탄시아(substantia)"
라는 단어는 그리스어 "우시아(usia)"를 라틴어로 번역한 것이다. 다른
번역으로는 "에센시아(essentia)", 본성이다. 이 두 가지 표현의 모든 의
미를 분명하게 서로 분리하는 것은 불가능하다. 용례는 이것으로 혹은
저것으로 번역되기도 하고 자주 그리스어로 재번역하는 것을 통해서
이해할 수 있다. 삼위일체론에서 실체(substantia)와 본성(essentia)은
같은 의미이고 세 위격 안에 있는 신적인 "본성(substantia)"이 문제가
될 경우도 마찬가지이다. 그러나 보에티우스는 숩스탄시아(substantia)

---

19 A. M. S. Boethius, 같은 책, 같은 곳.

를 명백히 "나뚜라(natura)"로 부르는 본성과 구별하여서 휘포스타시스(실체)의 의미로 사용한다. 그가 실체를 가지고 의미하는 것은 같은 텍스트에서 설명한다. 그는 두 페이지 후에 동일한 정의에서 "substantia(실체)"를 "subsistentia(자주체)"로 대신한다. 숩시스텐시아(subsistentia)는 바로 휘포스타시스(hypostasis)와 같은 의미이다.

V

인격(위격)으로서 "이성적 본성"이 존재한다는 것은 무엇을 의미하는가? 인격은 여기서 확실히 또한 존엄성의 이름이다. 이성적 본성은 특정한 방식의 주의를 요구할 수 있다. 그러나 가장 중요한 것은 보에티우스의 정의의 의미가 존재론적이라는 것이다. 이성적 본성은 자기 존재로 실존한다. 이는 그렇게 실존하는 개별자가 그 어떤 가능적인 서술로도 적확하게 묘사될 수 없다는 뜻이다. 다른 말로 표현하자면, 이 부르기는 다른 어떤 묘사를 통해서 대체될 수 없다. 인격은 어떤 분이고, 어떤 것, 즉 그것의 구체화에 무심한 어떤 본질의 단순한 구체화가 아니다. 보에티우스의 정의는 논란이 되지 않는 상태로 머문 것은 아니지만 모든 중세의 인격 개념에 관한 토론에서 기초가 된다. 무엇보다 항상 질적 정체성과 수적 동일성의 관계, 묘사와 부르기의 관계가 중요하다. 나는 보에티우스에 대한 비판자로 생 빅토르의 리카르두스(Richard von St. Viktor)만을 언급한다. 그의 비판은 사실 보에티우스의 의도를 심화하는 데에 있다. 이것은 보에티우스 자신이 자주성(Subsistenz) 개념을 통해 실체(Substanz)를 대체하려 했던 것을 주목하지 않고 실체 개념을 사용한데 대한 불평이다. 인격은 실체라기보다 단지 실체의 담지자라 할 수 있다고 리카르두스는 말한다. 그는 이를 위해서 성삼위의 위격들이 하나의 신적 실체(본성)에 의해 구별되어지는 삼위일체교의 의 규범적 언어 사용을 끌어낸다. 실체는 항상 어떤 것(ein quid), 하나의 특정한 이러저러한 것, 원칙상 항상 이저저러하게 구별되는 구체적인 것일 수 있다고 리카르두스는 계속하여 말한다. 이에 반해 인격은 "오직 어떤 고유한 존재에게만 해당되는 특성(proprietas qui non convenit nisi uni soli)"[20]이다. 그러니까 본질적으로 어떤 종으로 분류된 것에 해당하지 않고, 정의에 의해 각각 유일한 개별자에만 해당될 수 있는 것을 바로 인격이라 부르는 것이다. 리카르두스는 이제 자신의 인격 개념을 다음과 같이 정의한다: "자기 홀로 고유한 이성적 실존의 방식으로 실존하는 자(existens per se solum juxta singularem quamdam rationalis existentiae modum)."[21] 인격성은 따라서 하나의 존재의 방식(ein modus existentiae)이고 하나의 질적인 요소가 아니라 그것의 특화된 개별적 완성이다. 실존이지 본질이 아니다.

알려진 바와 같이 중세 철학의 존재와 실존의 구별은 우연유의 정의에 기여한다. 이 구별은 인격의 자기 경험 안에서 명시적으로 현상적 기초를 가지고 있다. 토마스 네이글(Thomas Nagel)의 「한 마리의 박쥐가 있다는 것은 어떠하다는 것인가?」[22]라는 논문이 있다. 어느 누구도 자동차가 있다는 것이 어떠한 것인지 묻지 않는다. 자동차가 있다는 것은 이러저러하게 있는 것이 아니다. 왜냐하면 자동차는 논리적인 의미와 다른 방식으로 실존하는 것이 아니기 때문이다. 자동차의 개념으로 의미하는 본질은 특정한 시공의 자리에 구체화한다. 그리하여 우리는

20 Richard von St. Viktor: *De trinitate* 4, 6.

21 같은 책, 같은 곳, 4, 24.

22 Th. Nagel: "What Is It Like to Be a Bat?", in: *The Philosophical Review* 83 (1974), 435–450. Deutsch in: *Analytische Philosophie des Geistes*. Hrsg. von P. Bieri, 같은 책, 같은 곳, 261–275.

금속 부품들의 특정한 배열을 자동차로 본다. 하지만 자연적인 존재는 단지 논리적 의미와는 다른 의미로 실존한다. 이들은 이러저러하게 있다. 물론 한 마리의 박쥐가 있다는 것이 어떠한지 알 수 없다. 우리는 질문의 의미조차도 단지 유비적으로 이해할 수 있다. 왜냐하면 우리는 인간, 더 정확히는 이 사람이 있다는 것이 어떠한 것인지 알기 때문이다. 그리고 우리는 우리의 실존적 완성을 여기 실존하는 것과 구별한다. 우리는 누가 생활에 어려움을 겪고 있다거나 혹은 자살하는 것에 대해 이야기한다. 그리고 특정한 단계의 단순한 실존은 우리에게 짐이된다. 물론 이 모든 말은 역설적이다. 이 말들은 실존에 관해, 마치 주체에 의해 행동되는 활동처럼 말한다. 그러나 하나의 동작을 실현하기 위해서는 한 주체가 이미 실존해야 한다. 실존자의 활동에서, 훨씬 더 실존자가 있도록 하는 활동이 있는 것처럼 보인다. 그래서 우리는 아예 다음과 같이 말할 수 있을 것 같다. 실존하는 것은 존재하는 방식이다. 박쥐의 예에서 존재, 즉 생명 존재는, 어떤 때는 정확히 '이러한 방식'으로 낙하하며, 정확히 이 방식 안에서 날아오르는 것처럼 보인다. 여기에 반하여 인간은 그의 존재가 자신의 특정한 방식으로 있는 것, 말하자면 특정한 '본성'과 구별하는 것을 통해 실존한다. 그들은 단순히 자신의 본성이 아니다. 그들의 본성은 그들이 가지고 있는 어떤 것이다. 그리고 이것을 가지고 있음이 그들의 존재이다. 더욱이 인격 존재는 "이성적 본성"의 실존이다.

실존이라는 의미의 존재는 여러 종류의 존재자에 대해 여러 방식으로 말해진다. 아리스토텔레스는 "동물에게는 생명이 존재이다."라고 적고 있다.[23] 사자는 실존하고 또한 사는 것이 아니라, 그가 살아 있는 것을 통하여, 그리고 살아 있는 한 실존한다. 우리는 인격 존재에 관해 유

---

23   아리스토텔레스, 『영혼론』 II, 4; 415 b 13.

비적 단어를 가지고 있지 않다. 우리가 그것을 소개하려고 하면 그것은 곧 우리를 논쟁 상황으로 이끈다.

마치 우리가 살아 있는 동물의 존재, 즉 생명을 시체의 단순한 존재와 상반되게 독립시키는 것처럼 인격의 존재를 동물의 존재에 상반되게 분리하고 독립시키는 학파가―이것은 로크 학파이다―실제로 있다. 이에 관해서는 후에 논할 것이다. 여기에서 우리는 다만, 인격성은 한 이성적 본성의 실존 양식이고 이 실존 양식은 고유하여, 단일하고 원리상 배수의 실행이 가능할 수 있는 특정한 본질에 의해 정의되지 않는다는 리카르두스의 테제를 분명히 밝힌다.

동일한 그러나 더 명확하고 분명한 방향에서 성 토마스 아퀴나스의 해결책을 살펴보자. 그는 보에티우스의 정의를 이어받아 인격을 실체로, 그러나 아리스토텔레스의 제일 실체로, 즉 구체적 개별자로 표시한다. '인간'이라는 단어는 하나의 종으로서, 특정한 술어로 그들의 성원을 정의할 수 있는, 하나의 자연적 집단을 표시하는 반면, '인격'은 집단이 아니고 본질적으로 집단의 부분이다. 그것도 이것이 이 집단의 부분이라는 한에 그런 것이 아니라, 부분이 개인이라는 점에서 그렇다. 인격은 지향의 이름(nomen intentionis)이 아니고 사물의 이름(nomen rei)이라고 토마스는 적고 있다. 말하자면 인격은 본질적으로 어떤 개념이 아니고 이름이며, 특정되지 않는 개체(individuum vagum)를 위한 이름이다. '어떤 특정한 사람'이라는 표현은 많은 사람들에게 해당한다. 그러나 물론 이 표현은 모든 인간이 아니라, 어떤 사람이라고 말하지 않지만 어떤 고유한 사람들을 의미한다. 당연히 모든 사람은 '어떤 특정한 사람'이다. 그러나 우리는 사람을 "그들이 사람이다."라는 입장에서 표현할 수 있다. 그리고 우리는 모든 이들을 하나의 고유한 이름을 지니고 있는 한에서 그들이 각자 스스로 개인이라는 입장으로 표현할 수 있다. '인격'이라는 단어는 그가 고유한 이름의 담지자라는 한에

서 인간을 표현한다. 그래서 토마스는 "한 특정한 사람(aliquis homo)
은 개별 존재에게 해당하는 실존의 양식과 함께 본성을 표시한다. 그러
나 '인격'이라는 이름은 개체를 그의 본성적 측면에서가 아니라 그런
본성 안에 자립하는 어떤 것을 표현하기 위해 사용된다."[24]고 적었다.
'인격'은 그러므로 집단 개념이 아니라 '일반적인 고유 이름'이다.

우리는 왜 이성적 본성을 가진 개별자에게만 일반적인 고유 이름을
사용하는가? 그것은 그런 본성을 지닌 개별자가 자신의 본성에 대해 다
른 개별자와는 다른 관계 아래에 있기 때문이다. 개별자는 단지 "이러
저러한 경우"가 아니다.

차이가 어디에 있는지를 토마스는 언급한다. 인격들은 '자기 스스로
(per se)' 실존하고 자기 자신의 행동을 지배하는(dominium sui actus)
개별자이다.[25] 따라서 그들의 행동은 자기의 본성에서 단순히 나오는
것이 아니고, 인격들에 관해서는 "다른 것들처럼 행위에 의해 움직이는
것이 아니라, 자기 스스로 행동한다(Non solum aguntur, sicut alia,
sed per se agunt)."[26]가 유효하다. 다른 사물에서와 같이 그 행동을 통
해 어떤 것이 발생하는 것이 아니라, 그들은 자기 자신을 통해 행동한
다. 말하자면 그들은 자유롭다.

인격들은 다른 방식으로, 아리스토텔레스에게 있어서 모든 사물의
본성이 그러한 것처럼, "정지와 운동의 시작"이다. 자연적인 실체 역시
그러한 시작, 그러한 원리를 자기 안에 가진다. 이 원리란 바로 아리스
토텔레스가 physis(본성)라 부른 것[27]이다. 이런 점에서 인격은 비로소
완전한 의미에서 자연적 실체의 개념을 성취한다고 말할 수 있을 것이

---

24 토마스 아퀴나스, 『신학대전』, I, 30, 4.
25 같은 책, 같은 곳.
26 같은 책, I, 29, 2.
27 아리스토텔레스, 『자연학』, II, 1.

다. 그리고 사실 아리스토텔레스는 실체에 관한 그의 개념을 인간의 패러다임에서 취득했다. 그럼에도 토마스가 자연적 사물에 관해서는 '움직인다(aguntur)', '그들을 통해 어떤 것이 발생한다'고 했을 때, 그것은 다음과 같은 연유에서다. 우선 한 존재의 본성은 항상 밖에서 유도되고, 그러니까 원칙상 생식을 통해 계속 주어지기 때문이다. 둘째로 또한 그것의 연원이 우리 자신이 아닌 본성은 외부의 영향에 대한 특정한 존재의 반응을 처음부터 결정하기 때문이다. 어떤 종류의 동물은 다른 동물이 도망가는 상황에서 공격적으로 반응한다. 본성은 특정한 반응의 원리이다. 인격의 개념에는 각 개별자의 시원적인 고유한 연원성이 사유된다. 그러한 개별자는 어떤 본성을 가지고 있지 않고 처음에 스스로 그것에 관해 자유로이 자신들의 모습을 결정했던 것처럼 그러한 것이 아니다. 그러나 그들은 자기 자신의 본성에 대해 다시 한번 태도를 취할 수 있다. 그들은 그 본성 법칙을 자유로이 자신의 것으로 만들 수 있고, 혹은 그것에 대항하여 '종에서 벗어날 수' 있다. 그들은 그러므로 사유하는 존재로서 단지 그들 종의 소속자로 불리는 것이 아니라, '그러한 본성 안에서 실존하는' 개별자로서 있다. 이는 그들이 인격으로 실존한다는 의미이다.

인격들의 식별에 관해

I

우리는 특정한 종류의 사물을 표시하는 단어를 '분류 표현'이라 부른다. 이러한 표현을 우리는 두 가지 의도로 사용할 수 있다. 한 집단에 속하는 개별 사물, 예컨대 특정한 어떤 사과를 표시하고 싶어 할 수 있다. 혹은 이 사물이 무엇이 되도록 하는 것을 표시할 수 있다. 앞의 경우에 우리는 "이 사과" 혹은 "저기에 사과 하나가 있다."라고 말한다. 후의 경우에는 "이것은 사과이다." 혹은 "저기에 놓여 있는 것은 사과이다."라고 말한다. 새로운 논법은 첫째 표현을 두 번째로 환원하는 것을 통해 이 이중성을 제거한다. "이 사과는 붉다."라는 것을 대신해서 "이것은 사과이고, 이것은 붉다."라고 말하는 것을 의미한다. 이는 암묵적인 상정("이 사과는 붉다."라는 문장에서 사과가 중요하다.)이 명시적으로 표현된다는 장점을 갖는다. 만약 실제로는 '(먹는) 배'와 관련될 때, 이 방식으로 "이 사과는 붉다."라는 표현은 의미 없는 표현 대신에 오류의 표현이 된다.

그러나 이제 새로운 난관에 부딪힌다. 만약 "이 사과"라는 표현이 아니라면 "이것은"이라는 표현은 무엇을 의미하는가? 우리는 이것을 말하고 사과를 가리키는 사람을, 표면의 붉은 얼룩을, 혹은 둥근 형태, 혹은 사과가 그에게 선사된 사실, 그래서 '사과'는 선물을 뜻한다는 등으로 이해할 수 있다. '이것'이 무엇을 뜻할지는 사과 혹은 과일이 말해졌다는 사실을 내가 알 때 비로소 분명해진다. 따라서 예컨대 우리는 "이 과일은 사과이다."라고 말할 수 있다. 논리학자는 마지막 문장을 다음과 같이 번역하고 싶어 할 것이다. "이것은 과일이고, 이것은 사과다." 이로써 앞의 문제가 시작한다. 콰인(Quine)이 "지시의 불확정성"이라 불렀던 것은, 우리가 부르기의 본디 행위 안에서 부르고 있는, 여기 이것으로 보이는 것을 명확히 식별하기란 불가능하다는 사실과 관련이 있다. Fx에 관한 모든 표현 종류의 형태는 순환적으로 보인다. 왜냐하면 그것에 관해 어떤 것을 말할 수 있으려면 x라는 것이 무엇인지 미리 알아야만 하기 때문이다. 그 밖에 그가 무엇에 관해 말하는지를 알기 위해서는 우리는 "여기 이것"(현존재)에 관해 말하는 이가 누구인지 알아야 한다. "여기 이것"은 말하자면 가리키는 사람의 위치에 대한 하나의 관계를 구성한다. 그를 이해하고자 한다면 그의 몸짓이라도 주목해야 한다. 개별자는 이것을 명명하는 사람에 대한 관계 안에서, 이러저러한 것으로 명명될 수 있다. 이것은 지시하는 사람 자신에게는 유효하지 않다. 그는 자신을 하나의 방식으로 정향시키지 않고, 자신의 위치를 다른 사람의 위치와의 관계 안에서 규정할 필요 없이, 명백히 표현할 수 있는 고유한 위치에 있다. '나'는 하나의 '의미'를 통한 침투, 즉 내용적인 규정을 통하지 않고 개별자와 관계를 맺는다. 인격들은 비교 불가능한 방식으로 각자이다. 둔스 스코투스(Duns Scotus)는 "마지막 고독(ultima solitudo)"에 대해서[1], 토마스 아퀴나스는 "비소통성(incommunicabilitas)"에 대해서[2] 말했다. 그럼에도 자기 식별은

고립적으로 생기지 않는다. 이것은 뒤에서 다시 지적하겠지만 필연적
으로 타자의 실존을 내포하고 타자를 위한 잠재적인 기여를 내포할 수
밖에 없다.

기절했다가 깨어난 사람은 타인에게 자신이 어디에 있는지, 지금 시
간이 몇 시인지, 자기가 누구인지까지 물을 수 있다. 인격의 정체성은
오로지 자의식과 자기 기억에서 구성된다는 것은 로크로부터 기인하
는 오류에 속한다. 내가 이것이나 저것을 행하는 자인지, 혹은 행하지
않는 자인지를 결정하는 것은 나 혼자에게 맡겨진 것이 아니다. 다른
사람에게 나의 정체성의 기준이 무엇인가? 그것은 외적인 기준, 즉 공
간 안에 계속되는 실존으로 시간이 지나면 사라지는 내 육체의 정체성
이다.

인격의 정체성에 대한 질문은 특별히 소위 정신분열의 경우에 결정
적이다. 한 육체 안에서 두 개의 주체가 사실적으로 서로 소통하는 것
처럼 보이는 경우가 있다. 어떤 이는 두 인격을 경험한다. 그러니까 두
인격이 문제가 된 것일까? 누구도 그렇게 생각하지 않는다. 우리는 이
경우를 치료를 시도해야 하는 질병으로 이야기한다. 그리고 이 질병을
치유하면 결국 두 인격 중 하나의 인격을 없앴다고 생각하지 않는다.
그리고 환자 자신도 많은 경우 이 외부 관점에 대해 설명한다. 그는 의
사에게 간다. 외부 관점이 정체성에 중요하지 않다면, 우리는 이 정신
병자는 정신병자이고, 그는 어떤 무엇인가를 상상하고 있다고 말할 권
리를 가지지 않는다. 짐승의 경우에는 외부 관점에서 서술하는지, 다른
한편 그것은 외부 관점에서도 이 짐승이 어떻게 그러한지 아는 것은 불
가능한지, 이것이 이 짐승인지, 혹은 이 종류의 짐승인지 중요하지 않

---

1 Johannes Duns Scotus: *Rep Paris*, I, d 25, qu. 2, n. 14.

2 Thomas von Aquin: 2 Sent. 3, 1, 2.

다. 사람은 타인에 대해 자기 자신에게 말하고, 자신에 대해 타인에게 말한다. 외부 관점은 내부 관점을 위해 중요하고 이를 변형시킨다. 마찬가지로 내부 관점이 보고되는 것이 외부 관점에, 특별히 의사의 관점에도 필수적이다. 그렇다, 심지어 이것은 정신의학을 구성한다. 정신의학이 외부 관점에 가져오고 객관화시키는 것은 내부 관점이다.

II

인격적 정체성을 인격적 정체성의 의식과 동일화함으로써, 보통 우리가 우리 자신을 우리의 모든 이전 생의 여정을 의식하지 않고서 시간을 넘어 지속해서 자신과 일치시킨다는 사실을 간과한다. 우리가 꿈의 의식에서부터 깨어나는 의식에 이르기까지 주체적인 연속체는 없으나 꿈을 우리의 상태로 보는 것처럼, 정신병자는 자신의 상태들을 자신의 것으로 되돌아본다. 우리는 우리의 꿈을 기억하지만, 그러나 그것을 꿈으로 기억한다. 우리는 그것을 꿈속에서는 꿈으로 경험한 것은 아니지만, 우리 자신의 것으로 우리 삶에 통합할 수 있다. 자아 정체성의 기준으로 직접적인 자기소여에 세운, 데카르트의 주관성의 철학부터 심리철학에 이르기까지 자아에 직접적으로 주어진 것을 자아 정체성의 기준으로 삼은 철학은 의식의 순간적인 자아소여성 형식을 더 물러설 수 없는 종결점으로 여기고, 과거와 미래의 차원은 단지 현재의 몰아(Ekstase)로 여긴다. 방법론적인 유아론(Solipsismus)은 항상 동시에 순간적 현재의 고립이다. 데카르트는, 시간을 포괄하는 의식의 일치를 위해, 우리의 기억을 체계적으로 속이는 것을 허용하지 않는 신적인 진실성의 보증을 주장할 때, 벌써 이를 의식하고 있었다. 그와 반대로 방법론적 '순간주의(Momentanismus)'의 극복은 물론 방법론적 유아론의 극복은 처음부터 인격의 개념에 속한다. 둔스 스코투스가 말하는 인격의 고독은 그것이 '비소통적(inkommunikabel)'이라는 것과 합치한다. 인격은, 단지 한번 현존하는 것이 종국에는 우연인, 하나의 질적으로 정의된 것이 아니라, 인격만이 차지하는 우주 전체 안의 한 '장소'를 통해 정의된다. 이 장소는 다시 다른 모든 장소에 대한 자신의 위치를 통해 결정된다. 인격 또한 한 번도 자기 자신일 수 없는 모든 타자에 대한 자신의 관계를 통해서 결정된다. 그리고 이것은 단지 밖에서 그렇게 관찰된 것이 아니라, 인격 자신이 장소의 유일회성에 관해, 즉 모든 타자에 대한 관계의 독특성에 관해 그리고 이로써 자신의 고유한 본질적 유일회성에 관해 안다. 따라서 관계의 유일회성이 문제가 되기 때문에, 유일회성은 인격의 외부 관점 없이는 결코 생각될 수 없다. 이 외부 관점은 우선 육체를 통해 전달된다. '분열된 나'와 함께 있는 인간의 육체는 뇌 절단의 경우 외에는 (이 문제는 여기서 토론할 수 없다.) 분열된 것이 아니다. 그러기에 소위 다중 인격 분열은 하나의 질병이다. 그것도 두 인격을 가진 한 '나'의 질병이 아니라 한 인격의 질병이다.

III

이중인격 혹은 분열된 나의 현상은 더 깊이 통찰하도록 이끈다. 이 두 가지 서로 구별된 자아들은 그 자체로 또한 항상 다르다. 이들이 차이가 없다면 이들은 동일할 것이다. 여기서 라이프니츠의 "식별 불가능자 동일성(identitas indiscernibilium) 원리", 곧 질적으로 차이가 있는 것이 아닌 것의 동일성에 대한 원리가 실제로 유효하다. 두 개의 자아의 수적인 구별은 그것들의 질적인 차이의 기능과 다르지 않다. 인격의 내부에서 하나의 드라마가 재생한다. 이 드라마 안에서 본질적으로 구별된 것으로 우리에게 보이는 것은, 질적으로 달라서 그들의 통합이 현재는 불가능하게 보이는, 실제로는 부분에 불과하다. 그러나 바로 이 통합은 과제로 남는다. 모든 질적 차이는 상보성으로 생각할 수 있다. 우리가 그리스도론의 논쟁에서 보았던 것이 여기서는 두 개의 본성을 통합한 하나의 인격적 일치로 생각된다. 이 본성들은 차이가 있는 것으로 생각해야 하는데 그들이 동일하다면 그들을 두 개로 생각하는 것은 어떤 의미도 없을 것이다.

두 개의 서로 나뉜 '나'의 부분들이 질적으로 차이가 있는 그 곳에서 분열의 과정은 언제나 본질적으로 미리 결정된 일치의 구성에서 어려움으로 이해되어질 수 있다. 질적 차이는 상호 관계 없이 나란히 실존할 수 있다. 그러나 그것은 또한 서로 관계를 맺고 일치하여 통합될 수 있다. 이 일치를 통해 그것은 특수한 계기의 상태로 강등된다. 서로에 대한 인격들의 관계는 다른 방식에 관한 것이다. 이것은 첫째로 항상 주어져 있다. 모든 인격은 선험적으로 다른 모든 타자에 대해 관계 속에 있다. 한 인간에 대한 무관심은 모든 관계의 부재가 아니고 고유한 형태의 관계이다. 이 관계는 서로 충돌하거나 혹은 보충하는 질적 차이성에서 연유된 것이 아니다. 질적인 차이에 근거를 두는 인격들 사이의 충돌과 보충이 있다. 그러나 이것은 모든 공감과 반감보다, 모든 "친화력" 혹은 충돌보다 앞서는 근본적인 인정의 관계에, 혹은 거부된 인정에 기초한다. 인격들은 그들의 질적 특성에 근거하여 포괄적인 단위인 사회와 기관에 개입할 수 있다. 그러나 인격들은 본질적 의미에서 '통합'되는 것, 즉 포괄적인 전체의 부분으로 축소되는 일은 결코 있을 수 없다. 인간은 많은 점에서 포괄적 전체의 부분이다. 인간은 이것을 알고 그렇게 되기를 원할 수 있다. 인간의 자연적 성격이 이러한 부분 기능으로 프로그램화된 것이기에 부분인 것이 아니고, 그들의 개별 능력이 객관적으로 이런 전체의 한 기능인 것도 아니다. 그들은 이 부분 존재성에 대해 자유로운 태도를 취할 수 있다. 그들은 이를 거부할 수도 있고, 반대로 포괄적인 전체를 위한 봉사를 자기 고유 정체성의 통합된 구성 요소로 만들 수도 있다. 그들은 그 봉사를 위해 자신의 목숨도 바칠 수 있다. 바로 이 점에서 그들이 더는 부분이 아니라, 모든 봉건 지배를 거부하는 전체이다.

반대와 '보충', 인격들의 보완은 항상 질적 차이에서 발생한다. 그러므로 가장 내적인 인격공동체, 결혼은 성적 차이를 전제한다. 동성의 인간은 여러 종류의 공동체를 서로 건설할 수 있다. 그러나 그들은 바오르가 성적 결합으로 이해한 것으로의 "하나의 몸"이 될 수 없다. 양성 신화가 이 공동체를 본래의 정체성이라고 해석하는 것은 우연이 아니다. 거기에 반해 다른 인격들은 본래 동일하게 생각될 수 없다. 인격이 인격으로서, 즉 자신의 각각의 질적 특성에 대해 그것을 소유하는 것처럼 태도를 취하는 존재로서 동일한 것과 같이, 인격의 수적 차이는 자신에게 본질적이다. 이 소유함에서 그들은 서로 동일하다. 이 동일성은 본질적으로 어떤 것도 경험적인 것이 아니다. 오히려 우리가 경험적이라고 주장할 수 있는 모든 것은 동일하지 않고, 그래서 인간 존엄성 때문에 인간의 비동일성에 관한 인식을 억압해야만 한다고 믿는다면 커다란 오해이다. 인격의 존엄성은 그러한 인식을 통해 절대 발생하지 않는다. 왜냐하면 인간의 인격으로서 평등은 인식의 대상이 아니라 인정의 대상이기 때문이다. 칸트가 실존이란 어떤 '실재적인', 말하자면 사실적인 '술어'가 아니라고 실존에 관해 말한 것이 바로 실존자의 방식으로서의 '인격' 개념의 변천에 딱 떨어진다.[3] 우리가 어떤 사람에 대해 그는 인격이라고 말한다면 그는 어떤 분이고, 따라서 그의 술어들 중

---

3 I. Kant: *Der einzig mögliche Beweisgrund zu einer Demonstration des Daseins Gottes*, Akademieausgabe Bd. II, 73.

하나의 혹은 그의 술어들 전체의 부수적 결과로 이해할 수 없는 개별 자이고 유일자이다. 그가 어떤 존재이든지 항상 그러한 것일 수 있는 데, 이는 그가 누구인지에 관해 결정하지 않는다는 방식으로 존재한 다. 그가 어떤 존재인지는 우리에게 가시적으로 파악되도록 주어져 있 고, 그가 누구인지는 우리가 확실히 접근할 수 없는 것을 인정하는 행 위를 통해서만 비로소 접근할 수 있다. 그것은 모든 내면의 심리 발생 처럼 외부 인식만을 벗어나는 것이 아니다. 그것은 내적 인식 역시 벗 어나 있다. 왜냐하면 내적 인식 또한 단지 '실재하는 술어들', 즉 사실 을 담지 하는 규정들에만 접근할 수 있기 때문이다. 내적 인식에서도 우리는 칸트가 본 것처럼 단지 우리를 현상으로만 관찰할 뿐이다. 그러 나 이 현상 안에 동시에 이 특성과 상태의 소유성에 대한 지시가 내포 되어 있다. 그럼에도 우리의 정체성을 구성하는 소유의 완성은 내포되 지 않는다. 완성은 내적 인식은 물론 외적 인식도 초월한다. 우리가 우 리를 "안으로부터" 인식한다 해도 다른 사람들이 우리를 인식하는 것 보다 무조건적이고 필연적으로 더 잘 인식하지 않는다. 인격은 내적인 것도 아니고 외적인 것도 아니다. 인격은 모든 정신적으로 구성되는 내 적―외적―차이를 초월한다. 물론 인격의 재인식과 재자기동일화를 위해서 외부 인식, 즉 육체성은 결정적이다. 왜냐하면 육체성은 모든 다른 존재자와의 관계에서 인격의 현재화를 허용하기 때문이다. 순수 한 수적 동일성은 단지 위상학적으로 파악된다. 그러므로 유아론은 인 격 개념과 양립할 수 없다. 세상에서 유일한 한 인격이란 생각할 수 없 다. 한 인격의 정체성을 구성하는 것이 무엇인지는 본질적으로 유일회 적으로만 있을 수 있다. 인격성은 그러기에 단지 인격의 다양성으로만 있을 수 있다. 철학적 유일신론은 그러기에 항상 양가적이다. 그것이 삼위일체적이 아니면 그것은 필연적으로 범신론으로 빠지는 경향이 있 다. 왜냐하면 유일한 한 인격적 신의 사유는 자기 자신의 역사적인 전제들을 더 이상 기억하지 않는 한 인격 개념에서 발생하기 때문이다. 세 분의 신적 인격을 말할 때 비로소 처음으로 인격으로서 신을 이야기했다.

부정적인 것

I

인격들은 단순히 자신들이 무엇인가가 아니다. 그들은 그들이 무엇인가에 대한 차이를 통해서, 즉 부정성의 계기를 통해서 규정된다. 부정성은 생물을 무생물과 구별한다. 인격 안에서 부정성은 최고의 상승을 이룬다. 인격들은 단지 느끼는 것도, 단지 생각하는 것도 아니고 사유의 너머의 것 또한 사유한다. 인격들은 '있음'의 사유를 사유한다. 이 사유는 어떤 고유한 내용, 어떤 의도적 내용이 전혀 없다. 이 사유는 자신의 규정을 단지 이중의 부정, 단순한 사유된 존재의 부정, 부정을 통해 획득된다.

생각은 이미 그 자체로 단지 존재하는 것과의 차이를 통해 규정된다. 이 차이는 단지 존재하는 것에서 구성적으로 얻어진 것이 아니다. 부정은 긍정을 전제로 하지만, 긍정에서 얻어지는 것이 아니다. 그러므로 기계는 이런 범주에 넣을 수 없다. 단순히 존재하는 것과의 차이는, 이 차이가 항상 이미 전제하는 것이 아닌 어떤 시뮬레이션을 통해서 달성되지 않는다는 것이다. 기계들이 생산하는 모든 것은 생명 존재에 의해 표시로 읽히고 사유내용 안으로 변화될 수 있는, 세계 안의 긍정적 사실들이다. '－' 표시는 마찬가지로 '＋' 표시와 같이 세계 안의 물질적인 사건이다. 한 생물 존재가 표시에 하나의 특정한 의미를 줄 때 부정성은 발생한다. 그러나 부정성은 정말이지 발생하는 것인가? '～아닌 (nicht)'은 또한 단지 하나의 상징이 아닌가? '이해하다(verstehen)'는 단지 하나의 알려진 상징에서 알려지지 않는 것을 번역한다는 것이 아닌가? 상징의 피안은 있을까? 만약 피안이 없다면 상징은 어떤 것도 상징하지 못한다. 다시 말해 어떤 상징도 없고 세계에 단지 사물이 있을 뿐이다. 컴퓨터는 물론 그 자체로 그들(상징)을 자유로이 다룬다. 그리고 이것을 "이해한다"고 말한다면 컴퓨터도 역시 물론 이해한다.

컴퓨터가 무엇을 할 수 없는지, 즉 컴퓨터가 어떤 '사유공정'을 완수할 수 없을 것인지를 예측하는 것은 부질없다. 벌써 오늘날 컴퓨터는 여러 관점에서 인간적인 사유공정을 능가한다. 그럼에도 불구하고 우리가 "컴퓨터는 생각하지 않는다."라고 말한다면, 그것은 그것이 사유하고 있다는 것을 인식하지 못한다는 뜻이다. "그것이 인식하지 못한다."는 것은 그것이 사유의 인식을 경험하지 못한다는 것을 의미한다. 기계에는 어떤 정신도 없다. 인식이란 일종의 체험 방식이다. 모든 체험에는 어떤 것이 주제가 된다. 무엇을 추구함, 충동은 체험의 기본 구조이다. 충동을 통해 이중적 차이가 구성된다. 한편으로 안과 밖의 차이, 즉 공간 지각의 근거를 밝히는 차이, 다른 한편으로 시간 지각이 근거를 밝히는 차이, 즉 '벌써'와 '아직 아닌' 사이의 차이, 예상과 예상 속에서 예상된 것과의 차이이다.

내부·외부의 차이는 보통 시스템의 기본적 특징에 해당하고 그런 만큼 생명에게는 특별하게 보이지 않는다. 생명체의 기관들은 이런 점에서 다만 시스템의 특별한 경우에 해당한다. 그러나 사실은 반대로 작동한다. 시스템들은 생명의 모사이고, 시스템을 그 자체로 인식하는 살아 있는 존재에게만 시스템이다. 항온기는 물리적인 법칙에 따라 작동하고, 우리가 항온기에 귀속하지 않는 다른 물질적 요소와 상호 작용하는, 물질적 요소를 갖춘 하나의 배치물이다. 한 공간에서 열기가 이 상호 작용을 통해 안정되게 유지되는 것은, 자신의 상태를 여러 다른 시간에도 서로 관계를 맺도록 하는 한 존재에게만 실재이다. 왜냐하면 이 존재는 상태의 동균일성에 관심을 갖고 있기 때문이다. 살아 있는 유기체만 그런 존재이다. 그러나 항온기는 항온기일 뿐, 즉 어떤 것을 추구하고 그래서 특정한 온기 상태에 관심을 갖는 유기체가 있는 동안에만 '시스템'이다. 그러므로 그러한 시스템의 내부·외부 차이는, 우리 자신들에게는 본질적이고 그런 이유로 우리가 개인이 되는 내부·외부 차이의 투사로서 하나의 차이일 뿐이다. 무생물 시스템의 내부와 외부 세계는 '즉자적으로' 하나의 지속을 만든다. 그런 시스템에게 자아성의 의미로 존재를 귀속시키고자 하는 사람은, 어느 누구도 만들 수 없고, 그것도 정의상(per definitionem) 그럴 수 없는, 어떤 것이 그것에 귀속된다고 판단하게 되는 것이다. 왜냐하면 자기 존재는 발생 조건에서 해방됨을 의미하기 때문이다. 이런 해방은, 아리스토텔레스가 'alloiosis'와 대조되는 'genesis'로, 즉 변화에 대조되는 발생으로 표기한 것처럼, 단지 즉각적으로만 생각되어질 수 있다. 우리는 기꺼이 이와 관련해서 '발생된 성질들', 즉 그것의 발생이 특정한 물질 집결로 생기는 성질이라 말한다. 그럼에도 여기서는 비집결된 물질의 성질들의 단순한 결합으로서 해석될 수는 없다. 그러나 성질은 항상 어떤 것에 관한 성질이다. 하나의 새로운 어떤 것의 발생, 즉 개별화는 그 자체로 발생한 성질이라고 서술될 수 없다. 그러니까 충동, 무엇을 지향함이 생명체를 개별화한다면, 생명은 존재자의 성질로서가 아니라 존재자의 존재로 이해되어야만 한다. "생명은 생명체의 존재이다."[1] 인격들은 생명 존재이다. 그들의 존재는 생명이고 그들의 개별화는 살아 있는 유기체의 개별화이다.

생명은 어떻든 존재하는 그런 존재자들의 존재이다. "한 마리의 박쥐가 있다는 것은 어떤 상태일까?" 토마스 네이글은 이렇게 묻고 우리는 본질적인 것은 알 수 없다고 대답했다. 다니엘 데넷(Daniel Dennett)은 거기에 대해 우리는 박쥐들의 비언어적 태도를 통해 매우 많이 그들이 무엇을 지향하는지, 그리고 그들에게 무엇이 지각되고, 지각되지 않는지에 관해 경험할 수 있다고 대답했다. 우리의 의식과 비교하자면 이런 동물의 의식은 물론 "장애가 심한"[2] 것이다. 그리고 그런 방식으로 우리는 마지막으로, 컴퓨터가 의식을 어느 정도 위의 상태로 가져왔다고 한다면, 컴퓨터 의식에 관해 또한 어떤 것을 배울 수 있을 것이다. 한 마리 박쥐의 혹은 인간의 지향성은 컴퓨터를 통한 그것의 모사와 무엇이 구별될까? 누군가 혹은 한 동물에게 '이러저러하게 존재한다'는 것은 무엇을 의미할까?

II

'체험한다'는 것은 무엇을 뜻할까? 하이데거는 우리에게 우선 하나의 세계가 존재하고 우리가 이 세계 안에 존재하게 되는 '기분(Gestimmt-sein)'을 현존재의 근본적인 현상으로 말할 때, 여기에 대한 하나의 길을 제시했다. 기분은 어떤 일도 아니고 어떤 분명한 사건도 전혀 아니며, 이 모든 것에 앞서 놓여 있다. 의식, 노력, 갈망, 인식은 그런 기분에

1 아리스토텔레스, 『영혼론』, II, 4; 415 b 13.
2 D. C. Dennett: *Consciousness Explained*, Boston 1992 (Deutsch, *Philosophie des menschlichen Bewußtseins*, Hamburg 1994), 565.

결합되고 각인될 때, 자신이 무엇인 바가 된다. 컴퓨터는 어떤 의식도 없고 생각도 하지 않으며, 어떤 것을 갈망하지도, 어떤 것을 인식하지도 않는다. 한 컴퓨터로 존재하는 것이 어떻게든 존재한 것이 아니기 때문이다. 컴퓨터가 이렇게 존재하는 것이 아니기에 한 컴퓨터의 내부·외부 차이는 현실적인 차이가 아니다.

이 차이는 인격이 아닌 동물에게는 물론, 그들 입장에서 차이가 내적으로, 즉 체험된 것으로 번역되는 한에서, 외부복잡성이 내부복잡성으로 번역되는 한에서만 실재한다. 그에게, 체험을 위해 존재하고, 체험에 특정한 긍정적 혹은 부정적 의미를 가지고 있는, 동일적인 것이 아닌 어떤 것이 있다. 이 다른 것이란 이 동물이 그런 의미를 가지고 있다는 한에서만 그에게 존재한다. 이 의미는 살아 있는 개체의 본능 구조를 통하여 그리고 이 구조를 위해 본질적인 추구와 충족의 차이를 통해서 미리 결정된다. 이 이중의 차이는 부정성이란 체험의 내적 계기 자체가 된다는 뜻이다. 곧 추구는 필연적 조건이지만 충족을 위한 충분한 조건은 아니다. 왜냐하면 추구는 그것의 충족을 향해 그와 동일한 것이 아닌 것에 의존하기 때문이다. 그의 충족은 우연적이라는 뜻이다. 생명체는 '만남'에 의존되어 있다. 생명체는 본질적으로 빈곤하다. 그리고 충족은 이 생명체에 본질적으로 속하는 활동의 단순한 최고 절정이 아니기 때문에, 항상 불확실한 만남과 더 나아가 자신의 노력, 투신 그리고 이따금 보통 정도를 초과한 고통을 보상으로 요구한다. 고통 속에서 부정은 세계 안의 단순한 존재에 타자로 침입하고 체험의 직접적인 기분이 된다. 우리는 물론 보존을 위한 봉사 안에 고통의 기능성을 제시하고 유사한 '고통 기능'을 인조 시스템에 설치하는 시도를 할 수 있다. 그럼에도 고통은 이 기능으로 정의되지 않는다. 고통은 신호 기능이 과도하게 되었음에도 불구하고 지속될 수 있다. 고통은 '과도'할 수 있고, 생물학자는 왜 그런지 설명할 수 있을 것이다. 왜냐하면 자연 안에서 기능성은 목적론과 동일한 의미를 갖는 것이 아니기 때문이다. 그러나 고통은 어떤 경우이든지 그가 무엇인 바의 것이고 그가 무엇인 바, 그의 특별한 성질은 이 기능성에 대해 어떻든 관계가 없다. 이 성질은 본질적으로 부정성이다. 그리고 본성상 피하는 고통은 그 자체로 추구될 수도 있다. 피하도록 되어 있는 고통의 기능성 때문이 아니라 기능성에도 불구하고 그렇다. 호기심, 즉 경험의 확장, 생명감정의 상승에 대한 욕구, 그리고 연대에 따른 소망, 자기 처벌에 대한 욕구, 연민을 깨우는 갈망 혹은 자학적인 경향 등은 고통을 추구하도록 이끈다. 그러나 물론 고통은 고통으로서 추구된다. 고통은 쾌락과 동일하게 되지 않고, 말하자면 괄호에 넣어지고 긍정적인 전조를 지닌 부정성 자체이다. 고통은 물론 단지 인격들에게만, 그들이 무엇인 바대로 단순히 그렇게 있는 것이 아니라 그들이 무엇인 바의 모든 것과, 모든 질적인 규정성과 다시 한번 거리를 두는, 따라서 보류한 채 많은 경우 다른 '전조'를 가질 수 있는 존재에게만 가능하다.

III

충족은 인격이 아닌 생명체에게는 정의에 따라서도, 분석적으로도 추구와 연결되어 있지 않다. 연결은 또한 자연법적인 것이 아니다. 이는 우발적이다. 그럼에도 이것은 우연이 아니다. 충족 혹은 좌절의 모습은 대칭적이지 않다. 충족은 '정상'이다. 정상성은 생물학적인 동의어로 '법칙성'이다. 생물학적 종은 자체로 정상성의 양태, 생명체의 정상적인 형식이다. 그들은 특정한 기대의 충족과 이에 따른 종의 보존을 보장하는 '생태학적 환경'으로 설치한 결과이다. 모든 종 고유의 노력은, 기대된 바의 개입을 일반 경우로, 불개입을 이탈로, 즉 비일반으로 여기는, 특정한 기대 행동과 묶여 있다. 그러한 기대를 사전에 구성하는 정상성을 갖지 않는 어떤 생명, 어떤 인간적 생명이란 없다. '위로 향한' 정상성의 이탈, 즉 인간에 의해 특별한 행복감과 감사함으로 응답된 기대하지 않은 강렬한 '만남'은 동물들과 마찬가지로 인간에게 하나의 위험을 내포한다. 일반적인 노력과 안간힘을 기울이는 준비와 능력은 빨리 하락하여 이로써 정상성의 조건 아래에서 보존은 위태로워진다. 문제는 과거의 정상적 상태로 돌아가는 것을 두려워하는 데에 있는 것이 아닌 것 같다. 왜냐하면 흘러넘침 자체가 새로운 정상성이 되었기 때문이다. 그럼에도 이것은 표준의 이동이 알아채지 못하게 그리고 오랜 시간 동안에 이루어졌을 때만 유효할 것이다. 왜냐하면 '정상'의 맥락에서 노력과 애씀은 특정한 종에게는 손실 측면의 무비용으로 기록되는 것이 아니라 그 자체로 자기의 본성적 채비의 보존을 위해 그리고 자기의 행복을 위해 요구되기 때문이다. 그러므로 사람들은 더 이상 자신의 실존 보존을 위해 육체적으로 움직이고 힘써야 할 필요가 없을 때 스포츠를 한다. 애씀이라는 의미에서 부정성에 대한 어느 정도의 양은 그 자체로 생명체의 정상성의 일부이다. 등산할 때 힘든 것은 그 자체로 기쁨의 일부이다. 이것을 아는 사람은, 모든 시도의 순간이 편안하고, 바로 이 때문에 등산의 특별한 기쁨을 전혀 상상할 수 없는 곤돌라 운전자와 처지를 바꾸고 싶어 하지 않는다.

그러므로 고통은 본질적으로 이례적인 것이기 때문에 근절할 수 없는 부정이다. 고통이 통계적으로 정상이라면 다를 것이다. 만약 인구의 90%가 만성적으로 두통을 가지고 있다면 어느 누구도 통계 규칙의 10% 나머지 사람에게 적응하려 노력하지 않고 상황은 반대가 될 것이다. 고통은 어떤 통계에 관계하지 않는 채 그 자체로 비정상이라는 것을 소유한다. 부정성은 여기서 통계적이고 양적인 것으로서가 아니라 동시에 서술적이고 규범적인 개념으로 알려진다. 존재와 당위는 두 개

의 비교할 수 없는 영역에 속한다는 흄의 주장은[3] 고통에 직면하여 오
류로 증명된다. 우리가 존재의 의미, 즉 외부 세계에서 대상적인 만남
가능성의 의미로, 존재의 순수 '긍정적인' 인 개념을 갖게 되어 부정성
으로서의 고통은 존재자에 속하지 않는다면 그러지 않을 수 있다. 그러
나 보통 우리는 한 사람의 표명, "나는 고통스럽다."를 "나는 배고프
다."라는 표명과 같이, 정보의 내용을 지닌 세계 안의 사건에 관한 표명
으로 여긴다. 그럼에도 어느 누구도 "나를 도와주세요. 고통스럽습니
다." 혹은 "저에게 먹을 것을 좀 주세요. 배고픕니다."라는 요청에 "당
신은 왜 고통을 혹은 당신의 배고픔을 면하려고 합니까?"라고 되묻지
않는다. 그는 아마도 "아프니까요."라고 대답할지 모른다. 그러나 이것
은 단지 그가 고통스럽다는 공지의 반복에 불과하다. 여기서 행위요구
를 근거 지을 수 있는 어떤 다른 근거가 있을 수 없다.

고통은 사람이 원하지 않는 것과 직접적으로 관련이 있다. 물론 인격
에게는 배고픔에도 불구하고 먹지 않아야 할 이유가 있다. 굶주림은 단
지 제일 우선적 지평이다. 그러나 이 지평에서 더 나아가 근거 지음의
의무가 발생한다. 굶주린 이에게는 식사의 근거가 아니라 단식의 근거
가 필요하다. 굶주린 이에게 먹을 것을 주어야 하는 근거가 아니라, 그
에게 그것을 거절한 근거가 필요하다. 부정성, 즉 단순한 존재에 대한
타자는 단지 생명이 있는 곳에 있다. 이는 어떤 것이 중요한 곳, 그것도
'항상 벌써', 즉 선택, 목적 세우기 혹은 의식된 갈망 때문에 비로소 있
는 것이 아닌 곳에 있다. 선택, 목적 설정, 의식된 갈망은 훨씬 더 하나
의 그런 원초적인 지향성을 전제로 한다. 병적인 무감동의 상태에서 어
떤 것에도 동기화되어 느끼지 않는 사람은, 어떤 것도 그에게는 중요하
지 않고 바로 그렇기에 어떤 것을 갈망하거나 어떤 목적에 투신하려는

---

3   D. Hume: *A Treatise Of Human Nature*, Book III, part I, sect. I.

어떤 근거도 발견하지 못한다. 이 상태가 그 자신에 의해 고통으로 경험되고 이 경험이 그를 이 상태에서 벗어나도록 움직일 수 있을 때는 그렇지 않을 것이다. 그러나 그렇게 되면 우리는 다시금 하나의 그러한 내적 차이와 그리고 갈망에 앞서는, 차이에 기초가 되는 부정성과 관계를 맺어야 한다.

  의식적 갈망은 하나의 이중 전제를 갖는다. 하나는 지향성, 즉 본능으로서의 생명이다. 다른 하나는 이성적 보편성의 차원에 '항상 벌써' 개방하는 존재이다. 노력 그 자체로의 형식이 자유로운 결정에 의해 적게 설정되면 될수록 이성적 존재의 행동이 항상 벌써 대면하는 보편적인 정당화의 형식도 그만큼 적을 것이다. 굶주리는 이에게 먹을 것을 주는 것은 이성적 존재에게는 자신이 먹는 것에 대해 그러하듯 근거 지음의 필요성이 적을 것이다. 인격들은 스스로 일정 정도까지 이 형식에서 벗어날 수 있지만 완전히 벗어나지는 못한다. 그들은 경우에 따라 정당화하지 못한 채 행동할 수 있고, 겉으로 정당화를 가져와 보편화시킬 수 없는 어떤 관심을 은폐하는데 다만 봉사할 수도 있다. 그러나 그들은 자신을 인격자로서 보이지 않게 만들고 그래서 인간 인격의 인정 공동체로부터 스스로 폐쇄하지 않고서, 일반화할 수 있는 행위 규정의 형식을 제거할 수 없다. 언어적으로, 즉 소통적으로 작성한 이성의 구조는 항상 이성적 갈망의 차원을 개방적으로 갖는다. 이성은 삶의 하나의 형식이다.

지향성

I

인격들은 하나의 '내적차원'을 가진, 다시 말하자면 '체험하는' 존재에
속한다. 체험 대신에 우리는 또한 '정신적인 상태'에 관해 말한다. 정신
적 상태와 과정의 존재론적 지위에 대한 물음은 데카르트 이후 현대 철
학을 움직인다. 조금 더 뒤에서 논의되는 근거들 때문에 정신적인, 즉
내적으로 체험된 것과 우리가 외부에서 인식하는 물리적인 것의 원칙
상 비교할 수 없는 상태에 대한 숙고는 데카르트와 함께 시작한다. 예
컨대 고통은 자기 자신의 상태가 고통스러운 사람만이 본질적으로 경
험할 수 있는 상태이다. 타자들은 특정한 외적인 인식 때문에, 그들이
고통스럽다고 말할 때 자기들의 것과 비슷한 상태에 누가 놓여있다는
결론을 내린다. 외적 인식은 우리가 그가 고통스럽다고 누군가가 말하
는 것을 듣고, 그때 우리는 그를 믿지 않을 어떤 근거도 가지고 있지 않
는 곳에서도 당연히 구성된다. 왜냐하면 타인의 고통을 직접 지각하는
일은 없기 때문이다.

이 비교할 수 없음을 가지고 무엇을 이야기할 수 있을까? 정신적인 것과 물리적인 것의 이원론은 항상 일원론적 지양이 시도되어야 한다는 어려움을 내포한다. 우리는 오늘날 정신적 상태가 인간 뇌의 특정한 상태에 상응한다는 것을 안다. 즉 이 두 상태는 항상 동시에 발생한다는 것을 의미한다. 이 상응을 어떻게 이해해야 할까? 이원론의 지양을 위한 시도는 세 가지 방향으로 진행되었다. 관념론자들에게 외적인 소여들은 정신적 사건의 부수 현상이고, 유물론자들에게는 이와 반대다. 그리고 스피노자식의 극단적 일원론자들에게 두 개의 연속현상들은 절대적 실체의 자기 운동, 즉 실제로는 우리에게 접근되지 않는 수없이 많은 다른 것들과 함께 우리 경험에 다가오는 유일한 것의 발현방식들이었다. 현재의 철학적 토론에서는 이원론의 대체로서 제안된 유물론적 일원론이 지배적이다. 여기서 어떤 종류의 일원론이라도 그 현상을 기술하고 문제를 공식화하는 방식을 이원론에 의해 주어지도록 한다는 점을 관찰하는 것은 중요하다. 즉 일원론은 이원론에서처럼 체험적으로 그리고 개념적으로 분명히 서로 다른 두 개의 '영역들'이 있다는 것에서 출발한다. 단지 이 차이성의 존재론적 의미만이 논쟁의 여지가 있다. 이원론에게는 서로 상호 작용에 놓여있는 두 개의 서로 독립된 실체가 중요하다. 유물론에서 정신적인 것은 물질적 과정의, 그자체로 물론 분명히 기본적 현상과 구별될 수 있는, 단순한 부수 현상이다. 체험된 두려움과 이 두려움에 상응하는 신경학적인 현상들은 연결할 수 없는 갭을 통해 서로 분리되어 있다는 것 역시 아무튼 토론할 여지가 없어 보인다. 우리는 이들을 같은 언어로 서술할 수 없다. 뇌를 들여다보는 사람은 두려움은 볼 수 없다. "12월 25일은 카를 대제의 황제 즉위 800주년이 된다."는 생각을 들여다보는 것처럼 그렇게 그는 볼 것이다. 하나가 본래 다른 하나일 뿐이라는 것은 항상 거의 증명되지 않는 채로 남아 있다. 증명은 의심할 여지없이 논리적으로 주장되어질 수 없는 일원론적 도그마에 근거한다.[1] 그러나 이 도그마는 그가 거부하는 이원론에 기생하고 있다. 비교할 표준이 서로 다른 것의 통합을 생각하는 것은 이원론도 일원론도 성공하지 못한다. 이원론은 체험과 물리적 사건의 상호 작용을 취할 때 비교 불가능성을 포기해야 한다. 동질적인 것 사이에서만 인과적 관계가 존재한다. 그러나 일원론은 의도와 상반되게 이원론적이다. 일원론은 체험과 물질의 통합을 마찬가지로 생각할수 없기 때문에 하나를 다른 하나의 부수 현상으로 격하시키고, 이로써 인간은 자신을 말하자면 말살하게 된다. 이 경우 인간에게 중요한 것이 무엇인지는, 본래 전혀 중요하지 않기 때문에, 본래 중요하지 않게 된다. 왜냐하면 '본래'라는 것이 무엇인지에 관해서는 물리학이 가르치기 때문이다.

이제 우리가 뇌에서 두려움 같은 어떤 것을, 혹은 어떤 생각을 볼 수없다는 것은 사실이다. 그러나 이것은 우리가 두려움을 전혀 볼 수 없다는 뜻인가? 우리는 얼굴에서 두려움을 인식한다. 어느 누가 목숨을 걸고 달리면 우리는 그것을 본다. 우리는 인간이 행위를 하는 것을 본다. 그러나 육체적인 운동은 하나의 지향, 그러니까 '정신적'인 어떤 것을 표현할 때만 행위이다. 그리고 우리는 생각을 들을 수 없는가? 우리가 누군가가 말하는 것을 듣게 되면 우리는 다른 어떤 것을 듣는가? 물론 우리는 행동과 말을 잘못 해석할 수 있다. 우리는 다른 사람의 체험 그 자체를 체험하지 않는다. 그러나 그것은 자신을 드러내고 우리는 이 자신을 드러냄을 이해한다. 그리고 우리가 말을 이해한다면, 말이 표현하고 있는 것과 동일한 생각을 우리 안에 불러일으킨다는 것을 의미한다. 이원론은 한편으로 육체적인 운동의 인식 안에서, 다른 한편 정신 과정의 결과, 혹은 표현, 혹은 동반 현상으로서 있는 그것의 해석 안에

---

1 참고: D. C. Dennett: *Philosophie des menschlichen Bewußtseins*, 같은 곳, 58.

서, 두 개의 서로 다른 요소로 되어 있는 행위의 인식을 해체한다. 그러나 이 정신적 과정도 육체적인 사건도 행위는 아니다. 결정적인 것은 행위에 근거로 놓여 있는 정신적 상태가 그가 주도하는 행위로부터 결코 독립적으로 서술되거나 정의될 수 없다는 점이다. 10시 45분에 출발하는 기차에 탑승하려고 빨리 달리려는 의도는 기차, 출발 시간 그리고 서두르는 것에 관해 말하지 않고서는 서술될 수 없다. 카를 대제의 황제 즉위에 대한 생각의 '정신적 상태'는 이 즉위식과 관련되지 않고서는 서술되어질 수 없다. 대상과 독립된 그러한 정의 혹은 지향된 상태의 서술은 뇌의 상태로서 이 상태에 대한 유물론적 일원론의 의미를 위한 조건일 것이다. 각각의 의도 내지는 각각의 생각에 하나의 분명한 뇌 상태가 연결될 수 있어야만, 한 수학자의 뇌에서 수학의 내용을 그리고 역사가의 뇌에서 30년 전쟁의 역사를 해석하는 것이 원칙상 가능할 수 있을 것이다.

유물론적 일원론은 바로 행위 전체 안에 있는 내부와 외부의 '목적론적' 통합을 주장하지 않는다. 이는 그보다도 그리고 나서 정신적인 것을 육체적인 것의 기능으로 해석하기 위해서 서로로부터 독립적으로 정의되어지는 두 개의 영역을 그 자체로 전제한다. 정신적인 것은 육체적인 사건에 대한 지향적인 관계를 통해서 정의되지 않으면, 하나의 그러한 기능으로만 전락한다.

현상적인 이원론은 존재론적 일원론의 필요조건이지 충분조건은 아니다. 왜냐하면 이원론은 일원론적으로 지양될 필요가 없고, 그러한 지양에 대한 무거운 반대가 그것을 말하기 때문이다. 지양이 가능하고 이성적인지에 관해서는 계속 진행하는 경험이 결정한다.

하나의 이원론적 서술은 우리가 비지향적이고 비비례적인 종류의 영혼의 상태, 즉 예컨대 고통, 기분 혹은 확산되는 감정적 흥분 상태와 관계하는 곳이라면 어디든지 적당하다. 그러한 상태들은 그 어떤 육체적

인 이벤트와 관계하지 않고서도 서술되고 정의될 수 있다. 그들은 의미
론적으로 극복할 수 없는 갭에 의해 그러한 소여들로부터 분리되어 있
다. 그러나 바로 그 때문에, 스피노자가 한 것처럼, 그 상태들을 객관적
인 육체적 과정의 주관적 면으로 해석하는 것이 선험적으로 무의미한
것은 아니다. 그들이 그런 과정에 의해 동반된다는 것, 그들이 그런 과
정에 의해 야기되고 방해될 수 있다는 것은 일반적으로 잘 알려져 있
다. 이 상태들의 존재론적 지위에 관한 토론, 즉 정신적 영역에서 자기
에 의한 존재(ens per se)가 다루어지는지에 대한 물음은 이 차원에서
확실히 결정할 수 없다. 담론의 무승부로부터 유물론이 승리했다고 결
론짓는 것은 따라서 정당하지 않다. 왜냐하면 [유물론의 승리 주장은]
여기서 타당한 입증 책임과 관련해서 선결 문제 요구의 오류 위에 서
있기 때문이다. 모든 종류의 유물론적 일원론은 반직관적이고 체험의
자기 이해를 체계의 자기 이해로 해석해야 하기 때문에 완전히 혼자 증
명의 부담을 진다. 물리적 해석의 가능성이 시야에 있지 않지만 불가능
성이 입증되지 않았다는 사실에 대한 단순한 언급은 그러한 증명을 대
신할 수 없다. 포퍼(Popper)는 오늘날의 유물론을 채무증서 유물론이
라고 옳게 명명했다.[2] 주관적 체험, 즉 '정신적 상태'의 환원론적 해석
은 언어적 이유로 인해 선험적으로 불가능하다는 테제가 있다. 이는 우
리가 주관적인 체험에 관한 진술을 본질을 잃지 않고 객관적으로 관찰
가능한 것들에 관한 말로 번역할 없다는 것을 의미한다면, 그것은 틀림
없이 옳다. 우리는 "나는 통증을 느낀다." 대신에 "나의 C-섬유 다발이
달아오른다."라는 언어 사용을 도입할 수 있다. 그러나 한 생리학자가
통증이 있다는 사람에게 "나의 진단으로 C-섬유 다발의 열을 확인할

---

2 참조: K. Popper und J. Eccles: *The Self and Its Brain*, Berlin 1977 : Deutsch, *Das Ich und sein Gehirn*, München 1989, 130 이하.

수 없군요."라고 말한다면 그 고통스러운 사람은 "그러나 그래도 아파요."라고 대답할 것이다. "나의 C-섬유 다발이 달아오른다."가 통증이 있다는 주장을 위해 도입한 확립된 표현이 아니라면 다를 것이다. 이 경우에는 이 표현이 더 이상 관찰 용어의 표현이 아니고 그래서 더 이상 어떤 다른 관찰을 통해서도 수정될 수 없을 것이다. 결국 우리는 통증에 상응하는 관찰 가능한 객관적 현상을 위해서 새로운 표현들을 도입해야만 한다.

이렇게 주관적인 언어와 객관적인 언어를 일치시키는 것이 불가능하다는 것은 아직 환원주의의 결정적인 좌절을 의미하지 않는다. 주관적인 체험은 정의상 객관적으로 재구성될 수 있거나 모사 가능성이 없다. 그러나 환원주의에게는 그것이 문제인 것은 아니다. 무엇이 문제인가는, 주관적인 체험은 존재론적으로 중요하지 않고, 다시 말해 cogito(사유)에 어떤 sum(존재)도 상응하지 않는다는 것이다. 부수 현상주의의 테제에 따르면 주관적 체험은 객관적으로 관찰 가능한 신경 과정에 대한 엄격한 일대일 관계 안에 있다고 한다. 이 관계는 비대칭적이다. 신경과정은 체험에 작용한다. 체험은 스스로 이 과정에 되돌아 작용하지 않는다. 체험은 세계의 어떤 물리적인 과정에는 중요하지 않다. 그것은 훨씬 더 단지 그 물리적인 과정들의 결과 없는 부차 현상이기에 사건들의 고유한, 자율적인 어떤 왕국을 건설하지 않는다.

우리는 환원주의의 노력 뒤에 있는 관심에 관해 질문할 수 있다.[3] 그것은 '존재하는' 모든 것을 포함하고 모든 것을 설명하는 하나의 폐쇄된 물리적 상호 의존성에 대한 관심이다. 이 관심은 어디서 오는가? 이

---

3 참조: R. Rorty, "Mind-Body, Identity, Privacy and Categories", in: *Review of Metaphysics* 19 (1965), 24-54. Deutsch in: *Analytische Philosophie des Geistes*. Hrsg. von P. Bieri, 같은 곳, 93-120. I. Kant, "Von dem Interesse der Vernunft bei diesem ihrem Widerstreite", in:『순수이성비판』, B 490도 참조.

문맥의 폐쇄성은 경험의 결과가 아니라 요구이다. 요구 뒤에 있는 관심은 우리의 자연 지배, 우리의 개입 가능성의 계속적인 확장에 대한 관심이다. 심적 상태가 물리적인 과정에 의존함을 발견한 것은 우리로 하여금 이 상태의 조작 가능성을 연다. 고통은 어떤 신경 과정이 아니지만 신경의 직접 작용으로 신경 과정에 배치될 수 있다. 이 인식으로 인해 고통을 완화할 가능성이 생긴다. 물론 환원주의의 전제 아래에서는 동시에 고통 완화에 대한 의지는 불합리하다. 물리적인 작용의 인과적 폐쇄성은 행동에 더 많은 개입 가능성을 연다. 그러나 이 폐쇄성은 동시에 행동의 개념을 파괴한다. 만약 행동이 그 자체로 폐쇄적인 물리적 인과 관계에 속한다면 왜 우리가 이 맥락을 요구하는지, 왜 우리가 그 어떤 것을 요구하는지 이해되지 않는다. 그리고 그것이 의미하는 것은, 예를 들자면 하나의 폐쇄된 인과 관계를 주장하는 어떤 것이다. 왜냐하면 이 모든 것과 함께 우리는 이 전에 존재론적으로 의미 없이 설명한 순수 정신의 영역으로 이동하기 때문이다.

II

우리는 이 영역 안에 명백히 하나의 차이, 즉 심리적 상태와 지향적 행위 사이의 차이를 도입해야 한다는 것을 알 수 있다. 심리적 상태, 즉 비지향적 상태와 관련해서, 우선 우리는 그것의 존재론적 지위와 관련하여 이론적인 무승부를 말해야 한다. 환원주의는 물론 비지향적 상태를 물리적 언어로 기술할 수 있을 것이라고 개념적으로 해석할 수는 없다. 하지만 그런데도 모순 없이, 우선적으로 이 언어로 번역될 수 없는 모든 것은 '존재하'는 것이 아니라는 명제를 주장할 수 있다.

이 명제는 그러나 생각하다, 알다, 판단하다 그리고 갈망하다와 같은 행위로 확장되면 무너진다. 왜냐하면 그들의 객관적 물리적 세계는 우리에게 생각의 행위에서만 주어지기 때문이다. 만약 이것이 의미 없는 부수 현상으로 강등된다면 우리에게 오로지 그러한 행위의 힘으로만 있는 객관적 세계는 사라지고 만다. 그리고 모든 의식된 선취와 지향에도 유사함이 적용된다. 그러한 행위들이 그 자체로 무관심한 신경 과정의 단지 주관적 면이라고 한다면 이 명제 자체도 무관심하게 된다. 만약 어떤 것도 중요하지 않다면 마찬가지로 진리와 거짓 주장, 더 좋고 더 나쁜 이론들 사이의 차이도 중요하지 않다. 여기서 사용한 가치매김하는 단어들에 세계 안의 어떤 것이 상응하고 이들에 상응한 것이 가치와 어떤 관계도 가지고 있다. '−' 표시는 우리에게 '+' 표시와 구별되어 부정을 의미한다. 그러나 '객관적' 세계 안에서 '−' 표시는 플러스 표시처럼 똑같이 '긍정적' 사건이다. 그러므로 이론적 혹은 실천적 지향성이 작용하는 곳에 유물론적 환원주의는 그것의 모든 형태에서 자기 모순이 된다. 지향성은 결코 적절하게 물리적인 상태로서 서술될 수 없다. 하나의 지향적인 상태에서 의미하는 것 혹은 지향되어진 것은 그것의 정의에 속한다. '$\sqrt{16} = \pm 4$' 공식의 의미는 어떤 뇌 상태가 아닐 뿐만 아니라 어떤 영혼의 상태, 어떤 주관적인 기분도 아니다. 이 문장을 이해하기 위해 타인의 영혼 생명 안의 유사성을 통해서 공감할 필요는 없고 단지 수를 다룰 줄 알아야 한다. 우리는 우리의 지향을 하나의 지향적인 행위에 정렬하면 동일한 행위를 정확히 이해한다. 논리학의 심리주의에 대한 후설의 반대는 특정한 논쟁을 결정적으로 종결시킨 작은 철학적 업적에 속한다.

　지향성은 마음의 어떤 것[4]이 아니라 정신적인 어떤 것이다. 이것은

---

4 [여기서 마음은 Seele를 정신은 Geist를 옮긴 것이다. 독일어에서 Seele는 영혼, 마음, 정신 등으로 번역되는데 비슷하게 번역될 수 있는 Geist와 구별하기 위해 그렇게 옮겼다. 슈페만에게 마음은 육체적 생명의 원리에 가까운 반면 정신은 영적 영역, 절대

외부 세계처럼 내부 세계에도 아주 적게 속한다. 이것은 "어떤 곳에도 없는 관점"[5]을 기초한다. 그럼에도 마음 활동에 빛을 선사하는 지향성과 마음 활동 간에는 관계가 있다. 지향성이 마음 상태와 같이 물리적 작용에 의해 조작될 수 있는 한, 그만큼 지향성은 일정 정도 체험, 즉 마음의 것에 속한다. 물론 이 지향성은 부정적으로만 말하자면 중지될 수 있다. 그것은 물리적 작용을 통해 긍정적으로 유도될 수 없다. "시저가 살해되었다."는 사태의 인지는 어떤 뇌 자극을 통해 발생하지 않고, 어떤 뇌 상태의 관찰을 통해 규명되지 않는다. 그리고 동일한 것이 우리가 행동을 통해 이루려 소망하거나, 혹은 그것이 우리가 행동하지 않고 이루어지기를 소망하는 사태에서도 유효하다. 실천적인 지향은 무엇보다 그 안에서 그 대상의 차이가 주체의 각각의 상태에 의해 단지 생각되어질 뿐 아니라 행동의 명백한 주제화된 내용이라는 점에서 이론적인 지향과 구별된다. 어떤 것을 갈망한다는 것은 갈망에 그치지 않기를 갈망하는 것을 뜻한다. 이것을 갈망하지 않거나 소망하지 않는, 하나의 갈망 혹은 소망은 갈망 혹은 소망이 아니다. 그 자체로 단지 주관적 상태라고 여기는 생각은 생각이 아니라 모든 경우에 하나의 표상이다. 즉, 단지 생각에서는 갈망과 구별되게 이 차이는 행위의 명백한 구성 요소 자체는 아니다. 그럼에도 지향적인 행위과 지향적인 태도는 그것의 완성이 체험되는 어떤 것이라는 한에서 '마음 속'의 어떤 것이다. 그리고 명제 설정, 즉 하나의 사태에 관한 습관적 인식은 마음의 근본 태도와 함께 직접 인식자의 정서 상태에 영향을 끼치고 외부의 작용을 통해 '삭제'될 수 있다는 공통점을 갖는다. 또한 순수 심리적 구조도 그러한 해체, 즉 망각 혹은 억제에 이를 수 있다.

정신과 관련된다.]
5 토마스 네이글의 책 이름이다.

지향성과 마음 상태의 관계는 다른 측면에서도 분명하게 만들어야 한다. 마음 상태를 마음 상태로 의식되는 그것으로만 우리는 안다. 그것은 사소하게 보인다. 또한 닭이 우리에게 닭으로 의식되어야, 우리는 닭을 알게 된다.

차이는 다음과 같다. 우리가 마당에 있는 닭에 관해 알게 되면, 마당에 있는 닭의 실존의 사태를, 이 경우 우리의 앎과 무관하게 있는 어떤 것으로 알게 된다. 사태가 이 사람 혹은 저 사람에 의해 의식된다는 것은 사태 자체에게 외적이다. 우리의 의식은 마음 상태와 다르다. 이 앎은 이 상태 자체에 관한 어떤 것이다. 우리는 의식하기 전에 벌써 배고픔 혹은 가벼운 두통을 가지고 있었다는 것을 후에 발견할 수 있지만, 배고픔의 자각은 배고픔 자체에 대한 어떤 것이다. 그것은 세계 안에 있는 대상처럼 발견되는 것이 아니라 내가 가지고 있는 어떤 것으로 발견된다. 그리고 이 소유는 이제 자각 속에서 현실화된다. 그 전에 배고픔은 나에 의해 소유된 것이 아닌가? 그렇게 이야기하면 틀릴 것이다. 왜냐하면 마치 내가 어떤 닭을 나에 의해 발견된 것으로 만드는 것처럼, 내가 배고픔을 자각함을 통해서 내가 어떤 배고픔을 발견하고 그것을 나의 것으로 만드는 것이 아니라, 내가 의식하기 전에 배고픈 사람은 나라는 사실을 발견한다. 그리고 처음부터 나의 것이었던 배고픔만을 나는 자각할 수 있다. 배고픔이 나의 것이라는 것은 무엇을 뜻하는가? 정확히 말하기란 어렵다. 우리가 말할 수 있는 것은 단지 이것이다. 그것이 자각되면 나의 것으로 나에게 의식되는 배고픔이 있다. 의식된 삶은 우리에게 삶과 체험 일반을 위해 물러설 수 없는 패러다임이다. 지향성은 의식되는 것에 대해 무관심 한 자신에게 외적인 대상에게처럼 비의식적인 체험에 정향시키는 것이 아니라, 체험의 가장 집중적인 방식 자체이다. 어떤 특정한 집중의 정도에서야 비로소 체험은 의식된다. 그러면 자각하는 것은 체험의 질 자체이다. 우리는 다음과 같이 말할 수 있다. 나는 나의 체험을 자각한다. 그러나 같은 방식으로 우리는 말할 수 있다. 나의 체험은 그 자체로 나의 체험으로 자각된다.

이로써 이제 심리학적인 상태의 존재론적인 지위에 관한 질문에 새로운 빛이 비친다. 만약 심리적 상태와 심리적 상태에 대한 자각 사이의 분명한 경계선이 실제로 없다면, 사람이 사실적으로 무엇인가를 보고 있다는 것을 믿지 않고, 심리적 상태를 우리가 보고 있는 존재론적인 유령으로 다루는 환원주의의 시도는 좌절된다. 아무도 자각하지 않은 심리적 상태가 무엇인지 우리는 알 수 없다. 우리가 존재론적으로 환원할 수 없는 지위에 대해 논쟁할 수 없는 심리적 상태의 자각은 이 상태에 대한 어떤 것 자체라는 사실을 우리는 알뿐이다. 지향성은 '마음의 어떤 것'이 아니지만, 마음의 것은 잠재적으로 정신적인 그 어떤 것이다. 이 잠재성과 관련을 맺지 않고 마음이 그 자체로 무엇인지는 전혀 말하여질 수 없다.

우리는 이것을 노력과 본능의 현상에서 분명하게 밝힐 수 있다. 생물은 정돈되어 있음, 하나의 정향을 통하여, 본능을 통하여 특징지어져 있다. 우리가 정향성이 무엇인지를 분명히 하려면 우리는 의식된 갈망과 행동에 관해 이야기해야 한다. 이로부터 많은 이에 의해 목적지향성과 같은 어떤 것이 의식된 목적 설정과 갈망으로 있다는 결론이 도출되었다. 이외에는 하나의 목적론적인 언설은 정당화되지 않거나 혹은 단지 은유적으로 이해되어야만 한다는 것이다. 이것은 우리가 그런 근원적인 정향을 우리 안에서 경험하는 가운데 단지 갈망할 수 있기 때문에 맞지 않다. 그런 정향이 없다면 세계는 우리에게 관심 대상이 아니다. 그리고 우리는 이것을 저것보다 더 갈망하는 어떤 근거도 발견할 수 없을 것이다. 우리가 이제 이 정향성이 무엇인지 서술하려고 한다면, 우리는 단어들의 사용에서 지향성의 계기를 다시 조명하기 위해, 의식된 갈망의 영역에 기원을 둔 이 단어들을 살펴야 한다. 말의 의미 내용을

단순히 계속 무시하고 마치 어떤 것도 말하지 않는 것이 종국에는 좋다
는 반론은 정당화되지 않는다. 왜냐하면 의식된 갈망은 자기 안에서 하
나의 경향성을 발견하고, 이 경향성이 의식(자각)보다 먼저 놓여 있고
의식됨 속에서 '자기 자신에게 온다' 는 사실이 현상으로서 이 경향성에
속하기 때문이다. 경향성이 의식되기 전에 그것이 무엇인지를 표명한
다는 것은, 표명되어지는 것을 통해서 그의 특정성이 첫째로 획득하는
어떤 것을 특정한 방식으로 표명한다는 것을 의미한다. 니콜라이 하르
트만(Nicolai Hartmann)은 하이데거와 유사하게 우리가 생명에 관해
적절하게 말하기 위해 어떤 범주도 가지고 있지 않다고 주장했다.[6] 사
유하는 존재와 부피를 가지는 존재의 이원론은 이로써 생명은 어떤 명
석하고 판명된 개념이 아니고 단지 의식된 생명에 의해 배타적으로 규
정될 수 있다는 사실과 관련된다. 이를 위해 초기 현대 철학이 목적성
의 개념을 가지고 잠재성의 개념 역시 조명하려 모색했다는 사실이 발
생한다. 이제 우리는 생명을 가지고 잠재적으로 의식된 생명을, 그러나
체험을 가지고 잠재적인 지향성을 의미할 때만 생명에 관해 적확하게
말할 수 있다.

III

이것은 또한 나에게는 지향성의 문제에 관한 후설(Husserl)과 브렌타노
(Brentano)의 상충이 해소되는 것으로 보인다. 브렌타노에게는 지향성
이 심리적인 특성 자체이다.[7] 후설에게 심리적인 것은 단지 체험의 특

---

6 참조: Nicolai Hartmann: *Philosophie der Natur*, Berlin 1956, 29 이하.
7 참조: F. v. Brentano: *Psychologie vom empirischen Standpunkt*, Hamburg 3.
Aufl. 1955, 124.

정한 영역일 뿐이다.[8] 사실은 우리가 보았듯이 지향적인 성격을 가지고 있지 않는 심리적(마음) 상태와 체험이 있다. 그러면 도대체 무엇을 통해 심리적 현상을 물리적인 현상과 구별하는가? 그것은 우리가 여기서 심리적 현상들에 직접적으로, 말하자면 내부로부터, 우리 자신의 것으로 내화할 수 있는지를 통해서이다. 우리가 심리적 현상에 사실적으로 내화되면 그것들은 지향적인 행위 내용이다. 그러나 그것들은 외부 대상이 있는 것과 같은 의미로 지향적 행위의 내용이 아니고 그것들이 그를 통해 스스로 하나의 새로운 질을 획득한 것으로서이다. 그것들은 스스로 의식된 체험으로, 그것들에 대해 매번 자기의 것으로 의식되는 그런 것으로 된다. 그러는 한, 모든 마음의 사건에 대해 이것들이 잠재적으로 지향적이라는 것은 유효하다. 그러나 다른 한편 지향적 행위는 마음 체험의 한 방식일 뿐이다. 우리는 더 나아가 우선 지향적 행위가 마음 영역 일반에 해당하는지 능히 의심할 수 있다. 그러나 이제 우리에게는 마음과 삶을 위한 특정한 범주들이 결여되어 있다. 그럼에도 우리는 마음에 관해 그리고 마음의 중심 영역으로서의 체험에 관해 말할 수밖에 없다. 우리는 중심 영역이 '기계 안의 정신'의 신화, 즉 이미 라이프니츠가 우리의 경험과 일치하지 않는 것으로 여긴 신화에 떨어지지 않게 말이다.

인격에 관한 이야기는 지향성, 지향적인 행위와 관련해서 이론적 의미를 얻는다. 지향적 행위는 자기의 행위가 곧 자신들인 존재자들에게는 이를(이 의미를) 허용되지 않고 다만 살아 있고 생혼을 지닌 대상으로 여긴다. 이들은 생명 욕구가 있고, 다시 말해 고통을 느낄 수 있고 따라서 우리가 '어떤 것에 관해' 말할 수 없고 '이들의 고통에 관해' 말

---

8   참조: E. Husserl: *Logische Untersuchungen* II.Bd., Halle a.d. Saale 1901, V, 321 이하.

함으로써 이들을 조심스럽게 다룬다. 인격은 인격인 우리에게 결코 이런 방식으로 주어져 있지 않다. 인격은 우리에게 단지 하나의 공동의 세계와 함께 주어졌고, 우리가 인격들과 함께 '동일한 방향을 향해', 즉 그들의 지향을 함께 이루도록 주어졌다. 이 서술을 상세하게 쓰면 인격과 인격적 소통의 개념이 물론 관습적 프레임을 넘어 확장될 것이다. 새의 둥지 만들기 역시 우리는 이를 둥지 만들기로, 즉 목적론적으로 이해할 때야 비로소 이해할 수 있다. 그러나 목적론적이라는 것이 지향적이라는 것을 의미하지는 않는다. 새는 그가 짓고 있는 둥지를 상상할 필요가 없다. 그러므로 우리는 새와 함께 이 둥지의 목적과 이에 적합한 수단에 관해 소통할 수 없다. 그리고 다른 새들도 이것을 할 수 없다. 개와 말, 그리고 영장류에 가서야 비로소 바르게 집중적인 형식의 소통이 가능하다. 그러나 이 소통 안에서는 동물의 '주관적인' 상태의 맥락에서 정의될 수 있고 정의되어야 하는 상황만이 중요하다. 지향적(의도적)인 대상들은 순수하게 자기 스스로 밖으로 드러내지 않아, 지향의 개념은 여기서 단지 유비적으로 사용될 수 있다. 확실히 고등 동물들에게는 제안적 행태와 같은 것이 있다. 한 마리의 개는 그의 주인이 특정한 길을 걸어갔고 이 길에 상응하게 특정한 장소를 찾는다고 '생각한다.' 우리가 물론 관찰했던 것은 단지 그가 자기 주인이 집에서 나와 가는 것을 보지 않았다면 달리지 않았을 특정한 방향으로 가고 있다는 사실 뿐이다. 우리가 이것을 '생각한다', '노력한다'로 해석한다면 우리는 물론 그렇게 인격들에게 특징적이고 다른 동물들에게는 적용될 수 없는 도식을 준비한다고 말한다. 이들이 서로 다르고 서로로부터 명백히 분리된 행위 종류의 주체들이라는 점은 인격들에게 특징적이다. 특별히 인간에게 생각하다, 선호하다, 갈망하다의 행위들은 각각 서로로부터 독립적인 변수들이다. 이것이 아마도 인격성에 있어서 가장 분명한 특징이다.

단지 하나의 행위 종류와 함께, 그러니까 예컨대 이론적인 생각의 행위와 함께 한 존재를 상상해 보자. 확실히 한 주체, 한 '행위중심'은 생각에 속할 것이다. 그러나 이 주체는 행위 자체의 한 부분 이외에 아무 것도 아닐 것이다. 단지 이론적이기만 한 '사유함(cogitare)'은 '나는 생각한다(cogito)'의 형태를 가진다. 하지만 이 경우 라틴어가 '나(ego)'를 동사 속에 침잠시켜 보이지 않게 만든다면, [사유의 주체 없는 사유함이라는] 현상에 보다 가까이 있게 될 것이다. '나라는 것(das Ich)'은 생각이 계속되는 동안 생각의 행위에 속할 것이다.[9] 나라는 것은 생각에 대해 어떤 자율도, 어떤 '실체성'도 가지고 있지 않다. 나라는 것은 행위와 함께 시작하고 행위와 함께 마친다. 인격과 같이 그런 어떤 것에 관해 말할 어떤 근거도 없다.

그러나 이것은 동물에 있어서는 벌써 다르지 않는가? 동물들은 그들이 욕구하는 것에 도달하기 위해 그들이 어떤 방법을 시작해야만 하는지에 의존되어 있는 한, 세계가 창조되어 있는 것처럼, 어떤 것을 원하고 동시에 거기에 대한 생각들을 가지고 있는 듯이 보인다. 동물들이 더 나아가 인간과 차이가 있는 것은 그들에게 욕구와 생각은 서로 독립된 변수가 아니라는 점이다. 그것은 항상 하나의 전반적 상황이다. 그 안에서 동물이 자기 목적의 도달 가능성 또는 회피하고자 하는 것의 회피 가능성과 관련하여 어떤 것을 '생각한다.' 동물의 욕구는 그러나 다시 그 동물에게 욕구하도록 그 동물의 본성 장치가 '규정한' 것의 맥락에서 관계하고, 주어진 동물 조건을 초월하지 않는다. 동물의 세계에 대한 '의견들'은 욕구된 것에 도달하기 위한 조건들과 관련되어 엄격히

9 [라틴어 cogito는 cogitare의 1인칭 단수 형태로, '나는 사유한다'라는 뜻을 지니지만 문법적으로 '나'에 해당하는 ego라는 주어를 필요로 하지 않는다. 저자는 라틴어의 이런 문법적 특징이 사유의 주체 없는 사유함이라는 가상의 상황에 더 근접해 있는 것으로 해석될 가능성을 지적하고 있다.]

기능적으로 그친다. 그러기에 '제안적인 행태' 라는 표현은 정당화되는 반면, 동물적인 지향과 관련하여 '지향적인 행동'에 대해 말하는 것은 정당화되지 않는다. 지향적인 행동은 주체의 상태와 무관하게 대상들을 목적으로 삼는다. 여기서부터 인간은 역사를 갖는다는 사실이 발생한다. 인간은 모든 인간 조건들을 넘어 갈망한다. 인간은 아리스토텔레스가 '행복 자체' 라고 불렀고 '인간의 행복'과 표현적으로 구별한 행복에 대한 상상을 가지고 있다.[10] 인간은 하늘을 나는 것을 꿈꿀 수 있다. 그러나 인간이 어느 날 사실적으로 하늘을 날기 시작한 것은 단순히 꿈을 꾼 결과가 아니다. 그것은 인간이 세계의 자연 상태에 관한 모든 실제적인 목적들과 독립된 의견을 개발한 결과이다. 이 의견 개발은 욕구에 의해 정의된 상태의 단순한 기능이 아니라 하나의 독립 변수이기 때문에 인간은 세계의 자연 상태의 발견에서는 볼 수 없는 발전을 만들수 있다. 그리하여 어느 날 이 계몽으로부터 하늘을 날 가능성까지도 생긴다. 만약 일벌들이 인격이라면 그들은 오래 전에 그들 전체가 장애를 가진 왕벌이라는 사실을 발견했을 것이다. 이런 관계의 전복은 물론 해당 벌 종족의 즉각적인 종말로 귀결되었을 것이다. 우리 삶과 행동의 환경 조건의 끊임없는 변화, 즉 인간의 역사가 표현하는 것은 실천적이고 이론적인 지향의 양자 상호적 독립성이 전제되어 있다.

이 독립성이 이제 동시에 지속적인 행위 중심으로서의 인격에 관해 말하는 근거이다. 유일한 형식의 행위들의 주체는 단지 행위들의 기능일 뿐이다. 그런데 행위들이 의식 흐름의 지속 중에 있다면, 기억과 예측에도 능력이 있는 주체가 이 흐름의 지속적인 주체로도 생각되어질수 있다. 이 '주체'는 물론 자유롭고 자발적인 시작이고 원리라는 의미라기보다 통합적 기능이라는 의미에서 그렇다. 왜냐하면 자유로운 시

---

10 아리스토텔레스, 『니코마코스 윤리학』, 1101 a 20.

작이기 위해서 주체는 우리가 이 생각 실험에서 바로 제외한 어떤 것을 지향적으로 갈망해야 하기 때문이다. 그러나 반대로 주체가 동시에 이론적인 성찰이 가능하지 않고 이론적인 지향성도 소유하지 않으면 쇼펜하우어(Schopenhauer)의 의지처럼 맹목적인 본능일 것이고, 그러면 자유로운 자발성도 아닐 것이다. 그러나 주체가 생각하고 의지하며, 이론적이고 실천적인 지향성과 더 나아가 사랑에, 즉 선취와 추적의 지향성에 능력이 있는 동일한 주체라면 그리고 이 행위들이 독립 변수로 작용한다면, 이 행위들의 주체는 이 행위에 대해, 단지 그들의 행위적 기능으로서만 해당된다는 점을 배제하는, 하나의 자립성을 소유해야만 한다. 이것(이 주체)은 자발적인 시작으로 그리고 자기 존재로 이해되어져야 한다. 이것은 자신의 행위를 통해 관통하여 접근되고 그러나 결코 어떤 동일자와 단순히 동일한 것이 아닌 방식이다. 이것은 자신이 한 형식의 행위들의 도움으로 다른 형식들에 관계할 수 있기 때문에 자신을 행위들과 완전히 특별한 의미로 거리를 둘 수조차 있다. 이것은 자신의 현재의 갈망을 인식한다. 이것은 이 갈망을 다시 한번 허락할 수도 거절할 수도 있다. 이것은 하나의 인식에 도달하기를 원하거나, 피하기를 원할 수도 있다.

　중세기에 의지와 인식 중 어느 것이 더 우선인가에 관해 오랜 끝나지 않은 토론을 했고, 근세기에 이 토론이 발전했다. 셸러의 테제, 곧 사랑이라는 최초의 지향성이 우선이며 이것이 이론적인 행위들뿐만 아니라 의도와 의지의 지향성에 앞서가며 그것들의 근거라는 주장[11]은, 충분히 숙고하고 사상적으로 검토된 것이라고 말하기에는 아직 한참 빨랐다. 추측건대 우리의 행위를 근거 짓는 사랑이라는 셸러의 개념 안에 하이

---

[11]　참조: M. Scheler: Liebe und Erkenntnis, in: *Gesammelte Werke* Bd. 6, Bonn 1986.

데거가 '기분'으로 서술한, 기초가 되는 상태와 후설의 현상학에서 주제화하고 있는 지향적 행위 사이의 교량이 놓여 있는 것 같다. 여러 행위들의 분화가 비로소 각자 안에서 자기 행위에 현존하고, 어느 동일자와도 용해되지 않는 채 융합되어 자신에게 몰두하는 인격 존재를 가능하게 한다.

초월

I

우리가 모든 고등 동물들의 활동을 이해하려고 한다면 제안적 행태라는 의미의 지향성을 그들에게 인정해야 한다. 집 주위를 돌며 먹이통으로 달려가는 개는 명백히 먹으려 하고 그 밖에 먹이통이 어디에 있는지에 대해 특정한 '생각'을 갖는다. 개념 형성을 통한 일반화는 이것의 전 형태로 동물에게서 볼 수 있는 유사성 인지와 실천적 일반화를 가진다. 또한 주어진 것들 사이의 관계도 동물적 경험 세계에 속한다. 수천 년 역사를 지닌 인간을 '이성적 동물'로 정의한 것은 생물학적 특징으로서 오늘날까지 사용 가능하다. 생명의 이성적 조직, 목적과 수단의 구분, 언어와 추상적 개념 개발은 호모 사피엔스의 특징이다. 무엇보다 중요한 특징은 '제안적 행태'와 구별되는 지향적인 행위이다. 지향적 행위들은 이런 행태처럼 실천에서 용해되지 않은 채 서로 얽히는 것이 아니라, 실천적 지향 행위와 이론적 지향 행위가 서로 적대적으로 고립될수도 있고 독립 변수로 작용할 수 있다는 특징을 지닌다. 그리고 이것이 해당되는 곳에서만 우리는 이 지향성의 주체를 모든 지향적 행위들의 통합하는 구성 부분으로뿐 아니라 행위 다양성의 동일한 주체로서 동일하게 머무는 그런 것으로 생각해야 한다. 이는 인격이 전체로서 자기 행위의 모든 것 안에서 현존함에도 불구하고, 동시에 그들의 모든 행위에 대해 거리를 둘 수 있다는 것을 뜻한다. 인격은 자신의 대상들의 대상성을 성찰하고 이로써 동시에 대상들을 초월할 수 있다. 초월은 무엇보다 개념적 추상을 통해서 지향성의 단계적 지평 확장을 뜻한다.

가장 추상적인 단계는 우리가 철학이라고 부르는 사유 형식, 즉 '개념 과학'으로 이해된 철학이다. 철학은 지향적 내용에서 자신의 선험적 파악을 심사하고, 선험적 계획을 경험에 적용하는 것을, 그리고 경험에서 나오는 자신의 최종 원천을 심사한다. 이런 개념 과학의 맥락에서 '존재'라는 단어는 모든 개념 중 가장 추상적이고 가장 포괄적이고 가장 내용이 빈약하다. 이것은 '어떤 것 일반'을 뜻하고 지향의 가능한 대상인 모든 것을 포함한다. 이성적 동물인 인간은 이렇듯 극단적 정도의 추상에 능력이 있고 더군다나 자기 자신을 '존재자'의 일반성 아래에 포함할 능력이 있다.

이런 의미로 존재의 지평은 자기편에서 여전히 지향적 행위의 대상이 되는데 이것은 현상적인 자기소여성, 즉 하나의 '명석·판명의 이념'에서 종결된다. 순수 개념으로 철학을 창시한 데카르트는 물론 가장 날카롭게 개념 범위의 경계를 보았고, 초월에 관한 전혀 다른 이해의 길을 공공연하게 유지했다. 그는 말하자면 명석·판명의 관념의 더 능가할 수 없는 증거도 오류로 인도할 수 있다는 가능성을 의식했었다. 모든 증거는 폐기될 수 없는 상태로 각각 자기 증거, 자기 상태이고 그 상태로 남는다. 항상 그렇듯 증거 밖에는 형성되는 정신의 어떤 길도 없다. 귀류법[1]은 하나의 실패이다. 이것은 반대의 어떤 확실성도 주지 않는다.

어떻게 그럴까?

명석한 생각의 증거와 이에 대한 상호 및 모든 경험 자료와 모순적이
지 않은 관계 이외에 무엇을 더 우리는 기대할 수 있는가? 우리가 만일
의 극복 자체를 위한 모든 수단을 사전에 의심했기에, 우리가 극복해야
할 것처럼 결코 말할 수 없는 의심을 도대체 무엇이 의심하겠는가?[2] 데
카르트의 의심은 이성적 동물의 이성성, 지향성의 영역을 초월하는 하
나의 숙고에서 발생했다. 즉 우리의 모든 사유는 단지 사유일 수 있고
사유의 모든 내용들은 단지 이 사유의 내용일 수 있다는 숙고에서 말이
다. 이런 생각은 우리가 항상, 우리 의식이 자신을 '단지 의식'으로서
상대화시키는 관계에서, 스스로 채우지 못하는 공간에 대한 의식을 전
제한다. 데카르트는 이 공간을 무한자라 부른다. 이것은 모든 가능한
사유와 지향적 내용의 건너편이다. 그러나 의식 내용들이 이 공간 자체
에 도달하지 못하면서 단지 단순한 이 공간의 이벤트인 것처럼은 아니
다. 만약 그런 경우라면 가능적 속임수에 대해 이야기하는 것은 어떤
의미도 없을 것이다. 나의 사유의 내용으로서 이 내용은 존재하는 무엇
이다. 자기의 환경이 규정한 진드기의 조건 역시, 진드기가 이 조건 때
문에 외부 복잡계에 반응하여 자신의 종 보존이 촉진된다면 어떤 속임
수가 아니다. 이를 넘어서 이 조건과 관련하여 '진리'라는 단어는 어떤
의미도 갖지 않는다. 어떤 동물도 자기의 환경이 단지 자기 환경이라
고, 그러니까 자기의 특별한 조직화에 단지 상대적일 뿐이라고 성찰하
지 않는다. 왜냐하면 어떤 동물도 이 환경 너머, 그러니까 자기 스스로
다른 동물의 환경의 일부로, 바로 자기의 것이 아닌 의미의 주체로서

---

1 [reductio ad absurdum(귀류법)이란 오류로 귀결된다는 것을 증명함으로써 명제
를 부정하는 증명법이다. 그러나 귀류법으로 증명한 반대 명제가 참이라는 것을 증명하
는 것은 아니다.]

2 이하의 논의에 대해서는 다음을 참조: R. Spaemann: Das "sum" im "Cogito
sum", in: *Zeitschrift für philosophische Forschung* 41 (1987), 373-382.

현존하는 세계 너머 저편을 생각하지 않기 때문이다.

  '존재'라는 단어는 인격들에게는 그것이 '이성적 동물'에게 갖는 것과는 다른, 말하자면 '존재 일반'의 의미를 지닌다. 그래야만 데카르트적 회의가 가능하다. 존재 일반과 관련하여 우리 의식의 내용으로서 가능적인 착각에 대해 말하는 것은 의미가 없을 것이다. 그렇기 때문에 이 다른 의미의 존재를 배제하고 이 의미의 초월을 중지하는 것은 후설의 방법에 속한다. 의식의 지향적 내용이 의심할 수 없는 자기소여성이 되기 위해서는, 데카르트에게서 명증성에 대한 회의의 근거인 '존재 설정'이 보류되어야 한다. 데카르트의 완전한 병적 혐오인 의심은 하나의 그러한 초월에, 곧 의식의 행보와 같지 않고, 그 안에서 이제 의식이 자신을 오류로 이끌 수 있는 존재자가 되는 영역으로 진입하는 데서 연유한다. 의심은 '심리적인 것'의 영역과 관계를 갖는 하나의 실재론을 전제한다. 심리적인 것은 '존재한다', 그리고 모든 지향적인 내용들은 아마도 단지 이 심리적 존재의 특징들일 것이다. 후설은 이 존재 설정도 탈락시킨다. 현상학적 판단중지(epoche)는 증명에서 자기소여성을 순수 자신으로 주제화할 목적을 가지고 진행하는 의식 초월의 환원을 의미한다. 물론 중지된 초월이 이로써 사라지는 것은 아니다. '존재방식', 즉 초월적 의식의 존재론적인 지위에 대한 질문은 현상학의 방법론적 기초를 폭파해야만 했다. 인격의 근원적인 초월 되찾기는 그렇게 획득한 '순수' 대상성이 단지 본원적으로 소여된 것의 '규정된 양태'에 불과하다는 것을 의미할 수 있다. 하이데거는 그렇게 보았던 것이다.

II

데카르트는 존재 차원을 열어젖히는 것이 절대적이고 무한한 차원으로 연역할 수도 피할 수도 없는 것으로 여겼다. 병적 혐오 성격을 지닌 회의의 이런 차원을 근거로 비로소 모든 사유가 가능하기 때문에, 우리는 이 회의 자체를 병적 혐오성으로 이해할 수 없다. 이 회의의 차원은 데카르트에게는 단지 이 차원의 직접적 현존, 그러므로 하느님의 현존으로 이해할 수 있다. 헤겔 역시 『정신현상학 입문』에서 절대자의 사유를 절대자의 '우리와 함께 있음'과 '우리와 함께 있음을 갈망함'으로 이해할 때[3], 그렇게 생각한다. '우리와 함께 있음을 갈망함'의 개념 안에서 절대자의 이 사유의 연역 불가능성과 우연성을 표현한다. 지금 당장은 자신을 초월한 저 너머의 의식 초월성은 공허한 것처럼 보인다. 의식의 모든 대상들이 같은 의식의 대상들이라는 동어 반복에 대한 공허한 성찰이다. 이것이 생각되고 의식될 수 있는 연원적 전망은 주체의 병적 혐오성 전망이 아니라 아무데도 없는 곳의 전망이지만, 그렇기 때문에 아무데도 없는 곳으로 가는 전망처럼 보인다. 흄에게는 "우리는 실제로는 우리 자신을 넘어서는 결코 한 발자국도 나아가지 못한다."[4]는 뜻이다. 하지만 그렇다면 데카르트는 우리 의식의 모든 지향적 내용이 어떻게 속임수일 수 있다고 생각할 수 있을까? 그것들이 무엇인지의 것으로 그것들은 '있다.' 그리고 그것은 어떤 속임수도 아니다. 어떤 것은 자신이 무엇인지 '인' 것에 있어서가 아니라, 자신이 무엇을 가리키는가에서 또 자기 자신으로 드러내지 않는 것에서 속일 수 있을 뿐이다. 객관성은 바로 스스로—이것은 현상 자체에 속한다—자기가 숨긴 것을, 즉자적으로 유지한 것을, 즉 자신을 표시하는 어떤 것을, 그러나 자기 표시에 몰두하지 않고, 그 자체로 실존하는 어떤 것을 지시한다. 내가 한 친구와 산을 오르고 회색 지붕이 있는 산장에 들어갔는데 지붕 위에 네

---

3 참조: G. W. F. Hegel: *Phänomenologie des Geistes, ed. Glockner* (Jubiläumsausgabe) Bd. II, 68.

4 D. Hume, 같은 책, Book I, part II, sect. VI.

마리의 갈까마귀가 앉아 있었던 꿈을 꾼다면, 나는 내가 보았던 것과 관련해서 틀릴 수 없다. 만약 누군가가 이 친구가 아니라 다른 친구였다고 하거나, 지붕이 적색이었다거나, 갈까마귀 네 마리가 아니라 여섯 마리가 그 위에 앉아있었던 것이라고 수정하려 한다면 어떤 의미도 없을 것이다. 이것을 체험한 사람은 바로 나다. 어느 누구도 나를 더 낫게 가르칠 수 없다. 내가 꿈에서 틀릴 수 있었고 내가 깨어나자마자 해명되었던 것과 관련하여 하나의 상황이 있을 뿐이다. 나 혼자 내 친구와 산행한 것이 아니라 그 역시도 나와 함께 했다고 나는 믿었다. 그리고 우리가 들어갔던 산장 주인은 두 명의 방문자를 체험했던 사람이다. 내가 꿈에서 친구의 목소리를 들었던 것은 사실이다. 그러나 그는 말하지 않았다.

이 차이는 어떤 현상학적인 것이 아니고, 따라서 지향적 대상의 차원에서 어떤 차이가 있는 것이 아니다. 자기 존재는 정의에 의해 그러한 대상이 아니다. 나와 함께 절대 산행하지 않았다고 그가 나에게 확인한 아침에 친구와의 대화는, 단지 꿈을 다시 꾼 것이 아니었는지에 대해서, 늘 그렇듯 어떤 성질의 기준도 없다. 그것을 알 수 있는 유일한 사람은 바로 그 친구이다. 자기 존재로서의 존재는 존재가 본질적으로 복수라는 것을 뜻한다. 한 사람의 고통에서 타인의 고통으로 가는 것이 매우 어려운 것처럼, 한 사람의 앎에서 타인의 앎으로 가는 데에 어떤 연속도 없다. 그러나 이것은 이러저러하다는 각자의 앎은 있다. 타자로서의 타자가 있다는 앎은 있다. 왜냐하면 내가 타자에게는 타자이며, 내가 타자에 의해 알려진 대로 움직이는 것은 아니라는 것을 내가 알고 있기 때문이다. 다른 한편 내가 그에게 보이는 방식은, 나에 의해 그 안에서 야기된, 그리고 그 자체로 진실도 아니고 거짓도 아닐 수 있는 단순한 상태의 변화가 아니고, 그에게 보이고 따라서 외관의 적합성을 위한 척도로 남아 있는 내가 곧 그것이다. 내가 통증을 가지고 있다고 그가 주장한다면 그가 참되게 또는 거짓되게 판단했는지에 관해서 그에게 보인 것의 완전한 상응성이 아니라 내 통증, 내가 가지고 있는 통증만 결정한다. 그리고 우리는 이렇게 양자를 안다. 나의 통증에 대한 그의 판단은 마지막에는 나만이 증명할 수 있다.

칸트의 '물자체(Ding an sich)'는 순수이론적 관점에서 순수 X, 대상의 객관성에 대한 성찰을 통해 산출된 하나의 공허의 자리이다. 이 공허한 자리는 우리가 자기 존재로 경험하고 이로써 이 공허의 자리가 충만한 어떤 것으로 경험하는 곳에서 비로소 형이상학적 실재론의 기초가 된다. 칸트는 이 존재론적 공허의 자리, 물자체를 인간적인 자유 경험으로 채운다. 인격들의 서로에 대한 관계는 따라서 단지 형이상학적 실재론의 관계이다. 나에게 혹은 자신에게 자신의 대상성 안에서 드러내지 않는 타자는 하나의 의미에서 실재적이다. 내가 나 자신에게 실재인 것이 그에게 실재적인 것처럼, 그가 자신에게 실재적인 것은 나에게 실재적이다.

III

인격성은 존재가 '존재 일반'의 추상이 아니라 모든 객관성 초월의 지향, 즉 자기 존재인 한, 존재의 패러다임이다. 그리고 각자가 우선, 말하자면 유아론적으로, 존재하는 것으로 이해하고 그러고 나서 어떤 방식이든 자기 경험의 절대성을 자기 경험의 다른 대상들, 다른 인간, 동물 그리고 마침내 다른 자연적 기체들에게 양도하는 것이 아니다. 타자의 경험은 그보다 훨씬 더 자기 경험과 동시에 근원적이고, 경험 차원에서 볼 때 사유에서 존재로 넘어갈 수 있는 전제이다. 실재의 전체 공간을 취하는 유아론적 의식은 자신을 존재하는 것으로 생각하는 방향으로 오지 않는다. 왜냐하면 이 존재는 스스로 다시 단지 사유일 뿐이기 때문이다. 하나의 그런 사유는 훨씬 더 "나는 생각하는 것을 생각하고, 또 나는 생각하는 것을 생각하는 나를 생각하고, 계속하여 나는 생각하는 것을 생각하는 나를 생각하는 나를 생각한다…"로 서술되어야 한다. 하나의 가능적인 타자 생각의 생각, 즉 신의 생각 혹은, 혹은 악령의 생각은 바로 데카르트에게 있어서 반성을 무한 소급하도록 만든 것이다.[5] 왜냐하면 하나의 그런 타자는, 나는 단순히 그의 생각이 아니기에, 나의 이 생각을 단순한 그의 생각인 것처럼 이해할 수 없기 때문이다. 그러나 그는 진리에 맞지 않게 단지 사유만 존재한다고 생각할 수도 있다. 그는 내가 사유한다는 것을, 혹은 내가 오류를 범한다는 것을 인정해야 한다. 그와의 관계에서 나의 생각은 존재가 된다. 우리는 서로에게 존재자이다. 존재(das sum)는 그러기에 사유(das cogito)로부터 생기는 단순한 결론도 아니고(데카르트가 이를 분명히 강조했다.) 동어 반복도 아니다. 가능성으로서 많은 사유하는 자들이 있고 그리고 "그는 내가 생각한다는 것을 생각한다."와 "나는 내가 생각한다는 것을 생각한다."가 동일한 것을 의미하지 않기 때문에 동어 반복이 아니다. 존재의 사유를 통해 의식은 자기의 지향적 내용, 즉 자기 자신을 초월한다는 것이 사유된다. 아리스토텔레스에게 있어서 신적 의식인 '인식의 인식(noesis noeseos)' 역시 플라톤의 선처럼 존재 너머에 있는 유일한 '일자'일 것이다. 신을 절대적 존재로 생각한다는 것은 그가 자기 자신 안에 타자 존재(Ein-anderer-sein)의 계기를—타존재가 아니다—가지고 있다는 방식으로 그를 생각한다는 것을 의미한다. 이는 그를 삼위일체적으로 상대편의 존재를 항상 허용하는 개방한 자리로 생각한

---

5   R. Descartes: Antwort auf die Zweiten Einwände, 375; in: Œuvres et Lettres. Ed. A. Bridoux, Paris 1953.

다는 것을 의미한다.

인격들은 하나의 그런 자리에 있는 존재이다. 모든 사실적이고 내용적인 것에 대한 관계에서 지향적인 내용으로 나아가는, 하나의 피안으로서의 사유가 인격들에서 발현된다. 왜냐하면 인격들이 바로 그런 피안이기 때문이다. 데카르트의 성찰은 인격들의 존재에 특징적이고 본질의 전체로 인도하는 소유 구조를 포함한다. 인격은 주체로서의 자신과 자신의 모든 의식 내용들 사이에 거리를 만든다. 회의(의심)는 한편으로 이런 모든 내용과 다른 한편으로 이것을 가지고 있는 주체 사이에서 분열을 조장한다. 주체는 자기 자신을 무화시키지 않고는 단순히 자신을 이 내용에서 해방시킬 수 없다. 왜냐하면 그의 존재는 단지 이 내용을 소유할 뿐이기 때문이다. 그러나 주체는 이 내용이 아니고, 그의 존재가 이 내용들을 소유하는 데서 있다는 것을 통하여 항상 이 모든 규정들을 초월하여 있다. 주체는 이 규정 모두가 오류로 이끄는 병적 혐오라고 생각할 수 있다. 주체는 이로써 신의 피조물로 생각할 수 없는 비합리적 존재가 될 수 있다. 그러나 그때서야 또한 주체는 자신을 ─이것이 데카르트의 '생각한다'의 핵심이다─ 자기의 순수한 수적 동일성 안에서 이 사유하는 존재라고 주장할 수 있을 것이다. 그러한 '추상된' 통일체로서 인격은 하나의 공간을 만든다. 인격들은 인간이 인간 존재를 갖는 것과 같이 서로 공동으로 인격 존재를 갖는 것이 아니다. '인격'은 어떤 존재의 특징이 아니고 '무규정적 개별자(individuum vagum)', 즉 개별적 생명 실현의 각각의 유일성으로 표시된다. '인격'은 그러므로 '존재'와 같이 하나의 유비적 개념이다. 인격들은 모든 가족 구성원들이 동일한 성씨를 갖는 것처럼 '인격들'이라 부른다. 각자에게, 즉 아버지와 어머니, 딸, 아들, 형제에게 이 가족 이름은 의미가 약간 다르다. 마치 공통의 상위 개념 아래에 떨어진 차이들에 대해 무관심한 상위 개념 아래에 있는 것처럼 가족들이 성씨 아래에 있는 것이 아니다. 성씨는 그 자체로 성을 지닌, 각자에게 가족 구조 안에서 특정한 자리를 지정한다. 그렇게 모든 인격은 인격공동체 안에서 항상 그들에게 고유한, 단지 인격을 통해 규정된 자리를 소유한다. 이 자리와 함께할 때만 인격이 있고 단지 인격을 통해서만 이 자리가 있다. 그러므로 자신의 장소가 자신들에게 위치하고 있는 것들에 대해 무관심한 공간(뉴턴 식의)이 문제가 되는 것이 아니다. 이 공간에 어떤 공허한 자리와 그러므로 '가능적인 인격'들과 같은 어떤 것이 있는 것이 아니다. 인격들은 실재로 실존하거나 혹은 실존할 수 없는 '본질'의 영역에 속하지 않는다. 인격의 '관념'은 존재하지 않는다. 단지 실제적인 인격들만 있다. 내가 꿈속에서 함께 있었던 사람은 잠에서 깬 후 그가 무엇이었던 바의 그것, 즉 사람으로 남아 있다. 그러나 그는, 드러난 바와 같이, 어떤 인격도 아니었다.

우리는 그가 살아 있지 않았다고 말할 수 있을 것이다. 왜냐하면 생명은 동물의 존재, 따라서 또한 인간의 존재이기 때문이다. 인격들은 그러므로 살아 있는 인간들이다. 예컨대 사유 속에서 혹은 특정한 의식 상태에 있는, 고유한 인간 존재와 구별되는 인격들의 존재가 있는 것이 아니다. 단순히 가능태적 인격들은 없기 때문에, 실존은 한 인격에게 해당될 수 있고 혹은 해당되지 않을 수 있는 어떤 것이 아니다. 실제적인 사유는 자신이 사유로서 체험되고 있다는 것을 통하여 조작된 사유, 곧 기계의 사유와 구별된다. 의식적으로 체험된 인격적 생명은 우리에게 생명 일반의 패러다임이다. 우리는 인격적 생명이 아닌 것을 단지 인격적 생명의 유비에 따라, 곧 뺄셈을 통해 이해할 수 있다.

이제 비인격적 동물에게도 그들은 한 개념을 범례화한 것이 아니라는 사실은 유효하다. 또한 그들은 단순한 '무엇의 경우들(예들)'이 아니다. 범례화 관계의 위치에는 동물의 경우 그것의 내부에서 그들이 특정한 자리를 차지하는 혈통의 관계가 개입한다. 그러므로 단순히 '어떤 경우에 존재함'에 있어서 범례화 관계는 본질적으로 무생물적 사물에만 해당한다. 두 개의 질문이 생긴다.

1. 무엇이 인격공동체, 인격적 공간을 자연적, 생물학적 종류의 관계 공간과 구별하는가? 엄마, 아빠, 자녀들 등의 관계들은 자체로 우선적으로 생물학적 관계들이다. 그리고 더 나아가,

2. 만약 인격들의 존재가 인간의 생명이라면 내 꿈에 있는 사람은 비록 사람이지만 살아 있지 않았다고 말하는 것이 무슨 의미를 가지고 있는가? 그는 물론 죽은 자도 아니었다. 영화 안의 사자(獅子)는 실제적이지 않으면서도 물론 명백히 살아 있는 것이다. 생명은 역시 현상의 세계에 속하지 않는가, 그리고 또한 생명과 관련하여 우리는 가능태적 생명과 실제적 생명을 구별할 수 있는가?

1에 대해서: 인격적 관계들은 생물학적 관계를 '근거로 만들' 수 있다. 이것은 일반적으로 인간의 생물학적 기능들이 자주 인격적 행위로 되는 것과 같다. 예컨대 성관계, 혹은 먹고 마시기 등이 그렇다. 이것은, 우리가 친척 관계들이―진심인지 혹은 그렇지 않은지가 전혀 중요하지 않고―평생 동안 지속된다는 것을 쉽게 볼 수 있는 것처럼, 기본적 친척 관계들에도 유효하다. 어머니는 어머니로 남는다. 이는 물론 동물에게서는 유효하지 않다. 생물학적 기능이 사라지면 관계도 끝나고 다시 어떤 종의 동료에 대한 행태로 돌아간다. 인격적 명확성을 잃지 않도록 여러 종류의 관계들을 보호하는 인간의 근친상간 금기에서 특별히 분명하다. 많은 문화에는, 예컨대 예전 19세기의 러시아에서는, 친인척들 사이에는 어떤 혈연관계가 아니라도 서로 결혼하는 것은 불가능했다. 따라서 출산 관계는 인격적 의미와 관련해서 또한 입양을 통해서 대체될 수도 있다. 인격적 관계는 그 자체로 어떤 유전적 관계가 아니다. 인격들은 인간 외의 동물들과 마찬가지로, 한 공동의 나무에 달린 가지들처럼 여길 것이 아니라, 한 물리적 장소에 있는 추상적 지

위로 여길 수 있다. 그리고 이 지위처럼 인격은 항상 실제적이다.

2에 대해서: 동물은 항상 실제적인 것은 아니다. 그들은 항상 살아 있는가? 살아 있음은 우리에게 현상을 주고 있는, 어떤 동물의 본질을 위해 구성적인가, 아니면 아리스토텔레스가 생각했던 것처럼 그것은 "동물의 존재"[6]인가? 그러나 아리스토텔레스는 우리의 문제를 아직 알지 못했다. 왜냐하면 그는 우유성의 개념에 관해, 즉 본질과 실존의 존재론적인 차이에 관해 처리하지 못했다. "제1 실체", 즉 구체적 사물은 아리스토텔레스에게는 오로지 존재자이다. 그것을 그것이 무엇인지의 바의 것이 되도록 하는 '형상'은 또한 그것이 존재하게 만든다. "형상이 존재를 준다."라는 것은 토마스 아퀴나스에게서도 있다.[7] 존재는 또한 플라톤에게서와 같이 본질에 맞게 구성되어 있음, 즉 이데아(이념)에 참여하고 있음을 의미한다. 플라톤의 데미우르고스(Demiurg)는 창조주는 아니고 디자이너이다. 그는 카오스(혼돈)를 질서 잡힌 형태로 전환시킨다. 하나의 완전히 이러저러하게 특정된 개체는 다시 한번 그의 존재에 대한 내적 차이 안에서 있을 수 있는지, 즉 존재할 수 있느냐, 혹은 존재하지 않을 수 있느냐는, 무로부터의 창조라는 성경의 가르침과 함께 처음으로 가능하게 된 생각이다. 창조는 두 번째 단계에서 비로소 무정형의 잠재성(Tohu wa bohu)을 형상과 규정성으로 전환을 만든다. "형상이 존재를 준다."는 명제는 말하자면 다시 한번 의문에 처해진다. 질료와 형상으로 된 전체는 토마스 아퀴나스에게는 아직 관념상의, 하나의 개별적인 본질이다. 모든 개별자는 존재와 비존재에 대해 무관계적으로 태도를 취하는 하나의 그런 관념상의 구조를 소유한다. 토마스 아퀴나스에게는 하나의 신적 관념이 모든 개별적 존재에 상응

---

6 "vivere viventibus est esse", *De anima* II, 4: 415 b 13.

7 "Forma dat esse.", Thomas von Aquin, S. th I, 30, 4.

한다는 것이 모든 개별자에 해당한다. 이 신적 관념은 인간에 관한 것일 뿐, 인격에 관한 것은 아니다. 왜냐하면 인간이 신 밖에서, "extra causam(원인 밖에서)" 실존하는 한, 이 사람을 우리는 '인격'이라 부르기 때문이다. 실존에는 지양할 수 없는 사실성의 계기가 담겨 있고, 이 사실성이 창조된 것으로 사유 된다면 우리는 신을 자유라고 생각할 수밖에 없게 된다.

생명이 생물의 본질에 속하는지, 혹은 이 본질의 실존을 의미하는지의 질문에 대한 답은 생명이 인격의 존재라는 명제의 진리에 관해 결정한다. 우리가 꿈속 혹은 영화 속의 사자가 살아 있는지 질문을 던질 때 생기는 당황스러움은 이 질문으로 돌아간다. 이 질문은, 생명은 그 자체로 한 번 있는 발생이고, 사건이며, 그것의 실존이 일어날 수 있는지 혹은 일어나지 않을 수도 있는지 하는 형상은 아니라는 사실을 통해서 발생한다. 생명은 더 상승된 것, 혹은 더 잘 표현하자면 본래적이고 패러다임적인 존재이다. 존재는 생명의 한 파생어이다. 존재의 개념을 우리는 마치 체험된, 의식된 생명의 개념으로부터 생명의 개념을 얻는 것과 마찬가지로 생명의 개념에서 뺄셈을 통해 얻는다. 의식된 생명은 충만한 존재이다. "Qui non intelligit, non perfecte vivit(사유하지 않는 자는 완전히 사는 것이 아니다)."라고 토마스는 말한다.[8] 그리고 우리는 그것에 유비적으로 말할 수 있을 것이다. "Qui non vivit, non perfecte existit(살아 있지 않는 자는 완전히 실존하지 않는다)." 그러나 생명은 단지 특정한 생물의 존재로만 있다. 모든 생물은 하나의 종에 속하고 하나의 모양을 갖는다. 생물학적 종은 마치 일반적으로 본질, 즉 본질 형상이 존재의 방식인 것과 같이 생명의 '방식'이다. 이 방식은 자신의 완성에 의해 추상하고, 실현될 수도 실현되지 않은 수도 있는 관념적인

8 Thomas von Aquin: In *Eth. ad Nic. lib. IX, lect.* 11, nr. 1902.

본질로 생각하도록 놔둔다. 그것은 마치 음악적 '방식'은 그것의 사실
적인 공연에 의해 펼칠 수도 그리고 예컨대 문서로 고정할 수도 재현할
수도 있는 것과 같다. 존재의 방식은 가능성이고 존재는 실제이다. 한
꿈속의 혹은 영화 속에서 보여준 짐승은 그가 실제적으로 살아있는지
질문할 수 있다는 점과 관련하면 생명의 하나의 방식이다. 생명은 그들
의 개념에 속한다. 그러나 우리는 이 개념을 통해서 그들의 실제적 살
아 있음을 추론할 수 없다. 특정한 사자(獅子) 역시 생명의 방식으로서
마치 그것이 살아 있었던 것처럼 보일 수는 있다. 생명 그 자체는 존재
할 수도 혹은 존재하지 않을 수도 있다. 그것은 존재로 '있다.'

IV

비인격적 생명은 우리가 '생명의 방식'으로는 서술할 수 없다는 점에서
인격적 생명과 구별된다. 인격들은 하나의 본성, 예컨대 인간의 본성을
존재하는 방식으로 가짐으로써 있다. 그들은 마이스터 에크하르트
(Meister Eckhart)가 신성을 표시한 것, 즉 "방식이 없는 존재"[9]로서가
아니다. 그러나 그들은 하나의 어떤 방식이 아니고 방식에 관계를 맺
고, 방식을 위하고 완성하거나 혹은 방식을 배제한다. 우리가 인격들은
어떤 것이 아니고 어떤 분이라고 말할 때 이를 의미한다. 그러나 이 어
떤 분은 실존하든지, 아니면 실제로 어떤 분이 아니고 어떤 것이든지이
다. 누구도 인칭 대명사 '나'를 가지고, 그가 이를 올바른 지향을 가지
고 사용하는 경우, 상상의 개인을 관련짓지 않는다는 것은 이 인칭 대

---

9 Meister Eckhart: Predigt 5, in: Ders.: *Deutsche Predigten und Traktate*. Hrsg.
von J. Quint, München 3. Aufl. 1969, 176 이하. 다음도 참조: Predigt 6, a.a.O.,
180 und Predigt 37, 같은 책, 334.

명사의 특징이다. 대명사는 항상 어떤 지시 대상을 갖는다. 그리고 인격의 이 실재는 항상 생명이다. 인격의 자기 관계는 이슬람 철학자 아비첸나가 처음으로 본질과 존재의 차이라고 명확히 말한 우연유 사유(Kontingenzgedanken)의 원천이고 패러다임이다. 인격은 이 차이를 직접 체험하는 존재이다. 우리는 이 체험을 이제까지 인격들은 그들이 무엇인지에, 즉 그들의 본성에 거리를 두고 있다는 관점 아래서만 관찰했다. 인격들은 그들의 본성을 가지고 있다. 그들은 그들의 '존재하는 방식'으로 가라앉지 않는다. 우연성은 이와 반대로 일반적으로 현존재의 우연성으로 이해된다. 이념적인 것으로의 본질은 필연적인 모습이다. 본질은 그들이 무엇인지의 바이다. 필연적인 것이 아닌 것은 본질이 실존한다는 것이다. 인격적 우연성 체험은 실제로 두 가지 방향으로 가는데, 자기 고유한 본성에 대해 놀라움, 만족 혹은 혐오의 방향으로 그리고 내가 있다는 것에 대한 경이로움의 방향이다. 마티아스 클라우디우스는 이 이중의 놀라움을 다음과 같은 구절에서 표현한다. "나는 신에게 감사하고 기뻐한다/ 아기가 성탄의 선물에 감사하고 기뻐하듯/ 내가 존재, 존재한다는 사실에, 또 내가 당신을/ 인간적인 얼굴을 가지고 있다는 사실에."[10]

자신이 존재한다는 것을 경이롭게 여기는 사람은 누구인가? 이 체험의 주체는 자신을 깜짝 놀랄 정도로 존재하고 있는 것으로 찾은 '본질'인가? 그렇다면 본질이 존재하기 전에 이 본질은 무엇일까? 우리는 실존 전에 '본질의 존재'를, 즉 실존 전에 하나의 실존을 받아들여야 하는가? 한 존재자에 해당하는 행위로서의 존재를 떠올림(표상함)은 그것의 행위가 존재라는 것의 현실을 항상 이미 전제해야 하는 논리적 난관

10　M. Claudius[1740-1815, 독일 시인]: "Täglich zu singen". 예를 들어 다음도 참조: Die Ausgabe, M. Claudius, *Worauf es ankommt. Ausgewählte Werke nach Gattungen geordnet*, Gerlingen 1995, 429 이하.

을 갖는다. 그래서 우리는 반대로 본질을 '존재의 방식'으로 생각하는 방향으로 유도된다. 유한한 존재는 단지 존재의 방식이다. 방식이 존재를 갖는 것이 아니라 존재가 방식을 갖는다.

인격 외적 존재는 우리가 그러한 기체를 단지 밖으로부터 우연적이라고 파악할 수 있는 방식으로 '잠겨' 있다. 오직 인격들만 자신의 우연성을 알고, 이들이 자신을 이들의 조건성 안에서 전체로서의 세계를 통하여 파악할 때, 세계의 우연성에 관해서 안다. 그러나 이들이 이 우연성을 인지해 낸 장소는 본질에게도 현존재에게도 정향될 수 없다. 인격들은 그것에 관해 경이롭게 실존하는 본질이 결코 아니다. 그들은 결코 본질이 아니고, 자신의 본질과 관계를 맺는다. 그들은 바로 이 자신의 본성이 우연적이라는 것을 경험한다. 다른 한편 그들은 존재의 유한한 방식 안에서 자신을 양도하는 '존재 자체'가 아니고, 그들은 하나의 존재, 유한한 본질, 하나의 본성을 가지고 있는 한에서만 존재하기 때문에 절대자가 아니다. 이들의 우연성 경험은 어느 곳에도 존재하지 않는 하나의 시각이며, 인격성은 존재와 본질 사이, 절대자와 유한자 사이를 떠다닌다. 이 불편지점(不偏之點, Indifferenzpunkt)은 우리가 자유라고 부르는 것, 즉 누군가가 무엇인지의 전체를 통해 규정되지 않음이고, 이로써 '방식'으로 된 모든 것, 즉 고유한 역사 전체에 새롭게 거리 두기를 할 가능성이다. 그러나 이것은 고유한 본성에 전제되어 있는 것으로서 다른 우월한 것이 산출되는, 자기 고유한 힘의 가능성 혹은 고유한 구조의 긍정적 힘으로부터가 아니다. 그렇지 않다면 자유 자체는 본성 전의 본성, 결정들이 고유한 전능으로부터 한정된 하나의 본성일 것이다. 자유의 무차별점은 인격적 장소인데, 여기서부터 자기 고유한 사유와 갈망은 단지 개인적 성벽으로서의 자기의 사유와 갈망일 수 있다는 것이 원리상 항상 가능하게 보인다. 오로지 이 자각과 함께 초월은 사유의 저편에 있는 존재를 향해 고양하는 운동으로 남는다.

　존재를 자기 존재라는 의미에서 생각한다는 것은 사유와 사유 대상을 포괄하는 사유의 너머를 생각한다는 것을 의미한다. 이 사유 자체는 다시 하나의 사유이므로, 이것은 필연적으로 사유된 것 뒤로 되돌아가 머문다. 사유 너머 저편에 대한 사유는 이 저편이 아니다. 이것을 벌써 토마스 아퀴나스가 안셀무스의 존재론적 신 존재 증명에 대한 이의로 제기하였다. 우리는 꿈속에서 우리가 꿈꾼 것이 꿈꾼 것이 아니라 실재라는 것에 관한 반성 의식을 가질 수 있다. 셀러에게 실재의 기준이었던 '반대'의 체험을 우리는 가질 수 있다.[11] 하지만 이는[실재의 기준이 반대라는 생각] 옳지 않다. 왜냐하면 잠에서 깨면 우리가 착각했음을, 그리고 반대 또한 꿈이었음을 발견해야 하기 때문이다. 그리고 헤겔이 『정신현상학』 서문에서 보여주듯이, 사유의 내재와 내재 자체 너머의 사유 사이의 차이는 다시 사유로 돌아온다. 따라서 이론적 태도에서 이 사유는 하나의 "완성"을 결코 찾을 수 없다. 존재는 어떤 지향적 대상이 아니다. 그러므로 존재의 의견은 존재가 자기 자신으로서 자신을 표시하는 방식으로 성취될 수 없다. 왜냐하면 자기-표시는 어떤 것으로 표시하는 것의 봄 혹은 사유의 내용을 의미하기 때문이다. 그러나 도대체 어떻게 이것이 이 사유 너머 저편으로 있는 사유의 내용이 되는가? 순수 이론적 견해로는 우리는 필연적으로 "보임"의 영역에 머문다. 물론 나타나면서 이 나타남 안에서 동시에 자기 자신을 숨기는, 어떤 것을 지시하는 '보임'이다.

11　참조: M. Scheler: *Die Stellung des Menschen im Kosmos*, in: Gesammelte Werke Bd. 9, Bern 1976, 112, und Idealismus – Realismus, 같은 곳, 214.

V

우리의 이론적 입장은 늘 어떤 것에 관련된, 즉 우리가 어떤 것을 지향하는 생명의 연관으로 덮여 있다. 우리는 무엇을 지향하는가? 우리에게 종착은 어떤 것에 관계하는가? 우리의 실천적 지향의 가장 외부의 대상은 무엇인가? 실재를 그리고 보임이 아닌 무언가를 우리가 갈망하게 되는 그 어떤 무엇이 있어야 한다. 이를 플라톤은 '선'이라고 부른다. 그러나 이 선은 다시 '단지 주체의' 어떤 것, 착한 일을 하는 외관을 통해 유인될 수 있는 주체의 특정한 상태일 수 있지 않을까?

철학의 도전은 처음부터 우리가 외관이 아니라 실재를 갈망하는 것은 즐거움, '쾌락'이라는 궤변론자의 대답에 놓여 있었다. 이 대답은 모순이다. 이 답은 단지 인간에게만 해당될 수 있다. 그러나 인간이 자신을 이런 방식으로 이해하면 자신을 인간으로 표현하는 것, 인격으로 만드는 것을 결여하게 된다. 짐승에게는 항상 이러저러한 것이 중요하다. 즉 먹이, 따뜻함, 교미 상대가 중요하다. 그러나 짐승을 관찰하는 우리는 짐승의 행태가 항상 특정한 항상성의 상태 도달에만 중요하다고 우리가 말하는 방식으로 해석한다. 짐승이 쫓는 목적은 그 자신에게 내장되어 있는데, 이 상태의 도달을 위한 단순한 수단이다. 그것에 대한 증거는 우리가 '자연적인' 목적을 우회하여 짐승에게서 그러한 조건을 유도할 수 있고 그러면 짐승은 어떤 것도 놓치지 않는 듯이 보인다는 데에 있어 보인다. 그에 대하여 짐승들이 결코 허상이 아니라 항상 존재를 추구하는 바 그것은 명백히 실제로 그들 고유의 '행복감'이다. 이것은 어쨌든 물리적인 즐거움과 동일한 것이 아니다. 특정한 짐승 종류에게는 자기 헌신과 같은 어떤 것이 있다. 새들은 지쳐 힘이 고갈될 때까지 자기 새끼들에게 먹이를 준다. 이 경우 자기 헌신은 항상성 상태의 조건이다. 그러한 짐승은 헌신하지 않으면 행복하지 않다. 이 노력이 향하는 목적은 다시 조작될 수 있다. 이것과 관련하여 존재와 '보임'의 차이는 중요하지 않다. 조작이 성공하면 자기 헌신은 성취된다.

인격들은 명백히 '나를 위한' 것과 '그 자체'의 것 사이의 차이에 대해 성찰하는 존재이다. 이는 인격들이 '나를 위한' 것을 주제화하는 것을 통해서 초월하여 '그 자체'의 것으로 지향하여 이를 소유한다는 것을 의미한다. 이들은 이 초월을 의식적으로 되돌릴 수 있다. 그러나 그들은 허상, 즉 항상 '어떤 것'에 관한 기쁨인 기쁨 대신에 의식된 자기기만과 쾌락, 즉 자기 만족을 선택할 수 있다. 어느 누구도 물론 지속해서 이와 함께 자기의 인간성을 포기하지 않고 존재할 수 없다. 쾌락을 최고의 그리고 유일한 선으로 표현한 에피쿠로스는 모범적으로 이것을 가시적으로 만들었다. 좋은 친구 없이 즐거움 가득한 삶은 없다고 그는 서술한다. 좋은 친구를 갖기 위해서 우리는 좋은 친구여야 한다. 좋은 친구가 되기 위해서 우리는 긴급 상황에서 친구를 위해 자기 목숨을 희생할 각오를 가지고 있어야 한다.[12] 이것이 쾌락주의의 변증법이다. 변태가 아닌 사람이라면 실재적인 친구들을 갖고 싶어 한다. 상상의 친구만으론 충분하지 않다. 우리 중 누구도 온 생애 동안 의식 없이 침대에 누워 인위적인 행복 상태가 유지되길 원하지 않는다. 완전한 '가상적 실재'의 반인간적 유토피아는 한편으로 철학을 향해 거동하는 안티 철학의 지지를 받아 전진하고 있기에 위협적이다. 그러나 인간을 멸종시키는 것은 그렇게 쉽지 않을 것이다. 만약 누군가가 임종을 앞두고 그의 자녀가 해상 사고에서 구조되었다는 것을 들었다면, 그는 그것이 사실인지 알고 싶어 한다. '나를 위한' 것은 '그 자체'를 위해 유지하는 것이 나에게 성공적인 동안만 '나를 위한' 것이다. 속고 싶다는 것은 항상 절망의 표현이다. 실상은 그러하지만 자신은 그걸 정말 감당할 수

---

12   참조: Epikur: *Fragmente. Diogenes Laërtius*: X 121, F. 590 Ms.

없다는 감정의 표현이다. 이것이 가장 명백하게 드러나는 것은 사랑받고 있다는 외관이 거짓임을 알면서도 만족하는 경우이다. 진정한 기쁨은 타인의 진심이 그의 실제 생각이지 가장이 아니라는 것을 알거나 확신할 때 생긴다. 심지어 그런 가장이 미래에 우리가 알아차릴 만한 결과를 가져오지 않는다고 하더라도 말이다. 그리고 마찬가지로 고유한 사랑에도 유효하다: 사랑은 자신을 초월한다(amor extasim facit).[13] 사랑은 자기의 존재론적 지위가 공중에 머무르는 지향적인 대상에게가 아니고 타자에게 향한다. 타자는 바로 지향적인 대상으로 주어져 있지 않고, 모든 가능적인 소여성 너머의 자기 존재인 한에서 그렇다. 지향적인 대상들은 항상 이들의 본질을 통해 정의되고, 이들의 정체성은 항상 질적인 정체성이다. 그러나 사랑은 수적 동일성에 있는 타자에게 향한다. 그러므로 이 수적 동일성 안에는 어떤 모호함의 지시도 없다. 완전한 이중성, 즉 지금까지 공동의 기억에 해당하는 모든 정보를 마음대로 사용하는 이중성이 사랑받는 사람의 자리에 들어간 경우를 설정해 보라. 우리는 아마도 기만을 감지하지 못할 것이다. 그러나 이것이 기만이고 타자의 과거가 공동의 것이 아니라는 것을 체험하게 되면 당황스러움을 느낄 것이다. 이 타자는 더 이상 사랑받는 사람이 아닐 것이다. 그러나 이제 그런 그를 사랑하기 시작한다면 상황은 달라진다. 그렇지만 이것은 다른 사랑이다.

　'엑스타시'의 의미에서 사랑에 관해 말할 때, 우리는 이것이 무엇을 의미하는지 이해한다. 그러나 우리는 사랑이 그것의 완전한 실재를 사랑에 관해 이야기하는 말들에만 가지고 있는지는 알지 못한다. 우리는 사랑할 때에만, 완전한 의미로 살고 있다는 것을 느낀다. 우리가 사랑을 사랑하기 때문에 바로 이 때문에 우리는 사랑의 엑스타시를 성찰하

13　Pseudo-Dionysios Areopagita: *De divinis nominibus*, §13; PG 3, 712.

고 한 사람을 사랑할 수 있다. 순수한 초월은 자기 자신을 의식하지 못할 것이다. 한 인격은 유일하지 않는 성질들과 연결되어 중재적으로만 자신을 드러낸다. 참사랑은 더는 이 성질을 향하는 것이 아니고, 자신의 수적인 동일성에 있는 타자에게 향한다. 그가 변한다 하더라도 그에게 향한다. '지시 관계'의 대상을 질적인 변화를 통해서 계속해서 붙잡는 능력은 무한하지 않다. 자신의 사랑에 대해 사랑하는 사람의 특정한 특질에 있는 '이유들'을 가지고 있지 않는 사람만이 사랑한다. 그러나 그럼에도 불구하고 특질들의 변화가 매우 근본적이면 사랑하는 인격이 보이지 않는 것처럼 된다. 그렇게 비가시적으로 되는 이유는 사랑하는 사람에게도 있을 수 있다. 그가 사랑했던 동안에 그에게 자명했다: 사랑이 진정 사랑하는 사람의 실재에서 온 것이라면 그것의 본성상 끝이 있을 수 없다는 것을. 그러나 사랑이 결국 끝났다면 우리는 그 사랑이 타자의 존재에서 실재적으로 오지 않았다는 것을 경험한다. 신비가는 신과의 엑스타시 안에서 그렇게 일치되고 영원으로 들어간다. 그는 그의 본성상 끝나지 않는 이와 하나가 된다. 그러나 하나가 됨은 곧 끝나고 기도하는 자는 "자기 자신으로 다시 돌아간다."

그럼에도 성찰 속의 그에게는 신비적인 일치의 상태가 환상으로 되지 않는다. 왜냐하면 그는 엑스타시 중에 체험했던 그 실재를 직접 체험하지 않고 계속해서 붙드는 사람의 상태로 돌아가기 때문이다. 그러고 나면 우리는 라틴어로 'fides'라 하고 신뢰의 동의어인 '신앙'에 관해 말한다. 신앙 안에서 타자의 존재를 체험하지 않아도 그렇다고 해서 (존재가) 사라지지 않는, 인간적 초월의 '일반 형식' 또한 있다. 각 사람의 자기 존재가 모든 타자에게 실재적으로 있어야 한다고 요구하는 방식은 곧 인정이다. 다른 모든 사람에게 인정받기 위해서는 아마도 타인의 자기 존재를 한번 직접 경험해야만 할 것이다. 즉 사랑을 경험하고 사랑했어야만 할 것이다. 나머지는 신뢰라 부른다. 그러한 '절대적'

실재 경험의 기본적 형식은 나의 시선과 교차하는 타자의 시선이다. 나는 들여다 보인다. 그리고 이 시선이 객관화하거나, 측량하거나, 과소평가하거나, 혹은 단순히 호기심에 끌린 것이 아니라, 상호 관계 속에서 고유한 시선을 만난다면 양자의 체험에 우리가 인격들이라고 부르는 것이 구성된다. 왜냐하면 인격은 복수로만 존재하기 때문이다. 물론 원리상 타자의 시선 역시 조작될 수 있다. 타자는 결코 순수 현상의 강제적 직접성 안에서 주어지지 않는다. 타자를 하나의 가상이 아니라 실재적인 자아로 여긴다는 것은 자유의 계기를 지닌다. 자유의 근본 행위는 모든 생명체의 경향성에 내재하는 힘의 장악을 포기하는데서 성립한다. 이러한 포기를 긍정적으로 말하자면 '있는 그대로 두기(Seinlassen)'이다. 있는 그대로 둔다는 것은 인격성의 고유한 표시인 초월 행위이다. 인격들은 타자의 자기 존재를 실재적으로 되게 하고 그들의 자기 존재가 타자에게 실재적으로 된 존재이다.

VI

현대의 학문은 생물의 존재를 이해하기 위해서 생명체를 조작해 재구성하려는 경향이 있다. 그러나 우리가 조작할 수 있는 모든 것은 항상 질과 양일 뿐이다. 정체성이 단지 질적 정체성일 때 정체성은 실재와 허구에 대해 무관심하다. 수적 동일성으로서의 자기 존재는 조작할 수 없다. 자기 존재는 결코 이론의 지향적 행위의 객체로 주어지지 않는다. 자기 존재는 인정과 이러한 인정으로 규정된 신앙의 대상이다. 이런 방식에서만 지시 관계의 규정이 있다. 객체는 나에 의해 소유된다.

지향적 대상의 존재는 주체를 통해 지향적으로 소유된 것이다. 우리가 자신을 초월하여 향하는 자기 존재, 즉 타자의 인격은 상호 관계 안에서 우리에게 다가온다. 세계가 나의 부분인 것처럼 나는 세계의 부분이다. 세계가 나를 위해 있는 것처럼 나는 세계를 위해 있다. 그것은 내가 세계를 위해 있으며 세계가 나를 위해 있다는 것을 내가 안다는 사실을 의미한다. 이 상호 관계 속에서 형이상학적 실재론의 근거가 마련된다. 이 실재론은 인격을 위해 본질적이고, 지향성을 위해 필요조건이자만 지향성으로 환원되지 않는다.

자기 존재가 자신을 표시하는 것을 통하여, 무엇보다 외관으로는, 특정한 성질에 있는 자신을 표시한다. 그 안에 자신을 표시하는 모든 것은 원리상 조작 가능하다. 모든 성질, 모든 현상들은 조작 가능하다. 반면에 인격성은 타자를 하나의 조작으로 혹은 하나의 꿈으로, 즉 존재적으로 나에 대해 있고, 동시에 나는 그것에 대해 있지 않는, '어떤 것'으로 여기기를 포기하는 행위에서 구성된다.

사랑과 인정은 이 포기를 함축한다. 이것들은 타자의 실재성에 대한 의심과 합치되지 않는다. 즉 유아론과도, 특별히 실재론을 가설의 지위로 축소시키는 것과도 합치되지 않는다. 우리는 니체에게서 실재 관계의 부정이 어떻게 인격의 해체와 인격 일치의 부정과 합치되는지를 자세히 관찰할 수 있다. 만약 내가 어떤 분으로 의미할 수 있는 누가 아니라면, 나는 결코 어떤 사람이 아니고 단지 어떤 것이다. 그리고 어떤 것으로서 나는 필연적 내적 일치의 어떤 원칙도 소유할 수 없다. 내가 하나의 '너'가 아니라면 나는 또한 '나'가 아니고 어떤 사람의 상태도 아닌, 상태들의 덩어리, "너무 많은 눈꺼풀 아래에서도 그 누구의 잠도 아닌, 쾌락"[14]이다.

---

14 R. M. Rilke: *Rose, oh reiner Widerspruch*, Sämtliche Werke 2. Bd., Wiesbaden 1957, 185.

다른 인격자들에 대한 우리의 관계가 특징인 '형이상학적 실재론'은 이런 관계로 축소되도록 두지 않는다. 이 실재론은 훨씬 더 인간의 '세계-내-존재'를 동물 존재와 구별한다. 이 실재론은 단지 인격들에만 관련되는 것이 아니라 모든 존재자들, 적어도 모든 생물과 관련된다. 인간에게는 결코 어떤 순수한 주-객체 관계는 없다. 실재와의 관계는 항상 동시에 '함께 있음(Mit-sein)'의 관계이다. 니체는 실체적 통일성으로서의, 우리의 사물에 대한 관계가 우리의 인격에 대한 관계의 패러다임에 정향되어 있고 그래서 이 관계와 함께 성립되고 와해된다는 사실을 보여주었다. 이것은 우리의 동물과의 관계를 위해 직접 조명한다. 고통을 겪고 있는 한 마리의 짐승에 대한 즉발적인 대응은 그것의 고통이 "우리에게" 단지 한 현상의 "실재"가 아니라는 의미에서 실재적이라는 것이 전제된다. 왜냐하면 이 고통은 바로 우리에게 하나의 현상이 아니기 때문이다. 현상들은 우리를 훨씬 더 그 고통에 연결해 우리 자신에게 현상이 될 수 없도록 만든다. 바로 이 고통이 어떤 방식으로든지 우리가 우리 자신의 것으로 체험하는 고통과 비슷하기 때문이다. 그러나 우리 존재자를 위해 대상성의 존재 양식을 여전히 가지고 있는 정도를 넘는 '아래로 향한' 경계는 없다. '형이상학적 실재론'은 어떤 특정한 인식론을 예단하지 않는다. 그것은 '물자체'와 '현상' 간의 관계에 대해, 혹은 세계를 파악하는 우리 범주들의 존재론적 지위에 관해 어떤 것도 예단하지 않는다. 계시하면서 동시에 숨어 있는 존재자의 현상을 초월하지 않고는 어떤 인격들도 없다. 왜냐하면 인격들은 스스로, 자신을 지시하고 동시에 숨는 존재자이기 때문이다. 인격들은 단순히 '주-객체 관계' 안의 주체가 아니다. 왜냐하면 동시에 주체이고 객체인 것이 인격들에게 훨씬 더 본질적이기 때문이다. 인격들은 세계에서 발견할 수 있는 존재자이고, 원리상 방법론적으로 순수 객체의 지위로, 더 나아가 이를 외과적 수술의 경우에서처럼 자기 고유한 건강을 위해,

축소시킬 수 있다. 이 경우에 주체의 성격은 잠정적으로 마취에 의해 줄어드는데, 이때 전 경과 과정 중에도 현재적으로 남는 인격성은 경감되지 않는다. 이 사례는 인격적인 것에 일상적 관계를 만드는 것은 결코 특정한 순간 혹은 짧은 기간에 찰나적으로 생성될 수 있는 것이 아니라는 것을 보여주기 때문에 특별히 교훈적이다. 의식의 연속성은 모든 순간들의 현재적인 의식에 연결되어 있고 인격의 연속성은 타인이 어느 특정한 인격의 것으로 동일화시킬 수 있는, 세계에서 발견할 수 있는 한 유기체의 연속성에 연결되어 있다.

주체성의 잠정적 배제, 즉 인격의 물리적 통합을 재구성할 목적으로 의식을 잠정적으로 배제하는 것은 도착적 대응물로서 인격의 가학적 대상화를 낳는다. 이 대상화 안에서 주체성은 배제되는 것이 아니라 주체성 '으로서' 객체로 만들어지는 것이다. 고통을 당하는 인격이 다른 주체의 만족을 위한 수단으로 자기의 대상화를 스스로 체험하는 것 안에 바로 절차의 의미가 놓여 있다. 이 도착적 왜곡에서 다시 한번 인격 존재의 특징이 가시화된다. 주체성은 단지 인격 존재의 계기의 하나이다. 인격 존재는 타자에게 경험 가능한 자기를 위한 존재(Für-sich-sein)이고 타자의, 자기를 위한 존재의 경험이다. 육체성은 타자를 위한 존재의 매개이기에 인간의 육체성은 본질적으로 자기 인격성에 속한다. 육체성은 타자를 통하여 극단적인 대상화의 가능성을 포함한다. 그러나 타자의 육체에서 다른 자기 존재의 숨김과 드러냄을 인식하고 이를 통해 자신을 스스로, 모든 비인격적 생물에게 구성적인 중심부에서 해방되어 나오는 것은 다시금 인격성의 표시이다.

7

가상

I

"어느 누구도 오랫동안 가면(persona)을 쓰고 있을 수는 없다. 거짓된
모습(ficta)은 곧장 자신의 본래 상태로 되돌아간다."[1]고 세네카는 쓰고
있다. 여기서 '페르소나'는 가면의 의미로 사용된다. 가면은 오래 쓰고
있을 수 없다. 우리는 2장에서 '본성'과 '인격'의 관계에서 두 용어의
의미가 변화되는 과정을 추적했다. 고대인들에 의하면, 인간이 고안해
낸 인공적인 모든 것, 모든 가상과 작위적인 모든 것(nomos)은 본성에
비해서 이차적이다. 이러한 것들은 본성에 의해서 가능하기에, 자신의
척도를 본성에서 찾고, 본성으로 되돌아온다.

이러한 점에서 보자면, 인간의 실천적 행위는 새가 둥지를 짓는 행위
나 사회적인 위계질서에서 자신의 자리를 차지하기 위한 개미들의 의

---

1 Seneca: *De clementia* 1. 1. 6: "Nemo potest personam diu ferre. Ficta cito in
naturam suam recidunt."

례적인 싸움과 같은 동물의 행동과 구분되지 않는다. 이러한 행동들은 본성에 속한다. '본성'은 본래 자신과 대립되는 것까지 포괄하는 개념 중의 하나이다. 예컨대 언어로 말하는 것은 인간의 본성에 속하지만, '본성적인 언어'는 존재하지 않는다.

인공적인 것, '가상적인 것'은 본성적 작용으로서 자기 보존이나 종의 보존을 위해 설정된 본성적인 생명의 행동 양식으로 통합되는 것이 아니라, 오히려 이와 같은 '실재'에 대해서 생명의 독립적인 차원을 형성한다. 이는 인간에게 있어서 특징적인 점이다. 그리고 이렇게 인간이 고유한 본성과 동일하지 않다는 것이 아주 분명하게 확증되며, 이것이 인간을 '인격들'이라고 부르도록 하는 근거가 된다.

물론 동물도 생물학적인 목적에서 기능적으로 유래한다고 볼 수 없는 과도한 아름다움과 생존하는데 있어서는 불필요한 표현력을 지니고 있다. 하지만 동물은 그저 활동한다(spielen). 새의 노래는 생물학적인 기능을 갖고 있지만, 이러한 기능은 물론 우리 귀에 덜 아름답게 들리는 다른 다양한 소리를 통해서도 대체될 수 있다. 동물들이 겉으로 드러내는 모습도 마찬가지이다. 예컨대 세련된 색깔의 무늬를 지닌 새, 물고기, 파충류의 모습은 암컷을 자극해서 암컷의 선택에 도움을 주기도 한다. 하지만 우선 첫 번째로, 특정 동물이 지닌 유리하고, 생존과 번식에 도움이 되는 특성과 외모의 아름다움 사이에는 그 어떤 명백한 인과 관계도 없다. 더욱이 두 번째로 더 중요한 점은, 아돌프 포르트만 (Adolf Portmann)이 지적하듯이, 수컷의 드러난 겉모습을 보고 암컷이 수컷을 선택하는데 이점이 있다고 주장하는 것은 단순히 문제를 지연시킬 뿐이다.[2] 암컷이 단지 미학적인 이유로 수컷에게 관심을 보인다는 주장은 더 나아간 설명을 필요로 하기 때문이다. 이 점은 '놀이하는

---

2 참조: A. Portmann: *Neue Wege der Biologie*, München, 1960, 166.

(spielt)' 본성을 말한다. 본성적으로 드러나는 생명의 표현 양식은 생물학적인 기능성이 요구하는 것을 정확하게 따르지 않는다. 잉여적인 놀이는 그 자체로 다시 한번 해석될 여지가 있다. 적어도 이러한 잉여 활동은 변화하는 환경 조건에 빠르게 반응하고 유연하게 대처함으로써 새로운 행동 가능성을 시험해 보는 등 그 환경에 적응하는 것을 훈련하는데 도움이 된다.

반면에 인간의 놀이(Spiel)에는 이러한 설명이 맞지 않는다. 예컨대 인간의 축제는 이러한 설명과는 다르다. 축제를 생물학적인 관점에서 보자면, 축제 활동을 하는 본래 목적은 이러한 관점에 전혀 부적당할 뿐만 아니라, 무의미하게 힘과 노력, 물질적 자원과 시간을 허비하는 특성을 지닌다. 그 결과 놀이는 심지어 생명보다 상위에 있게 된다. 후이징가(Huizinga)는 언젠가 "종교적 의례 행위는 어느 정도까지 놀이의 범위에 해당되는가?"[3]라는 질문을 던졌다. 의례적인 것은 놀이처럼 '생물학적 생명(bios)'의 기능적인 범위를 벗어난다. 그러나 인간의 평범한 실천적 행위는 거룩함의 영역에서 보자면 오히려 놀이로 이해될 수 있다. 이에 따라 플라톤의 활동으로서의 놀이와 진지함의 관계가 새롭게 규정된다. 플라톤이 명백하게 "오늘날 우리가 생각하는 것"[4]과는 반대로 표현했을 때, "우리가 생각하는 것"은 근대 유럽 사람들이 생각했던 것이 아니었다. 다시 말해서 플라톤의 이 말은 놀이가 생명의 진지함에 종속되는 것이 아니라, "놀이를 위해서 가장 진지한 것을 몰아내어야 한다."는 것을 의미한다. 고대 세계에서 일반적으로 합의된 사유에 의하면, 전쟁의 목표는 평화였듯이, 노동의 목표는 여가였다. 플라톤은 이러한 사유를 전복하지는 않았지만, '진지함'을 새롭게 정의했

---

3 J. Huizinga: *Homo ludens. Vom Ursprung der Kultur im Spiel*. Deutsch: Reinbek, 1987.

4 플라톤, 『법률』 803 c.

다. 그에 의하면 '놀이가' 진지하다. 따라서 좋은 삶이 놀이에 기여하는
것이 아니라, 삶 전체가 놀이여야 한다. "진지한 것에 대해서는 진지해
져야 하지만, 진지하지 않은 것에 대해서는 그러지 말아야 한다고 생각
한다. 본성상 신은 우리가 아주 진지하게 고심해야 할 복된 대상이나,
인간은 신이 만든 일종의 장난감이라서, 사실은 이것이 인간에게는 최
상의 것이다. 모든 남녀는 일생동안 바로 이러한 삶의 방식을 좇아서,
가장 훌륭한 놀이를 해야 하는데, 이는 오늘날 우리가 생각하는 것과는
반대되는 것이다."[5]

놀이로서의 삶이라는 이러한 사유를 스토아학파가 수용해서 발전시
켰는데, 이 이론에 의하면, 고유한 삶을 산다는 것은 연기자가 극장에
서 자신의 역할을 연기하는 것처럼 간접적이다. "혼인한 사람은 혼인하
지 않은 사람처럼, 우는 사람은 울지 않는 사람처럼, 기뻐하는 사람은
기뻐하지 않는 사람처럼, 물건을 산 사람은 그것을 사지 않은 사람처럼
사십시오."[6]라는 바오로 사도의 권유는 얼핏 고등 사기꾼 펠릭스 크룰[7]
이 살았던 삶과 동일하게 보인다. 하지만 고등 사기꾼인 크룰의 경우에
는 자신이 실제와는 동떨어진 "공상적인 삶"을 살았기 때문에, '볼품없
는 현실적 관계'를 경멸한 것을 고백함으로써 다른 결말에 이른다.[8] 펠
릭스 크룰에게 '공상적인 삶'은 자유를 의미한다. 반면에 바오로와 스
토아주의자들에게는 정확히 이와 반대되는 것을 의미한다. 이들에 의

---

5 플라톤, 같은 책, 같은 곳.

6 참조: 1코린 7, 29 이하.

7 [토마스 만의 소설 『사기꾼 펠릭스 크룰의 고백』에 나오는 주인공이다. 크룰은 스스
로 재능있고, 아름답고, 자신이 남을 사랑하는 것이 아니라 남들이 자신을 사랑하는 아
름다운 인간으로, 비록 사기꾼이라 불릴지라도, 다른 이에게 죄책감은 없다는 잠재의식
을 지니고 있다.]

8 Thomas Mann: *Bekenntnisse des Hochstaplers Felix Krull*, in: Gesammelte Wer-
ke 7. Band, Frankfurt a. M., 1960, 372.

하면, 우리가 자유 자체를 비현실적인 것으로 받아들이고, 삶을 주어진 역할을 수행하는 놀이로 생각한다면, '볼품없는 현실적 관계'는 자유에 어떤 피해도 입히지 않는다.

우리는 우리가 행해야 하는 것을 타고난 성향으로부터 읽어낼 수 있다. 이 타고난 성향은 우리에게 자연법으로 드러난다. 그러나 순전히 본능적인 존재와는 달리 인간의 타고난 성향은 역할에 대한 지시만을 내포하고 있다. 배고픔은 먹는 것을 강요하지는 않지만, 보통의 경우에 배고픔은 내가 먹어야 한다는 것을 알려준다. 따라서 배고픔은 먹기 위한 가장 우선적인 충분조건(prima-facie)이 된다.

인격들에 있어서 삶 자체는 모방(mimesis)의 범주에 속한다. 삶은 고유한 형태로 이러한 흉내 내기를 통해 형성된다. 언젠가 흉내 내기 놀이를 한 후에, 다섯 살짜리 아이가 자기 엄마에게 다음과 같이 말하는 것을 들었다. "나 이제 우리가 할 수 있는 놀이를 알겠어. 엄마는 이제 엄마가 되는 거고, 나는 엄마의 자녀가 되는 거야." 다양한 역할들을 연습하고 숙달한 후에, 아이의 일반적인 삶의 방식들은 이러한 역할들 중에서 하나의 역할극의 형태로 나타나게 된다.

동물과 인간의 가면을 쓰고 하는 역할극은 우리 모두가 잘 알고 있는 인간 사회의 모습과 다르지 않다. 변장은 전 세계 아이들에게 잘 알려진 놀이이다. 특정한 구체적인 캐릭터나 인물을 모방하는 것은 사람들과 소통하고 웃음을 주는 가장 간단한 방법이다. 이러한 경우에서 보자면, 모든 이들은 정신분열증과 연관되어 일컬어지는 '이중장부'를 잠재적으로 기록할 여지가 있다. 다시 말해서 우리는 역할극이 단지 놀이일 뿐이며, 역할극이 표현하는 이가 '본래는' 다른 사람이라는 것을 알고 있다. 하지만 우리는 현실에서 이러한 사실을 애써 부인함으로써, 마치 이런 사실을 알지 못하는 것처럼 살아가고 있으며, 이와 같은 가상의 역할극을 진짜 현실인 것처럼 생각해 버린다. 결국 우리는 자발적으로 두려움과 연민이라는 감정에 우리 자신을 내맡겨 버리는 것이다. 그래서 우리는 가상의 현실에 대해 '눈물을 흘리지 않을 것 같지만' 실제로는 가상에 대해 눈물을 흘리는 것을 즐기게 된다. 이에 대해서 놀라움을 금치 않았던 최초의 인물은 아우구스티누스였다. 아우구스티누스는 자신이 『아이네이스(Aeneis)』를 읽으면서, 디도 여왕의 삶에 연민을 느끼며 많은 눈물을 흘렸다고 하는데, 그것은 "디도가 사랑하는 사람이 떠나가 버려서 자살했기 때문"이라고 한다.[9] 허구로 창작된 작품을 읽는 독자는, 이 작품을 지어낸 작가가 생각해 낸 허구와 유사하지만 실제 현실과는 같지 않은 비동일성을 생각하는 상상력을 길러야 한다. 이는 독자로 하여금 실제가 아닌 지어낸 이야기에 속지 않기 위해 허구를 바로잡아주려는 것이 아니다. 오히려 허구라는 놀이 속으로 '들여보내는' 것이다. 다시 말해서 놀이를 즐기는 주체는, 비록 이 놀이가 '현실에서는' 존재하지 않는다는 것을 안다고 하더라도, 자신이 속고 있는 허구를 받아들이기 위해 놀이 속으로 들어가는 것이다.

II

그렇다면 우리는 매번 자신이 무엇으로 존재하는 것으로 정확히 그렇게 존재하는가? 역할극의 가능성은 우리가 인격들로서 항상 어떤 역할을 연기하고 있다는 사실에 기반하고 있다. 어떤 사람의 동일한 그 사람으로서의 정체성은, 한편으로는 자연적인 것의, 곧 유기체의 정체성을 의미한다. 이러한 차원에서 그 사람의 정체성은 항상 외부의 다른 것과의 차이에 의해 인지되어 확정된다. 그러나 이 같은 기초적인 자연

---

9 아우구스티누스, 『고백록』 I, XIII, 20 이하.

적 본성에 바탕을 둔 정체성은 그저 정체성을 찾는 노정에서 정체성을 형성하는 특성을 지니고 있는 단서만을 포함하고 있다. 인격은 이러한 자연적인 신체 기관의 산물이 아닐뿐더러, 이 자연적인 노정의 측면이 최종적인 종착점도 아니다. 인간의 기본적인 정체성은 생물학적인 본성에 기반하고 있지만, 오히려 인격은 어떤 사람의 삶 전체로서 인생의 노정 자체이다. 인격들이 어떤 역할 자체는 아니지만, 인격들은 어떤 역할을 수행함으로써만, 다시 말해서 어떤 식으로든 자신을 특정한 방식으로 개성적으로 만듦으로써만 본래의 인격들로 존재하게 된다.

이러한 개성화는 문화적으로 미리 결정된 틀 안에서 진행된다. 이러한 틀이 약화되고 전통이 자신의 입지를 상실할 때, 어디에서나 '자기발견', '자기 경험' 등에 대한 필요성이 생길 뿐만 아니라, 독재적인 또는 민주적인 전체주의 형태에 적응할 태세도 대두한다. 이미 개인이 말하는 어투는 단순히 특정 언어권에서 개별적으로 반영되는 개인적인 다양성을 의미할 뿐이다. 그렇기 때문에 한 개인의 어투는 그 어투가 발설된 맥락을 알 때만 올바로 해석될 수 있다. 한 개인의 어투는 그의 필체와 마찬가지로 의도적으로 자기만의 스타일로 표현된 분명한 결과물이 아닐뿐더러, 화자의 '본성'을 직접적으로 표현한 것도 아니다. 오히려 개인의 어투는 이 두 가지 모두를 드러낸다.

인간에게는 순수한 직접성이 없다. 무의식적인 즉흥성 같은 드문 순간이나 깊은 슬픔과 같은 상태는 예외적이다. 이러한 경우는 그 어떤 가치도 찾을 수 없는 것처럼 보이거나 자기를 표현하려는 의지가 상실되었을 때 발생한다. 인간은 본성만으로 존재하지 않는다. "사람은 모두 거짓말쟁이"[10]라는 시편 구절은 겉보기에 흠잡을 데 없이 결백한 경우를 제시하더라도 여전히 거부될 수 없다.

---

10 참조: 시편 116, 11 또는 로마 3, 4.

아우구스티누스와 루소의 『고백록』은 비록 그 의도는 완전히 반대되는 것이었다 하더라도, 고도로 자기 스타일을 만든 작품이다.

아우구스티누스는 자신을 아는 것, 곧 자기 인식이 간접적이라는 것을 알고 있었다. 아우구스티누스는 자신을 찾는 것이 아니라 신을 찾는 것을 서술했다. 아우구스티누스가 자신에 대해 말하는 것은 절대자를 향해 가는 그 길에서 자기 자신에 대한 체험을 반영한 것일 뿐이다. 동시에 이 길은 진리를 향해 가는 데 있어서 습관적이고 구조적인 자기 기만으로 이끄는 것으로도 이해되었다. 절대 진리만이 비로소 인간에게 이러한 자기 기만을 드러내 주며, 자기 자신에 대한 참된 모습도 드러내 준다. 기만에서 벗어나는 과정을 통해 자기 자신과의 근본적인 거리를 절감하면서 참회에 이르게 된다. 이러한 과정의 목적은 각각의 역할에서 벗어나는 것이 아니라, '그리스도를 입음' 이라는 유일하게 '참된 역할' 을 떠맡는 것이다.[11] 『고백록』의 작품 형태상, 자신에 대해서 서술하는 것은 이중적인 굴절을 내포하고 있다. 신이 저자에게 보도록 한 것을 저자가 신에게 고백하듯이, 자기 서술은 독자들이 듣도록 해야 한다. 그 목적은 독자를 저자가 걸어가는 길을 따라 이끄는 것이다. 왜냐하면 그 빛 속에서 자신을 발견한 진리는 아우구스티누스 자신의 진리가 아니라, 플라톤에 의하면 '모든 것에 공통적인' 좋음의 진리이기 때문이다.[12] 이 좋음의 진리 앞에서 우리 자신들은 모두 거짓말쟁이이다.

다른 한편 루소의 자기 개성화는 역설적이다. 루소는 자신을 도시에서 노숙자처럼 살아가는 가난한 사람으로 둔갑시킨다. 그는 짧은 시간 동안 사회적 관습이라는 놀이에 공연히 참여하려고 시도한 자연인 (homme naturel)이다. 그런 다음 이 자연인은 고대 로마의 이상을 살

---

11   참조: 아우구스티누스, 『고백록』 VIII, 29.
12   플라톤, 『고르기아스』 505 e.

아가는 시민 역할을 시도했지만, 결국 포기하고서 본래 자기 모습으로 "모든 면에서 본성에 충실하게" 자신을 세상에 드러낸다. 루소는 자신의 고용주의 집에서 사실은 자신이 저질렀지만 하녀에게 도둑의 혐의를 씌운 다음, 어떻게 하녀가 망신스럽게 해고되는지 지켜본다. 그런 다음 루소는 "나는 이 순간보다 덜 악한 적은 결코 없었다."라고 기술한다.[13] 루소가 지닌 열정은 무죄함에 대한 것이었다. "이렇게 나는 현재의 내 모습 그대로 나의 최고 심판자 앞에 나설 것이다 … 나는 그때 그 모습대로 나 자신을 드러내 보였다. 그렇다면 누가 감히 '내가 이 사람보다 더 나았다.'라고 말할 수 있겠는가?"[14] 루소는 더는 그 어떤 역할도 수행하지 않음으로써 하나의 역할을 창조했다. 이것은 루소 자신이 본성적인 인간을 말이 없고 꾸밈이 없는 원시 인류(hominid)로 이해했다는 것을 말해 준다. 인간이 된다는 것은 자기를 소외시키는 것과 같은 의미를 지닌다. 왜냐하면 언어와 노동의 분업으로 인간은 서로에 대한 투명성을 상실하는 바람에, 역할에 있어서 서로 부딪히게 되었기 때문이다.

특별히 여기서 제기되는 물음은 루소는 왜 『고백록』을 썼는가 하는 것이다. 물론 고백록에 등장하는 가난한 장 자크는 다른 역할처럼 하나의 역할이다. 하지만 이 역할은 새로운 것이다. 왜냐하면 이 역할은 처음으로 개인이라는 존재를 특징짓는 자기 개성화를 계획적으로 거부하는 것을 보여주기 때문이다. "자연의 모든 면에서 충실한" 인간에게는 인격적 존재가 과중한 부담이 되지만, 이로부터 인간은 새로운 역할을 만든다. 루소는 오히려 예술과 학문을 기념비적으로 거부함으로써, 예술과 학문의 아카데미로부터 상을 받으려고 했고, 상을 받기도 했다.

---

13 J.-J. Rousseau: *Les Confessions*. *Œuvres Complètes* III, Paris 1959, 86.
14 같은 책, 같은 곳, 5.

왜냐하면 아카데미는 바로 그러한 거부를 기대해서 상을 주었기 때문이다.

루소의 문화 비판적인 선택은 양면적이었다. 한편으로 인간은 철저히 국민으로서 어릴 때부터 모국과 국가의 일에만 헌신해야 한다. 하지만 다른 한편으로 인간은 자신에게 총체적인 충성을 요구하는, "더 이상 그런 모국이 없는"[15] 곳에서 '도시 속의 미개인', 곧 자연인(homme naturel)과 같은 문명의 수준이 되어야 한다. 자연인은 더 이상 동료 시민의 평가로 사는 것이 아니라 오직 자기 자신으로 살아간다. 동시대 사람들에 대한 루소의 혐오는 다름 아닌 이중적 인간(homme double)에 대한 혐오였다. 이중적 인간은 극단적으로 자기 소외적이지 않으며, 그렇다고 결코 극단적으로 자기 만족적이지도 않다. 오히려 이중적 인간은 오직 사회적으로 보여주는 가면을 쓴 모습의 역할을 통해서만 자신의 내면적인 존재를 현실적으로 가시화한다.

그러나 인격은 '이중적 인간'으로 존재한다. 인격은 드러나는 겉모습에서 존재하며, 이와 같은 인간이 자신의 측면에서 어떤 역할, 그것도 반문명적인 역할을 하는 냉소주의로 빠지는 것을 예외로 친다면, 이런 겉모습을 좇아가려고 애쓴다. 어떤 문명이 인간적으로 도달한 정도를 알 수 있는 것은 그 문명 안에서 겉모습이 드러내는 위선이 얼마나 성공적인가에 달려있다. 18세기 초에는 이러한 위선에 대해서 '악덕이 덕에게 표하는 경의'라고 사람들은 말했다.

예술에서는 실체 없는 가상을 그냥 가상으로 두고, 놀이를 그냥 놀이로 둔다. 예술은 현실의 통제를 통해서 세상을 건설하지 못하도록 한다. 예술은 가능 세계들을 구상하기 때문에, 실제 세계는 다른 세계들 중의 하나일 뿐이어서 다른 세계들과 비교해서 스스로 거리를 둔다. 예

---

15   J.-J. Rousseau: *Emile*, Œuvres Complètes IV, Paris 1969, 250.

컨대 몽테스키외는 당시 프랑스를 프랑스인이 아닌 페르시아 여행자의 눈으로 바라봄으로써 자명한 것을 다소 낯선 방식으로 발견하라고 가르쳤다.[16] 이것이 가능한 것은 우리만이 오직 '탈중심적 위상'을 취하는 존재이기 때문이다. 이 탈중심적 위상이란 개념은 여기서 다루는 주제와 복잡하게 얽혀 있는 플레스너의 생각을 잘 드러내준다.[17] 예술은 항상 인격들이 무엇인지를 드러내 준다. 이에 대해 횔덜린은 그 자체로 시적인 문장을 다음과 같이 썼다. "인간은 시인처럼 산다."[18]

III

인간은 상징을 통해 세상과 연결된다. 우리는 해석된 세상에서 살고 있으며, 세상은 항상 더 해석될 여지가 있다. 동물들도 그들에게 '어떤 의미가 있는' 세상에 사는데, 우리는 이것을 그들의 환경이라 부른다. 그러나 동물들은 그 의미를 상대화시키는, 다시 말해서 그것을 특정한 의미로 반성하는 자기 존재를 향해서까지 그 의미를 끌어올리지 못한다. 인간은 표지된 것에서 표지하는 세상을 구분함으로써 인격들로 드러난다. 그 때문에 인간은 독립적으로 존재하는 사물들보다 이러한 사물들의 표지를 더 자유로운 방식으로 통제할 수 있다.

그렇다고 표지가, 의미론적인 차원 없이는 출현할 수 없는 자신만의 고유한 생명력을 지니는 것은 아니다. 표지는 결코 말, 곧 언어의 가공품이 될 수 없다. 다시 말해서 말은 형체가 없는 현실에 구체적인 모습

---

16   참조: Montesquieu: *Lettres persanes*, Ed. P. Vernière, Paris 1963.

17   참조: H. Plessner, 같은 책, 같은 곳.

18   F. Hölderlin: "In lieblicher Bläue…", in: *Sämtliche Werke* II, 1, Stuttgart 1951, 372.

을 부여하는 거푸집과 같은 것은 아니다. 말은 태곳적부터 이어 온 세상과 사람의 공생 관계에서 나온 산물이다. 경험이 쌓여서 말이 축적되면 될수록, 말의 함축적 의미와 연상 작용은 더욱 풍부해져서, 시적인 세계를 구성하는데 더욱 적합해진다. 시적 세계에서 은유는 특유의 힘을 발휘할 수 있게 된다. 말을 은유적으로 사용하는 것은 부가적이거나 이차적으로, 비본래적으로 사용하는 것이 아니라, 오히려 언어의 본래적 기능에 걸맞은 것이다. 예컨대 '이성적 계몽', 정신적인 '명료함', '깨달음' 또는 '통찰'을 나타내는 빛에 대한 다양한 은유에서, '빛'이라는 말이 사실 그대로 물리적 혹은 시각적인 현상만을 의미한다면, 빛의 은유적 의미가 특히 모든 아이들에게는 본래적으로 이해되지도 않을 것이다. 말하자면 소위 이렇게 은유적으로 전환된 의미는, 물리적인 현상이 순수하게 물리학에서 말하는 것으로 받아들여질 때는, 이러한 현상과는 전혀 관계가 없게 된다. 하지만 말의 의미에 대한 공통적인 어떤 것이 있다면, 그것은 말이 이미 처음부터 이러한 공통적인 어떤 것을 지시하기 때문이다.[19] 창조 셋째 날에서야 태양, 달, 별이 창조된 반면에, "빛이 생겨라!"는 창조 첫 번째 날의 말씀은 이러한 견지에서만 이해할 수 있다.[20] 말을 시적으로 사용하는 것은 명료함을 위해서 이면성과 함축성을 제거해서 사용하는 것보다 더 본래적이다. "인간은 시인처럼 산다."는 말은 언어를 가지고 하는 예술적 기교가 세상과의 관계에 있어서 자유를 보존해 준다는 것을 의미한다. 이러한 관계는 본질적으로 역사적이며 본성에 매이지 않고, 이러한 관계 속에서 명료함은 본성을 지배하려는 인간의 관심사에 있어서 단지 불명료한 경우에만 도움이 된다.

---

19 참조: H. Lipps: *Untersuchungen zu einer hermeneutischen Logik*, Frankfurt a. M. 2. Aufl. 1959.
20 창세 1, 3과 창세 1, 14-18.

일반적으로 상징의 의미론적인 차원으로부터 제공되며 현실에 대해서 무관심한 상징의 세계는 음악이다. 음악은 심적으로 일어나는 것을 표현해서 전달할 수 있다. 하지만 이것이 음악에서 필수적인 것은 아니다. 우리는 음악에서 단순히 어떤 것, 곧 연속적인 음을 세상에 첨가한다. 이 음은 물리적인 법칙이나 우연에 종속되지 않고, 오히려 언어처럼 의미심장한 소통의 차원에서 체계화된다. 물론 이 같은 순수한 의미 세계의 구조가 오랫동안의 문화적 발전이 다다른 끝은 아니다. 대체로 이 발전은 유럽 문화에서는 정점에 다다랐으며, 이제 그 끝에 도달한 것으로 보인다.

IV

현재 두드러지게 드러나는 것은 이러한 문화적 경향이 바뀌었다는 것이다. 이처럼 변화된 경향은 고도의 변증법적인 개념을 요구하며, 자연의 일부인 인간이라는 동물이 자신의 인격적 존재를 통해 노출되는 특별한 위험을 보도록 해준다. 예술과 자연은 함께 인간 세계를 건설한다. 우리는 스스로 만들어 놓은 방식과 우리가 실제로 존재하는 방식을 명백하게 구분할 수는 없다. 따라서 현실 그 자체와 현실에 대해서 우리가 해석한 의미를 구분하려고 하는 것도 무의미하다. 이와 같이 구분하려는 온갖 시도는 오히려 또 다른 해석으로 이어질 뿐이다. 그 반대도 마찬가지이다. 세계에 대한 해석의 패턴이 더 빈약하고 비인격적이고 추상적으로 되면 될수록, 이 패턴은 해당되는 것이 무엇인지를 덜 드러내 보여준다. 중립적이고 상호 주관적이며 통제 가능한 심리학적 실험에서는 주관적인 모든 요소들이 실험 주관자의 의도에 의해 배제되기 때문에, 정확한 결과를 내기는 하지만, 한 인간이 실제로 어떤 존재인지에 대해서는 거의 말해주지 않는다. 한 인간의 인격은 그 깊이와 풍부함에 있어서 오직 그에 대한 어떤 것을 기꺼이 체험하는 사람에게만 해명된다. 가장 비인격적인 것이 아니라 가장 인격적인 경험이 현실 그 자체가 무엇인지에 대해서 가장 많이 드러내 준다. 이는 어떤 것이 더 객관적일수록 덜 주관적이라고 생각했던 근대적 사유에서 지속하였던 편견에 속한다.

상상력이 풍부한 예술에서 나타나는 주관적인 상징의 세계는 현실을 숨길 뿐만 아니라 동시에 현실을 드러내 준다. 예술은 현실을 어떻게 보고 듣고 이해하는가를 가르쳐 준다. 현실은 우리에게 있어서 있는 그대로 단순하게 존재하지 않는다. 현실은 항상 더 하거나 덜 한 어떤 것으로 존재한다. 현실은 외부에서 비춰지는, 풍부한 색채의 빛 속에 있거나, 어둠 속에 숨겨진 채로 남아 있다. 하지만 인격의 초월성이 지니는 고유성은, 세계에 대한 해석의 패턴을 넘어서 이 패턴의 배후에 있는 것에까지 도달한다는 것이다. 그러니까 인격은 이러한 패턴을 반성할 뿐만 아니라, 이 패턴의 직접적인 기능과 분리될 수 없는 연결로부터 자유롭다. 인격은 상상력을 통해 제한 없이 펼쳐지고, 세계에 대한 해석의 패턴이 자유롭게 다양화되는 자신의 고유한 영역을 형성할 수 있다. 이는 또 한편으로는 '역사'에 대한 조건이다. 플라톤은 충분한 이유에서 음악적 혁신을 도시 국가의 생활 양식과 제도를 변화시키는 가장 중요한 원인으로 간주했다.[21] 철학은 '후험적으로 사유하는' 반면에, 예술은 도래하는 것을 선취한다. 이는 예술이 자유로운 상상의 놀이로서 오랜 기간 동안 발전한 이유이다.

현대에는 이러한 발전이 끝나 가는 것처럼 보이며, 다른 어떤 것이 그 자리를 대신하는 것 같다. 인간의 인격은 마치 인간의 본성과는 반

---

21 플라톤, 『법률』, 797 a.

대로 돌아선 것처럼 여겨진다. 앞서 보았던 것처럼 인격들은, 사물들이 실제로 어떻게 존재하는가를 알아보는데 있어서, 자신이 지향하는 모든 대상을 넘어선다. 이러한 초월은 의도한 모든 대상이 가지는 객관성을 주관적으로 반성하는 것을 가능하게 한다. 이것은 소위 반성의 다른 측면이다. 그러나 반성은 자기 자신을 초월과 관련지을 수도 있고, 이 초월을 소위 한낱 주관적인 상태로 가려 버릴 수도 있다. 사랑도 우연적이고 교체될 수 있는 대상에 대한 한낱 주관적인 느낌으로 여길 수 있다.[22] 그리고 '존재'를 그저 공허한 말이나 '존재를 바라보는 관점에서' 지향적인 대상으로 여길 수 있다. 비록 이러한 관점이 우리가 취하지 못하는 다른 모든 관점을 넘어서는 어떤 것을 의미한다고 하더라도 말이다. 반성이 미치는 범위는 초월이 미치는 범위와 비례한다. 우리가 어떤 것을 생각할 때, 생각한 것에서 생각된 그 존재에 대해서, 본 것에서 보여진 그 존재에 대해서 반성할 수 있으며, 현실 자체를 항상 다시금 '표상'으로 이해할 수 있다. 근대적 사유는 혁명적 사유가 증가하는 이러한 방향으로 움직여 왔다. 하이데거는 '세계상의 시대'에 대해서 말했으며, 이러한 발전이 이미 플라톤에서부터 시작되었음을 보았다.[23]

'자연주의 인식론'은 이러한 표상의 구성에 대한 메커니즘과 표상의 생물학적 기능을 발견했다고 확신한다. 이러한 발전은 자아 인식이 특유하게 결여되어 있는 것과 연관되어 있다. 왜냐하면 자연주의 인식론에 의하면, 뇌도 당연히 표상이지만, 뇌 자체는 표상적 특징만으로는 설명될 수 없기 때문이다. 자연주의 인식론은 전적으로 표상을 다루지만, 이 표상은 특정한 어떤 것이나 사람에 대한 표상을 의미하는 것은

---

22 이에 대해서는 다음을 참조: M. G. v. Hohenlohe-Waldenburg: *Zwischen Frauen und Pfauen*. *Roman*, Stuttgart 1996.

23 M. Heidegger: *Die Zeit des Weltbildes*, in: Holzwege. GA I, 5, Frankfurt a. M. 1977, 75 이하.

아니다. 우리가 다루는 주제와 연관되는 것은 다음과 같다. 유한한 인격은 '내가 어떤 것을 보는 방식(Für-mich)'과 '실제로 거기에 있는 어떤 것(An-sich)'을 구분할 수 있는데, 여기서 인격은 '내가 어떤 것을 보는 방식'을 원칙적으로 우리와 관련될 수 있는 유일한 것으로 분리시키는 방식을 취한다. 프로타고라스에서 에피쿠로스에까지 이르는 그리스 철학은 이러한 시도에서 한 걸음 더 나아갔다. 그러나 더 새로운 기술과 이 기술을 통해 가능해진 의식의 모사(模寫)에 이르러서는 현실을 표상으로 체계적으로 재구성하려는 시도가 실패하기 시작했다. 이를 위해 채택된 표현이 바로 '가상 현실'이라는 용어이다. 가상 현실은 더 이상 의식적으로 놀이를 하거나 삶 자체를 놀이로 이해하는 것과는 거리가 멀다. 오히려 이와 반대로 가상 현실에서는 놀이가 인위적으로 연출됨으로써, 놀이가 '우리에게 있어서' 현실이 된다. 창이 없는 단자에 대한 라이프니츠의 상상적인 생각이 기술적으로 현실화되는 것이다. 따라서 모든 사람은 다른 모든 것으로부터 단절된 채 상상과 표상의 세계에서만 존재하게 된다. 그렇기 때문에 모사된 것이 완전한 한에서 누구도 어떤 것이 결핍되었다고 느끼지 않는다.

라이프니츠에게 있어서 주체에게 보이는 세계는 결코 만들 수 있거나 조작될 수 없다. 이 세계는 현실 세계의 정확한 재현 또는 모사일 수밖에 없으며, 그 때문에 이 세계는 신으로부터 보증되어 예정된 조화에 의존한다. 오늘날 현실 세계는 마이크로칩을 위한 정보와 카메라를 위한 이미지로 가득 찬 창고로 축소되었다. 이로써 모든 사람은 자신이 원하거나 갈망하는 세계의 표상을 볼 수 있다. 여기에는 모든 현실적인 인간적 관계의 일부분인 노력과 좌절을 함께 하는 상대가 없이도 느낌을 자극하는 사이버섹스도 포함된다.

물론 이 모든 것은 대부분 공상 과학이다. 하지만 인간은 그렇게 쉽사리 스스로를 제거할 수 있는 존재가 아니다. 오늘날 우리가 알고 있

는 모든 지식을 따르자면, 아이는 실제 인간과의 소통 없이는 보통의
인간이 될 수 없다. 그렇기 때문에 만일 성인이 상상의 여인을 실제 연
인보다 더 선호했던 루소처럼, '소통 상대자'로 가상의 여성과 남성으
로 만족하거나, 심지어 이 가상의 인물들을 더 선호한다고 하더라도,
가상의 인물들과 함께 먹고 마실 수는 없다. 현실의 인간은 함께 먹고
마시는 것이 필수적이다. 사실 '가상 현실'은 현실을 대체할 수 없다.
그러나 가상 현실이 대체할 수 있는 것은 대안적 현실의 허구로서 예술
이다. 이러한 대안적 현실은 가상이라는 것을 의식하면서 체험된다. 그
러니까 예술은 실제 현실로 체험되어야 할 가상의 현실에 의해 대체될
수 있다. 왜냐하면 이미 오래전부터 현실, 곧 삶은 그것을 모의적으로
만든 모델에 따라서 기술적으로 이해되어 왔기 때문이다. 이 같은 가상
의 새로운 형태는 인간을 극단적으로 객체적인 방식으로, 다시 말해서
개방된 세계에 사는 것이 아니라 항상 자기 자신과 관계되는 환경의 중
심에 사는 동물로 이해한다. 그러나 인간은 초월적 존재로서 이와 같은
술책을 알아차리고 놀이보다 한 걸음 앞서 있는 그러한 존재로 자신을
드러낸다. 그럼에도 그와 같이 자신을 허구적 현실에 내어 맡기는 것도
인간이 무엇인지를 다시 한번 보여준다. 인간은 자신이 존재하는 그대
로를 철회할 수 없는 존재가 아니다. 이는 인간이 인격적 존재라는 것
을 의미한다.

종교

I

초월과 반성 간의 균형은 불안정하다. 각각의 두 운동은 상대를 자신의 필수적 요소로 나타낸다. 주어진 모든 것을 넘어서 그것을 준 자에게 나아가며, 대상화된 모든 것을 넘어서 자신을 숨기면서 자신을 드러내는 자에게 나아가는 것은 주어진 것의 대상적 특성으로, 그러니까 주어진 것이 나에게 보이는 방식으로 반성됨으로써만 가능하다. 그런데 두 운동은 모두 자신에게 덧붙여지는 것을 거슬러서 좀 더 존재론적으로 근본적인 점을 취함으로써 자신을 드러내며, 다른 운동을 자신 안의 단순한 요소로 통합하고 상쇄시키는 경향을 보인다. 초월은 반성의 진리인 것으로 보인다. 주어진 것이 나에게 보이는 방식에 대한 반성은 존재에 대한 형식적인 전제에 따라 진행된다. 그것을 통해 스스로 정의되지 않은 공간, 다시 말해 한정된 공간에 대한 의식이 없다면, 주어진 대상이 나에게 보이는 방식에 대한 반성은 공허하게 중복되고 진부하게 되기 때문에 의미 없게 될 것이다. 보이는 것을 넘어서는 어떤 존재도 없다면, 모든 것은 보이는 것으로만 존재하고, 반성은 공허하게 된다. 그러나 우리가 주어진 것의 대상적인 특성에 대해서 반성한다는 것은, 항상 이미 이러한 대상적인 특성을 넘어서서, 제한되지 않은 공간을 점유하게 된다는 것을 의미한다.

다른 측면에서 보자면, 초월은 공허하고 반성 자체에 대한 한갓 형식적인 계기이며, 항상 더 나아간 반성을 통해 재차 추월될 수 있는 것처럼 보인다. 사유의 저편에 대한 모든 사유는 스스로 다시 어떤 사유이다. 헤겔은 이러한 과정을 자신의 작품인 『정신현상학』을 구성하는 원리로 만들었다. 헤겔은 대자성(Für-mich), 곧 그것이 나에게 보이는 방식과 즉자성(An-sich), 곧 그것이 실제로 있는 방식에 대한 변증법이 최종적으로 절대적인 즉자대자성(An-und-für-sich), 곧 실제 자신의 모습에서 성취된다는 것을 보여줄 수 있다고 믿었다.

헤겔의 변증법을 통해 인격 개념을 역동적인 것으로 이해할 수 있다. 여기서 자신을 소유하는, 이러한 소유는 인격이 항상 자신이 이미 존재하는 바로 접근해 가는 과정으로 이해된다. 이러한 과정의 마지막에 초월과 반성 모두가 부차적인 역할로 해소되는 사색적 사유가 등장한다. 의식은 자신의 진리를 찾기 위해서 더 이상 자신을 넘어서 밖으로 나갈 필요가 없다. 의식이 온전히 자신으로 존재함으로써, 의식은 절대자에게 현재하게 된다. 단, 이는 절대자가 항상 이미 진리였고, 절대자를 찾는 과정이 항상 절대자가 현존하는 본래의 형태였기 때문에만 그러하다. 헤겔에 따르면, 절대자가 "만일 즉자적, 그리고 대자적으로 이미 우리에게 있지 않을 뿐만 아니라 있으려고 하지 않는다면", 절대자는 덫에 걸린 새처럼 그것을 장악하려고 시도하는 우리의 간교를 비웃을 것이다.[1]

---

1 G. W. F. Hegel: *Phänomenologie des Geistes*, 같은 책, 69.

절대자는 종교의 형태에서 벌써 이미 현존하고 있었으며 현존하는 것으로 의식된다. 이러한 사유를 통해 절대자의 현존을 따라잡음으로써 존재에 대한 사유와 존재 자체의 간극을 메우는 것이 가능한지, 헤겔이 이것을 성취했는지 하는 것은 여기서 다룰 주제는 아니다. 이미 알려진 대로 쉘링은 이러한 간극의 극복이 존재에 대해 사유하려는 의도, 다시 말해 초월이 한갓된 사유로 재차 돌아간다는 것을 보여주려고 시도했다. 존재는 항상 '예기치 못한 것으로' 남아 있다. 그러나 존재는 이렇게 예기치 못한 것으로서 신의 사유 안에서 현재한다. 처음으로 철학 전체를 주관적인 반성에 기초한 데카르트는 이러한 주관성의 실재를 이미 항상 종교 안에 현존하는 신의 사유라는 통로를 통해서만 확신할 수 있었다. 주관성은 예술 안에 자신의 영역을 마련하는데, 이 영역은 초월의 변증법에 반대하여, 다시 말해서 존재로 지양하는 것에 반대하여, 가상으로 반성된 그러한 가상을 보존한다. 이와 마찬가지로 주관성은 종교 안에서, 오직 종교 안에서만 주관성으로서의 자신의 지위를 상실하지 않으면서 자신의 실재성, 실체성을 확신하게 된다. (이 점은 모든 종교에 해당되는 것은 아니다. 여기서 필자는 그리스도교를 모델로 삼았다.) 신의 사유와 신에 의해 창조된 피조물의 사유에서 반성은 자기 자신을 존재로 파악하여 멈추게 된다. 하지만 이는 자연주의적 일원론이 주장하는 것과는 다르다. 이 이론에 의하면 우리의 자의식은 우연히 발생되는 부수적인 현상으로서 진화론에 의해서 설명될 수 있는 착오이다. 이러한 관점에서 존재를 향해 성큼 다가가는 초월은 제약된 조건에 대한 반성을 통해 끊임없이 되풀이되는 무기력한 반복이며, 이러한 반성 자체는 다시금 자연적인 현상으로 '환원' 될 뿐이다. 반면에 주관성이 종교적으로 이해될 때, 주관성은 인격을, 다시 말해서 근본적으로 주체성을 '의미하고' 그런 의미에 근거를 두는 존재자로서 이해될 수 있다. 예기치 못하는 존재의 의외성은, 이 의외성 자체가 주관성으로, 다시 말해 인격적으로 이해된다는 것을 전제함으로써, 진리에 대한, 다시 말해서 존재를 드러내려는 열망에 있어서 사유하기를 포기하지 않는다.

유심론(唯心論, Spiritualismus)과 자연주의 간의 논쟁에 대해서 우리가 살고 있는 시대에 특징적인 논의가 있었다. 이 논의는 초월이 없는 반성과 반성이 없는 초월에 대한 것이거나, 자신의 자연적 본성을 부정하는 주관성에 대한 것과 정신적인 차원을 인정하지 않는 자연적 본성에 대한 것이다. 반면에 종교는 변증법적이지 않다. 존재와 사유, 힘과 의미의 근원적인 일치는 우선적으로 이 일치 자체에서 생각되는 것이 아니라, 우리 자신이 아니면서, 우리가 주체로 있는 한 전제되는 것이다. 사유는 이러한 통일성을 해결할 수 있으며, 필연적으로 그렇게 해야 한다. 하지만 사유는 자신의 고유한 행위의 전제를 잊어버림으로써, 본래 자신으로 있는 바를 의식하지 못하는 망각의 상태로 떨어지고 만다. 이러한 망각의 상태는 앞을 향한 무한한 탈출, 곧 유토피아를 통해서만 보상될 수 있다. 철저한 유물론도 철저한 관념론과 마찬가지로 유토피아이다. 양자는 인간을 추방하고 인격을 사라지게 한다는 면에서 동일하다. 철저한 관념론이 지금까지 시도되었으며, 그러한 시도는 관념론이 순수한 사유의 매개를 통해 실현되기 때문에 가능할 수 있었다. 이에 대한 반박은, 철저한 관념론이 자신이 이해한 데로 생각한 상호주관적인 입장을 관철해서 성공한 적이 한 번도 없다는 것이다. 시대 순서대로 이어지는 사상가들은 극복하는 것이 불가능하게 보이는 것을 '극복하는 것'에 매진했으며, 전체 관념론의 몰락은 사실 자신이 이룩한 완성의 결과였다. 반면에 유물론적인 일원론은 본질적으로 완성될 수 없으며, 포퍼의 표현대로 보자면, 요청에 의해 "약속된 물질주의(Schuldscheinmaterialismus)"[2]이다.[3] 하지만 우리가 서로 논의하고 있는 동안에는 포퍼를 잊어버려야 한다. 진정 유물론적 이론들도, 이를 연구하는 동안에는 유물론을 잊어버린다는 것을 전제하고 있다. 그렇지 않으면 이 이론들이 표현하는 명제들이 그 의미를 상실할 것이기 때문이다.

II

인격이라는 용어는 확신이나 반감에서 볼 때는 비종교적일 수 있다. 종교적 차원이 인간이 지닌 잠재력의 범위에 속한다는 점은 인간의 인격성을 구성한다. 인격은 어떤 본성을 지니고 있으며, 본성이 인격을 지니는 것은 아니다. 인간의 행위는 자신의 본능 체계를 통해 규정되는 것이 아니다. 그러나 바로 그 때문에 자연적인 것 그 자체도 인간을 위한 규범적인 의미를 지닐 수 없다. 진화론적 생물학의 교과서들은 종의 생존을 위한 책임을 우리가 져야 한다는 경고로 끝을 맺지만, 이러한 경고는 결코 이 교과서들의 내용에서 논리적으로 귀결되지는 않는다. 왜냐하면 자연적 생물의 행동이 진화적 선택, 곧 자연 선택을 근거로 생존에 도움을 주는 기능을 충족시킨다는 것을 배운 다음에, 우리는 문득 이러한 사실이 그 자체로는 더 이상 인간의 행위에 문제없이 적용되는 것은 아니라는 것을 깨닫게 되기 때문이다. 이로써 우리는 이러한 사실을 우리 행동의 원칙으로서 의식적으로 우리의 것으로 만들어야 한다. 인간이 '자연으로부터 자유로운 존재' 라면,[4] 왜 인간은 이 자연의

2　[물질주의에 기반을 두는 과학자들은 모든 유기체가 물질적인 상호 작용에 의해 이루어지기 때문에 뇌의 활동도 여기서 벗어나지 않는다는 신념을 유지하면서 이러한 신념이 과학의 발견에 의해 미래에 언젠가 정당화되리라고 믿는다. 포퍼는 미래의 확정되지 않은 과학적 발견을 신뢰하는 이러한 태도를 '약속된 물질주의' 라고 불렀다.]

3　참조: 5. 지향성의 각주 2.

손길에 사로잡히도록 자신을 기꺼이 내어주지 못하는가?

　종교는 이 질문에 하나의 답을 준다. 종교는 전체 자연을 최종적인 지평으로 이해하는 것이 아니라, '주어진 것'으로, 창조로 이해한다. 이러한 자연의 신학적 구조로부터 인간은 창조주의 뜻을 헤아릴 수 있게 된다. 이러한 인격적인 창조주의 의지만이 인격들에게 있어서 규범적인 '자연법'의 원천이 될 수 있다. "신이 존재하지 않는다면, 모든 것이 허용된다."는 도스토옙스키의 말은 비트겐슈타인을 변화시켰다. 더욱이 이 말은 윤리의 내용을 종교적 확신과는 무관하게 받아들일 때에는 참이 된다. 이와 같은 종교적 확신과는 무관하게 보이는데도 여전히 의문으로 남아 있는 것은, 왜 우리가 내 자신의 중대한 관심사를 거슬러서 모든 이들에게 최선인 것으로 생각되는 것을 의무적으로 해야 하는가이다. 다시 말해서 우리가 어떤 것을 의무적으로 하는 것은 도대체 무슨 의미를 지니는가 하는 것이다. 누구나 가치를 인정하고 알아볼 수 있을지는 모르지만, 인격들은 결코 그러한 가치 인식에 지배되어 강요될 수는 없다.

　우리는 자신의 고유한 본성을 지니는 존재로서 우리 자신의 본성과 전체 자연을 통제할 수 있다. 그러나 이렇게 우리 자신의 존재를 소유하기 때문에, 우리 자신을 통제할 수 있다. 여기서 문제는 이러한 통제력에 일정한 목적과 방향을 부여하는 어떤 척도가 있는가이다. 자기 자신에 대한 책임과 같은 어떤 것이 있을까? 어떤 것에 대한 책임이 없다면, 이러한 점은 생각될 수 없을 것이다. 우리 각자가 스스로 자신에 대해서 책임을 진다면, 자신이 원할 때마다 이러한 책임에서 스스로를 면제시킬 수도 있게 된다. 만일 책임을 지는 사람이 행위하는 사람과

---

4 J. G. v. Herder: *Ideen zur Philosophie der Geschichte der Menschheit*, 1. Teil. Sämtliche Werke, Hrsg. von B. Suphan, Bd. XIII, 146.

동일하다면, 이 사람은 이러한 책임이 어디서 성립되든지, 언제 책임을 완수하든지 간에 항상 그 책임의 조건을 자유롭게 정할 수 있을 것이다.

III

그렇다면 자기 자신에 대한 책임이라는 개념은 종교적 개념으로 이해됨으로써, 공허한 빈 개념이 아니게 된다. 말하자면 여기서는 어떤 사람에 대한 책임은 단순히 그 행위에 대한 책임으로 축소되지 않는다. 이 경우에는 책임 있는 행동의 내용도 더 이상 독단적으로 판단되지 않는다. 그리고 '자연적인 도덕률' 또는 '자연법'과 같은 개념은 합리적인 의미를 얻게 된다. 인격성이 어떤 본성을 가지는 것이라면, 이 본성의 통합은 인격에 있어서 본질적이다. 무(無)우주론[5]과 자연주의는 모두 인격에 대해서 독특한 입장을 취하는데, 양자 모두 '인격을 망각하는' 태도를 보인다. 더욱이 양자는 언뜻 보기에 서로 반대되는 양극단의 입장에 서 있는 것으로 비친다. 다른 한편 소위 무우주론적 '인격주의자'에게는 자신의 본성과 다른 사물들의 본성에 대한 그 어떤 의무도 없기 때문에, 그는, 도대체 자기 의지의 내용과 자신의 본성을 지배하는 목적은 어디서 유래하는가 하는 물음에 직면할 수밖에 없다. 이 물음에 대한 유일한 답은 이러한 것들이 자연적으로 갑자기 생겨났다는

---

5 [무우주론(Acosmism, 無宇宙論)은 실제로 존재하는 개개의 특성이나 그 실재성(實在性)을 인정하지 않고 이들을 절대자의 가상(假像)에 지나지 않는다고 보는 입장으로 우주 및 세계의 실재성을 부정한다. 따라서 이 이론에 따르면 세계는 참된 실재가 아니라 현상에 불과하다. 특히 헤겔은 스피노자의 입장을 무신론이 아니라 무우주론으로 규정한다.]

것이다. 엄밀하게 말하자면 그는 자연의 규범적인 함축성을 거부함으로써, 자신의 의지와 행동 그 자체가 자연적으로 설명될 수 있다고 본다. 자연에 대한 임의적인, 제한되지 않는 통제 능력이라는 이념은 인간 자체를 순수한 자연 생물로 만들어 버린다. 왜냐하면 생물이 마주치는 모든 것이 자신들의 자기 결정력에서 나오는 하나의 단순한 기능으로 전락하는 것은 생물의 일반적인 특징이기 때문이다. 살아 있는 모든 것은 자신의 영역을 확장하는 경향을 지니며, 이들에게 있어서 이 확장의 한계는 자신의 신체적 구조와 자연적인 힘의 균형을 통해 확정된다. 따라서 이러한 힘의 균형이라는 관점에서 볼 때, 만일 인간이 자신을 한갓 자연 생물에 지나지 않는다고 여긴다면, 인간에게 있어서 자신의 영역을 확장하는데 뛰어넘지 못할 척도란 없을 것이다. 인간이 자신을 자연과는 다르며 자연보다 더한 존재라고 이해할 때에만, 인간은 자연을 자신의 행위에 대한 척도로 생각할 수 있게 된다. 더 나아가서 자연적인 것이 아니라 종교적인 것만이 인간에게 있어서 한계를 의무로 설정해 줄 수 있다. 그러나 종교가 설정하는 한계가 인격들을 위해서 있다고 한다면, 그것은 자연적인 한계 외에 다른 것이 아니다. 자연은 자연으로서가 아니라 신의 피조물로서만 인간에게 초월적이고 신비적인 영향을 준다. 칸트의 정언 명령 중에서 두 번째 정식은 "마치 너의 행위의 준칙이 너의 의지에 의하여 보편적 자연법칙이 되어야 할 것처럼 행위하라."[6]고 말한다. 우리는 이 정식을 실제로 그렇게 하려고 할 수 없다. 왜냐하면 만일 그렇게 한다면, 자유가 종말을 맞게 되고 모든 명령은 그 자체로 폐기될 것이기 때문이다. 그러나 우리는 그 안에서 우리가 현재 할 수 있는 행위의 최대치에 걸맞는 바가 항상 실현되는 어떤 본성이 생각될 수 있고 그것을 원할 수 있는지를 물을 수는 있다. 윤리

---

6 I. Kant: *Grundlegung zur Metaphysik der Sitten*, Akademieausgabe Bd. IV, 421.

적 행위를 하는데 있어서 우리는 우리 자신을 본성의 창조자로 상상한
다. 그러나 우리가 스스로를 정말로 그러한 창조자로 생각하는 것은 아
니다. 따라서 윤리적 행위는 창조주가 보는 관점으로부터 우리 자신을
바라보고, 우리가 의도하는 것을 창조주가 의도했는가 하는 것을 스스
로 묻는 시도이다. 이러한 물음에 대해서는 근본적이고 범주적인 그러
한 구조로부터 옳은 것과 옳지 않은 어떤 것이 귀결되는 어떤 매개가
있을 때에만 답할 수 있다. 그러한 구조는 생명체의 영역에서만 발견된
다. 생명체와 관계를 맺지 않는 한, 무생물의 자연에서 나타나는 물리
적인 법칙성으로부터는 옳은 것과 옳지 않은 것, 선과 악이 귀결되지
않는다. 하지만 우리가 신학적인 구조와 관계를 맺자마자, 곧바로 오류
와, 다시 말해서 목표를 빗나가기 시작하는 것과 맞닥뜨리게 된다. 이
점에서부터 자연은 원칙적으로 윤리에 대해서 중요하게 되며, 책임이
행사되는 영역이 되고, 인격들이 자기 행위를 통제할 방향을 함유하는
'읽을 수 있는 책'이 된다. 예컨대 우리 등 뒤에 무당벌레가 있는데, 충
동적으로 그것을 발아래에 옮겨놓으려고 한다면, 이는 극히 자발적인
행동이다. 그렇지만 이 같은 행위는 우리 스스로 그와 같은 경향성을
지니고 있는지 그렇지 않은지와는 상관없다. 그렇기 때문에 어떤 경향
과 행위는 '유익'하거나 해롭다는 이유로, 특정한 행위와 특정한 경향
을 시인하지만, 다른 경향에 대해서는 시인하지 않는다. 이러한 경향과
행위는 자연적인 경향성이 존재할 때에만 가능할 수 있다. 왜냐하면 우
리가 의식적으로 습득하는, 우리에게 고유한 것은 사실 우리가 우리 자
신과 동일하게 만들려는 낯선 것이기 때문이다. 인격들의 의지는 무
(無)로부터 나오지 않는다. 이 의지는 항상 자연적인 자극을 받아들이
고 거부하거나 변형시킴으로써 이루어진다. 종교는 인격성을 폐기하지
않고도 인간 자신을 자연적 존재로 파악하도록 만든다. 달리 말하자면
종교는 자신의 자연적인 상태를 무관심한 것으로 끊어버리지 않고서도

인간 자신을 주체로 이해하게끔 만든다. 책임 있는 행위는 우리가 그 책임감에서 벗어나는 순간에만 동시에 발생할 수 있다. 모든 것에 대해서 책임을 지는 것은 책임의 개념을 약화시킨다. 다른 대안적인 세계의 진행 과정과는 달리 세계의 역사 전체를 평가할 수 있어야 하는데, 우리에게는 이에 대한 지식과 판단의 범주가 결여되어 있다. 특정 시기 내에서 특정한 생명의 영역에 대한 책임의 경우에, 행위자가 자기 책임의 대상을 위해 세상의 나머지 대상을 희생시킬 권리가 없기는 하지만, 행위자는 의도한 결과와 의도하지 않은 결과를 구분하고 관심을 집중할 권리는 있다. 이러한 구분은 각각의 행위에 있어서 요구된다. 행위는 그 행위를 초래하는 특정한 작용이 행위의 목적으로 드러나는 반면에, 다른 작용은 행위에 부차적인 영향을 끼침으로써, 단순히 자연적으로 발생하는 사건과는 구분된다. 이것은 '행위의 목적'이라는 용어의 의미이다. 이러한 행위를 가능하게 하는 목적을 선택하는 것은 모든 것에 대해서 책임을 지는 것과 양립될 수 없다. 이러한 선택은 인간과 모든 생물에게 있어서 공통적이다. 하지만 인간은 동시에 이성적 존재로서 자신에게 중요한 것을 선택하는 것을 금지하는 것처럼 보이는 보편적인 지평 안에 있다. 이러한 이유 때문에 공리주의는 모든 개별적인 '사랑의 질서'를 윤리적 오류로 간주한다. 공리주의는 근본적인 보편주의를 위해서 인간이 자연적 생물이기를 거부하라고 요구한다. 하지만 공리주의는 동시에 우리의 행위에서 만나는 모든 사람들이 자신의 주관적인 안녕을 추구하는 한, 이들을 한갓 자연 생물로 취급해야 한다고 요구한다. 인격성이 어떤 자연적 본성을 지니며, 그에 상응하는 자기와의 관계를 의미한다면, 공리주의에는 행위하는 자도, 행위자의 행위에 의해 영향을 받는 사람들도 인격들의 자격이 없게 된다.

보편적 책임이라는 이념은 행위의 조건을 없애버릴 뿐만 아니라, 엄밀한 의미에서 실현될 수 없는 이상이기도 하다. 현실 세계와 시험할

만한 대안적인 가능 세계와의 비교는 우리에게는 불가능하다. 이러한
시험에서는 그것을 가늠할 척도도 우리는 가지고 있지 않다. 적어도 우
리의 행위에 대해 단기적 또는 중기적으로 바라는 결과들이 장기적으
로 바라는 세상의 사건들을 선취하는 것으로 추정해야 한다. 무어(G.
E. Moore)는 이러한 추정이 필수적이기는 하지만, 이 추정의 받아들이
기 어려운 개연성은 어떤 식으로든지 확증되어야 한다는 점을 보여주
었다.[7] 우리가 제한적이고 예측 가능한 책임을 식별하는 것이 전체적으
로도 유익하고 결코 해롭지 않다고 추정할 권리가 없다면, 도덕적 행위
는 결코 있을 수 없다. 하지만 이러한 추정은 종교적인 추정이기도 하
다. 피히테는 이러한 근거에서 '신의 세계 통치에 대한 믿음'을 도덕적
행위의 가능성에 대한 조건으로 설명한다.[8] "너 자신의 영역에서만 권
리를 행사하라. 나머지는 그 자체로 분명하게 이루어질 것이다."[9]라는
규칙이 체계적으로 잘못 이끌어진다면, 우리는 그렇게 행해진 것이 전
적으로 의미가 있을 수 있다는 것을 알 수 없을 것이다. 도덕적 책임은
보편적인 책임에서 자유로워야 한다. 이처럼 자유롭게 되는 것을 '종
교'라고 부른다.

---

7 G. E. Moore: *Principia ethica*, Deutsch: Stuttgart 1970, 216: "논쟁은 … 항상 가
까운 미래에 최고의 즐거움을 성취함에 있어서 필수적인 조건인 것처럼 보이는 것이 항
상 그렇게 계속될 것이라는 것을 추정함으로써 더하거나 덜한 정도로 무산된다. 심지어
이러한 잘못된 추정을 통해 논쟁은 아주 문제가 많은 경우를 이해하는 데에만 성공적이
다."

8 J. G. Fichte: *Über den Grund unseres Glaubens an eine göttliche Weltregierung*,
in: Werke(Akademieausgabe) Bd. V, 347-357.

9 J. W. v. Goethe: Sprüche, nr. 61, in: *Werke*, ed. E. Trunz, Bd. 1, Hamburg
1948, 314.

IV

다른 의미에서 볼 때 종교는 여전히 우리를 자유롭게 하여 행위 하도록 만든다. 종교는 그때마다 상이한 조건 하에 있는 종교의 특수성에 따라서 객관적인 죄와 절망의 짐에서 벗어나게 하는 용서를 약속한다. 죄의식은 여러 행위를 통해 이루어지는 삶의 전체 성과를 여전히 긍정적인 것으로 전환할 수 있는 모든 희망을 인간으로부터 앗아갈 수 있다. 우리는 앞에서 이와 같은 전체 성과에 대한 사유가 고유한 삶에 대한 객관적인 관점을 전제로 한다는 것을 보았다. 이러한 객관적인 관점은 삶의 모든 순간에서 인격의 현존과 인격의 행위에 상응하는 것은 아니다. 하지만 삶에 있어서 잘못된 것, 바로 죄는 인격의 모든 행위에서 마치 방해받지 않고 직접적으로 현재하는 것처럼, 인격의 자유를 빼앗아 가는 상황으로 우리를 몰아넣는다. 용서에 대한 의식만이 이러한 상황에서 빠져나오게 하여, "당신의 젊음을 독수리의 젊음처럼 새롭게 만든다."[10] 이는 용서가 과거의 굴레에서 벗어나서 인격들에게 그 행위에 원천적으로 의미를 부여하는 것을 다시 허용한다는 것을 의미한다. 회개만으로 이와 같은 자유를 성취할 수 없다. 왜냐하면 죄에는 여러 가지 연관되는 것이 객관적으로 복잡하게 연루되어 있어서 죄를 지은 주체에 의해서 일방적으로 극복될 수 없기 때문이다. 이처럼 죄가 복잡하게 연루되어 있다는 생각은 종교적인 것이 아닌데, 이는 아낙시만드로스가 "불의에 대해서는 각자가 값을 치러라."[11]라고 말한 의미와도 무관할 뿐만 아니라, 인도의 카르마 사상과도 관련이 없다. 종교는 탄원을 들어주고 죄를 용서해 준다는 믿음 또는 희망이다. 이러한 용서가 확실하

---

10 시편 103, 5.

11 H. Diels: *Die Fragmente der Vorsokratiker* (Griechisch/deutsch), Hrsg. von W. Kranz, Hildesheim 18. Aufl. 1989, frg. 1.

다는 것은 특정한 종교적 전통을 통해서만 매개될 수 있다. 하지만 이러한 용서의 가능성과 함께 종교적 가능성은 인격들에 있어서는 본질적이다. 왜냐하면 이러한 가능성은 시간이 흐르면서 인격으로서 지속될 수 있는 가능성과 합치하기 때문이다. 용서는 엔트로피와 같은 무질서에 저항하는 힘[에너지]이다. 종교는 [엔트로피가 증가함으로써 무질서가 증가하는] 열역학 제2 법칙이 실재에 대한 최종적인 결론이 아니라고 바라는 희망이다.[12]

---

12 [엔트로피가 증가함으로써 무질서와 혼란이 가중되고, 이 엔트로피를 낮춤으로써 질서의 상태가 주어지는데, 이를 위해서는 에너지가 필요하다. 필자는 인간이라는 인격에 있어서도 이러한 에너지의 역할을 하는 것을 '용서'라고 주장한다.]

시간

I

"나는 생각한다. 고로 나는 존재한다." 데카르트가 말한 유명한 명제의
이 첫 번째 부분은 의식의 구조에 대한 어떤 것을 말해준다. 리히텐베
르크(Lichtenberg)에 의하면, 우리에게 우선적으로 의식되는 것은 "(어
떤 것이) 생각된다."[1]라는 정식으로 더 잘 표현될 수 있다. 아비첸나
(Abicenna)는 이미 다음과 같이 생각했다. "앞이 안보이고 스스로 지각
할 수 없고, 어떤 공간에 둥둥 떠 있는 어떤 사람은 감각적인 경험이 부
족하기 때문에 생각만 할 수 있다: [이는 라틴어로] '코기타투어' (생각
되다, cogitatur)이다."[2] 데카르트는 의식이 이미 항상 자신에 대한 의식

---

1 G. Chr. Lichtenberg: Sudelbücher II, Heft K 76 (1793-1796), in: *Schriften und Briefe*, 2. Bd., München/Wien 1971, 412: "사람들은 '빛이 비친다.'고 말하는 것처럼 '생각된다.'라고 말해야 한다. '코기토' (Cogito)는 '내가 생각한다.'로 번역하자마자 이미 너무 나아가 버린 것이다. '나'를 전제한다고 가정하는 것은 실용적인 필요성 때문이다."

의 형태, 자기 자신과의 친밀함의 형태라고 가정한다. 하지만 여기서
'자신에 대한' 이라는 말이 의미하는 바는 결코 단순하지 않다. 의식이
그것에 속하는 개별자에 대해서 아는 것과 연관되거나 함축하는 것을
의미하지 않는다는 것은 확실하다. 데카르트가 말한 코기토에서 '나'는
'나'라는 단순한 형태로 시작한다. 현재 쓰이고 있는 대부분의 유럽어
와는 달리 1인칭에 쓰이는 라틴어 동사는 주어를 표현하지 않는다. 1인
칭의 주어는 동사의 어미에 들어있다. 그래서 의식이 오직 의도적인 행
위들의 형태에서만, 더욱이 오직 하나의 의도적인 유일한 행위에서만
생긴다면, 의식은 이 순수한 형태의 구조에 남아 있을 것이다. 의식은
의식으로서 자신에게 의식될 것이어서, 거기서는 주체와 같은 어떤 것
을 상정해봤자 아무 소용이 없다. 그러나 '자신에 대한' 이라는 말은 우
리 자신을 느끼고, 생각하고, 추구하는 존재로 의식할 때, 그리고 배고
픈 '동일한 나'가 그 배고픈 사람을 내 자신으로 인식해서 먹고 싶은 욕
구를 가질 때, 좀 더 의미 있는 중요성을 얻게 된다. 그렇다면 주관성은
의도적인 행위의 구조적인 계기로 생각될 뿐만 아니라, 이와 같은 행위
와 분리된 자립적인 존재로 생각되어야 한다.

하지만 우리가 앞서 보았던 것처럼, "나는 생각한다."에서부터 "나는
존재한다."로 다시 말해서 여러 가지 행위를 하는 주체의 자기 동일성
을 확정하는 것으로부터 이 주체의 '존재'를 긍정하는 것으로 가기 위
해서는 더 나아간 단계가 요구된다. "나는 존재한다."고 생각한다면, 나
는 그것이 나에게 보이는 차원을 뛰어넘게 되는데, 그것은 우선 단순하
게 내가 그러한 차원을 명시적으로 마음속에 생각함으로써 성취된다.
그러한 차원을 명시적으로 마음속에 생각한다는 것은 그것이 나에게
보이는 방식[대자성]과 '실제로 존재하는 방식'[즉자성]을 구분한다는

2 참조: Avicenna: *De anima* I. 1. Ed. S. van Riet, Bd. I, Löwen 1972, 36 이하.

것을 의미한다. 말하자면 사물은 그것이 나에게 보이는 대자성의 방식
으로 그 즉자성이 드러나는 형식적 함축성의 의미에서만 가능하게 존
재한다. 대자성과 즉자성의 차이는, 타인에게 보여지는 내 존재의 가능
성과 일치한다. 하지만 내가 의식적인 존재일 뿐만 아니라, 내가 타인
에게 '어떤 것'으로 마주치게 되는 '외적 측면', '본성'을 지닌다면, 나
는 타인에게 대자적으로만 보일 수 있다. 다른 한편 이 같은 본성은 나
의 주관성을 드러내 주는 그러한 것이어야 한다. 만일 그렇지 않다면,
타인이 지각하는 그것은 내가 아닐 것이다. 실제로 나의 자아를 지각할
수 있기 위해서는 지각되는 그것이 나여야 한다. 그러나 상징적인 재현
에 있어서는 '누가' 다른 누군가에게 다른 사람으로 보일 수 있다. 이러
한 가능성은 자신과 즉각적인 신뢰감을 형성하는 주체에게는 구성적
[근본적]이지 않지만, 그때마다의 자기 동일화에서는, 다시 말해서 자
신으로 존재한다는 의식에 있어서는 구성적이다. 이로써 이러한 가능
성은 인격성에 있어서 구성적이다. 그 때문에 의식적일 뿐만 아니라 어
떤 본성을 지니는 것은 본질적으로 인격에 속한다. 인격들은 단순히 의
식의 주체일 뿐만 아니라, 세상에 있는 자연 사물로서 자신을 아는 의
식의 주체이다. 비록 이러한 인격들이 자신의 본성이 무엇인지를 항상
알지 못하더라도 말이다.

따라서 인격들은 예컨대 인간을 말한다. 주관성은 인격들에 있어서
특징적인 반성의 계기를 추상화한데 불과하다. 인격들이 주체로서 자
신에 대해 반성함으로써, 인격들은 그 자체로 주관성보다 더한 것이다.
인간이 아닌 동물들은 단순히 '주관적인' 경험만을 한다. 동물들은 전
적으로 자신의 내부 세계에 산다. 이 내부 세계는 동물들이 자신의 환
경에서 만나는 모든 것의 의미를 결정한다. 동물들은 자신의 내부 세계
가 어떤 내적인 세계라는 것을 모르기에, 이 세계는 동물들에게 숨겨져
있다. 마찬가지로 동물들은 자신의 존재뿐만 아니라 존재 전체를 알지

못한다. 반면에 인격들은 외부와 내면의 차이를 알기 때문에, 이를 넘어선다. 좀 더 정확히 말하자면, 인격들은 시간성을 근거로 차이에 대해 안다. 시간성은 이러한 차이가 주관성 자체 내에 생기도록 만들며, 시간성을 통해 인격들의 자기 관계가 구성된다. 주관성 자체는 시간의 각 시점에 개별적으로 존재하고 순간적이다. "나는 생각한다."는 문장은 강력하고 즉각적으로 자명하지만, 오직 현재 시점에서만 그러하다. 반면에 "나는 생각했다."라는 과거와 "나는 생각할 것이다."라는 미래는 결코 직접적으로 우리에게 발생하는 것이 아니라, 오직 현재가 드러내어 '맛보는 순간(Ekstasen)'으로서, 다시 말해서 과거를 보존하는 현재와 미래를 선취하는 현재로서 주어진다. 하지만 직접적인 과거의 울림과 여운을 넘어서 뻗어가는 기억은 매개된 지식일 뿐이어서, 우리를 기만할 수 있다. 그럼에도 불구하고 이렇게 하는 것은 다름 아닌, 기억의 매개를 통해 감지하고 경험하며 생각하고 의지하는 내 자신이다. 따라서 내가 기억하는 그 밖의 모든 것은 내가 경험하고 체험하며 생각한 어떤 것으로서만 기억될 수 있다. 우리가 의도하는 대상 내용에 대한 직접적인 의향(intentio recta)은 기억에서는 간접적인 의향(intentio obliqua)이 된다. 내가 어떤 것에 대한 나의 체험을 기억 속에서 소환할 때, 소환되는 것은 체험한 대상과 더불어, 또는 심지어 그 대상에 앞서서 내가 소환하는 체험이다.

데카르트에게 있어서 기억되는 모든 것은 코기타치오(cogitatio)가 아니라 코기타툼(cogitatum), 다시 말해서 의식의 주체가 아니라 대상이다. 여기서 기억되는 것의 실재는 본래 의심스러우며, 신의 일관적인 신실함에 의해서만 보증된다. 주관성은 본질적으로 현재적이기 때문에, 이러한 점은 직접적으로 자기 자신에 대해 확신할 수 있는 유일한 이유가 된다. 데카르트가 주제로 삼은 것은 주관성이지 인격성이 아니기 때문에, 그는 코기타치오 자체가 항상 코기타툼으로 전환된다는 점에 대해서는 깊이 숙고하지 않았다. 그렇기 때문에 기억이 된 대상은, 그것이 비록 매개되고 불확실한 실재라 할지라도, '외부 세계'의 영역에 속하지는 않는다. 이러한 기억의 대상은 의식과 체험으로 남아 있으며, 더욱이 이는 나의 의식과 나의 생생한 체험이다. 그렇다고 해서 내 자신의 고유한 체험이 항상 직접적으로 분명하게 나에게 주어지는 것은 아니다. 기억 속에 있는 나의 체험 중에 가장 큰 부분이 그러한 경우이다. 나의 주관성은 시간이 경과하는 동안 점차 나로부터 멀어지지만, 그렇다고 나의 것이 되는 것을 멈추는 것이 아니라 내 안에 머물러 있다. 내가 이러한 주관성을 기억하는 것은 오직 나의 것이기 때문이다.

로크는 기억의 연속성을 통해서 인격들의 정체성을 정의할 것을 제안했다. 내가 기억하는 것만이 내 자신에게 속하고, 이에 대해서만 나는 책임을 진다.[3] 그러나 이러한 로크의 제안은 자기 모순에 빠지게 된다. 흄은 이러한 제안을 포기했을 뿐만 아니라, 이와 함께 인격의 연속성이라는 사유도 포기하게 된다. 로크는 한편으로 데카르트와는 달리 인격의 정체성이라는 문제를 실제 의식이 직접적으로 현재한다는 것보다 더 나아가서 다루었다. 하지만 다른 한편 로크는 이러한 초시간적인 정체성을 다시 경험의 직접성, 곧 기억의 직접성으로 되돌린다. 이렇게 해서 기억은 직접적으로 있는 그대로 자신을 드러내는 자기소여성, 곧 시간의 변화에도 변하지 않는 자기 동일성의 형태로 나타난다. 기억은 고유한 주관성이 밖으로 전개되었다는 것, 곧 고유한 내면성이 외부로 전환되었다는 것을 전제한다. 말하자면 기억은 과거의 자신을 '복구'하고, 그것과 결합된다. 하지만 이러한 결합은 새로운 직접적인 것은 아니다. 인격의 정체성은 여전히 매개된 어떤 것이다. 내가 기억하고 있

3 J. Locke: *An Essay concerning Human Understanding* II, 27, §16. Ed. by P. H. Nidditch, Oxford 1975, 335.

는 치아의 통증은, 그것이 비록 나의 통증이었고 내가 그것을 지금 기억한다고 하더라도, 지금 나의 통증은 아니다. 이 통증은 지금 나를 아프게 하지는 못한다. 그 때문에 나는 과거의 통증을 떠올리거나 잊어버릴 수 있다. 머릿속으로 떠올리는 현재의 고통은 그것이 매번 실제 고통인 반면에, 내가 과거의 통증을 떠올린다고 해서 그 통증이 나를 고통스럽게 하지는 못한다. 그리고 내가 그 통증을 잊어버린다고 해서, 내가 이전에 겪었던 고통을 조금도 약화시키지는 못한다. 만일 이 통증을 억누른다면 이 통증이 현재에 미치는 영향은 기억을 통해서 현재화된 동시에, 과거의 당시 통증이 주었던 영향보다 훨씬 더 광범위하게 미칠 수 있다. 의식의 동일성은 로크가 생각했던 것과는 달리, 동일성의 의식과 같지 않다. 기억은 앎이 아니라 내가 생각하는 견해이다. 그 때문에 내 기억의 신뢰성은 종종 다른 사람의 기억을 통해 교정될 수 있다. 더욱이 그 기억이 내 자신과 연관된 경우에 그러하다.

II

인격적 동일성의 구조는 자기 자신을 외화(外化)하는 과정과, 시간을 통해 자신을 비우는 과정과 분리될 수 없다. 이러한 자기 비움은 본래 스스로를 자신의 것으로 만드는 주체와 일치하지는 않는다. 본래적이고 직접적으로 자기 자신으로 있음(Bei-sich-Sein) 또는 자기 자신과의 친밀함은 자기 자신을 소유함이라는 특성을 지니지 않는다. 자기 자신을 소유하는 것은 자기 의식이 아니다. 자기 의식은 자기 자신의 외화라는 방식을 통해서만 이루어진다. 왜냐하면 나와 분리된 것만을 나는 소유할 수 있기 때문이다. 마찬가지로 나는 내가 소유한 것만을 포기할 수 있다. 자신을 반성하면서 자신의 자아를 확인하고, 그렇게 자신의 인격적 존재를 실현하는 주체는 지나간 자신을 현재로 상기함으로써만 이렇게 할 수 있다. 하지만 이렇게 서술하는 것은 오류로 이끌 수 있다. 왜냐하면 이러한 서술은 처음부터 직접적으로 시간 속에서 자신을 '외화'시켜서 인격들이 되는 현재의 자신에서 시작하기 때문이다. 이처럼 '주체'로 시작하는 것은 실제로 이미 항상 주관성을 전제하는 복합적인 실재를 재구성하는 것에 관계된다. 즉각적인 코기토는 이와 같은 실재를 추상한 것이다. 이러한 추상의 가능성은 인격의 고유한 특성에서 근거된다. 왜냐하면 앞서 보았듯이, 인격들은 한편으로는 서로 분명하게 셀 수 있는 동일성을 지녔지만, 다른 한편으로는 그 어떤 질적인 속성으로도 정의될 수 없어서, 이들의 동일성은 결코 서술될 수 없기 때문이다. 우리는 이렇게 추상적이고 내용적인 모든 규정들을 구분해 주는 동일성을 독립체로 실체화해서, 이 독립체를 '자아'라고 부르려고 시도한다. 그러나 자아가 뇌와 연관된 원인에 속할 수 있는 어떤 독립체라면, 이러한 독립체는 자신의 측면에서는 재차 어떤 식으로든 질적으로 규정된 어떤 것일 수밖에, 다시 말해서 다시 자아로부터 '부여받는' 어떤 본성을 지닐 수밖에 없을 것이다. 자아에 대한 사유는 부여받은 인간 본성이 지닌 특성에서 나오게 된다. 그렇다면 인간 본성이 지니는 것은 인간 본성과 떨어져서 이에 예속되지 않은 독립체가 아니라, 인간 자신이다. 다시 말해서 인간은 자신의 신체 기관과 같이 자신을 이루는 부분들의 합보다 더 클 뿐만 아니라, 자신을 이루는 부분의 유기적 구조보다도 더한 것으로서, [어떤 것이 아니라] '어떤 누구'이다.

'자아'를 수로 셀 수 있는 동일성의 핵심으로 생각하는 것은 완전히 공허한 개념에 불과하다. 이 개념은 개별적인 주체를 서로 구분하도록 허용하지 않는다. 뿐만 아니라 이 개념은 주체를 사라지는 원자와는 다른 것으로, 순간적인 의식의 사건과는 다른 것으로 생각하도록 허용하지도 않는다. 기억을 통해 전체 일생에서 일어나는 이러한 사건들을 결합하는 것은, 주체 전체로서는 결코 의식할 수 없는 과정 내에서 스스로 다시 더 나아간 순간적인 의식의 사건들 뿐일 것이다. 왜냐하면 주체는 항상 이 과정의 밖이 아니라, 다시 말해서 시작부터 끝까지의 전체 과정을 조망할 수 있는 지점에서가 아니라, 이 과정 안의 특정한 어딘가에서만 자리를 잡기 때문이다. 이 과정의 외부에 있는 지점은 그 외의 다른 모든 사람들이 바라보는 관점이다. 이러한 관점을 선취한 후에야 비로소 실체 없는 주관성으로서 내 자신에 대한 추상적인 관념을 지양하게 되어, 인격이 충만하게 시야에 나타나는데, 더 낫게 말하자면 인간 존재가 인격으로서 드러나게 된다.

그러나 우리는 우리 자신에게 주어진 그러한 것을 통해서만, 다시 말해서 '본성'을 통해서만 서로 인격들로서 주어진 존재이다. 인격은 설명할 필요가 없는 독립된 본질을 지닌 실체로서의 본성을 넘어서는 어떤 자아가 아니다. 오히려 인격의 존재는 그러한 본성을 소유해서 마음대로 하는 것과 다르지 않다. 이러한 질적인 특성을 근거로 해서만이 '체험[의식]의 흐름'을 가능하게 하는 어떤 것이 존재하며, 이러한 흐름은 직접적이고 순간적인 모든 의식의 계기가 그 비차별성 때문에 하나의 유일무이한 동질의 지금으로 합치된다.

따라서 주관성이 자기 자신을 시간 속으로 외연화시키는 것은 인격들에게 있어서 본질적인 상호 주관성의 조건이다. 우리가 상호 주관성을 생각하려고 한다면, 우리에게 낯선 내면성이 주관성으로 주어지는 것이 아니라, 상징적인 재현을 통해서만, 다시 말해서 본성적인 특성들의 형태를 통해서만 주어진다는 문제에 직면하게 된다. 누군가가 나에게 향하는 모든 것은 항상 외적인 측면이다. 유한한 주체가 순간적으로 고유하게 분리된 의식의 사건들로만 존재한다면 이러한 균열은 메워질 수 없을 것이다. 만일 그렇다면 이러한 의식의 사건들은 외적인 측면을 지닐 수 없을 것이다. 그래서 그러한 외적인 측면은 오히려 각각의 '내면'과는 반대될 것이다. 그렇다면 '재현'이라는 말은 균열이 메워질 수 없다는 것을 은폐하려는 한갓 의미 없는 소리가 될 뿐이다. 그래서 주관성은 그때마다 항상 내 자신에 대한 나의 의식일 뿐이거나, 더는 주관적인 것이기를 멈추어야 할 것이다. 누구도 내가 지닌 통증을 가지고 있지 않기 때문에, 내가 고통스러울 때 내가 지니고 있는 그것을 알 수 없을 것이다. 그러나 시간 속에 있다는 것은 외부에 있는 주관성이, 자신이 아직 존재하지 않는 그것으로 다가가 접근함으로써 과거에서, 곧 외부에서 자기 자신을 지속시키는 것을 의미한다. 하지만 이러한 외부는 주체 없는 대상과 같은 것이 아니라, 스스로 외적으로 된 내면 또는 '내면화된 외부'이다. 내가 스스로 말하듯이 다른 사람에게도 말할 수 있는 내 기억 속의 배고픔은 비록 지금은 내가 배고프지 않다고 하더라도, 항상 나의 배고픔으로 남아 있다. 이처럼 과거의 주체가 대상화되는 것을 통해서 주체가 다른 주체에 대해서도 대상적일 수 있는 것이 가능하다. 이는 주체들이 인격들이라는 것을 의미한다.

주관성의 또는 내면성의 개념은 그 자체로 시간성과 같은 어떤 것을 함축하지는 않는다. 이 개념은 시간을 추상하는 것에 근거하고 있다. 하지만 주체가 자기 자신을 존재하는 것으로, 그래서 다른 주체의 가능한 대상으로 생각하는 것은 주체가 자기 자신을 이미 항상 대상적으로, 다시 말해 재차 내면화되는 외부의 것으로 되었다는 것을 전제한다. 그것은 우리가 이 점을 기억을 통해 이해하기 때문이다. 기억 속의 간접적인 의향(intentio obliqua)에서야 비로소 특정한 어떤 것의 경험은 특별한 경험이 된다. 우리는 우리 자신을 이러저러한 주체로 바라보고 응시한다. 따라서 우리가 주체로서의 우리 상태를 상실하지 않고서도 타인에게 이러저러하게 규정되는 것이 가능하다. 우리는 기억을 통해 주관성으로 대상화되기 때문에, 타인에 대해서도 그렇게 될 수 있다.

기억을 통해서라야 비로소 우리는 우리 자신을 드러내게 된다. 순간적인 주관성이라는 사유는 한갓 한계 개념일 뿐이다. 아우구스티누스에 의하면, 지속되는 지금(nunc stans)은 무한한 특성을 지닌 것으로 생각되는 신성(神性)에 유보되어 있다. 그러나 신성의 외부와의 관계는 자신의 내적인 존재를 구성한다. 말하자면 신성은 세 개의 위격, 곧 삼위로 존속한다. 토마스 아퀴나스에 의하면 신성은 외부를 향한, 다시 말해서 피조물에 대해서 실제적 관계를 지닐 수 없다. 이러한 관계는 신성의 무한성과 양립될 수 없기 때문이다. 창조에 대한 관계는 성자에 대한 성부의 관계 안에 잠재적으로 함유되어 있다. ("성자이기도 한 같은 말씀으로 성부는 당신 자신에게, 그리고 동시에 피조물들에게 말을 거신다."[4])

　유한한 주관성은 무한한 특수성과 동일한 것이 아니라, '존재의 결핍' 또는 지향적 존재이다. 주관성이 존재를 자신의 것으로 만듦으로써, 그리고 주체들이 자신들이 존재하는 바로, 곧 본성적으로 존재하는 바로 됨으로써 시간이 성립된다. 인격들은 지체 없이 자신의 본성으로 직접적으로 존재할 수 없다. 인격들은 본성을 소유함으로써 지속되어야 한다. 우리는 이것을 심한 쇠약 상태에서, 그것도 지향적 존재가 소진되어 버릴 정도의 과도한 요구로서 경험한다. 심지어 인격은 자신의 본성으로서 지니고 있는 자신의 존재를 벗어던질 수 있다. 그러나 인격의 존재 자체는 본성을 지니는 것이기 때문에, 인격은 자기 자신을 사라지게 함으로써만 자신의 본성을 벗어던질 수 있다. 인간이 사라진다면 인격은 지속되어 남아 있지 못한다. 인격은 자신에게 과거에 이미 적합했던 것을 의식함으로써만 자기 자신에게 의식된다. 따라서 인격들에게 있어서 '존재한다'는 것은 존재했다는 것을 의미한다. '있었던

4　Thomas Aquinas: De potentia 9, 9 ad 13: "Eodem verbo sc. filio pater dicit se et creaturam." : 『신학대전』 I, 34, 2 그리고 I, 37, 2 참조.

바(to ti en einai)'라는 아리스토텔레스의 존재 개념은 과거의 계기를 함축하고 있다. '주체'들은 이러한 바탕 하에서만 서로 관련을 맺을 수 있다. 말하자면 주체는 이전에 있었던 바와 동일하게 존재해야 하며, 창조된 자연(natura naturata), 곧 자신의 정체를 재차 삼차 확인할 수 있는 '자연 그대로의' 자신의 고유한 본질을 소유해야 한다. 이러한 시간의 존재론적인 원천은 시간을 돌이킬 수 없는 것으로 만든다. 그 때문에, 베르그송이 주목하듯이 앞으로 갔다가 뒤로 돌아갈 수 있는 선분은 시간에 대한 적합한 은유로 보기는 어렵다.[5] 선분을 늘이는 것은 그 자체로 선분은 아니다. 라이프니츠는 시간을 포물선이 펼쳐지는 것으로 상상했다. 이 포물선을 푸는 '공식'은 순수한 주관성으로서 모나드이다.[6] 모나드는 신체 기관의 모든 유전적인 프로그램을 지니고 있는 세포처럼, 포물선을 푸는 공식을 자신 안에 함유하는 점이다. 하지만 공식은 선을 이어서 그리는 포물선이 만들어지지 않으면 외부로부터 지각될 수 없다. 선은 연장되어야만 실제로 존재하게 된다. 인격들은 서로에 대해서 존재하는 실제적인 주체들이다. 그 때문에 인격들은 공허한 주체가 아니다.

---

5 H. Bergson: *Essai sur les données immédiates de la conscience*, Paris, Alcan 1889. Deutsch: *Zeit und Freiheit*, Jena 1920, 136.

6 [라이프니츠는 우리가 살아가는 시간과 공간, 연장된 세계를 실재가 아닌 모나드를 통해 표상되는 현상이라고 해석했다. 최종적으로 모나드는 다른 모나드와의 관계를 표상하는 인식의 주체이다. 이에 따라 시간은 상대적인 개념으로서 사물들과 독립적으로 실재하는 것이 아니라 사물들과 맺는 특정한 관계로부터 구성해 낸 관념이다. 따라서 뉴턴의 절대적인 시간 개념에서 시간을 직선으로 보는 것과는 달리, 라이프니츠는 시간을 주기적 운동의 수로 보며, 이 수를 세어서 사물들이 드러내는 시간적 규정에 의미를 부여하게 된다.]

III

시간과 그 고유한 시간적 특성은 이전부터, 도대체 무엇이 중요한 문제인가 하는 점에 있어서, 인간에게 놀라운 대상이며 애쓰는 대상으로 이해될 수 있었다. 아우구스티누스의 말이 유명한데, 그는 자신이 "질문을 받지 않았을 때는 시간이 무엇인지 알았지만, 질문을 받았을 때는 답할 수가 없었다."고 한다.[7] 시간은 분명 우리 실존의 형식은 아니어서, 우리는 시간을 결코 알아챌 수 없다. 그럼에도 불구하고 시간은 생각하는 존재들에게 숨겨진 채 남아 있을 수 없다. 왜냐하면 사유하는 존재들은 살아 있는 존재이며, 이러한 존재들로서 항상 시간을 적수로 둔다. 이 존재들은 지향적 존재들이다. 이 존재들은 존재를 향해 밖으로 나아가야 한다. 왜냐하면 존재는 끊임없이 이들의 손아귀에서 벗어나기 때문이다. 그 현재의 실존이 미래의 실존에 대한 충분한 근거를 지니는 실체적 존재자라는 표상은 비우유적인 실재의 덩어리를 가정한 데모크리토스식의 추상이다. 비록 우리가 다른 실존 방식을 상상할 수 있다고 하더라도, 시간은 인간에게 항상 인간의 조건(conditio humana)을 한탄하는 근거였다. 앞서 보았듯이, 시간은 내면성이 대상화되는 조건이며, 이로써 유한한 인격성의 조건이다. 그러나 이렇게 내면성이 대상화되는 것은 아울러 시간이 비현실적이라는 것도 의미한다. 과거, 현재, 미래는 그 존재론적인 상태와 동일하지 않다. 지나간 것은 더 이상 존재하지 않으며, 다가올 것은 아직 존재하지 않는다. 존재하는 것은 현재적인 것이다. 현재적인 것은 그 자체로 끊임없이 지나가 버림으로써 다가오는 존재를 쫓아간다. 동사 '지나가 버리다'는 멈추는 것을 의미한다. 따라서 지나가 버린 것은 멈추어 버린 것이다. 내면성에 대

---

7 아우구스티누스, 『고백록』 XI, 14, 17.

해서 대상화되는 것이 비실제적으로 되는 것과 동일한 의미를 지닌다
는 것은 다음과 같이 그리스어 문장으로 표현할 수 있다. "누구도 자신
의 죽음 앞에서는 행복하다고 생각하지 않는다."[8] 행복(eudaimonia)이
삶 전체의 객관적인 성공을 의미한다면, 끝에 이르러 멈추어 버린 삶만
이 행복하다는 결론이 도출된다. 어떤 건축물은 그것이 완성되었을 때
에야 비로소 평가를 받을 수 있다. 그러나 건축물에 있어서 완성된다는
것은 지나간 것을 의미하지 않는다. 왜냐하면 건축물은 현실의 객체화
된 상태에서만 자신의 실재를 지니기 때문이다.

　인격에 있어서 시간성은 내면성이 '지나가 버림'으로써 객관적으로
대상화된다는 것을 의미한다. 하지만 이렇게 지나가 버리는 것은 내면
성의 존재가 존재를 향해 밖으로 나가는 것처럼, 내면성으로 다가오는
존재를 향해 손을 뻗는 것처럼, 살아 있는 존재의 내면성으로부터만 경
험된다.

　이렇게 살아 있는 것들이 존재를 쫓아가는 것을 아리스토텔레스는
'영원한 것에 참여'하려는 열망으로 해석했다.[9] 이는 물론 시간에 대한
반성을 좌절에 대한 경험과 연결시키는 이성의 견지에서 바라보는 해
석이다. 삶의 객관적인 성공, 곧 '최고의 행복'이 지나가 버린 것의 조
건에 연결된다면, 경험된 행복은 항상 불완전한 행복뿐일 수 있다. 그
러나 완전한 행복은 아직도 더욱 불완전하다. 왜냐하면 그것은 더는 체
험될 수 없기 때문이다. 그 때문에 아리스토텔레스는 우리 눈앞에서는
이상적인 모델로서 불가피하게 나타나며, 단지 우리가 인간이기 때문
에 우리에게는 가로막혀 있는 '순수하고 단순한 지극한 행복'과는 구분
되는 '인간적이기만 한 행복'에 대해서 말하고 있다.[10] 내부와 외부로부

8　아리스토텔레스, 『니코마코스 윤리학』 I, 11 ; 1100 a.
9　아리스토텔레스, 『영혼론』 415 a 26-b.
10　아리스토텔레스, 『니코마코스 윤리학』 I, 1101a 20.

터 실제적이고 시간의 제약을 받지 않는 이러한 인격의 통일성에 대한 관념은 거부될 수 없는 것으로 인간에게 해당된다. 이러한 관념을 근거로 해서만, 우리는 시간과 더불어 본래적으로 시간과 '다르지 않은' 특성을 의식하게 될 것이다.

플라톤은 시간의 무제약성을 전적으로 대상성이라는 형태로부터 생각한다. 이데아들은 시간의 제약을 받지 않으며, 유한한 것은 그것이 이데아에 참여하는 한에서 실제적이다. 유한한 것은 그 자체로는 아무 것도 아닌 것이기 때문에, 참여는 항상 사라져 버리는 참여이며, 그 때문에 유한한 것은 항상 참여를 열망함으로써만 실제적으로 존재한다. 개별적인 것 자체는 이상적인 이데아가 아니며, 그 때문에 앎의 대상도 아니다. 따라서 우연적인 것에 대한 언술은 시간에 상관없이 참된 것이 아니다. 아리스토텔레스에 의하면 내일의 썰물에 대해서 어떤 것을 아는 것은 오늘 시점에서는 어떤 것도 알지 못할 뿐일 수 있다. 말하자면 내일의 썰물에 대한 지식은 오늘 시점에서는 참이거나 거짓이라고 말할 수 없다는 것이다.[11] 반면에 현대 논리학에서는 사태를 전혀 다르게 기술한다. 현대 논리학은 시제를 술어에서 제거해 버림으로써, "이다", "이었다", "일 것이다"는 말을 사용하지 않고, 오직 시제가 없는 "이다"로 대체한다. 따라서 시제 없는 "이다"는 시간이 경과해도 진릿값을 상실하지 않는다. 왜냐하면 술어 부분은 여기에다 시간적인 표식이 부가되기 때문이다. 예를 들어 "나는 아프다."는 문장은 지금은 참일 수 있지만, 내일은 거짓일 수 있다. "위르겐 클린스만은 1996년 3월 28일에 아프다."라는 문장은 시간에 관계없이 참일 수 있는 것처럼 보인다. 하지만 이 문장은 일종의 속임수이다. 왜냐하면 날짜는 최종적인 분석에서 우리가 현재 말하는 어떤 화자와 관계되지 않는다면 어떤 의미도 갖

---

11 Aristoteles: De interpr. 19a 30.

지 못하기 때문이다. 스스로는 시간에 제약을 받지 않지만 그의 지식은 시간적인 것과 우연적인 것을 내용으로 하는 것을 아는 어떤 사람을 가정함으로써만, 우리는 지식 자체를 시간과 무관한 것으로 상정할 수 있다. 그러나 이는 절대적인 것이 인격적으로 생각되는 곳에서만 의미가 있다. 신에게는 내일이 없기 때문에, 내일 조수(潮水)가 어떻게 썰물이 되는지를 신이 항상 안다면, 밀물과 썰물에 대한 진리는 시간과 무관한 진리이며, 이에 대한 언술은 참이어서 그 언술이나 문장이 만들어질 때, 그것을 말하는 시점에 좌우되지 않을 것이다.

그러나 위격적인 신, 다시 말해서 삼위 하느님의 사유에서는 내면성이 대상화됨으로써 끊임없이 자신을 벗어나지 않는 그런 내면성이 사유된다. 그러나 이러한 신의 사유에서 내면성으로서의 본질은 이 내면성이 자기 발설을 통해서 '그 자신의 타자' 안에서 자신을 바라보고 이 타자에 의해 바라보아진다는 점에 있다. 이러한 신의 사유를 통해서만 비로소 시간과는 무관한 무시간이라는 관념은 아우구스티누스가 '영구적인 지금'으로 정의하는 영원성으로 전환된다. 시간이 무차별적으로 되는 자리에 유한한 존재가 각각 경험하는 현재와의, 다시 말해서 실제적인 내면성과의 동시간성이 들어선다. 신에게 있어서는 이러한 동시간성이 자기 대상화를 통해서 실현되는 것이 아니라, 엄격한 의미에서는 자기 의식에 대한 내면적인 앎이다. 이것은 아우구스티누스가 "하느님은 우리 자신에게 보다 우리에게 더 내적으로 계신다."[12]고 재차 말하는 이유이다. 이런 식으로 주관성을 실제적으로 인식하는 것은, 주관성이 '사라져 버리는 것'으로 인식하는 것이 아니다. 오히려 이러한 인식은 모든 인식 노력의 초월적인 이상이며, 바오로 사도는 이를 단순한 정식으로 다음과 같이 표현했다. "[그때에는] 하느님께서 나를 온전히

---

12 아우구스티누스, 『고백록』 III, 6, 11: "Deus interior intimo meo."

아시듯, 나도 온전히 알게 될 것입니다."[13]

IV

모든 순간과 영원성이 동시적이며, 시간적인 사물들에 대해서 무시간적으로 의식하게 된다는 이러한 사유는, 무엇보다도 시간을 이해하는 데 있어서 좀 더 풍부한 결과를 낳는다. 시간은 불가피하게 자신의 존재론적인 실재를 상실한다. 보에티우스는, 신의 '섭리'라는 말이 신을 그릇된 방식으로 시간 속에 끌어들인 은유라는 점을 지적하고 있다. 신은 내일 일어날 것을 오늘 알지 못하는 것이 아니라, 신에게 있어서는 모든 것이 동시적으로 현재적이다. 하지만 보에티우스 자신은 이에 대해서 여행자에 대한 잘못된 예를 들고 있다. 보에티우스에 의하면, 어떤 탑 위에서 볼 때는 볼 수 있는 길인데도 불구하고, 여행자는 자신 앞에 놓인 이 길을 보지 못한다.[14] 이는 시간의 공간화에 대한 예로서, 베르그송은 이를 보에티우스가 착각한 경우로 지적했다.[15] 지나가 버린 것과 다가올 것이 신의 관점에서는(sub specie Dei) 똑같이 현재적이라면, 생성과 소멸은 유한한 인격들이 자신의 존재를 경험하는 방식이다. 하지만 절대적인 의미에서 존재하는 것은 오직 절대자뿐이다. 각각의 순간을 지속되는 지금(nunc stans)과 동시적이라고 생각하는 것은 한 순간과 다른 순간의 상대적인 차이만 있을 뿐이라는 것을 의미한다. 이는 유한한 인격들의 경험이 보여주는 상대적인 한 측면이다.

한 순간과 다른 순간의 차이는 사실 의미 없으며, 그때마다 새로운

---

13 1코린 13, 12.

14 보에티우스,『철학의 위안』 V, Prosa 6.

15 참조: H. Bergson: *Zeit und Freiheit*, 같은 곳, 특히 2장.

현재의 순간이 채워지지 않는다면, 시간은 존재로부터 완전히 어긋나 버리게 될 것이다. 이는 흘러가는 '시간'이 아니라, 다양한 기분과 내용으로 가득 찬 경험이다. 인격은 항상 손아귀에서 벗어나는 존재를 붙잡기 위해 외부로 이끌려 나가는 것이 아니라, 이와 같은 내용, 곧 연속되는 경험의 계기들을 서로 관련시킬 능력을 지님으로써, 시간은 형태를 지니게 된다. 무한하고 무한하게 나눌 수 있는 흐름인 중성적인 시간, 곧 비어 있는 시간 개념은 공허한 추상일 뿐이다. 실재는 수시로 바뀌는 경과에 대해 경험된 내용으로 구성된다. 인격은 그 자체로 시간 안에서 형태를 지닌다. 시간적인 형태에 대한 패러다임의 경우는 음악이다. 음악 작품을 구성하는 요소는 하나하나의 독립적인 음표가 아니라, 현재의 순간들이 연결된 것과 같이, 지속해서 기억 속에 유지되기 충분한 작은 음표의 연결 묶음이다. 전체 작품의 형태는 의식적으로 상기함으로써, 그리고 요소들이 서로 연결됨으로써만 현실화된다. 더구나 여러 번 반복해서 들어야하고, 프로그램에 실려 있는 해설과 같이 작품에 대한 이론적인 지식도 필요할지도 모른다. 여기서 시간 속에서 현실화되는 것은 철저히 '관념적인' 것, 시간과 무관한 어떤 것이다. 하지만이 어떤 것은 시간 없이는 결코 생각될 수 없다. 왜냐하면 시간적인 형태는 각각의 순간이 동시적이지 않으며 구분되지 않는다는 사실에 의거하기 때문이다. 이러한 사태는 모순적이다. 말하자면 순간들이 구분되지 않으면 않을수록, 곧 순간들의 차이가 중요하지 않으면 않을수록, 공허하게 경과하는 시간의 무화(無化)는 더욱 가차 없이 진행된다. '시간을 죽인다'는 것은 시간을 통해 죽게 되는 효과에 몰두하는 것을 의미한다. 시간을 진지하게 받아들이고, 시간을 사용하고, 중요한 순간을 기다려서 그때(kairos)를 인식하며, 언제 어떤 것이 '적시에' 있는지를 알아보는 것은 시간이 어떤 형태의 매개가 됨으로써 시간을 극복하는 것을 의미한다. 더욱이 일시적인 것에 대해서 불평하는 것도 그 자체로

는 이미 이러한 불평에 대한 답인 어떤 형태를 받아들이는 것이다. 인
격들은 시간을 통해 항상 무화된다는 의식과 '지속되는 지금(nunc
stans)'이라는 개념을 배경으로 시간 자체의 무성(Nichtigkeit)에 대한
의식 사이에 존재한다. 직접적으로 서로 나란히 배열됨으로써, 이 두
개념은 그 어떤 의미를 이중적인 부정에서 산출하지 않으면서 서로를
파괴한다. 하지만 헤라클레이토스의 "만물은 흐른다."와 파르메니데스
의 "만물은 하나이다."에 대한 플라톤의 대답은, 동일한 것이 '존재하
지 않는 것'의 흐름 속에서 자신을 유지하며 앎에 있어서 우리 자신을
그것에 관련시킬 수 있는 이데아, 곧 형상을 발견하는 것이었다. 인격
에 대한 사유는 고유한 실존을 어떤 형태로 이해하려는 사유이다. 이
형태는 시간과 상관없는 지식의 변함없는 대상으로서 시간 속에서 자
신을 유지하는 것이 아니라, 오히려 스스로 시간의 어떤 형태, 곧 시간
적 형태를 지닌다.

죽음과 미래 완료

I

인간을 통해 죽음이 이 세상에 들어왔다. 오직 인격들만 죽는다. 죽음
을 떼서 낱낱이 분해하려 했던 에피쿠로스의 시도는 무력해져 버렸다.
에피쿠로스는 "죽음과 같은 것은 없다."라고 생각할 것을 권했다. 우리
가 살아 있는 한, 우리는 죽은 것이 아니다. 우리가 죽는다면, 우리는
더 이상 존재하지 않는다. 따라서 죽는다는 것은 어느 누구에게도 고유
한 것이 아니다.[1] 하지만 우리가 언젠가는 더 이상 존재하지 않는 것이
아니라, 오히려 미래에도 존재하게 될 것[미래 완료]이라는 것을 알 수
밖에 없다. 이러한 앎은 죽음을 현실로 만든다. 비록 지금 당장은 우리
자신이 하는 회상이 되지는 않을 것이지만, 우리 자신의 지나간 과거에
대한 [다른 사람의] 회상을 미리 선취[예견]할 수 있다. 이러한 사실은
미래에 완결될(미래 완료, futurum exactum) 죽음에 대한 앎을 식별하

---

1 참조: Epikur: *Brief an Menoikeus*, 125.

게 한다. 이 미래 완료는 시간 내에서 인격을 지닌 모든 의식에 있어서는 근본적이다. 우리는 각 순간마다 우리 자신의 대상이 되며, 각 순간이 미래에 완결되리라는 것을 예견한다. 하지만 동시에 우리는 항상 우리 자신으로서 경험한 과거를 우리 자신의 것으로 만들려는 것을 중단하지 않음으로써, 우리에게 의미를 잃은 것들은 새로운 맥락에서 새롭게 중요한 의미를 얻게 된다. 그러나 우리의 죽음에 대해서 아는 것은 다르다. 여기서 우리는 철저히 객관화되는 어떤 것을 선취한다. 이렇게 객관화되는 것은 의미의 지속적인 연속성을 통해서 통합하려는 어떠한 시도도 더는 용납하지 않는다. 고대의 다른 비의(秘儀) 종교와 유사하게, 그리스도교가 회개와 세례를 죽음으로, 곧 '그리스도와 함께 죽음'으로 해석한 것은 우연이 아니다. 여기서 공통점(tertium comparationis)은 중요한 의미 구조들이 철저하게 비연속적이라는 것이다. 이렇게 해서 이전에 살아온 삶은 마치 다른 사람의 삶처럼 비치게 된다.

타인의 죽음은 비인격적인 생물에게 있어서도 그것이 상실이나 해방이던지 간에, 고유한 생명이 변화되는 것이다. 하지만 생명 자체는 지속된다. 객관적으로 볼 때, 고유한 생명을 위협하는 것에 대한 두려움이 존재한다. 동물들은 이러한 위협을 지각하기 때문에, 이 위협에서 달아나거나 싸운다. 그러나 이러한 본능적인 반응들은 개별적인 종말에 대해서 아는 것과는 무관하다. 위험 신호는 항상성을 방해하며, 이러한 위험 신호를 재구성하는데 적합한 유형의 태도를 유발한다. 그리고 흔히 이러한 태도는 생존하기 위해 적합하게 설계된 유형의 태도이다. 이러한 '프로그램'의 최우선 순위는 종의 생존에 대한, 또는 고유한 후손 또는 고유한 종족을 번식하는 것이다. 꿀벌들은 위험에 처하면 침을 쏘며, 수벌들은 비록 그들이 생명을 잃는 한이 있어도 암벌들과 교미한다. 동물들은 특정한 상황을 유지하고 그 상황에 도달하거나 변화시키는데 진력한다.

인격들만이 존재 또는 비존재에 관련된다. 인격들은 과거를 회상하면서, 그리고 미래를 전망하면서 그들 자신이 아직 존재하지 않았거나 더 이상 존재하지 않게 될 세계에 대해서 안다. 이 또한 변화이지만 인격들에게 있어서의 고유한 변화가 아니라 세계의 변화이다. 이렇게 생각할 수 있는 것은 우리 자신을 타인의 세계의 부분으로 생각함으로써, 세계를 연속되는 과정으로 사유한다는 것을 전제하고 있다. 이 과정은 우리 없이 쉽게 변화된 형태로 진행된다. 이러한 사유는 소위 '어느 곳도 보지 않는 시선'으로서 이성의 시선이다. 이성의 시선으로 보자면, 고유하게 살아 있는 개인은 다른 모든 개인보다 의미가 더 있는 것은 아니다. 고유한 개별적인 죽음은 단지 우연적인 사건일 뿐이다. 내가 죽는다는 것은 인간이면 누구나 죽는다는 법칙을 확인시켜주는 것에 불과하다.

그러나 이미 보았듯이, 인격성은 이성적인 개인이 특정한 '어떤 경우'일 뿐만이 아니라, 이 사실을 알기도 한다는 것을 의미한다. 말하자면 이 개인은 살아 있는 존재일 뿐만 아니라, 여기에 더해서 자신의 생물학적인 살아 있음으로부터 분리된 이성성이라는 특성을 지닌다. 더 나아가서 이성은 우리가 살아 있다는 것의 '형상'이다. 우리의 생명은 다른 모든 비인격체들의 생명처럼, 자신 안에 중심이 놓여 있지 않다. 우리의 생명은 자기 보존과 종의 보존이라는 경향을 통해 규정되지 않는다. 우리 생명이 본질적으로 구분되는 특징은 자기 초월이며, 그 최고의 형태는 사랑이다. 이성적인 개별성은 자기 초월 자체로서 보편적인 것이며, 보편적인 것은 다수의 개별적인 인격에서 그 구체적인 실재를 지니게 된다. 이렇게 해서 "생명은 앞으로 나아간다."는 사유는, 자신의 고유한 죽음이 세계의 종말을 의미하는 것이라는 것을 기만당할까 봐 두려워하는 것으로 고찰된다. 왜냐하면 이 세계는 누군가의 세계로서만 존재하기 때문이다. 나의 세계로서 이 세계는 끝을 향해 나아간다. 마찬가지로 유한한 타인의 세계도 존재한다. 단순히 앞으로 진행되는 연속성은 존재하지 않는다. 인격에 대한 사유를 통해서야 비로소 죽음은 생의 모든 유의미성(Bedeutsamkeit)에 물음을 던지는 차원을 획득하게 된다.

II

고유한 죽음에 대한 앎은 다른 것에 대한 앎과 같지 않다. 이 앎은 이성적인 삶의 태도를 허용하는 의미심장한 연관성 속에다 첨가할 수 있는 정보가 아니다. 오히려 이러한 앎은 다른 모든 앎과는 비교할 수 없다. 우리가 '삶의 계획'을 어떤 식으로든 제한된 형태로 이루어지는 계획이라는 유비에 따라 이해하고 유비적인 이성성의 개념을 근거로 삼는 한, 우리는 생명의 인격적인 특성을 피하게 된다. 이렇게 제한된 형태의 계획은 우리의 '통상적인' 이성성에 대한 틀을 형성한다. 이러한 계획은 정해진 목적이 있다. 이 목적과의 관계에서 어떤 이성적인 중간 선택이 있게 된다. 이러한 목적은 개별적인 것을 넘어서서도 있을 수 있으며, 어떤 생의 시간적 길이를 뛰어넘을 수도 있다.

그때마다 마음대로 할 수 있는 시간의 조각들을 이성적으로 평가하는 것도 이성성에 속한다. 때로 시간의 한계는 더 하거나 덜한 정도의 크기로 나타나는 개연적인 생존 기간에 대한 기대를 통해 정해진다. 환상에 불가한 '보편적인 것으로의 도피'는 강박적으로 의미있는 형태를 부여하는 것이 우리의 책임이라고 생각하려는 시도로 삶 자체를 고찰하는 곳에서 시작된다. 이 점은 우리가, 전체로서의 삶과 관련해서 그 결과의 평가를 우리 스스로에게 허용하는, 의미성의 범위를 마음대로 정할 수 있다는 것을 전제하고 있다고 볼 수 있다. 소위 '자살의 득실'

은 이러한 사유방식에 속하며, 본래 아주 수긍할 만한 행위이다. 특히
이러한 득실이 점점 더 진행되는 어떤 특정한 나이에 대한 '이성적인'
관점들 아래서 악화되어서, 감소되는 한계 효용의 법칙에 부딪히게 된
다는 것을 숙고할 때 그러하다.

이러한 득실에 대한 신기루와 같은 특성은 우리가 전체로서의 삶에
대한 판단의 척도를 마음대로 할 수 있다는 허구에 근거를 두고 있다.
여기서 전체는 마치 우리가 우리 자신의 고유한 삶 밖에 서 있는 것처
럼 그렇게 우리에게 주어진다. 이러한 허구는 한편으로는 단지 인격들
에게만 가능하지만, 다른 측면에서 이 허구는 인격적인 생명의 고유한
점을 위조한다. 더욱이 인격이 자신의 생명을 갖는다는 것은 분명하다.
그 때문에 인격은 이 생명을 '희생'할 수 있다. 그러나 인격이 희생하는
것은 인격 자신이다. 인격의 존재는 자신의 생명을 소유하는 것이며,
생명의 저 편에 존재하는 실재가 아니다. 그 때문에 결코 인격이 의미
있거나 의미 없는 것으로 자신의 생명을 결정적으로 규정할 수 있는 척
도는 없다.

이러한 허구는 이성의 '어느 곳도 보지 않는 시선'과 살아 있는 개별
성이라는 두 가지 상이한 실재들로 서로 갈라놓는다. 고유한 생명의 지
속 기간에 대한 개연성을 계산하여 적용하는 것도 인격적인 자아 존재
로부터 도피하는 것에 속한다. 이러한 적용은, 우리가 특정한 계획들을
세우고 그 계획을 시작하는 것이 이성적인지를 묻는다면, 아마도 이러
저러한 시간의 토막을 마음대로 한다면, 항상 좋은 의미일 수 있다. 우
리는 있음 직하지 않은 것이 들어설 수 있다는 것도 알기는 한다. 하지
만 어떤 특정한 행위를 이행하지 않는 것은 항상 그 이성성이 다시 개
연성에 대한 숙고를 함께 포괄하는 다른 행위를 의미하기 때문에, 대안
이 있는 한에 있어서, 있음 직하지 않은 것으로부터 나아가는 것보다
있음 직한 개연적인 것으로부터 나아가는 것이 더욱 이성적이다. 심지

어 이는 경우에 따라서는, 우리가 특정한 의학적 수술을 감행하는 경우에 해당된다. 여기서 성공 여부를 개연성에 따라서 묻는 것은 비이성적이지 않다.

그러나 여기서 우리는 이미 한계에 근접하고 있다. 생명이 전체로서 관계되는 곳에서, 개연성을 숙고할 여지를 주는 것을 거부하는 것이 더 이상 비이성적이라고 주장할 수 없다. 우리가 전체로서의 삶의 의미를 해결하는 바에 더 가까이 접근할수록, 개연성에 대한 사유는 보다 덜 중요해질 수 있다. 이에 대한 근거는 다음과 같다. 개연성은 통계적인 개념이다. 개연성이라는 개념의 "현금 가치"는 윌리엄 제임스(William James)에 의하면, 반복 가능한 것과 배타적으로 관계된다. 이는 빈도수 분포(Häufigkeitsverteilung)와 관계된다. 개연성이라는 개념이 전체로서의 고유한 생명에 적용되는 곳에서, 이 생명은 외부로부터 다른 것들 가운데 하나의 생명으로 간주된다. 이러한 고찰은 '이성적 관점'으로서, 이 관점에서 생명은 지속된다. 그러나 고유한 생명의 인격적인 의미와 관계되는 곳에서, 개연성에 대한 숙고들은 생명의 길이와 관련해서는 의미가 없게 된다. 우리 각자는 이렇게 철회할 수 없는 오직 하나의 생명을 가진다. 일반적으로 우리는 이 생명의 길이를 정확하게 알지 못한다. 하지만 각 생명에게는 오직 하나의 유일한 길이가 있을 뿐이다. 이 기간은 통계상 개연적이기도 하고 그렇지 않기도 하다. 개연성의 관점은 오직 단 한 번의 유일한 생명과의 관련성을 고집하지 않는다.

동물들은 결코 자신의 고유한 생명을 그 어떤 것과 비교될 수 있는 관점 아래서 볼 수 없다. 동물들은 살아 있는 한, 항상 자신들의 세계 중심에 있으며, 자신들이 더 살아 있지 못할 때가 있으리라는 것을 미리 예견하지 못한다. 반면에 이성의 관점은 고유한 삶을 다른 모든 이들의 삶과 비교할 수 있도록 만든다. 인격을 발견하는 것은 자신의 고유한 삶뿐만 아니라 다른 인격적인 삶과의 비교 불가능성을 발견하는 것과 같은 의미이다. 개연성의 관점을 고수하지 않는 곳에서, 고유한 죽음의 시점에 대해서 알지 못하는 것이 전적으로 효력을 발휘한다. 그러나 이것은, 고유한 죽음에 대한 앎이 삶의 각 순간을 똑같은 방식으로 '채색하는' 것을 의미하지 않는다. 이 색채감은 항상 현재의 감각으로 가능할 뿐이다. 삶이 온전하게 되는 것은 외부로부터 어떤 관점에 대한 상상 속의 완성이 아니라, 인격이 특정한 방식으로 자신의 삶과 관계될 때, 삶의 한가운데서 이루어진다. 루소에 의하면, 우리는 아이가 실제로 어른이 되었을 때만 의미 있을 그런 생활방식을 아이에게 결코 강요하지 않아야 한다.[2] 우리는 그 아이가 언제 죽을지 알지 못한다. 혹시 아이가 너무 빨리 죽을지 모른다고 말하지 않아도, 아이는 언제든지 죽을 가능성이 있다. 하지만 생각보다 사람은 그렇게 일찍 죽지 않는다. 어떤 사람의 이른 죽음에 대한 표현방식은, 삶과 그 목표를 자기 자신 안에 지니지 않은 계획 사이의 잘못된 유비에서 기인한다.

III

"죽음은 우리 삶의 한가운데 있다(media in vita in morte sumus)."라는 격언처럼, 삶 안에서 죽음이 현재한다는 것은, 미리 주어진 어떤 연관된 중요한 것을 따르는 것이 아니라, 각각의 그러한 연관성에 물음을 던지게 한다. 더욱이 생의 본능적 목표들(Triebziele)은 이러한 앎에도 여전히 남아 있으며, 우리가 본능적 목표들에 자신을 내맡기는 한, 이 목표들은 생의 유의미성을 불러일으킨다. 그러나 이 목표들은 생의 유의미성에 대해서 반성적으로 숙고하는 것을 막지는 못한다. 죽음의 대

---

2 J.-J. Rousseau: *Emile*, 같은 책, 423.

가를 치르더라도 수벌들에게 있어서는 여왕벌과의 교미는 그만한 가치가 있다. 왜냐하면 교미를 하더라도 죽지 않는 수벌들은 죽음의 대가를 치르지 않기 때문이다. 죽음에 대한 반성은 생의 유의미성을 지닌 모든 연관성의 상대적인 특성을 드러내 보인다. 이러한 특성은 삶의 전제하에서만 존재하기 때문에, 삶 자체에는 유효하지 않을 수 있다. 생명을 유지하는 것은 인간에게 있어서 본능적 목표이다. 그러나 또한 이러한 목표를 통해서 드러나는 관심은, 자신을 보존하기를 바라는, 이미 존재하는 생명에 대해서는 상대적일 뿐이다. 이러한 바람을 충족시키지 못함으로써 이 바람도 사그라져 버린다. 이렇게 해서 역설적이게도 그 어떤 것도 상실하지 않은 것처럼 보이게 된다. 삶이라는 맥락 안에서 우리는 사물들과 연루되어 있다. 하지만 하이데거가 보여주었듯이, 우리는 삶 자체와 연루되지는 않는다. 이러한 발견에서 귀결되는 의미 없음에 대한 특별한 체험을 쇼펜하우어가 처음으로 서술했다. 쇼펜하우어에게 있어서 삶에 매달리는 것은 성적인 본능적 목표들의 추구와 같은 순전한 본능적 집착과 마찬가지로, 모든 삶을 특징짓는 자유롭지 않은 부조리이다.

 그러나 전체로서는 의미 없는 것처럼 보이는 생의 유의미성의 지평이라는 이러한 연관성도 이 지평의 저 편에서는 다른 어떤 지평을 드러낸다. 이 다른 지평을 우리는 '의미 연관성(Sinnzusammenhang)'이라고 부를 수 있으며, 이 지평은 그들의 죽음에 대한 앎을 통해 유한한 존재의 유한성을 발견한 존재자들에게 있어서만 주어진다. 그렇다면 생의 유의미성의 연관성을 불합리한 것으로 체험한다는 것은 무엇을 의미하는가? 생의 유의미성이 생명이라는 전제하에 성립되지만, 생명 자체가 여전히 더 나아간 어떤 생의 유의미성을 지닐 수 있다는 의미에서 볼 때, 전체로서의 생명에 있어서는 특별한 것이 없다는 것은 논리적으로 강요된 통찰이다. 그러나 이러한 통찰과 결합되어 있는 불합리적인

것에 대한 체험은 어떤 것인가? 이러한 통찰로부터 그러한 체험이 필연
적으로 귀결되는 것은 아니다. 의미를 찾지 못하는 곳에서, 우리는 어
떤 의미도 없다는 것을 깨닫게 된다.

불합리성이라는 관념은 생의 유의미성의 연관성이라는 관념과는 전
혀 다른 차원에 속한다. 불합리성의 관념은 생의 유의미성의 연관성으
로부터 연역될 수 없으며, 좌절감의 체험에서 나온 의미로부터도 연역
될 수 없다. 하지만 생의 유의미성의 연관성을 와해시킬 수 있는 것으
로, 본능적인 집착으로부터 벗어나는 것은 생의 유의미성의 연관성을
통해 은폐된 다른 어떤 연관성을 마련해 준다. 불합리성이라는 감정은
'의미 연관성'이라고 부르는 연관성에 속한다. 그럼에도 이 의미 연관
성은 쇼펜하우어의 의견과는 반대로, 생의 유의미성의 연관성을 통합
시킬 수 있다. 의미는 유한성의 의식에 의해 강화된 유의미성이다. 죽
음의 관점에서 볼 때, 나는 '강화'라는 말을 유의미성의 자기주장과, 이
로써 유의미성이 시간으로부터 자유로워지는 것으로 이해한다. 아름다
운 풍경이 있는 어느 곳에서 친구와 한 병의 와인과 더불어 저녁 식사
를 함께 하는 것은 기본적인 필요를 어느 정도 충족시킨다. 눈과 미각
을 만족시키고, 슬퍼하는 사람 곁에 있어 주며, 생각이 샘솟도록 하는
것도 마찬가지이다. 이러한 필요들을 만족시키는 바의 유의미성은, 우
선 이러한 필요성에 대해서는 상대적이며, 이로부터 근본적으로 우연
적이다. 죽음을 앞둔 이별의 만찬 장면을 생각해 보자. 생이 끝에 도달
함으로써, 사건들의 유의미성도 끝이 난다. 언젠가 모든 것은 과거에
없었던 것처럼 된다. 어떤 기억도 남아 있지 않게 된다. 그렇다면 전부
다 "더 이상 어떤 가치도 없다."고 말할 수 있을 것이다. 죽음을 앞둔 만
찬 사건에 부여되는 모든 의미가 곧 붕괴될 것이라는 의식은 이러한 의
미를 지금 미리 붕괴시킨다. 누군가 그냥 음식을 맛보며 그를 불합리성
으로 내몰지 않는 그런 본능에 집착하며 생을 마칠 때까지 사는 것이 아

니라면, 그가 처형을 당하기 전에 먹는 마지막 식사는 매우 놀랍다.

그러나 다른 가능성이 있다. 이처럼 마지막에 함께 있음의 체험에서 우연적인 사건으로부터 건져 낼 어떤 가치에 대한 느낌이 숨어 있을 수 있다. '좋다'는 느낌은 임박한 삶의 마지막을 통해서—그리고 이로써 삶과의 관계에서 전적으로 상대적인 의미 연관성의 마지막을 통해서— 위협적으로 보이는 것이 아니라, 이 마지막을 통해서야 비로소 전적으로 눈을 뜨게 된다. 하지만 이는 "지금 삶은 나에게 있어서 좋지만, 나와 더불어 좋은 것 또한 최종적으로 사라져 버린다."는 것을 의미하는 것은 아니다. 오히려 "삶은 좋으며, 이렇게 휙 지나가 버리는 순간이 있었으며, 이 순간의 유의미성이 드러난다는 것은 좋은 것으로 남아 있다."는 것을 의미한다. 여기서 유의미성이 가능하게 만들었던 바와 함께, 유의미성은 우연적인 것으로부터 빠져나오고, 시간을 초월한 의미의 차원으로 옮겨 진다. 음식과 포도주가 친구를 즐겁게 한다면, 그것은 여기서 어떤 본능이 충만하게 채워졌기 때문이 아니라, 필요한 것과 충족되는 것 전체가 상대적인 것으로부터 해방되었기 때문이다. 나에게 좋았던 것이 단순히 어떤 '한갓 좋은 것'으로 되는 것이 아니라, 사건 전체가 서로 상관적인 자신의 두 요소들과 함께 과거에 좋았던 것이 지금도 좋을 뿐만 아니라 항상 좋을 것인 어떤 것으로 드러난다. 시간 속에서 덧없이 붕괴되는 것이 가치 있는 것으로 변화되는 것이다. 여기서 일어나는 것은 논리적인 영역에서 현재, 과거, 미래라는 표현으로부터 시간의 연속적인 변화를 보여주는 지수(Zeitindex)의 첨가를 통해 시간을 초월한 표현으로 변화됨으로써 자신과 일치하는 것을 찾게 된다. 우리가 '지금'을 '1996년 3월 17일 10시'로 바꾼다면, 명제의 참 또는 거짓은 시간을 초월한다. 하지만 우리는 이미 시간 안에서, 그리고 시간적인 방식으로, 말하자면 미래 완료(futurum exactum)를 통해서 '지금'이 시간을 초월하는 것에 참여하는 것을 표현할 수 있다. "지금 어떠하다."는 문장이 참이더라도, 내일에는 참인 진리가 멈추게 된다. 그러나 "지금 어떠하다."는 문장이 이전에 언제인가 참이었다면, "(미래에) 완결될 것이다."는 문장은 항상 참으로 남아 있게 된다.

의미의 차원이 열림으로써 생의 충만함의 체험과 연결될 뿐만 아니라, 좌절의 체험과도 연결된다. 생의 유의미성이라는 관점에서는, 예컨대 어떤 사람이 다른 사람을 죽음에서 구하려고 함으로써 이 사람과 스스로 죽음에 이르게 된다면, 이와 같은 열림은 부조리하다. 이 사람의 행동은 이러한 실패를 통해서 상대적이며 '어떤 것에 대해서 좋은' 영역에서 각각의 긍정적인 유의미성을 상실한다. 말하자면 어느 누구에게도 소용없어져 버린다. 그럼에도 불구하고 우리가 이러한 행위를 칭찬하고 그 행위를 고귀하게 기념한다면, 이는 이 행위가 일어났다는 사실이 그 자체로 의미 있기 때문이다. 행위는 아름다웠고, 이를 통해서 세계가 정당화되는 그러한 것에 속한다. 이 행위가 일어났다는 것은 항상 좋을 것이다. 생의 유의미성으로부터 의미로 이행되는 것은 현재로부터 미래 완료로 이행되는 것이다. 미래 완료는 영원히 남는 형태이다. 현재에 있는 모든 것은 동시에 미래에 완결될 것일 뿐만 아니라 항상 영원한 것이기에, 이렇게 현재에 있는 것은 이미 항상 시간을 초월한 차원에 속한다. 현재에 있는 것은 미래에 다가올 것으로는 현재적인 것이 되며, 현재적인 것으로서는 지나간 것이 되지만, 지나간 것으로서는 미래 전체에 대해서 남아 있게 된다. 현재에 일어난 사건에 대해서, 우리는 그 같은 사건이 미래에는 더 이상 완결되지 않을 것이라고 말할 수밖에 없지만, 그 사건은 현재적인 것으로서 이미 지금 탈현실적으로 되고 있는 것이다. 유의미적이기만 한 것은 유한하다. 지금 유의미적인 어떤 것은 유의미적임을 중지할 뿐만 아니라, 반드시 '미래에 유의미적으로 완결될' 것도 아니다. 왜냐하면 유의미성은 절대적인 존재가 아니라, 어떤 존재자에 대해서만 관련되기 때문이다. 이러한 관계가 사라져 버리면, 유의미성이 지나간 흔적(Gewesensein)이 아니라, 이 관계의 흔적만이 남는다. 그리고 이러한 관계가 하찮게 되어 버릴 때도, 유의미성은 사라져 버린다. 그러나 우리가 이 관계 자체에서 자신 안에서 풍부한 의미를 지닌 어떤 것을 보게 된다면, 이러한 의미는 항상 있을 것이고, 이로써 유의미성도 이 의미 구조의 한 요소로서 간접적으로 있게 된다. 죽음을 선취함으로써 전체로서의 생은 미래 완료라는, 시간을 초월한 차원으로 옮겨간다. 생은 미래에 영원히 완결되어 있을 것이고, 그 때문에 주어는 술어에 대해서 '의미심장' 하거나 '부조리' 하다. 그 자체로는 그저 본능적 집착의 표현일 뿐인 욕구, 곧 맹목적으로 생존하려는 욕구를 지닌 단순한 대상이 있음으로써, 생은 멈추게 된다. 이러한 대상이 유한하다는 의식은 생을 그 자체로 부조리하게 만드는 것이 아니라, 생이 가치 있는 것으로 체험되는데 대한 조건이다. 인격은 자신에게 의미가 있고 그 때문에 가치가 있는 어떤 것으로 생을 영위할 수 있음으로써, 존재한다.

마지막을 선취함으로써 생의 가장 심층적 차원을 관통한다. 이러한 선취는 사물의 의미를 경험하는 것을 가능하게 한다. 시간적으로 항상 확장되는 생의 조악한 무한성은 이러한 선취 체험을 파괴한다. 이로써 일어나는 모든 것은, 그것이 귀중한 가치를 상실하기 때문에, 의미가 없어져 버린다. 행해질 수 있는 어떤 것이라도 끝없이 반복되어 행해질 수 있다면, 이로써 불멸의 선취는 유한한 존재의 관계인 각각의 인간 관계를 이미 이 관계의 성립에서부터 질식시켜 버릴 것이다. 영원한 약속이란 있을 수 없다. 만일 '영원히' 라는 말이 '죽을 때까지' 를 의미하지 않는다면, 인간의 전체 실존을 사로잡으며, 그 안에서 인간의 자유를 최고의 형태로 경험하는 '영원히' 라는 약속은 있을 수 없고, 더 이상 불가능할 것이다. 죽음의 선취는 우리의 생을 전체로서 다루게 하는 것을 가능하게 만든다. 이러한 죽음의 선취는 인격의 존재인 생의 소유를 가능하게 한다.

IV

인간은 오로지 자신이 소유하고 있는 생명만을 헌신할 수 있다. 생을 헌신하는 행위로서 죽음에 대한 열망은 본질적으로 인격적인 행위이다. 자구적인 의미에서 이러한 열망은 모든 사람에게 허락되지는 않는다. 오늘날 당연한 것으로 되어버린, 극단적으로 인공적인 생명의 연장에 대한 형태들은 죽음을 항상 마치 '동물이 죽는 것'처럼 만들어 버린다. 반면에 죽음의 행위는 항상 있었던 것처럼 여전히 우리와 함께 있다. 이 행위가 죽어가는 사람 자신으로부터 어떻게 해석되는가 하는 것은 그가 살아 있는 동안 가졌던 확신들에 의해 전체적으로 좌우된다. 하지만 그가 현상적으로 서술하는 것은 이와는 다를 수 있다. 오늘날 자주 언급되는 것으로, 갑작스런 죽음을 방지하려는 오래된 그리스도인의 청원에서 언급되듯이, 갑자기 쓰러져서 죽고 싶은 바람은 인격적 행위로서의 죽음에 대한 바람과는 모순된다. 종교에서 죽음의 의식들, 곧 죽음을 위한 수련으로서 죽음에 대한 명상(meditatio mortis)은 생이 마지막을 향해 가는 것이 인간에게 있어서 단순히 소멸되는 것이 아니라, 그 사람에게 행해지도록 요구되는 최종적인 것이라는 것을 전제로 한다. 여기서의 역설은 다른 역설들과는 달리, 인격적 존재라 불리는 것을 명백하게 드러내 준다. 모든 움직임과 생명에 대해서도 아리스토텔레스가 보여준 것, 곧 "운동의 끝은 운동에 속하지 않는다."는 명제는 유효하다. 에피쿠로스의 죽음에 대한 해석[3]도 이 명제에 근거한다.

---

3 [에피쿠로스는 '죽음은 우리에게 아무것도 아니다.'고 했는데, 그것은 우리가 살아

반면에 인간 생명 자체의 끝이 여전히 인간의 행위로 이해된다면, 그것은 인격이 자신의 고유한 생명과 관계되기 때문이다. 운동의 끝은 운동에 속하지 않지만, 어떤 운동자에 의해 운동을 끝내는 것은 당연히 행위이고 행동이다. 자살이라는 죽음의 한 형태가 있는데, 여기서 실제로 움직이는 자, 그러니까 행위자가 자살을 수행한다. 하지만 바로 그 때문에 자살은 인격적인 죽음의 전형적인 예가 아니다. 여기서 행위자와 희생자는 동일한 사람이지만, 그 역할은 어떤 관점에서도 서로 하나가 되지 않는다. 살인하는 것은 죽는 것이 아니며, 살인되는 것은 살인하는 것이 아니다. 자살은 인간의 비동일성의 가장 극단적인 형태이다. 그 때문에 비트겐슈타인은 자살이 자유로이, 그리고 미리 숙고하여 이루어진 것이라면, 자살을 틀림없는 죄로 간주한다.[4] 자살은 생명을 헌신하는 것이 아니라, '생명을 끊는 것'이다. 반면에 인격적인 죽음에서는 능동성과 수동성이 극단적으로 대립되는 것이 아니라, 수동성, 감내하는 것이 그 자체로 행위로서 성취된다.

감내하는 것은 행위이다. 죽음의 이러한 구조는 인격적 생의 특별한 구조와 상응한다. 인간은 자신의 생명을 소유한다. 그러나 인간은 생명을 원하든지 그렇지 않든지 간에, 의문의 여지 없는 수신자로서 생명을 소유한다. 인간이 생을 부여받은 한에서만 존재하기 때문이다. "생은 살아 있는 것들에게 있어서 존재를 의미한다." 존재 자체는 인간에게 있어서 인간에게 닥치는 어떤 것이다. 하지만 인간은 이 어떤 것을 잘 해 나가야 한다. 왜냐하면 인간 자신의 존재는 존재를 향해 손을 뻗음으로써 인간에게 닥쳐오기 때문이다. 죽음에서 겪게 되는 것은 수동적으로 행해져야 할 것이 요구되는 행위이지만, 생명에서 겪게 되는 것은

있을 때는 죽음을 경험하지 못하고, 죽은 상태에서는 죽음을 의식하지 못하기 때문이다.]
4 L. Wittgenstein: *Tagebücher 1914-1916*, in: Schriften 1, Frankfurt a. M. 1960, 185.

매우 중립적인 의미에서, 곧 감사하게 수용하는 것도 포함하는 의미에서 행위에 대한 요구가 겪는 것이다. 그러나 시간 안에서의 생은 감내하는, 반드시 행해야 함의 특성을 지닐 뿐만 아니라, 반드시 넘겨주어야 한다는 의미에서 볼 때는 이미 항상 죽음이기도 하다. 시간은 끊임없이 우리에게서 세계를, 아니 우리 자신을 빼앗아간다. 이별은 의식적인 생의, 다시 말해서 원천적인 망각에 기반을 두지 않는 생을 근본적으로 파악하는 틀이다. 자신을 '소유'하지 못하고, 자신 안에 잠기는 생은 자신의 과거도 소유하지 못한다. 인격은 지나간 생도 소유한다. 하지만 인격은 '자신이 생을 소유하지 않았던 것처럼' 생을 '소유'한다. 생이 인격을 앗아가지만, 인격은 생을 빼앗긴 것으로서 소유하며, 이렇게 빼앗긴 것으로서 생은 인격으로부터 더 떨어져 나갈 수 없다. 그러나 죽음에서 우리는 항상 그리고 이미 반복해야만 했던 바, 현재적인 생을 헌신해야 할 뿐만 아니라, 살아남은 것들을 기억 속에서만 여전히 지니며, 차츰 인간공동체의 집합적인 기억 속으로 전환된 지나간 생도 헌신해야 한다. 내어놓는 것이 실제적인 소유를 본래적으로 유지하는 것이라면, 죽음은 전형적인 '인간적 행위(actus humanus)'이다. 그래서 죽음을 선취하는 것, 곧 불가피하게 내어놓아야 함에 대해서 아는 것은 우리의 생을 관통하고 조직함으로써 인격적인 생으로 만든다. 미래 완료에 대한 긍정은 비로소 현재적인 것을 충만한 의미에서 실제적으로 만든다.

맥락에 얽매이지 않음

I

우리가 경험하는 모든 것은 어떤 맥락에 놓여 있다. 이 맥락은 경험 가능한 대상들을 아우르는 범주적 체계이다. 우리가 경험하는 모든 것은 그 밖의 모든 대상과 어떤 식으로든지 유사하다. 이 둘 사이에는 그 어떤 연결점이 존재한다. 비록 그 유의미성이 불가해하거나 중요하지 않다고 하더라도, 모든 것은 유의미성을 지니고 있다. 중요하지 않은 사실은 없다. 우주에서 원자의 수는 그러한 중요성의 예이다. 원자의 수는 상호 관련성을 지닌 물리적 세계상에서 의미를 지닌다. 달에 있는 어떤 돌멩이와 내 호주머니 안에 있는 열쇠 꾸러미의 차이는 내가 중요하지 않은 어떤 것을 표본으로 선택해서 의미를 부여함으로써, 비로소 명확한 차이로 드러나게 된다. 우리가 만나는 모든 것에 이름을 부여하려는 노력은 어떤 식으로든지 관련된 유사성을 근거로 지금까지 이어져 온 세계의 맥락에다 만나는 모든 것을 삽입해서 정체성을 갖게 만들려는 노력이다. 왜냐하면 모든 것은, 그것을 통해 모든 것이 다른 모든 것과 공통분모를 가진 어떤 본질적 존재를 근거로, 개별적으로 이러저러한 성질을 가진 것으로만 정체성이 확인되기 때문이다. 그러나 살아 있는 것은 이렇게 이미 주어진 맥락으로 통합되는 의미에서 벗어난다. 살아 있다는 것은 자신이 대상적으로 보이는 모습으로 단순화될 수 없는 자기 자신으로 존재하는 것이다. 살아 있는 존재의 원자적 차원의 중심은 본능[또는 충동]이 들어섬으로써 생기게 된다. 이 중심은 유의미성들을 처음부터 지니는 것이 아니라, 스스로 유의미성을 부여한다. 다시 말해서 이 중심은 살아 있는 것들이 소유하는 의미가 아니라, 그들이 부여하는 의미에 있어서 중요하다. 내가 만나는 어떤 사람을 살아 있는 것으로 알 때, 나는 이 사람을, 나를 위해 존재하는 그러한 것으로만 스치고 지나가 버리지 않는 동료 존재자로 아는 것이다. 이러한 앎은 특히 나의 고유한 생보다, 다시 말해서 내 자신이 중심이 되는 것보다 더한 어떤 것을 전제하고 요구한다. 이러한 점은, 생명이 있는 것은 자신의 고유한 중심성을 초월한다는 것을 전제한다. 이는 인격들이 고유한 경험적 맥락을 구성하는 각각의 살아 있는 다른 중심들의 내면성과 나란하게, 자신을 살아 있는 중심의 내면성으로서 안다는 것을 의미한다. 하지만 우리는 이 다른 살아 있는 것들의 고유한 경험적 맥락으로 침투할 수는 없다. 예컨대 우리는 박쥐로 존재하는 것이 어떤 것인지 결코 알 수 없다. 동물들의 내면성은 해결될 수 있는 것이 아니라, 이 내면성은 본질적으로 숨겨져 있기 때문에, 제한적으로만 풀릴 수 있는 불가사의한 특성으로 우리에게 드러난다. 어떤 것을 느끼는 것이 어떤 것인지 알기 위해서는 자신이 그것을 느껴야 한다. 그것을 본질적으로 '외부로부터' 알 수는 없다. 하지만 우리는 고유한 경험을 기억된 것으로 변환시킴으로써, 우리의 고유한 내면성을 객관화시킬 수 있기 때문에, 다른 경험과, 그리고 그 결과 다른 존재의 경험과의 유사성이라는 관점에서 고유한 경험을 비교될 수 있게 만든다. '고통'과 '즐거움'

이라는 말이 다른 생물들[특히 동물들]에게 적용될 때, 그저 애매모호
한 뜻으로만 해석되지는 않는다. 이 생물들의 특정한 행동방식은 이 개
념들의 도움으로 다른 행동방식보다 더 잘 이해된다.

　경험의 질적인 유사성에 대한 근거는, 모든 생물들을 아우르는 계통
적 도식을 다른 것들과 함께 공유하는 연관성에 있다. 이와 동시에 본
능을 통해 어떤 것이 다른 것과 격리되는 것은 생의 흐름에서 야기되는
것으로, 끊임없이 계속되는 자기 구분이다. 여기서 본능은 성적인 본능
으로서 이 생명의 흐름 안으로 항상 되돌아온다. 심지어 이러한 자기
구분은 생의 흐름을 지속시키는 효율적인 형태로 해석될 수 있다. 이러
한 점에서 볼 때, 경험의 주관적인 측면은 객관적인 기능성의 부수현상
으로 나타나는 것으로 비친다. 하지만 주관적인 측면에 대한 객관적인
기능성은 우리에게 있어서 행위를 통해 그 목표(telos)를 자기 것으로
만들 충분한 근거는 아니다. 생물들, 특히 동물들은 다른 것들과의 연
결점을 만들기는 하지만, 그들 자신과 연결하지는 못한다. 왜냐하면 생
물들은 자신의 욕구 또는 본능이 객관적인 기능을 제공해 준다는 생각
을 하지 못하기 때문이다. 이러한 연결은 그들에게 어떤 '의미'도 주지
못한다. 그 때문에 우리는 동물들을 사육하고 우리 자신의 목적을 위해
동물들의 행태를 착취함으로써, 우리 자신의 삶의 궤도 안으로 포괄할
수 있다. 하지만 우리가 동물들에게 저지르는 행위를 제한함으로써 그
들의 생을 존중한다고 해서, 객관적으로 자기 보존과 종의 보존으로 정
향된 동물들의 본능이 이러한 존중과 연결되는 것은 아니다. 동물들의
생이 내면성의 형태를 본능으로 받아들인다는 사실은 이들의 생에 아
직 어떤 의미를 부여하지 못한다는 것을 의미한다. 왜냐하면 엄밀히 말
해서 이러한 본능의 목적은 동물들 자신이 주관적으로 결정한 목표가
아니기 때문이다. 여기에는 반성이 결여되어 있다. 동물들은 그들 자신
의 비존재의 가능성을 선취할 수 없기 때문에, 존재가 없다는 것을 알

지 못한다. 본능도 동물들이 사라지면 함께 사라지며, 동물들이 살아가는 환경의 유의미성도 본능과 함께 사라진다. 동물들의 주관성이 우리 자신의 유의미성의 맥락으로 통합되는 것으로부터 벗어난다는 사실은, 동물들 자신이 이러한 맥락에서 벗어나서 우리에 의해 도구화되지 않을 것이라는 사실을 의미하지 않는다. 오히려 개별 동물에 대한 우리의 책임은 그 동물의 '실존으로서의 내면성'에 기인한다. 말하자면 우리는 그 동물의 주관적인 경험의 질에 대한 책임이 있는 것이다. 그 때문에 고통을 피하는 것은 비인격적인 생물과의 관계에 있어서 본래적으로 윤리적 관점이다. 쾌락주의적 계산법은 여기서 자기 자리를 찾게 된다. 어떤 동물의 고통을 없애기 위해서 고통 받는 그 동물을 포기하는 것은 전적으로 이러한 계산법의 교묘한 결론일 수 있다. 만일 그렇다면 동물의 생은 외부적인 불순한 목적을 위해서도 좌지우지될 수 있다. 여기서 유의미성들의 맥락은 객관적으로 우리의 계산법에서 배제되지 않는다. 하지만 이러한 맥락은 의미로 전환되지는 않는다. 그 때문에 비인격적인 생은 본래의 맥락을 '보지 못하게 만드는' 새로운 맥락에 대한 자료일 수 있다. 꿀벌이나 청각 도우미견이 기여하는 목적은, 비록 우리가 이들이 이렇게 기여하는 목적을 이용한다고 하더라도, 이들이 본래 추구하는 '목적'과는 아무런 관련이 없다. 이 생물들은 자기 초월적이지 않기 때문에, 우리는 그들에게 정직함이나 신뢰를 빚진 것이 아니라, 우리가 그들에게 빚지고 있는 것은, 그들이 우리의 손아귀에 있는 동안, 그들의 주관적인 안위를 돌보는 것이다.

이 점은 한 인격들의 인간적인 얼굴과는 전혀 다르다. 이 얼굴과 더불어 비교 불가능한 것이 우리의 삶에 들이치게 된다. 어떤 맥락에서도 우리는 항상 다른 사람들과 관계를 맺지만, 다양한 방식으로 다른 사람들을 우리의 목적을 위한 도구로도 이용한다. 칸트가 말했듯이, 우리는 그들의 '인간성'을 결코 단순히 수단으로만 이용하지 않아야 한다.[1] 이는 다음과 같은 점을 의미한다. 타인은 본질적으로 사건에 대한 우리의 해석을 위해 이용될 수 있는 모든 맥락과는 동떨어져서 그 자신으로 남아 있다. 이 맥락으로부터 '가능한 경험적 앎에 대한 조건들'[2] 바깥에서, 레비나스의 표현으로는 '존재의 저편에서(au delà de l'être)'[3] 우리가 맞닥뜨리는 사건을 이해하게 된다. 그러나 레비나스의 이 표현은 잘못 이해될 수 있다. 이 표현은 플라톤의 "에피케이나 테스 우시아스(epikeina tes usias)"[4]를 번역한 것으로서 '범주적으로 구조화된 실재를 넘어서서'라는 의미를 지닌다. 하지만 우리는 존재를 '일반적인 어떤 것'을 최대로 추상하는 것으로 이해하는 것이 아니라, 칸트의 표현을 다시 빌리자면, '절대적 지위'[5]로, 또는 가능한 대상적인 모든 속성들에 선재하는 존재 현실력 또는 존재의 현실태(actus essendi)로 이해한다. 그렇다면 '존재'는 바로 이 epikeina tes usias, 곧 존재의 저편을 의미하며, 이것이 레비나스가 말하는 바이다. 그래서 인격의 가능할 수 없음, 비교 불가능성은 '절대적 지위'로서 존재의 가능할 수 없음에 다름이 아니다. 그 인격적 정체성은 어떤 질적인 규정과도 동일시되지 않는 자기 존재로서 맥락의 관점에 의한 모든 규정에서 벗어난다. 이렇게 해서 레비나스가 말하는 "너는 나를 죽이지 못할 것이다."는 문장은, 모든 인간의 얼굴이 맥락 없이, 다시 말해서 무조건적으로, 최적화된 계산과 질적인 평가에 구애되지 않고 고압적이고 강제적으로 다가온다는 것을 말해 준다.[6] 이와 같은 무조건성은 본질적으로 부정적이다. 이

---

1 I. Kant: *Grundlegung zur Metaphysik der Sitten*, 같은 책, 429.

2 칸트, 『순수이성비판』 B 626/A 598.

3 참조: E. Lévinas: *Autrement qu'être ou au-delà de l'essence*, Le Haye 1974.

4 플라톤, 『국가』 509 b.

5 I. Kant: *Der einzig mögliche Beweisgrund zu einer Demonstration des Daseins Gottes*, 같은 책, 73

6 E. Lévinas: *Totalité et Infini*, La Haye 1961, 173.

무조건성은 우리의 책임과 행위 가능성의 한계를 나타낸다. 인간의 행동은 항상 조건적으로만 가능하다. 이는 괴테가 말한 것으로 "무조건적인 모든 행위는 마지막에는 우리를 파멸로 이끈다."는 것을 의미한다.[7] 인간의 생명을 구하는 것에 또는 생명을 위협하는 타인의 폭력에 관련되는 곳에서, 우리는 그 맥락과 관련된 결정을 내릴 수밖에 없다. 다시 말해서 양이라는 관점에 따라, 심지어 생명의 질에 따라 고려할 수밖에 없다. 당연히 우리는 인간으로서 전체의 부분이다. 그러나 인간이 개인을 능가하는 전체 자체를 자기 행위의 내용으로 삼음으로써, 그로부터 인간은 자신이 정의되는, 본질적으로 [사회적 수준의] 초개인적인 의미를 향해 주관적으로 불가결한 의미의 요소들을 뛰어넘게 된다. 이로써 인간은 단순한 부분으로 존재하는 것을 멈추며, 전체를 향해 자신이 된다. 하지만 이 전체는 재차 포괄적인 맥락으로 통합될 수 없다. 이렇게 해서 인간은 인격들로 행위한다. 하지만 인격의 존재는 자신의 생명을 소유하는 것이기 때문에, 인간은 타인을 마음대로 할 수 없다. 따라서 어떤 사람도 단순히 어떤 맥락의 한 부분으로서만 다루어지지 않는다. 그것은 이 맥락을 통해 인간은 자기 자신을 정의하거나 이성적인 존재로서 자신을 정의하는 것이 부당하게 요구될 수 없기 때문이다. 따라서 많은 생명을 구하는 것은 누군가의 고유한 생명을 희생하는 것을 정당화할 수 있지만, 무죄한 이를 의도적으로 죽이는 것을 정당화하지는 못한다. 인격의 무조건성은 각각의 포괄적인 전체성에 대한 우리 책임의 한계를 나타낸다.

---

7 J. W. v. Goethe: *Maximen und Reflexionen*, nr. 1081; in: Werke, ed. E. Trunz, Bd. XII, Hamburg 1953, 517.

II

맥락에 대한 특유의 비의존성은 모든 맥락에서 인격적 현존의 핵심적
인 부분이다. 이제 이 비의존성은 자신을 표명하는 구조와 의미, 그리
고 말과 행동도 특징짓는다. 인간의 말이 가지는 진릿값과 인간 행위의
윤리적인 질은 이러한 맥락 비의존성을 지닌다. 이러한 맥락 비의존성
을 근거로 말과 행위는 말하고 행동하는 인격들을 나타낸다.

　우선 인간의 말은 항상 어떤 맥락에 있으며, 우리가 그 의미론적이고
수행적인 의미를 파악하기 위해서는 그 맥락을 알 필요가 있다. (일반
적으로 맥락은 항상 분명한 것은 아니다. 맥락은 중첩된다. 하나의 동
일한 발설은 다양한 의미로 이해될 수 있으며, 다른 의도로 이용된다.
좀 더 긴 말은 그것이 종결되지 않거나 끝까지 집중력을 유지하지 못한
다면, 그 본질적인 내용에 있어서 이해되지 않은 채로 남아 있을 수 있
다.) 그러나 인간의 말은 이 모든 것에도 불구하고 개별 문장들로 구성
되는 특성을 지니며, 이 문장들은 일반적으로 재차 다음 문장과는 전혀
상관없는 진릿값을 가진다. "시저는 3월 중순에 브루투스에 의해 살해
되었다."는 문장은 언어적이고 역사적인 종류의 많은 전제들에 대한 이
해를 필요로 한다. 하지만 여기서는 이 문장의 의미가 분명하다는 것이
전제된다. 그렇다면 이 문장은 참이거나 거짓이며, 그 진릿값도 가능한
모든 맥락들과는 무관하게 불변적이다. 이 문장이 참이라면, 이 문장은
각각의 가능한 맥락에서도 참으로 남게 된다. 이 문장이 거짓이라면,
이 문장은 거짓으로 남게 되며, 더 나아가 이 문장이 그 문장의 부분으
로 속하게 되는 모든 문장을 거짓으로 만든다. 거짓 문장을 문장의 부
분으로 내포하는 문장이 종결되었을 때, 비로소 참인 문장들이 다시 시
작될 수 있다. 그러나 거짓인 문장들이 어떤 참된 문장을 뒷받침하는
기능을 넘겨받는다고 해서 참이 되지는 않는다. 예컨대 살인 혐의에서

벗어나기 위해서 자신의 행방에 대한 잘못된 정보를 살인자의 범행 시
점과 일치시키는 사람은, 다른 맥락에서 이러한 정보가 잘못되었음이
밝혀질 때, 사람들이 자신의 증언을 외면했다고 주장할 수 없다. 그는
실제로 살인을 저지르지 않았으며, 이 점을 자신의 알리바이로 강조하
려고 한다. 참이라고 판단하는 데 있어서, 이 알리바이가 그 맥락과 관
련해서만 소용되고, 다른 맥락에서는 소용없다는 것이 밝혀진다면, 이
것은 오히려 그에게 아주 불리하게 된다. 이렇게 거짓인 문장들은 맥락
과 밀접하게 관련을 맺으며, 그 문장들이 참임을 주장하는 사람은, 앞
뒤가 맞지 않는 결과를 피하기 위해서 그가 말하는 모든 것에 있어서
여전히 이러한 맥락을 엄격하게 주시한다. 남을 속이려는 사람은 비상
한 기억력과 그것을 현재와 연결시킬 정신 상태를 갖고 있어야 한다.
반면에 참을 말하는 사람은 그와 같은 것이 필요 없다. 참인 각각의 문
장은 다른 참인 문장과 모순되지 않고 양립하기 때문이다.

성경 해석들은 많은 경우에 '설명할 목적'이라는 개념에 용이하게
도움을 준다. 빈 무덤에 대한 이야기는 신약 성경에서 분명히 예수의
부활에 대한 복음의 신빙성을 뒷받침해 주는 의미를 지닌다. 하지만 이
보도가 이와 같이 설명할 목적을 통해서만 한정되고, 각각의 다른 맥락
에서는 참이 아니라면, 이 보도는 이 설명할 목적에 대해서 뿐만 아니
라 날조된 알리바이에 대해서도 유효하다. 그 결과 '설명할 목적' 자체
는 이 목적을 뒷받침해 주어야 할 보도 혹은 이야기를 신뢰할 수 없다
는 점으로 얼룩지게 된다. 맥락에 심하게 의존하는 것은 문학적 허구라
는 테두리 내에서만 유효하다. 그리고 그 각각의 문장들은 이 전체 테
두리 내에서 엄격히 기능적인 지위를 지닌다.

실재와 연관된 말로 된 문장들이 진릿값의 맥락에 의존한다는 것은
세계의 본성뿐만 아니라 인격의 본질과도 연관된다. 세계는 자신의 본
성으로 구성됨으로써, 각각의 경우에 해당되는 개별적인 모든 언술들

을 참이나 거짓으로 만든다. [어떤 진실에 대한 진술도 그것이 진실인한 다른 모든 것과의 총체적인 연관성에 있어서 그 주제를 기술하고 있다고 하는 진리에 관한] 정합설(Kohärenztheorie)은, 일관성이 충분히 폭넓게 이해되어서, 경험적인 자료들이 어떤 주장을 허위로 입증할 수있을 때에만 적합할 수 있다. 그러나 인격은 자신의 말에서 항상 진리를 파악할 능력이 있는 존재로 서술될 수 있어야 한다. 만일 말이 독립적인 의미를 지니지 않는, 제약되지 않은 연속적인 언술이어서, 이러한연속성이 더 이상 보충될 수 없거나 보충될 필요가 없는 전체 언술로끝날 때까지는, 자신의 의미를 보존하지 못하게 된다. 그렇다면 인격은자신의 말에서 온전히 현존할 수 없으며, 심지어 전혀 현존하지 않을수도 있다. 그러나 프레게(Frege)가 말하듯이, 특정한 의미 내용을 통해서 매개되는 각 문장이 '참'과 '거짓'에 관련되는 것처럼, 문장으로서 완결된 각 요소들에서 인격은 진리를 파악할 능력이 있으며 진리에연관된 존재로 현존한다. 여기서 각각의 문장에는 인격이 전체로서 그안에 현재하는 고유의 의도적인 행위가 상응한다.

  이렇게 의미를 '분할하는 것'은 인격적인 상호 주관성의 조건이며진리를 동반하는 대화의 조건이다. 대화는 참인 어떤 것을 말하기 위해서, 어느 누구도 그 말을 충만한 의미로, 그야말로 '남김없이 말해내지'못할 때만, 비로소 가능하다. 그렇지 않으면 우리가 타인이 말한 것이참인지 거짓인지를 판단할 수 있기 위해서 타인의 생을 끝까지 보아야만 할 것이다. 그렇다면 진리에 대한 의사소통은 전혀 불가능할 것이다. 그러나 그러한 의사소통은 인격의 본질에 속한다. 다시 말해서 진리를 서로 전달하는 것은 인격 각자가 하는 어떤 것이다. 그 때문에 말을 통해 진리를 파악할 수 있는 능력은 분산되어야 한다. 진리에 대한가장 작은 단위는 문장이다. 개별적으로 발설된 각 문장들의 진리가 논란의 여지가 없을 때, 화자와 관련된 사유를 파악하기 위해서 문장이 이어지기를 바라도록 요구할 수 있다. 그러나 특히 본질적인 구절에서 어떤 의미의 연관항을 만드는 과정에서 잘못된 문장이 발설된다면, 듣는 사람은 말하는 사람의 말을 중단할 권리와 동기를 갖게 된다. 왜냐하면 이렇게 잘못된 전제에서 나아가는 이어진 모든 말도 틀릴 것이기 때문이다. 반면에 이때 말하는 사람은 자신이 한 말의 의미를 분명하게 만들기 위해서 말을 끝까지 하도록 허용되어야 한다고 주장할 권리가 없다. 왜냐하면 그 문장이 위치에 있는 맥락과는 상관없이 각 문장은 이미 자신의 의미를 지니기 때문이다. 그래서 오직 이러한 전제하에서만 진리를 이해할 수 있는 의사소통이 가능하다.

III

윤리적 행위에서도 이렇게 맥락에 의존하지 않는 총체성의 특징이 발견된다. 인간의 말은, 그 진릿값이 이 문장 속에 들어있는 맥락에 의존하지 않는 문장으로 구성되는 것처럼, 인간의 행위도 그 끝에 가서야 판단될 수 있을 만큼 이어져 연속된 어떤 것이 아니라, 그 각각의 행위 안에서 종결된 의미를 지니는 개별 행위로 구성된다.

'어느 누구도 자신의 죽음 앞에서는 행복을 말할 수 없다.' 라는 고대의 문장은 우리가 삶에서 성공이라고 말할 수 있는 것에 관계된다. 행복(eudaimonia)에 대한 이러한 관점은 전체로서의 생의 연속된 과정과 연관된다. 이와 같은 관점하에서 개별적인 행위의 의미는 사실 최종적으로 고정된 것이 아니라, 마지막까지 종결되지 않은 맥락의 기능으로 남아 있다. 심지어 죽음으로써도 이 맥락은 끝나지 않는다. 어떤 사람이 자신의 생애를 다른 많은 것들을 포함하는 위대한 작업에 바쳤다고 하자. 그렇다면 이 작업의 성공 또는 이 사람의 생애의 결과는, 다음 세대가 이와 같은 삶이 성공했다고, 곧 용어의 고전적인 의미에서 '행복했다'고 말할 수 있는지를 묻는다면, 의미가 없는 것이 아니며 그 사람의 생애에 걸친 작업을 고려해야 한다.

그러나 이는 특유의 인격적인 측면, 다시 말해서 행위의 윤리적인 측면과는 다르다. 행위에 대한 윤리적인 판단은 전적으로 개별적인 행위와 관련된다. 그리고 이러한 판단은 그 행위의 동기에 거의 연관되지 않는 확장된 맥락과 관련을 맺지 않고 가능하다. 더욱이 그러한 행위도 후에 동기로서 새로운 맥락과 연관될 수 있으며, 심지어 거기서 자신의 원천적인 윤리적인 특성과 대치되는 윤리적인 기능을 유지한다. 예컨대 나쁜 행위에 대한 후회는 변화시키는 힘을 지닐 수 있다. 이는 신약성경에서 회개를 필요로 하지 않는 아흔아홉 명의 의인보다 한 명의 죄인을 하늘의 천사들이 더 기뻐한다는 것을 의미한다.[8] 다른 측면에서 볼 때 대안적인 것으로, 정말로 윤리적인 행위는 자기 만족적으로 뒤돌아볼 수 있는 것이 되기도 하는데, 이러한 자기 만족적인 회상은 인격에 대한 윤리적인 특성을 부정적으로 함축한다. 말하자면 이러한 회상은 후에 인격의 윤리적 질에 대한 의미에 있어서 본래의 참된 윤리적 행위를 아무런 차이 없이 만들거나 심지어 감소시킨다. 누군가 듣는 이를 기만하기 위해 신뢰를 얻는 수단으로 진실한 말을 발설한다고 해서 참된 말의 진리를 변화시킬 수 없듯이, 이 같은 회상의 국면은 개별적 행위 자체의 윤리적인 질도 거의 변화시키지 못한다.

인격 전체가 윤리적 행위 안에 현재한다는 것은 윤리적 행위 자체에 대해서 더할 나위 없이 유효하다. 틀린 문장이 부분 문장으로서 각 문장 안에 들어가게 된다면, 그 각 문장이 틀리게 되듯이, 각 행위를 구성하는 계기들 중의 하나가 옳지 않다면, 그 각 행위도 나쁘게 될 것이다.

---

8 루카 15, 7.

이는 틀린 장소, 틀린 시간, 상황에 대한 부족한 고려, 비윤리적인 동기
에도 해당된다. 그러나 어떤 행위 유형은 이미 그 자체로 잘못되었기
때문에, 맥락이 행위를 선한 행위로 만들 수는 없다. "선은 한결같은 원
인으로부터 나오고, 악은 어떤 결핍으로부터 나온다(Bonum ex integra
causa, malum ex quocumque defectu)." 토마스 아퀴나스가 50번 이상
인용한 이 문장은 보에티우스의 것으로서 위와 같은 점을 정확히 요약
하고 있다.[9] 선한 행위 유형과 악한 행위 유형은 비대칭적이다. 어떤 행
위가 그 유형을 통해서, 다시 말해 '그 자체로' 선하다는 것은 이러한
행위가 맥락을 통해서 손상될 수 있다는 것을 의미하지는 않는다. 왜냐
하면 적합하거나 적합하지 않은 이러한 맥락은 긍정적으로나 부정적으
로, 다시 말해서 그 맥락이 고려되기는 했지만 책임 있게 숙고되지 않
음으로써 행위의 동기에 있는 요소들과 더불어 연루되기 때문이다. 따
라서 맥락은 오직 행위 자체의 내적 계기로서만 전적으로 행위의 윤리
적인 특성에 영향을 줄 수 있다. 그러나 그 유형에 따라서, 곧 그 자체
로 나쁜 행위는 맥락을 통해서, 동기를 통해서, 환경을 통해서 선하게
되지 않는다. 이와 같은 행위는 윤리적 인격을 나타내는 데는 부적합하
다. 이런 행위는 애당초에 어떤 행위를 야기하는 내적인 맥락을 손상시
킨다.

행위는 윤리적으로 중요한 각각의 맥락을 행위 자체의 내적인 계기
로 통합시킴으로써, 행위 자체의 외적인 맥락을 통해서 행위의 윤리적
인 질을 종속시키려는 시도에서 벗어난다. 말하자면 행위는 맥락과 분
리되어서, 그 자체 안에서, 자신에 대해서만 판단될 수 있다. 행위를 판

---

9 참조: 토마스 아퀴나스, 『신학대전』 I-III, 18, 4 ad 3; I-II, 18, 11; I-II, 19, 7 ad
3. 참조: Thomas von Aquin: Über die Sittlichkeit der Handlung (S. th. I-II q.
18-21). Einleitung von R. Spaemann. Übersetzung und Kommentar von R.
Schönberger (Collegia, Philosophische Texte), Weinheim 1990.

단하는 데 있어서 윤리적이지 않은 범주는 없다. 행위에 대한 윤리적이지 않은 판단의 범주도 있기는 하지만, 이러한 범주는 맥락적 요구에 우선권을 부여하는 윤리적 관점을 그만두도록 요구할 수는 없다. 이러한 맥락 자체가 윤리적으로 상대적인지 그렇지 않은지에 따라서, 윤리적 동기의 내적인 계기가 마땅히 고려되거나 무시된다. 또는 이러한 맥락 자체가 윤리적 요구를 상쇄시키는 것이 무의미해진다. 하지만 윤리적인 관점은 행위의 정향성과 관계되는 한, 행위의 의도에 영향을 주는 상대성을 허용하지 않는다. 비윤리적인 행위가 유익한 결과로 끝난데 대한 이후의 반성은 다른 어떤 것이다. 여기서 행위자는 목적에 대한 단순한 수단으로서 소급해서 숙고된다. 이러한 숙고방식은 타당하다. 왜냐하면 칸트의 말대로, 이러한 숙고는 행위자를 목적을 위한 수단으로 "이용한" 것이 아니라, 단지 반성했기 때문이다. 헤겔처럼 역사 철학적인 고찰은 윤리와 관련이 없지만, 이러한 고찰이 자신을 소급하는 것에만 제한하고, 숙고로까지는 이어지지 않는, 그러니까 엄격하고 행위 정향(Handlungsorientierung)까지는 이르지 않는 한에 있어서, 반윤리적이지는 않다. 역사 철학적인 고찰은 그저 개별 인간을 그 맥락에 관련시킨다. 이 맥락 안에서 개인은 단순히 전체의 부분으로, 수단으로 존재한다. 그러나 이러한 접근은 바로 그 인격성으로부터 벗어난다. 개별 인간은 인격성을 근거로 해서 온갖 종속됨의 시도, 곧 수단으로 다루어지는 것을 허용하지 않기 때문이다. 헤겔은 역사 철학 서문에서 다음과 같이 말한다. "우리가 우리 자신을 포기한다면, […] 개인을 전적으로 수단의 범주 아래서 바라보는 것은 인간 개별성의 한 측면으로서, 우리는 최고의 것에 대해서도 이러한 관점에서만 파악하는 것에 저항한다. 왜냐하면 최고의 것은 한갓 종속된 것이 아니라 개인들 안에서 그 자신에 있어서 영원한 것이며 신적인 것이기 때문이다. 이것이 윤리성, 도덕성, 종교성이다."[10] 그는 계속해서 다음과 같이 말한다. "이렇게 내적인 중심, 주관적인 자유의 요청인 단순한 종교, 의지와 결정과 행위의 본향, 그리고 개인의 책임과 [윤리적] 가치를 포괄하는 양심의 추상적인 내용은 침해되지 않고 그대로 있으며, 세계 역사의 시끄러운 소음으로부터 차단되며, 외적이고 시간적인 변화로부터 뿐만 아니라, 자유 개념 자체의 절대적 필연성을 초래하는 변화로부터도 완전히 단절되어 있다."[11] 이는, 인격성의 종교가 자신을 엄습하는 그 어떤 맥락을 통해서도 정의되지 않으며, 자신의 무조건성의 맥락을 통해서도 박탈되지 않는다는 것을 의미한다. 이 종교는 오히려 자신의 측면에서 볼 때 시간과 역사적인 온갖 맥락을 초월하는 것을 인정하는 맥락을 구성해 낸다. 이러한 선험적인 맥락은 원칙적으로 무한하다. 각각의 인격은 다른 인격이 알든지 모르든지 간에 선험적인 맥락에 속한다. 참됨과 좋음의 범주들은 이 무한한 지평을 전제로 한다. 이 범주들이 그 어떤 무한한 맥락을 통해서도 한정될 수 없기 때문에, 바로 그 때문에 범주들은 가능한 모든 맥락에 있어서 참인 문장들과 좋은, 곧 선한 행위들에게 권리를 부여한다. 범주들은 그 어떤 유한한 맥락을 통해서도 무효화되지 않는다. 반면에 주어진 특정한 맥락에서 자신들의 기능에 의해 전적으로 한정되는 문장들과 행위들은 자신들의 인격적인 의미를 변화시키지 않고 다른 맥락들로 옮겨가는 특성을 상실한다.

---

10   G. W. F. Hegel: *Philosophie der Geschichte, ed. Glockner* (Jubiläumsausgabe) Bd. 11, 64.

11   같은 책, 68.

주체의 존재

I

인격들은 그것을 통해 자신들이 서로 다른 인격들로서 드러나는 얼굴
을 가지고 있다. 인격들은 서로에 대해서 인격들이다. 그렇기 때문에
인격들은 복수의 형태로만 존재한다. 인격들은 자신들의 본성으로서
자신들이 존재하는 바 그대로를 지님으로써 존재한다. 이와 같은 소유
는 시간성과 관련을 맺으며 시간성을 전제한다. 이 소유는 우리가 이미
존재했던 바를 인정함으로써 취득하는 것이다. 그 실체가 인격인 본성
은 유기적인 생명체의 본성이다. 인격들은 생명체이다. 인격들은 자신
들의 고유한 죽음을 예견하고 선취한다. 이 모든 언술들은 데카르트를
통해 철학을 새롭게 근거지은 범위에서 당시만 해도 이해되지 못해서
'재구성' 되어야 했다. 인격들은 사람들이다. 그러나 데카르트는 인간을
수고스럽게 재구성해야 했다. 데카르트는 본래 인간에 대해서 말한 것
이 아니라, 원칙적으로 다양하고 헤아릴 수 없는 실체들로서 주체와 객
체에 대해서 말했다. '생각하는 사물' 인 주체는 의식을 통해 정의된다.

생각하는 사물은 그 어떤 얼굴도 없으며, 생각하는 사물이 하나의 주체
가 아닌 다수로 존재하는 것인가의 여부는 우리가 앞서 보았던 것처럼,
그러한 복수의 가능성이 존재자로 이해될 수 있다('나는 존재한다.')고
생각하는 주체에 대한 조건인가의 여부에 달려 있다. 하지만 어떤 경우
에도 코기토, 곧 '나는 생각한다'는 시간적인 연장을 지니지 않는다. 코
기토는 오직 일시적인 자아의식일 뿐이다. 이러한 의식이 내용적으로
자신에 대해서 아는 모든 것은 기억된 과거에만 관련될 수 있다. 그리
고 이 과거는 직접적인 존재가 아니라, 주체가 소유하는 어떤 것이다.
그 때문에 데카르트는 우선 주체를 자신으로부터 분리시킨다. 그는 일
어나는 모든 사건, 납득될 수 있는 모든 것, 기억되는 모든 것, 그리고
무엇보다도 의식이 자신과 관계될 때, 의식과 관계될 수 있는 모든 사
유적 존재(Sosein)와 거리를 둔다. 이 모든 것의 목적은 확실성, 다시
말해 주체와 동일하지 않은 모든 것과 거리를 둠으로써, 이렇게 동일하
지 않은 것을 영속적으로 가지기 위해서, 인간을 '자연의 주인이자 소
유주'로 만들기 위해서 주체를 안정되게 하는 것이다.[1]

데카르트는 소유함에 의해 존재하는 모든 것, 다시 말해 본래의 인간
적인 성질에 속하는 모든 것을 주관성으로부터 떼어 놓고 주관성과 마
주 서게 함으로써, 인격적 존재라고 불리는 것에 대한 결정적인 모습을
가시적으로 만들었으며, 동시에 이 인격적 존재를 재발견했다. 데카르
트가 이 점에 대해서 실제로 말한 것은 이렇게 말함으로써 그가 묘사한
것과 긴장 관계에 있다. 다시 말해서 그는 지배권이라고 부른 고유한
본성이 소유하는 것을 규정한다. 이렇게 주관성에서 거리를 두는 목적
은 한편으로는 자기 확실성으로서 주체의 지배권을, 다른 한편으로는
본성에 대한 지배권을 확정적으로 안정되게 하는 것이다. 의식은 이러

---

1 R. Descartes: *Discours de la méthode*, 6. Teil. AT VI, 62.

한 방식으로 어떤 인격의 의식으로서의 고유한 실체가 되지는 않는다. 왜냐하면 인격적인 존재는 어떤 본성을 지니며, 그 때문에 이미 스토아 철학이 그랬듯이 데카르트 철학의 주도적 이념인 자립적인 안정성에 도달할 수 없기 때문이다. 라이프니츠는 코기토가 자립적으로 시작하는 것이 아니라 이후에 일어난 반성의 결과라고 말함으로써 이러한 점을 명백히 보았다. 이러한 반성은 이미 항상 원천적으로 "다양한 사물들은 나의 생각을 점유한다(Varia a me cogitantur)."는 것을 전제하는 것이다.[2]

우리의 고유한 심리적 본성뿐만 아니라 육체적 본성도 우리가 지배하는 대상으로서 대상적 본성에 속한다. 도구가 우리가 지배하는 본성에 속하듯이, 인간의 본성도 외부 세계에 속한다. 내 자신의 육체는 본성을 지배하는데 있어서 첫 번째 도구이다. 이 도구를 흠 없이, 온전히 유지하는 것은 인간의 가장 중요한 관심사이다. 1645년 데카르트는 뉴캐슬의 후작에게 보낸 편지에서 다음과 같이 썼다. "건강을 유지하는 것은 항상 내 연구의 주된 목적이었다."[3] 이와 연관되는 것은, 행복(eudaimonia)에 대한, 다시 말해 성공적인 삶에 대한 생각을 '만족'에 대한 생각으로 대체하는 것이다. 말하자면 만족은 '행복'과는 달리 우리가 마음대로 할 수 없는 모든 조건과 상황에 좌우되지 않게 만든다. 데카르트에 의하면 성공적이거나 그렇지 않은 삶은 그 자립적인 자기충족성과 관계되는 주관성에 속하는 것이 아니라, 대상적인 세계에 속한다. 이렇게 행복(beatitudo)의 개념도 외부의 대상적인 세계로 전락해 버려서, 인간의 안녕이라는 유토피아적인 이념으로 변화되었다. 데

2 G. W. Leibniz: *Animadversiones, Philosophische Schriften*, ed. Gebhardt, Bd. IV, 357.

3 R. Descartes: Brief an Marquis de Newcastle, Oktober 1645, in: *Œuvres et Lettres*. Ed. A. Bridoux, Paris 1953, 1219.

카르트의 새로운 정의에 의하면 행복은 "인간 본성이 할 수 있는 모든 완전성들"[4]이다. 개인은 앎을 추구하고 학문을 연구함으로써만 행복에 기여할 수 있으며, 이로부터 자기 자신에 대한 만족을 충족시킬 수 있다. 이전의 인격에 남아 있던 조각(disjecta membra)이라고는, 한편으로는 이성이 대상적으로 목적을 추구하는 것이며, 다른 한편으로는 주체의 자족성이다. 그저 이 남아 있는 조각은, 가능한 자신의 본성을 통해서 드러나는 삶을 사는 것에, 그리고 그 삶에서 모든 생물학적 중요성을 뛰어넘는 의미를 실현시키는 것에 단순하게 관계된다. 인격 개념의 위기는 데카르트의 이원론과 이 이원론의 테두리에서 삶을 생각하는 불가능성으로부터 귀결된다. 플라톤과 특히 신플라톤주의 이래로 존재론적인 삼원성(trias)인 존재-생명-사유는 중요한 역할을 했다. 이 삼원성에서 생명은 본래적이고 전형[=본]에 해당하는 개념이었다. "생명은 살아 있는 것의 존재이다."[5]라고 아리스토텔레스는 말했다. 살아 있지 않은 존재는 우리의 고유한 존재의 유비에 따라서만 생각될 수 있지만, 우리의 고유한 존재는 생명이다. 사유로서의 의식은 충만하게 고조된 생명이다. "이해하는 사유 없는 생명은 불완전한 생명이며, 반쪽자리 생명이다(Qui non intelligit non perfecte vivit sed habet dimidium vitae)."[6] 그러나 존재와 사유의 의식을 연결해 주는 매개 개념으로서의 생명은, 이것이 분명하고 명확한 이념은 아니라는 데카르트의 판결에 희생된다. 그 때문에 살기 위해서는 생각하기를 멈추어야 한다고 데카르트는 엘리자베스 여왕에게 보낸 편지에서 적고 있다.[7] 인격 개념

---

4 R. Descartes: Brief an Elisabeth vom 18. August 1645, in: Œuvres et Lettres. 같은 책, 1199.

5 아리스토텔레스, 『영혼론』 II, 4; 415 b 13: "vivere viventibus est esse."

6 Thomas von Aquin: In Eth. *Arist. ad Nic.*, *lib. IX*, lectio 11, Nr. 1902.

7 R. Descartes: Brief an Elisabeth vom 28. Juni 1643, in: Œuvres et Lettres, a. a.

이 해체되는 역사는 생명 개념이 해체되는 역사이다. 그리고 이러한 역사는 다시 자연 신학의 사유가 해체되는 것과 관련된다.

　이러한 해체의 첫 번째 동기는 그리스도교 신학에서 유래한다. 앞서 보았던 것처럼 이 신학의 논증은 20세기의 저자들에 의해 발전되었다. 이들에 의하면, 목적을 향해 나아가는 것은 어떤 것을 기대하거나 예상하는 것을 의미하며, 이 기대와 예상은 의식을 전제한다. 그 때문에 화살의 목적은 과녁에 꽂히는 것이 아니라 활을 쏜 사람의 의향이다. 우리가 항상 목표로 향하는 어떤 것의 현상을 맞닥뜨리는 곳에서, 활을 쏘는 궁수의 등장을 기다려야 한다. 이 세상에서 최종적인 원인의 구조를 찾아내는 것은 신 존재 증명의 근거가 된다. 더욱이 이는 신이 마지막 염원이며 최종적인 목적(telos)이라는 아리스토텔레스적인 의미에서뿐만 아니라, 신은 궁수이거나 기계들을 목적에 맞게 조립하는 기술자이기도 하다. 목적을 생물에 내재하는 어떤 것으로 바라보는 것, 다시 말해서 이러한 목적을 '목적 그 자체'로 바라보는 것은 15세기의 스투르미우스(Strurmius)에서 18세기의 말브랑슈(Malebranche)에 이르기까지 미신적인 우상 숭배에 해당된다. 토마스 아퀴나스는 활의 표상을 여전히 유비적으로 축소해서(cum grano salis) 이해했다. 그러나 창조는 어떤 기계를 건설하는 것과는 다르다. 도구를 사용하는 인간(homo faber)과는 달리, 신은 피조물에게 그들의 고유한 목적(telos)을 부여한다. 이는, 신이 피조물의 자기 존재, 곧 자신 안의 존재로서 생명을 창조할 수 있다는 것을 의미한다. 그러나 바로 이 점은 후대인들이 보기에 전혀 명료한 사유로 보이지 않았다. 신이 생명을 창조할 때, 신이 창조하는 것은 무엇인가? 신은 미래의 상황을 선취하고 예상해서 이러한 선취 때문에 적합하게 행동하는 사물들을 창조하는가? 그렇다면 이는

O., 1157.

우리가 다루어야 하는, 의식적으로 사유하는 존재에 관련된다. 그렇지 않다면 신은 목적을 알지 못하면서 목적에 부합하게 행동하는 사물들을 창조하는가?

이는 사물들이 기계와는 다른 어떤 것을 의미한다고 할 수 있는가? 아리스토텔레스는 생각하지 않아도 연주할 수 있는 피리 연주자의 예를 들었다. 그런데 이 연주자가 어떻게 피리 연주자가 되었는지 물을 수 있다. 그것은 분명히 의식적인 연습을 통해서이다. 그러나 아리스토텔레스에 의하면 본성은 연습을 필요로 하지 않는 피리 연주자와 같은 상태이다. 그렇다면 이 본성이 우리를 다시 자동적으로 만들지는 않는가? 우리가 생명을 의식적인 생명의 본(本)으로부터 해석한 다음, 후에 다시 의식을 제거한다면, 남는 것은 무엇인가? 그렇다면 우리는 이전처럼 다시 무지의 상태로 돌아가지는 않는 것인가?

그러나 의식된 생명이 자신에게는 먼저 의식으로서가 아니라 생명 그 자체로서, 다시 말해서 추진적인 에너지로 의식되기 때문에, 이러한 이유로 우리가 존재하는 것은 아니다. 말하자면 생명은 자기 스스로 의식적으로 되기 위해서 의식적으로 현존하기 전에 이미 이와 같은 에너지로 현존한다. 생명에 대한 의식은 후에 나타난다. 물론 우리가 어떻게 무의식적으로 배고픔을 느끼게 되는지는 정의를 통해서는 알 수 없다. 우리가 배고픔을 의식했을 때는, 그렇게 의식된 배고픔은 이미 어느 정도 무의식적이었다는 것을 알게 된다.

데카르트에게 있어서 이러한 균열은 극복될 수 없다. 의식적인 것으로서 생명에 대한 추진적 에너지는 사유하는 존재(res cogitans)에 속한다. 그러나 생명에 대한 추진적 에너지를 의식되지 않은 것으로 여기는 것은 단순히 기계적인 과정을 부적합하게 해석하는 것이다. 여기서는 어떤 것에서 다른 것으로 이어지는 그 어떤 연속성도 없다. 그러나 라이프니츠가 보듯이 '인격'이라고 부르는 것과 관계된다면, 실제로 매우 많은 정도로 이러한 연속성과 운명을 함께 한다. 생명에 대한 사유가 생각될 수 없는 곳에서도, 인격은 생명체이기 때문에, 생명은 두드러지게 인격에 대한 사유가 된다. 인격의 동일성은 어떤 생명체의 동일성의 한 기능이다. 의식과 물질이 서로 상관없이 정의되고 서로 비교될 수 없는 두 개의 영역으로 대치되는 곳에서, 인간과 인격에 대한 동일성의 범주는 결국 달라지게 된다.

II

존 로크는 이러한 점을 보았고, 그의 선구적인 탐구는 많은 이들에게 길을 터 주었다. 영어권에서 인격 개념에 대한 논의는 최근에 시작되었는데, 이러한 논의는 데릭 파핏(Derek Parfit)과 이를 약간 수정한 피터 싱어(Peter Singer)와 연결되며, 이들은 직접적으로 로크의 사유를 따른다. 로크와 이들 사이의 오랜 '잠복 기간'에 대해서 놀랄 수도 있다. 여기서 시간을 가장 많이 지연한 장본인은 칸트일 것이다. 로크는 『인간 이성에 대한 논고』 17장에서 이 주제를 다루었다. 여기서 로크는 '동일성'과 '상이성'이라는 개념의 원천을 상세히 설명하고 있다. 하지만 이 동일성은 논리학의 동일성 원리, 곧 A =A라는 동일률에 관계된 것이 아니라, 독립적인 개체가 어떻게 시간의 경과 후에도 재차 같은 것으로 존재할 수 있는가 하는 물음에 관계된다. 서로 다른 장소에서 동일한 시간에 있는 사물들은 서로 다른 사물들이다. 다른 장소에서 다른 시간에 있는 사물들은 서로 다르거나 동일할 수 있다. 사물들이 다른 것들과 공통적이지 않은, 하나의 유일한 시작을 갖는다면, 이들은 동일하다.[8] 그러나 시간의 경과 동안 '어떤 것'은 공통적인 시작에도 불구하고 더 이상 동일한 독립적인 개체가 아니라고 이해될 수는 없는가? 이에 대해서, 두 개의 독립적인 개체는 동일한 시작을 갖지 않는다고 반론을 제기할 수 있다. 왜냐하면 하나의 독립적인 개체가 다른 독립적인 개체를 대체한다면, 이는 새로운 시작에 관계되기 때문이다. 그러나 이러한 반론은 오류이다. 왜냐하면 새로운 시작에 관계되는가 하는 것은, 새로운 독립적 개체에 관계되는지 그렇지 않은지를 알 때에야 비로소 결정될 수 있기 때문이다. 따라서 이러한 물음을 해결할 수 있게 만드는 새롭거나 공통적인 시작은 있을 수 없다. 하지만 사실 로크는 결코 시간을 초월하는 동일성에 대해서 생각한 것은 아니다. 오직 극소의 감각적인 자료들만을 존재론적인 차원에서 근본적인 것으로 유효하게 만들며, 모든 종합을 관찰자의 구성적인 속성으로 여기는 경험적인 원칙은 동일성을 운동 과정을 지배하는 단일성으로 생각하는 것을 허용하지 않는다. 로크는 다음과 같이 쓰고 있다. "유한한 존재의 행위처럼 그 실존이 연속적인 사물들에서만, 다시 말해서 지속되는 연속성에 있는 운동과 사유에서 서로 상이하다는 관점에서 보자면, 의문의 여지가 없다. 왜냐하면 이러한 행위들 각각은 그 행위가 시작되는 순간에 이미 끝남으로써, 사물들은 서로 다른 장소에서 서로 다른 시간에 존재할 수는 없기 때문이다. 지속적인 존재는 서로 다른 장소에서 서로 다른 시간에 잘 존재할 수 있다. 그러나 사유와 운동의 각 부분은 그 실존에 있어서 서로 다른 시작을 갖기 때문에, 사유 또는 운동은 결코 자기 자신과 동일할 수 없다."[9] 로크가 각각의 운동은 그 운동이 시작되는 순간에 끝난다고 썼을 때, 그는 운동을 '가능태의 실재화'[10]로 본 아리스토텔레스의 의미가 아니라, 미적분학에 의한 수학적인 재구성의 의미에서, 다시 말해서 운동이 아니라 무한하게 짧은 분리된 사건들의 결과를 생각

---

8 J. Locke: *An Essay on Human Understanding* II, 27, §1.

9 같은 책, §2.

10 참조: Aristoteles: *Physik* III, 3.

한 것이다. 각각의 사건들은 특정한 장소와 특정한 시간에서 일어나기 때문이다. 아리스토텔레스가 알고 있듯이, 운동으로서의 운동은 수학적인 처리방식으로 접근 불가능하다. 이러한 처리방식을 발견한 라이프니츠도 이 점을 알고 있었다. 운동은 오직 행위의 영역에 속하는 잠재력과 선취와 같은 개념들의 도움으로써만 파악될 수 있다. 그래서 어떤 것을 움직임으로 생각하는 것은 그 정확한 장소와 특정한 시점을 정의되지 않은 것으로 둔다는 것을 의미한다. 로크는 사정을 뒤집어 버렸다. 그는 운동을 행위로부터 이해하는 것이 아니라 행위를 운동으로부터 이해했다. 그는 운동을 객관적으로 별개인 감각적인 자료들의 가상적인 관점으로부터 나온 것으로 생각했다.[11] 이렇게 로크는 운동의 통일성을 수없이 무한한 순간적인 개별 사건들의 결과로 분해했다. 그 때문에 움직여진 어떤 것이 자기 자신 안에서 움직이지 않을 때만, 다시 말해서 변화되지 않을 때만, 자신과 동일할 수 있다. 로크에게 있어서 이 어떤 것은 그 절대적인 단순성을 근거로 하자면 원자들뿐이다.

이로써 살아 있는 것을 특징짓는 존재의 계기는 사라져 버린다. 말하자면 생명은 움직임의 방식이며, 더욱이 우리 행위의 근거가 되는 움직임이다. 하지만 생명이 살아 있는 것의 존재라면, 이러한 존재는 없으며, 오직 개별적으로 독립적인 유기체의 상태만이 존재하게 된다. 그러나 생명은 이러한 유기체의 존재방식이 아니다. 유기체의 동일성을 구성하는 것은 물질적인 부분의 교환으로부터 영향을 받지 않는 구조의 불변성이 유일하다. 기계의 요소들이 설치되고 준비되었을 때에만, 비로소 기계가 작동되지만, 반면에 동물들에 있어서는 적합한 조직과 운동이 동시에 시작된다는 점에서만, 동물을 기계와 구분할 수 있다. 하지만 로크에 의하면, 인격이라는 개념에 있어서 우리가 인격의 통일성

---

11 J. Locke, 같은 책, §5.

을 기계의 통일성으로 이해하든지, 살아 있는 존재의 통일성으로 이해하든지 간에 어떤 차이가 없다.

로크의 새로운 인격 개념을 이해하기 위해서 이러한 철학적인 추정을 염두에 두어야 한다. 생명이 살아 있는 것이 자신의 존재를 지니는 존재방식이 아니라면, 인격의 존재는 인간의 생명과 동일할 수 없다. "인격, 인간, 실체는 세 개의 상이한 이념들을 표지한다."[12] 인간과 인격에 대한 동일성의 조건들은 같지 않다. 우선 로크의 인격에 대한 정의가 주의를 끄는데, 이 정의는 보에티우스의 전통적인 정의와 연결된다. "내가 생각하기에, 인격이라는 용어는 사유하고 이해하는 존재를 나타낸다. 이 존재는 이성으로 반성을 하며 자기 자신을 숙고할 수 있다. 이는 서로 다른 시간과 서로 다른 장소에서 생각하지만, 자신을 동일한 것으로 파악하는 것을 의미한다."[13] 로크는 계속해서 말하는데, 의식은 각자를 그가 그 자신이라고 부르는 바로 만들며, 그것을 통해서 그가 다른 모든 사유하는 존재로부터 자신을 구분하는 바로 만든다. 인격의 동일성은 이성적인 존재가 변함없이 자신과 동일하게 있음을 말한다.

고전적인 인격의 이해와 단절된 것은 이러한 이해에 대한 두 가지 전제의 변화가 이루어졌을 때에야 비로소 가시화된다. 이 중 첫 번째 전제는 운동의 원자화로서, 이는 생명의 이념뿐만 아니라 사유의 이념을 원자화하는 것도 함축한다. 생명은 더 이상 살아 있는 것이 존재를 지니는 방식일 수 없으며, 사유도 생명이 자신에게 오는 것일 수 없다. 두 번째 변화는 잠재적이라는 개념의 포기이다. 인격들이 사유하는 존재라면, 그때마다 실제로 사유하는 독립적인 개체이어야 한다. 이 존재는 잠을 자거나 의식이 없는 인간이 아니며, 일반적이고 성숙한 의식과 자

---

12 같은 책, §7.

13 같은 책, §9.

기 의식을 지니는, 그런 한 종에 속하는 모든 사람으로서 모든 인간이
결코 아니다. 말하자면 실제적인 자기 의식에서 한 생물은 자신의 동일
성을 의식하는 것이 아니라, 이러한 자기 의식 안에서 자신의 동일성이
인격적으로 생겨나는 것이다. 로크는 다음과 같이 쓰고 있다. "동일한
의식이 분리된 행위들을 하나요 동일한 인격으로 통일시킨다."[14] 의식
안에서 통일되는 모든 행위들은 이 인격의 행위들이지만, 단지 그 행위
들 뿐이기도 하다. "이 의식이 과거의 행위나 사유로 거슬러서 연장되
는 한, 그만큼 이 인격의 동일성에 다다르게 된다."[15] 우리가 보았던 것
처럼, 이제 로크에게 있어서 행위들 그 자체는 단지 일련의 독립적인
순간적인 사건들의 사슬을 이루고 있다. 인격들도 역시 그러한 순간적
인 사건들, 곧 순간적인 의식의 상태들이다. 이 의식의 상태들의 고유
성은 이전의 의식 상태들로부터 자신들의 내용을 물려받는다는, 다시
말해서 이전의 의식 상태들을 그 자체로, 더욱이 자신들의 고유한 의식
상태들로서 기억한다는 것이다. 현재의 의식은 이러한 의식 상태들을
한 인격의 통일성이 되도록 연결한다. "현재와 미래의 행위들에 대한
의식이 지니는 것은 두 측면의 행위들에 속하는 인격이다."[16] 따라서 의
식의 동일성은 동일성의 의식 외에 다름이 아니다.

이미 토마스 라이드는 이러한 사유의 반직관적인 결과들을 지적했
다. 그는 탁월한 전쟁 수행 능력 때문에 유명해진 한 장군의 이야기를
꺼낸다. 물론 장군은 이 능력을 기억하고 있다. 그러나 그가 기억하지
못하는 것은 이러한 영웅적 행위의 근거가 되는 사건으로서, 그가 어릴
때 겪었고 이 행위로서 결정적으로 지워버리고 싶었을 굴욕이다. 라이

---

14 같은 책, §10.
15 같은 책, §9.
16 같은 책, §16.

드는 장군이 영웅적 행위가 그 보상으로서 생각되는 굴욕을 동시에 겪었던 인격이 아니라면, 어떻게 그런 영웅적인 행위를 성취한 동일한 인격일 수 있는지를 묻는다. 이 사람의 삶을 A, B, C라는 세 시기로 가정해 보자. 장군은 C로서 B를 기억함으로써, 자신을 B와 동일하게 느낀다. 그러나 그는 B로서 A를 기억함으로써 A와 자신을 동일하게 의식한다. 그렇다면 장군이 자신의 기억을 근거로 B와 동일시했던 것, 곧 A와 자신이 동일하지 않다면, 어떻게 C는 B와 동일시될 수 있는가? 분명히 연속성의 의식이 아닌 의식의 연속성은 있다. 그러나 후자가 전자에 이르는 것은 아니다. 불완전하고 부분적인 중복은 외부로부터만 분명하게 관찰될 수 있지만, 의식 자체에 주어지지는 않는다. 따라서 연속적인 것은 분명히 자신과 동일한 독립체라는 특성을 지닌다. 하지만 이 독립체는 단순한 의식보다 더한 존재이다. 라이드는 다음과 같이 쓰고 있다. "나의 인격적인 동일성은 내가 내 자신이라고 부르는 이러한 개별적인 사물의 연속적인 실존을 함축한다. 이러한 자아가 어떻게 존재하든지 간에, 그것은 생각하고 숙고하고 결정하고 행위하고 겪는 어떤 것이다. 나는 어떤 생각이 아니며, 어떤 행위가 아니며, 어떤 느낌이 아니다. 나는 생각하고 행위하고 느끼는 어떤 것이다."[17]

라이프니츠는 의식의 현상으로서 인격성의 정의와 생명의 이념을 단념하는 것 간의 연관성을 로크의 '논문'을 읽은 후에 즉시 알아챘다. 라이프니츠는 자신의 『신인간지성론(Nouveaux Essais)』에서 다음과 같이 쓰고 있다. "사람이 의식을 지닌 기계라는 것은 당신의 의견일 뿐이고, 저는 그것이 불가능하다고 생각합니다."[18] 라이프니츠는 로크가 사소한

---

[17] Th. Reid: *Essays on the Intellectual Powers of Man* (1785). Ed. B. Brody, London/Cambridge (Mass.) 1969, 357 이하. 이와 유사한 구절은 다음에서 찾을 수 있다: G. Berkely: *Alciphron, or The Minute Philosopher* (1732).

[18] G. W. Leibniz: *Nouveaux Essais sur l'Entendement, Philosophische Schriften,*

것으로 제외한 물음을 중요하게 생각했다. 의식이 진짜 동일성을 지닌 어떤 존재가 자기 자신에게 오는 것이며 이것이 오직 생명체라면, 자기 의식과 관련되는 자아는 자기 의식으로 정의되는 것이 아니라, 이렇게 살아 있는 존재이다. 그렇다면 이 존재가 무의식적으로 지각하는 것과 그의 의식적인 통각(Apperzeption)[19] 간에 지속성이 성립된다.

라이프니츠는 무의식의 발견자로 불릴 수 있다. 우리는 생명체에서 어떤 과정들을 무의식적이라고 부른다. 이 과정들은 의식적이지는 않지만 의식적으로 될 수 있으며, 더욱이 이는 우리가 한 손으로 다른 손의 근육의 맥박을 잴 수 있는 것처럼, 가능한 외부의 지각이라는 의미에서가 아니라, 이러한 과정이 직접적으로 우리의 의식에 들어설 수 있다. 이렇게 의식과 무의식의 연속성을 근거로 살아 있는 인간의 연속성은 인격의 연속성이다. 자신을 지각하는 것과 외부로부터 지각되는 것은 동일한 인격이며, 더욱이 인격으로서 양 측면에서 지각된다. 이에 대해서 라이프니츠는 법률적인 영역의 객관성, 특히 재산의 객관성을 예로 들고 있다. 인격의 본질적인 한 가지 차원은 재산의 차원이다. 동물들도 그럴 능력이 있는 단순히 사실적인 소유와는 달리, 재산은 본질적으로 상호 간의 인정을 포함하는 정신적인 관계이다. 그러나 이를 통해서 이러한 관계는 재산 소유자의 그때마다의 현재의 의식에 좌우되지 않는다. 재산 소유자는 자신에게 속하는 것을 잊어버릴 수 있다. 또는 그가 매매증서나 토지 등기부 증명서를 보여줌으로써 어떤 것이 자신의 재산이라는 것이 증명될 필요가 있을 것이다.

---

ed. Gebhardt, Bd. V, 219.
19 [라이프니츠는 지각과 구분하여 이 용어를 사용하는데, 그에 의하면 통각은 감각적으로 주어진 바를 명백히 의식하면서 동시에 그 내용을 자기 의식의 연관성 속에서 받아들이는 것이다.]

만일 인격성이 의식의 현상이라면, 인격의 기억은 외부로부터 교정
될 수 있을 것이다. 칭찬과 비난, 보상과 처벌은 살아 있는 개별 인간에
게 해당되는 것이 아니라, 스스로 죄가 있다고 느끼거나 칭찬받을 만하
다고 느끼는 의식에만 해당된다. 로크는 자아 의식만이 보상이나 처벌
에 의해 동기화된다는 것을 논증한다. 고통으로 인해서 오직 우리 신체
기관만이 영향을 받는다면, 고통을 예상한다고 해서 두려움을 불러일
으키지는 않을 것이다. 왜냐하면 신체 기관이 현재에는 우리 자신과 더
불어 있다고 하더라도, 미래에는 현재처럼 그렇게 존재하지 않을 수 있
기 때문이다. 이럴 경우에 고통을 야기하는 이 미래 존재의 의식은 기
억의 연속성을 통해 현재의 자아의식과 연결되지 않게 될 것이다. 생각
을 상실할 수도 있는 한 경우를 가정해 보자. 수술이 진행되는 동안, 우
리 자신인 인간 존재는 극도의 고통을 겪을 것이라는 것을 안다. 그러
나 마취는 마취에서 깨어난 후에 극도의 고통에 대한 기억을 삭제함으
로써 의식의 연속성을 중단시킨다. 그렇다면 우리는 이러한 정보에 대
해서 두려워해야 하는가? 데릭 파핏은 이와 같은 생각을 지나치게 상상
적인 것으로 만들었다. 그러나 그는 현실적으로 볼 때, 우리가 두려워
한다는 사실에도 불구하고 두려움을 받아들일 준비가 되어 있다고 가
정했다. 그는 로크를 진정으로 스승으로 생각하는 제자로서 무엇보다
도 두려움을 근거 없으며 비이성적인 것으로 보여주려고 했다. 그는 고
통을 겪는 사람과 후에 이 고통에 대해서 기억하지 못하는 사람은 단순
히 동일한 인격들이 아니라고 쓰고 있다.[20] 이와 유사한 맥락에서 로크
는 다음과 같이 썼다. "잠을 자고 있는 소크라테스와 깨어 있는 소크라
테스가 동일한 인격이 아니라는 것은 확실하다."[21] 이렇게 로크에게 있

---

20 참조: D. Parfit: *Reasons and Persons*, 같은 곳.
21 J. Locke, 같은 책, §18.

어서도 언젠가는 미칠 수 있다는 두려움은 근거가 없는 것이다. 왜냐하면 미쳐버린 사람은 지금 두려움을 느끼는 사람과는 다른 인격일 것이기 때문이다.

III

이와 같이 로크가 사유해 다다른 결론들을 데이비드 흄이 받아들였다. 「인간 본성에 대한 논문」의 한 장(章)인 〈영혼의 불멸성〉에 이어서 로크의 주제를 담은 〈인격적 동일성에 대하여〉라는 장이 뒤따른다. 영혼에 대한 장에서 흄은 생각하는 존재, 사유물로서 영혼의 실체인 '레스 코기탄스(res cogitans)' 라는 데카르트의 이념을 거부한다. 이 이념은 불필요할 뿐만 아니라, 이해될 수도 없다. 왜냐하면 실체라는 이념은, 그리고 물질적인 실체도 전적으로 이해될 수 없기 때문이다. 그러한 이념에 상응하는 감각적인 인상은 존재하지 않는다. 우리의 모든 지각들은 상이하며 서로 구분될 수 있다. 우리는 이 지각들을 공시적(共時的)으로, 그리고 통시적(通時的)으로 서로 연결할 수 있으며, 관찰을 토대로 지속적으로 연결된 앎에 이르게 된다. 이러한 연결을 위해서 그 안에 이러한 지각들이 내재하는 그런 실체를 생각할 근거는 없다. 흄은 "우리는 연결한다." 라고 말한다. 여기서 "우리"는 누구인가? 만일 우리가 이미 속성들에 내재하는 실체를 포기한다면, 그리고 인상, 표상들을 연결하는 주체마저 포기한다면, 우리는 아무 것도 할 수 없다. 내가 연결하는 이 표상들은 처음부터 나의 표상들이 아닌가? 나의 이 표상들은 내가 연결시킬 수 없는 다른 표상들에게 내가 접근할 수 없기 때문에 이 표상들과는 아주 잘 구분되지 않는가? 하지만 나의 표상들은 무슨 의미인가? 흄은 이 물음을 인격적 동일성에 대한 부분에서 언급하고 있다.

모든 지각들을 관통하는 '나'에게 상응하는 표상이 있는가? 이에 대해서 흄은 아니라고 대답한다. 존재하는 것은 항상 지각들일 뿐이며, 자아는 이러한 지각이 아니라는 것이다. "자신의 자아에 대해 다른 관념을 가지고 있다고 생각하는" 몇몇 형이상학자들을 제외한다면, 다른 모든 사람들은 아주 빠르게 서로 연속해서 이어지는 "지각들의 묶음 또는 집합"일 뿐이다.[22] 심지어 순간적인 의식도 상이한 지각들의 복합체이다. 동일성은 유사성, 접근성, 원인성이라는 세 가지 종류의 관계에서 귀결되는 표상이다. 이 관계들 자체는 실제적이지 않다. 어떤 지각들도 이 관계들에 상응하지 않는다. 따라서 지각들 간에는 어떤 관계도 없으며, 오히려 그러한 관계의 표상일 뿐이다. 이 관계는 우리가 지각들에 대해서 반성할 때에만 성립된다. 인격은 단순히 표상된 관계일 뿐이며, 이러한 관계의 토대는 기억이다. 흄에 의하면 기억은 "인격적인 동일성의 원천"으로서, 이는 로크의 주장과 다르지 않다.

흄은 동일성에 대한 이러한 '빈약한' 개념을 허용하지만, 로크와는 달리 동일성을 확장시켜서 인과 추론을 통해 기억의 한계를 넘어서 나아간다. 물론 인과적 관계는 다른 모든 관계들처럼 우리가 상상해 낸 것이다. 그러나 이러한 상상의 도움으로 우리는 스스로 직접 기억하지 못하는 과거를 재구성할 수 있다. 우리는 우리에 대해서 다른 사람들이 말하는 것을 우리가 이해한 것으로 받아들일 수도 있다. 이렇게 흄은 인격 개념이 상상이라고 설명한 후에, 인격 개념을 다시 상식(commen sense)에 넘겨준다. 어떤 인격의 동일성은 사회적 관습의 문제이다. 예컨대 시간이 지나면서 갑판은 여러 번 교체되었어도 테세우스의 배는 이전과 동일하다. 흄이 결론에서 말하듯이, 수적인 동일성에 대한 논쟁

22　D. Hume: *A Treatise Of Human Nature*, Book I, part IV, sect. VI.

은 언어를 둘러싼 논쟁이며, 인격적인 동일성에 대한 논쟁은 "철학적인 문제라기보다 문법적인 문제"이다.[23]

흄은 자신의 특징적인 솔직함으로 '논문'에다 후에 짧은 재고(再考, retractatio)를 추가했다. 이 재고에서 그는 자신의 결론에 대해 좀 더 근본적으로 회의적인 방향으로 돌아섰고, 이 문제가 당혹스럽다고 고백했다. '표상들을 연결한다.'는 것은 무엇을 의미하는가? 그 대상들이 구분되는 표상들은 자신들의 측면에서도 따로 구분되어 형성된다. 그러나 우리는 따로 구분되는 표상들 간의 실제적인 관계를 알 수 없다. 표상들은 자체 안에 상호 참조적인 구조를 내포하지 않는다. 따라서 표상들은 외부의 사물들처럼 우리에게 낯설다. 우리가 표상들에게 부여하는 해석의 의미는 항상 소급해서 보충하는 것이다. 이러한 보충은 표상들 자체와는 관련되지 않는다. 왜냐하면 이러한 표상들이 그때마다 나의 표상들이라는 것은 '나의'라는 말의 의미를 전제할 것이기 때문이다. 표상들의 존재는 이 표상들을 가지는 어떤 인격과 관련을 맺는다는 것이 전제되며, 이 점은 경험주의의 토대를 깨뜨리는 것으로 보인다. 인격적인 동일성이 경험주의자들에게 실제적으로 존재하려면 그 자체로 지각이어야만 한다. 그러나 이러한 지각이 다른 지각과 어떻게 연결되는가 하는 문제가 남게 된다. 만일 관계들 자체가 뚜렷이 구분되는 독립체들이라면, 이러한 관계가 관련된 것들과 어떻게 연결되는가 하는 문제가 남게 된다. 이렇게 해서 문제는 끝없이 이어지게 된다. 인격의 존재가 소유하는 것이 아니라 그 자체로 지각으로서 누가 가지고 있는 어떤 것, 곧 소유된 것에 속한다면, 우리는 정말로 어둠 속에 빠지게 된다.

---

23 같은 책, 같은 곳.

물론 흄은 이러한 독립체에 대해서 말할 때, 자신의 표상들을 연결하고 해석하는 표상들의 주체에 대한 표상 없이 나갈 수는 없었다. 그는 여기서 '정신'에 대해서 말한다. 그 밖에도 무대에서 표상들이 시작되는 극장의 비유도 사용한다. 그러나 이 모든 개념들은 사용된 후에는 버려지는 소위 사다리들이다. 하지만 유명한 비트겐슈타인의 은유는 어려움을 야기한다. 말하자면 사유에서는 타고 올라가는 사다리를 통해서만 위아래가 구분된다. 누가 사다리를 치워 버린다면, 이러한 구분과 차이는 사라져서, 자신이 다시 아래에 있다는 것을 발견하게 된다. 그래서 흄도 자신의 마지막 말을 다음과 같이 맺는다. "인격적인 동일성은 나에게 있어서 힘든 과제이다."[24]

흄의 전제들을 포기하려는 준비가 되어있지 않다면, 어려움은 더 가중될 뿐만 아니라 정의를 통해서도 해소될 수 없다. 중요한 전제는, 지각들과 표상들이 그와 연결되는 것들과 무관하게 존재하며, 나중에야 유사성, 접근성, 원인성이라는 관점에서 서로 연결된다는 것이다. 여기서 원인성은 유사성을 전제한다. 유사한 것이 자주 차례로 이어질 때, 우리는 그때마다 이전의 것을 그때마다 다음에 오는 것의 원인이라고 부른다. 그렇다면 '이전의'와 '다음의'는 무엇을 의미하는가? "차례로 이어진다."는 것은 무엇을 의미하는가? 시간적인 연결은 명백히 주어진다. 하지만 시간에 대한 표상은 어떻게 구성되는가? 여기서 흄은 '변화를 경험함으로써'라고 대답한다. 하지만 존재하는 모든 것이 고립된 표상들이라면, 변화는 어떻게 경험될 수 있는가? 시간의 경험은 기억을 전제로 한다. 그러나 흄에게 있어서 기억은 이전의 표상들이 약화되어 재현된 것이다. 표상들은 약화되는 것을 통해서 이전의 표상들로 알려지게 된다. 이는 의심의 여지가 없다. 일시적인 당시의 인상들은

---

24 같은 책, Appendix.

기억 속에 강하게 각인된 인상들보다 더 약화될 수 있다. 그러나 중요한 것은 약화된 존재는 이전의 존재를 정의하지 못한다는 점이다. 이점은, 이전의 것들로서 현재의 인상들이 기대되는 미래의 인상들보다 더 약화될 수밖에 없기 때문에 이미 배제된다. 이는 흄의 원칙과는 분명히 모순된다. 사실 변화에 대한 경험은 강도의 차이와는 전혀 관련이 없다. 기억에 있어서 중요한 점은, 이전의 표상들이 이전의 표상들로서 재현된다는 것이다. 그렇지 않다면 어떤 표상과 다른 표상 간의 어떤 차이도 변화로 이해될 수 없을 것이다. 기억이 인격을 구성하는 것과 같은 의미라면, 인격은 이전의 것과 이후의 것이 이루는 질서로서 시간으로부터 벗어남으로써 구성된다. 그러나 우리가 이미 보았듯이, 이러한 질서는 자신과 거리 두기와 자신으로 만들기를 하나로 만드는 조건이다. 이러한 하나 됨은 인격을 구성하는 본질이다. 이전의 것과 이후의 것을 종합하는 것은 이후의 모든 종합들의 토대가 된다. 이러한 종합은 우리의 미세한 지각들에 '첨가된 것'이 아니라, 오히려 이러한 지각들은 처음부터 시간적으로 나열되어 이어지는 지각들을 나타낸다. 우리는 기억을 통해서 우리 자신을 과거의 표상들과 연결시킴으로써, 이미 우리 자신을 초월하게 된다. 왜냐하면 과거의 표상들을 기억하는 것은 단순히 표상들에 대한 현재의 표상보다는 다르게 존재하는 어떤 것을 요구하기 때문이다. 기억은 한때 실제로 존재했던 표상들에 대한 표상이다. 우리는 그것이 옳든 그르든 간에 기억에 우리 자신을 맡긴다. 하지만 기억에 대한 신뢰는 직접적인 확실성의 내용은 아니다. 그러나 기억을 기만할 수 있는 사유만이, 기억이 단순히 표상들에 대한 표상 이상이라는 것을 입증한다. 이 표상 자체는 있는 그대로 존재하며 결코 기만될 수 없을 것이다. 하지만 기억을 통해 우리 자신을 인격으로 인식할 수 있기 위해서 "우리 자신을 벗어나야" 한다. 그리고 이 점은 흄에게 있어서는 불가능하다. 그에 의하면 "진정 우리는 우리 자신을 넘어서는 결코 한 걸음도 나가지 못한다."[25]

홈은 외부 세계의 사물들의 실존에 대한 실재론의 물음과 관련하여 글을 썼다. 홈은 이 실존에 대한 '이념'을 찾으려고 했지만 찾지 못했다. 후에 칸트가 말한 바에 의하면, 이러한 실존은 "실제적인[물질적인] 것이 아니다." 다시 말해서 실존은 실재에 부합하는 '술어'가 아니다.[26] 우리가 실존을 긍정함으로써 의미하는 바를 이해하기 위해서는 '우리 자신을 넘어설 수 없다.'는 홈의 말을 정확히 이해해야 한다. 홈에게 있어서 우리의 지각을 넘어서 존재하는 어떤 것의 이념은 단순히 이 어떤 것의 이념을 강화시키는 것일 뿐이라는 대답만이 남아있게 된다. 따라서 우리가 실제로 가졌고 기억 속에 간직하는 과거의 표상들을 한갓 상상된 기억으로부터 구분한다면, 이는 단지 덜 강화된 표상들과 더 강화된 표상들과 구분될 수 있다는 것을 의미한다. 과거의 표상들의 모든 실재는 오직 일종의 지나간 어떤 것에 대한 일시적인 현재의 의식에만 관계된다. 예컨대 홈도 내가 예전에 어떤 이에게 말해주었던 과거의 표상을 그 사람이 보도할 수 있을 것이라는 점을 고려하지 않았다. 유아론(唯我論, Solipsismus)은 항상 '일시주의'(Instanismus)와 같다. 주체의 초월성에 대한 사유를 거부하는 것은 시간의 실재를 거부하는 것을 함축하며, 이로써 자기 객관화로서의 인격적 동일성에 대한 사유를 불가능하게 만든다.

하지만 이 점은, 인격적 동일성에 대한 사유가 전적으로 확실한 직접적인 자기 현존이라는 데카르트의 이상과는 양립될 수 없다는 것을 의미한다. 사소한 의미와는 멀리 떨어진 진리는 항상 "자신을 신뢰하는 내맡김"에, 그러니까 어떤 것에, 누군가에 또는 심지어 자기 자신에 의

---

25 같은 책, Book I, part II, sect. VI.
26 I. Kant: *Der einzig mögliche Beweisgrund zu einer Demonstration des Daseins Gottes*, 같은 곳.

존한다. 인격에 대한 사유는, 그 존재가 자신을 소유하기 때문에 자신을 자유롭게 신뢰할 수 있는 어떤 존재에 대한 사유이다. 로크에 대항하여 인격의 개념을 지켜낸 라이프니츠가 데카르트 철학의 '결정적인 오류(proton pseudos)'에 대해서 확실성의 이상을 고수한 것은 우연이 아니다. 후에 헤겔은 다음과 같은 정식을 사용했다. "오류에 대한 두려움으로 불리는 것은 진리에 대한 두려움보다 그것을 더 잘 알게 한다."[27]

---

27   G. W. F. Hegel: *Phänomenologie des Geistes*, 같은 책, 69.

영혼

I

인격에 대해서 말하는 것은 일반적이고 흔하다. 하지만 영혼에 대해서
말하는 것은 비난을 받을 여지가 있다. 그것이 환원적이든 비환원적이
든 유물론은 대체물 없이 영혼을 제거하고, 영혼에 귀속되는 상황과 행
위를 생리학적인 것으로 입증하려고 시도한다. 그리스도교 신학은 영
혼을 변호하는 것을 더하거나 덜한 정도로 단념하는 경향을 보인다. 한
편으로 신학은 동시대인들이 그에 몰두했던 것과는 달리 존재론적인
헌신을 떠맡으려 하지 않는다. 오늘날 신학은 그때마다 자신의 학문성
과 종교적 실체를 담보로 하여 사목적인 기회주의로 기우는 경향을 띤
다. 다른 한편으로 신학은 육체의 부활이라는 성경의 특수한 계시를 영
혼 불멸에 대한 철학적인 이론을 통해 흐려지지 않게 하려고 한다. 그
러나 '지상의 육체와 부활한 육체의 동일성이 영혼의 연속성을 통해서
매개되는 것과 어떻게 다르게 생각될 수 있는가?' 하는 물음은 좀처럼
제기되지 않는다. 영혼의 곤란한 철학적인 상태는 주로 독립적인 영혼-

실체를 근거 짓는 본질로 만든[실체화시킨] 데카르트의 책임이다. 이러한 영혼-실체는 질료-실체와 설명하기 어려운 방식으로 연결됨으로써 인간을 구성해야 한다. 칸트는 중요한 논증을 통해서 이러한 영혼-실체 이론에 대한 사유를 '오류 추리'로 비판했다. 이러한 비판은 영혼-실체를 지각할 수 없다는 흄의 주장과 더불어 철학적 신뢰를 받았다. 칸트에 있어서는 이 자리에 '선험적 통각'이 들어선다. 이 선험적 통각은 "나는 생각한다는 사실이 나의 모든 표상들을 동반할 수 있어야 한다."는 것을 의미한다.[1] 이러한 '자아'는 의식의 구성에 있어서 포기될 수 없다. 그러나 그 선험적인 기능에 자율적인 독립체의 존재론적인 상태가 부여될 수는 없다. 존재론적인 의미의 자리에 체계 이론적인 의미가 들어선다. 다시 말해서 '나'라는 의식의 출현은 가장 정확한 방식으로 체계적인 구조물에게 있어서 구성적인 안과 밖의 차이를 설정한다.

하지만 이 가장 정확한 방식은 가장 안정된 방식과 동일한 것은 아니다. 이 가장 정확한 방식은, 오히려 극단의 논리가 특징적인 반전의 변증법에는 취약하다. 안과 밖의 경계를 가르는 것은 자아의식을 통해서야 비로소 이루어지는 것이 아니라, 그 전에 우리가 '충동(Trieb)'이라고 부르는 것을 통해 이루어진다. 충동을 통해서 안과 밖의 차이를 상대화시킬 수 있는 각각의 물질적인 연속성이 중단된다. 이 충동의 성립으로 어떤 체계의 동일성은 존재론적으로, 곧 아리스토텔레스적 의미에서 실체의 동일성이 된다. 충동에 의해 구성되는 체계는 더 이상 외부로부터 투사된 것으로 해석될 수 없을 뿐만 아니라, 관찰자의 관점에서 해석될 수도 없다. 반면에 '나'라는 의식은 안과 밖의 차이를 반성함으로써 이 차이를 확증하는 것처럼 보이더라도, 실제로는 이 차이를 특정한 방식으로 다시금 지양한다. 말하자면 '나'라는 의식은 이 차이를

---

1 칸트, 『순수이성비판』, B 131.

넘어선다. '나'라는 의식은 의식으로서 언어적이고 상호 주관적으로 개인을 초월하여 매개된 구조에 참여한다. 이 의식의 의도적인 행위의 내용은 개별적인 주체에 대해서 상대적인 것이 아니라, 오히려 우리가 의식 일반이라는 부르는 것에 대해서 상대적이다. 따라서 우리가 사유를 '내적으로' 만든다고 생각하는 사유의 내용을 통해서 사유가 내적인 것이 아니라, 사유가 체험된다는 사실, 다시 말해서 사유가 그 주체의 생명 구조에 굳건히 기반을 두고 있다는 사실을 통해서 사유는 내적이다. 우리가 생각되었던 사유에 대해서, 다시 말해서 사유의 내용에 대해서 반성할 때, 그것에 대해서 사유한 개별적인 주체에 대해서 문제 삼는 것은 어려울 것 같다. 칸트와 후설에게 있어서 세계를 구성하는 의도성의 주체는 개별적인 인격이 아니라, 더 이상 개별적으로 존재하지 않는 '초월적인 에고'이다. 이를 좀 더 명확하게 설명하자면, 그 어떤 질적인 특징이 없는 순수한 나는 언어적으로 볼 때 다른 '나'와 더 이상 구분될 수 없다. 인격이 자신의 개별성만을 표현하는 지점에 다다름으로써, 인격은 전혀 개별적으로 구분되지 않는 바, 곧 '나'를 말한다. 이 사람과 저 사람을 구분할 수 있는 인격의 힘은 나, 너, 여기, 지금과 같은 문맥 의존 지시어들처럼 대화에서 상호 주관적인 맥락으로부터만 '나'라는 용어를 획득한다.

'나'를 말함으로써 우리가 유일무이한 어떤 것을, 표현될 수 없고 매개될 수 없는 것으로 표지하는 표현될 수 없는 지각은 종교의 가장 중요한 원천이다. 그것을 통해서 한 인격이 불리게 되는 모든 이름은 단순히 개별적인 것을 지시한다. 그러나 이름은 그것이 지시하는 바를 말할 수 없다. 한편으로 어떤 이름도 실제로는 유일무이하지 않다. 다른 한편으로 우리가 한 인격에 접근하는 것은 항상 인격의 질적인 특성을 통하여 매개된다. 우리 의도의 관대함에도 불구하고, 우리는 실제로 그 이름이 지시하는 사람을 모른다. 우리는 오직 원칙적으로 그 이름이 지시하는 사람을 다른 사람으로 바꿀 수도 있었던 그런 사람만을 알 수 있다. 그 누구에게도 객관적으로 주어질 수 없는 실재에 대한 확신은 종교적인 확신, 다시 말해서 "숨은 데서 보시는"[2] 하느님에 대한 확신이기 때문이다. '영혼의 정점'이 신성을 '건드린다'는 것은 여러 종교에서 여러 가지 의미로 경험되고 다양한 주관적 방식으로 체험된다. 그 중 한 가지 방식은 모든 존재의 근저와 인격의 직접적인 동일성에 대한 체험이다. 그러나 이 점은 영혼의 정점에서 자아 개별성이 '바다의 물방울처럼' 사라진다는 것을 의미한다. 이러한 체험은 불교의 신비주의 표현에서, 그리고 이에 의존한 쇼펜하우어와 같은 사상가들에게서 발견된다. 마이스터 에크하르트에게 있어서 우리는 이 점을 읽을 수 있다. "영혼 안에 어떤 것이 있다. 영혼이 전적으로 이것으로부터 이루어진다면, 이는 영혼이 하느님이었을 것이라고 의미할 것이다."[3] 이는 그리스도교 신비주의자였으나 그렇다고 특수한 그리스도교 신비주의자는 아니었던 사람의 표현이다. 이러한 체험에 대한 특수한 그리스도교적 의미는 다른 방향으로 전환되는데, 말하자면 이 의미는 자아 체험에 대한 종교적이고 형이상학적인 차원에서 각 인격의 유일무이성에 대한 절대적 또는 최종적인 확증을 체험하는 방향으로 전환된다. 인격을 부르는 모든 이름들은 각각의 개별자를 의미하지만, 그 이름들이 의미하는 바를 말할 수는 없다. 그 어떤 이름도 본질적으로 유일무이하지는 않다. 따라서 어떤 인격에 대한 접근은 항상 질적으로 매개된다. 우리는 실제로 우리가 의도하는 바가 분명함에도 불구하고 정말로 어떤 사람을 아는 것은 아니다. 오히려 우리는 단지 '이러저러한 어떤 사람'을, 다시 말해서 우리가 원칙적으로 다른 사람으로 착각할 수도 있었을 어

2 마태 6, 6.
3 Meister Eckhardt: Predigt 14, in: *Deutsche Predigten und Traktate*, 같은 책, 221.

떤 사람을 알 수 있을 뿐이다. 인간이 자신의 자아의식 속에서 신성
(Gottheit)과 접촉할 때, 그가 '접촉하는' 것은 자신이 그 속에서 개별
성을 상실하는 그런 바다가 아니라, 누구와도 바뀔 수 없는 그 자신으
로 의미되는 그런 장소로서 바다이다. 이는 성경에서 이름의 은유로 표
현된다. 이 이름은 인간 각자가 고유하게 지니고 있으며 하느님만이 아
신다.⁴ 이와 같은 '인격적인' 해석은 당연히 삼위일체적인 공동체로서
절대자 자체에 대한 이해와 연관된다.

　지향적인 행위의 주체로서, 그리고 "존재를 뛰어넘는(epekeina tes
usias)", 다시 말해서 모든 질적인 규정들을 넘어서는 자아로서 정신의
체험은 우리가 '영혼'이라고 이해하는 바의 체험을 의미하지는 않는다.
데카르트가 '사유하는 존재(res cogitans)'를 영혼과 동일시한 것은 후
에 영혼이 어떻게 이해되었는지에 있어서 대단히 중요한 영향을 끼쳤
다. 사실 데카르트는 영혼에 대한 고전적인 개념을 사용하지 않았다.
아리스토텔레스를 따르는 전통에서 영혼은 살아 있는 유기체의 원리인
'형상'이었다. 반면에 데카르트에게 있어서 살아 있는 유기체는 기계이
기 때문에 이러한 원리를 알지 못했다. 매우 난해하게 이해되는 방식으
로 이 기계 '안에' 존재하는 의식에 대해서 데카르트는 독자적인 독립
체가 된 '영혼'이라는 결함이 있는 용어를 사용했다.

<h1 style="text-align:center">II</h1>

이 이면에는 과거의 역사가 놓여 있다. 아리스토텔레스는 영혼과 정신
[또는 영]의 관계에 있어서 존재론적으로 혁명적인 발걸음을 내디뎠다.

4　[참조: 레위 2, 17.]

그에게 있어서 신은 순수한 정신이지만, 정신의 존재는 생명이다. 반면에 영혼은 생명의 낮은 형태의 원리, 다시 말해서 질료적인 물질의 생명이다.[5] 반면에 정신을 지니고 있으며 혼도 부여된 존재가 있다. 이는 인간을 의미한다. 그러나 인간의 정신은 영혼의 속성으로 이해될 수 없다. 영혼은 본질적으로 자기중심적이며 목적을 향하는, 다시 말해서 충동적이고 본능적인 생명의 원리이다. 영혼은 다른 모든 실재와는 분리된 하나의 실체를 구성한다. 반면에 정신은 영혼을 통해 구성된 내·외적 차이를 보편적인 것과 영원한 것의 빛 속에서 사유함으로써 이러한 차이를 능가한다. 정신은 신적인 것에 참여하는 것이다. 하지만 동시에 정신은 우리의 생명을 이끄는 원리이기도 하다. 영혼은 이에 상응하도록 정신을 향해 적합하게 되어야 한다. 이러한 적합성, 곧 지성적인 방식으로 활동하는 성향을 '덕'이라고 부른다. 하지만 지성이 자신의 고유한 요소 안에 있는 곳에서, 지성은 이 덕을 앞서 나간다. 지성은 "인간적인 차원을 능가한다."[6] 여기서 우리는 앞서 언급한 마이스터 에크하르트의 말을 상기하게 된다.

하지만 그리스도교의 영향으로 영혼과 정신의 상반되는 대립은 사라져 버렸다. 인간의 생명 자체는 '신적으로' 되어야 한다. 여기에는 두 가지 동기가 역할을 했다. 두 동기는 함께 '인격의 발견'과 연관되며, 이 발견에 있어서 결정적인 '마음'이라는 개념과 관련된다. 정신은 그 개념상 진리의 능력이고 현존이며, 신적인 것에 대한 참여이다. 정신과 상반되며, 자기중심적으로 충동에 사로잡히는 경향은 신약 성경의 언어로는 '육체(Fleisch)'라고 불린다. 정신과 육체를 결정짓는 장소가 마음이다. 마음에서는 정신이 정신으로 유지되지 않고, 정신이 육체와 반

---

5 아리스토텔레스, 『영혼론』 II, 1 ; 412 a 20.

6 아리스토텔레스, 『니코마코스 윤리학』, 1177 b 26.

대되는 것으로 남아 있을 것인지, 아니면 인간의 실존을 분명하게 하는 실재가 될 것인지에 대해 결정된다. 마음의 행위는, 마음이 '빛'에, 다시 말해서 정신에 내맡겨질 때, 사랑이라 불린다. 그래서 유다교와 마찬가지로 그리스도교의 첫째 계명은 다음과 같다. "네 마음을 다하고 네 목숨을 다하고 네 힘을 다하고 네 정신을 다하여 주 너의 하느님을 사랑해야 한다."[7] 온 마음, 온 힘, 온 정신은 당연히 경험, 느낌, 의지의 전환, 다시 말해 '영혼'의 전환을 의미한다. 마음은 인간의 영혼을 '정신적인 영혼'으로 만드는 것이다. 사랑은 정신-영혼의, 곧 인격적인 영혼의 특수한 행위이다. 그 때문에 중세 아리스토텔레스주의에서는 인간 영혼에 대해서 말하는데, 이 영혼은 식물과 동물, 그리고 지성적인, 곧 비물질적인 기능들을 동시에 충족시키는 정신으로 존재한다.[8]

영혼과 육체의 대립을 해소하기 위한 두 번째 동기는, 한편으로는 정신의 개별성에 대한 관심이었고, 다른 한편으로는 정신성에 대한, 그 때문에 개별적인 영혼의 불멸성에 대한 관심이었다. 아리스토텔레스 전통에서 형상의 개별성에 대한 원리는 질료, 결과적으로는 공간과 시간이었다. 인간의 정신이 비물질적이라면, 이는 정신이 자기 스스로는 개별적이지 않다는 것을 의미한다. 그래서 참으로 정신적 행위의 내용은 주어진 어떤 생물의 관점에서 볼 때, 그에 대한 특수한 관심과 연관되는 것은 아니다. 이로써 아랍의 아리스토텔레스주의자인 아베로에스는 그 본성에 따라 불멸적인 정신은 개별적인 정신으로 이해될 수 없다고 가르쳤다. 아베로에스에 의하면 개별 인간은 혼이 부여된 각각의 존재처럼 죽는다. 이 개별 인간의 정신이 개별성의 원리로서 질료로부터 자유롭게 된다면, 다른 모든 인간의 정신과 다시 동일하게 된다. 왜냐

7 루카 10, 27: 병행 구절, 마태 22, 37: 마르 12, 30(신명 6, 5: 레위 19, 18).
8 참조: 토마스 아퀴나스, 『신학대전』 I, 42, 2.

하면 하나의 유일무이한 인간의 정신만이 존재하기 때문이다.

그리스도교 아리스토텔레스주의자들, 특히 토마스 아퀴나스는 이러한 사유에 특별히 열정적으로 반대했다. 토마스는 인간 정신이 개별적으로 불멸한다고 주장했다. 질료에 의해서 개별화되는 개별적인 인간의 영혼은 정신의 등급보다 아래에 있는 소위 동물적인 영혼으로 존재하는 것이 아니다. 인간을 인간으로 만들어 주는 것은 오히려 정신이다. 인간의 영혼은 본질적으로 정신적인 영혼, 말하자면 물질적인 생명의 원리이자, 동시에 자체로 동물적이고 식물적인 기능들을 차별화하는 정신이다. 그 때문에 인간의 전체 영혼이 정신의 불멸성에 참여한다. 영혼이 육체로부터 분리된다면, 영양분의 공급과 감각적인 지각과 같은 물질적인 기능들은 '육체의 부활' 때까지 소위 '잠재적으로' 남게 된다.[9]

이와 관련된 동기에 의해 영혼과 정신의 단일성을 주장한 칼케돈 공의회(451년)가 촉발되었다. 이는 당시에 예수가 인간의 영혼을 지니기는 했지만, 그의 정신은 인간의 정신이 아니라 신 자신의 정신이었다는 신학적인 가르침과의 논쟁과 관련된다.[10] 공의회는 이 가르침에서 예수는 참된 하느님이실 뿐만 아니라 모든 관점에서 참된 인간이기도 하다는, 신앙을 위협하는 요소를 보았다. 하지만 이 가르침에 의하면, 한 인간은 그가 인간의 정신을 지닐 때에만 인간으로 존재한다. 왜냐하면 정신은 구체적인 인간성이기 위해서 인간의 영혼으로 구성되기 때문이라는 것이다. 아리스토텔레스가 말했듯이, 지성이 '외부로부터(thyraten)'[11]

---

9 참조: Thomas von Aqiun: *De unitate intellectus contra Averroistas* (Leonina-Ausgabe Bd. 43), Rom 1976, 289.

10 [382년 로마 공의회에서 이 주장(Apollinaianism)을 단죄하였다.] Tomus Damasi; 참조: DS, 159.

11 Aristoteles: De gen., an 736 b.

인간 속으로 들어간다면, 이는 지성이 영혼의 생생한 기능으로 이해될
수 없다는 것만을 의미할 수 있다. 하지만 지성이 영혼의 한 부분이라
면, 지성은 인간의 실존을 총체적으로 이성적으로 만든다. 루돌프 슈타
이너가 지성에 대한 역사의 이러한 흐름을 '정신의 폐기'[12]라는 용어로
서 세계 역사의 결정적인 계기로 품위 있게 만들지 않았더라면, 이러한
흐름은 아마도 계몽된 역사적 의식으로부터 사라져 버렸을 것이다. 하
지만 공의회는 문제의 맥락에서 우리가 사실은 이와는 정반대로 인간
을 볼 수 있다고 가르친다. 그것은 정신을 통해 인간의 영혼을 정의한
다는 것을 의미한다.

　정신과 생명이라는 개념의 결합은 성경의, 특히 신약 성경의 하느님
에 대한 표상을 통해 가속화되었다. 이 표상은 항상 생명에 대한 사유
와 연결된다. "그분 안에 생명이 있었으니 그 생명은 사람들의 빛이었
다."[13] 이곳 요한복음에서는 신적 로고스에 대해서 말하고 있다. '영원
한 생명'은 그리스도가 가져온 바의 핵심이다. 그러나 이 생명은 전적
으로 정신적인 것으로 생각된다. "영원한 생명이란 홀로 참 하느님이신
아버지를 아는 것입니다."[14] 이렇게 생명이 참된 존재이듯이, 아는 것은
참된 생명이다. 삼위일체적인 신 이해에서 아리스토텔레스가 말하는
신의 자기 인식인 사유의 사유(noesis noeseos)는 자기 자신을 생각하
는 사유인데, 이 사유는 내적인 움직임의 실제적 영역으로 생각된다.
이 영역의 '중심'은 '숨(pneuma)'으로 불린다. 절대자는 자신을 정신
으로 아는 그런 정신으로 생각되며, 기꺼이 주관성으로 생각될 수 있
다. 그러나 주관성은 생명으로부터 분리되지 않는다. 영혼을 정신으로

12　예를 들어 다음을 참조: B. R. Steiner: *Wie wirkt man für den Impuls der Dreig-
liederung des sozialen Organismus?*, Dornach 1986, 289.

13　요한 1, 4.

14　요한 17, 3.

생각하는 것은, 정신이 생명으로 생각될 때 가능할 것이다. 그리스어는
이러한 경향에 쉽게 적응했다. 왜냐하면 그리스어는 '생명'이라고 번역
하는 용어를 비오스(bios, [육체적 생명])와 조에(zoe, [존재적 생명])라
는 두 단어로 표현할 수 있기 때문이다.

공의회의 결정은 실제로 성공적이었지만, 루돌프 슈타이너의 추측으
로는 전혀 다른 방향으로 진행되었다. 역사적으로 보자면, 이 결정은
정신의 폐기에 대한 전조가 아니라, 오히려 '영혼의 폐기'에 대한 전조
였다. 영혼은 소위 두 측면에서 치명타를 입었다. 한편으로 그리스도교
전통은 영혼의 정신성과 불사성을 매우 중요하게 여겼다. 여기서 동물
의 영혼에 대한 논의는 애매모호하게 되어버린 것 같다. 반면에 아리스
토텔레스에게 있어서 영혼은 인간과 동물을 서로 연결해 주는 공통적
요소였다. 그러나 다른 한편 16세기에 새로 등장한 자연 과학과 자연
철학은 동물의 영혼을 수용하는 것을 미신과 이단으로 배척했다. 살아
있는 유기체가 작동하는 것을 이해하기 위해서 아리스토텔레스의 '형
상 원리' 없이는 이해할 수 없다고 여긴 것이다. 유기체는 기계로 생각
되고 설명되어야 했다. 오직 인간만이 영혼을 지니며, 인간에게 있어서
도 영혼은 자신을 유기적으로 구성하는 형상적 힘이 아니라, 단지 사유
하는 존재(res cogitans)로서 의식적 경험의 기저일 뿐이게 된다.

III

영혼에 대한 오래된 '고전적' 개념을 이해하기 위해서, 우리는 하나의
체계가 상대적으로 외부의 관찰자에 대해서 뿐만이 아니라, 그 자체로
구별된 통일성을 이룬다는 것을 이해해야 한다. 이 점은 적어도 어떤
체계가 '동인(動因, Trieb)'으로 경험되는 바를 통해 구성되는 경우에

해당된다. 우리는 이러한 체계를 살아 있다고 말한다. 살아 있는 체계는 자기 생산적이며, 자기 자신을 조직하는 체계이다. 자기 조직화라는 개념은 논리적인 모순을 함축하고 있는 것처럼 보인다. '자신'을 조직하기 위해서 조직하는 '어떤 것'이 전제되어야 한다. 이 어떤 것이 아직 구별된 '어떤 것'이 아닌 한에서, 이 어떤 것은 오직 자신의 힘이 아닌 것에 속하는 힘을 통해서만 조직될 수 있다. 그렇다면 관련되는 소유 대명사가 아직 없다면, '어떤 것 자신의 힘'은 무엇일 수 있는가? 아리스토텔레스가 영혼을 살아 있는 존재의 '형상'으로 불렀다면, 그는 형상이라는 용어로, 어떤 것을 있는 그대로의 것으로 만들고, 어떤 것을 어떤 것 그 자체로 동일하게 만들며 어떤 것 자신의 행위 방식으로 조건 짓는 것을 이해한 것이다. 하지만 이 맥락에서 '어떠하게 만들다'는 용어는 비본래적인 독특한 의미로 사용되었다. 본래적인 의미에서 이 용어는 다른 것의 원인이 되는 자립적인 존재자를 전제한다. 드리쉬는 영혼, 생명력(Entelechie)을 유기적 과정을 이루는 작용인으로 이해했다. 반면에 포퍼와 에클스는 '자아'를 작용인으로 생각했다.[15] 이와 달리 아리스토텔레스의 형상 원인은 이런 식으로 '어떠하게 만드는 것'이 아니다. 형상 원인은 오직 우리가 "이 멜로디를 잊지 못하게 만드는 것은 무엇인가?"라고 물을 때 의도하는 유비적 의미에서만 '어떠하게 만드는 것'이다. 우리는 이 질문에서 시인이나 작곡가에 대해서 묻는 것이 아니라, 그 구절이나 가사 자체의 구조적 특징에 대해서 묻는 것이다. 아리스토텔레스의 '형상'은 이미 존재하는 독립체에 또는 어떤 단체의 구성원처럼 상위의 단일성으로 합쳐지는 식으로, 그러한 독립체들의 다수성에 어떤 것을 추가하는 것이 아니다. 오히려 이 형상은 살아 있는 통일체의 구성 원리이며, 그 부분들이 여전히 부

---

15 참조: J. Eccles und K. Popper: The Self and Its Brain, 같은 곳.

분으로만 존재하는 근본적인 실재이다. 하지만 부분들은 여전히 가상적인 독립체(entia per se)이며, 자립적인 존재자이다. 부분들은 '영혼'이 사라질 때만, 다시 말해서 살아 있는 통일체가 해소될 때만 실제적인 독립체가 된다.

어떤 것의 '형상'은 과학적인 의미에서 또는 일상적인 의미에서 말하는 설명의 원리가 아니다. 누가 "왜 당신은 하늘을 날아다니는 이 새가 풀밭에 있는 쥐를 볼 수 있다고 생각하시나요?"라고 묻는다면, 이에 대해서 이성적인 대답은 다음과 같다. "이 새는 매라서 그렇습니다. 매는 멀리서 움직이는 쥐를 볼 수 있답니다." 이와 같은 대답은 거의 모든 경우에 충분히 적용된다. 하지만 이례적으로 누군가, 왜 매는 그렇게 멀리 볼 수 있는지 물어볼 수 있다. 이에 대해서는 매의 눈의 특성에 대한 어떤 것을 말해야 한다. 이와 같은 설명은 거의 항상 충분하다. 그러나 매가 왜 그런 눈을 가지게 되었는지 더 알고 싶은 경우도 있다. 이 물음은 '왜 매가 존재하는가' 하는 물음에 버금가는 물음이다. 이 물음에 대해서는 진화의 과정에서 매의 발생에 대한 가정적인 이야기로만 답할 수 있다. 물론 이 대답에 대해서도 더 나아간 질문이 가능할 것이다. "매는 그렇게 멀리 볼 수 있다."는 첫 번째 대답에 이어지는 모든 대답을 구별하는 것은 무엇이며, 왜 이 첫 번째 대답은 대개의 경우에 충분한 것인가? 그것은, 자연적인 존재는 어떤 과정의 연속선상에 놓인 단순한 단계는 아니기 때문이다. 여기서 각 단계는 축적된 이전의 조건들을 다음 단계로 연결하는 것이 아니라, 오히려 '스스로' 어떤 것으로 존재함을 통해서 자신의 생성 조건으로부터 벗어난 '어떤 것'이다. 이것은 이러저러한 것으로, 다시 말해 어떤 류에 속할 때에만, 스스로 어떤 것일 수 있다. 정상적인 세계와의 관계에 있어서, 우리는 자연적인 류들에 대하여 많은 것을 기꺼이 알고자 할 뿐만 아니라, 그것이 어떤 류에 속하는지 알 때, 어떤 존재가 어떻게 활동할 것인지 알 준비가 되어 있다.

이 점은 인공물에도 해당된다. '여기 있는 것은 비행기'라는 것을 내가 알 때, 그렇다면 필시 나는 '이 사물이 땅에서 떠올라 하늘을 날 것이다.'라고 알고 있다. 인공물은 자연물과 마찬가지로 그 생성 조건들로부터 벗어난 독립체로 다루어진다. 고유한 '어떤 것'으로 되는 이와 같은 해방은 사물들에게 있어서는, 특정한 질료의 집합체가 우리에게 있어서 어떤 유형을 표현한다는 것에 근거한다. 그리고 이러한 유형은 그 유형이 어떤 특정한 전형적인 목적에 적합하게 구성됨을 통해 결정된다. 사물이 이러한 전형적인 목적에 견주어서 보여지지 않는다면, 그 사물로 존재하는 것을 멈추게 된다. 예컨대 자동차가 오일 교환이나 수리를 필요로 한다면, 그것은 우리가 계속해서 이 금속 덩어리를 자동차로 여기고, 인간의 목적에 관련시킬 때에만 유효하다. 반면에 "이 사람 또는 저 개는 마실 것이 필요하다."고 말할 때, 우리가 이 대상들을 사람이나 개로 여길 때에만, 이 대상들이 마실 것이 필요하다는 것을 의미하지는 않는다. 다시 말해서 이 대상들은 우리가 그들이 존재하는 대로 그들을 지각하는지 그렇지 않은지에 관계없이 마실 것을 필요로 한다. 그들이 어떤 것을 필요로 한다는 것은 자신의 내부에서 요구되며 자신을 위해서 요구되는 것이다. 말하자면 그들은 목이 마르다는 것이다.

아리스토텔레스 식으로 말하자면, 어떤 것은 그 자체로 '어떤 것'이며 더욱이 이러저러하게 특정한 어떤 것이다. 다시 말해서 이 어떤 것은 실체적인 형상을 지닌다. 그러나 이 어떤 것이 자신을 유지하는 체계일 때, 다시 말해서 이 체계의 내면과 외부의 차이가 외부의 관찰자에게만 상대적으로 존재하는 것이 아니라 그 자체로, 자신에 대해서 존재할 때, 우리는 이 체계를 "살아 있다"고 말하며, 이 체계의 '실체적인 형상'을 '영혼'이라고 부른다. 영혼은 목적론적인 구조, 곧 내적인 '구조 설계도'이다. 이 설계도는 인공물에서처럼 그것을 발견한 관찰자나 그것을 고안한 이용자에게 항상 기능으로 남아 있는 것이 아니다. 오히려 이 설계도는 어떤 것을 '환경'의 새로운 중심으로 만드는 영혼이다. 이 환경 내에서 이 살아 있는 독립체와는 다른 어떤 것의 의미가 부여되고, 또는 다른 어떤 것은 이 독립체에 대해서 상대적으로 존재할 수 있다. 어떤 것이 배가 고프다면, 이는 그것이 영혼을 지닌다는 것을 의미한다. 이 점에 있어서 우리는 영혼이 영혼과 관련되지 않고서는 설명될 수도 없을 어떤 활동 형태를 설명할 수 있는지 하는 문제를 해결할 필요는 없다. 개가 먹이 그릇으로 달려가는 이유에 대한 설명에 만족하지 못하는 사람은 만족할만한 설명을 찾아 오랫동안 길을 헤매게 된다. 아리스토텔레스뿐만 아니라 칸트도 이 길이 끝이 없으며, 그 때문에 이 길이 정말 참된 설명의 방법은 아니라고 보았다. 하지만 바로 과학이 이러한 길이다. 원칙적으로 경험 자체 외에는 이러한 설명에 접근할 수 있는 길은 없다. 하지만 이 경험은 과학적으로 설명될 수 없다: 이는 의심의 여지 없이 기능적으로 진화론적인 설명에는 용이하지만, 생존의 유용성에 근거하는 선택 이론 그 이상은 설명해 주지 못하며, 맨 처음에 어떤 것이 나타난 이유를 제시하지 못한다. 이러한 맥락에서 '섬광적 출현(fulgulation)', '창발적 진화(Emergenz)' 등과 같은 용어들은 단지 원칙적으로 설명될 수 없는 것에 대한 암호일 뿐이다. 이 용어들은 논점을 흐리게 만든다. 다시 말해서 객체로부터 주체로 넘어가는 범주의 변화가 현상들에 의해 강요되어 요구되기는 하지만, 이러한 '강요'는 물리적으로 현상들에 의해 야기되는 것은 아니다. 그렇다고 우리가 범주의 변화로부터 물러난다면, 우리는 어느 공간에 놓여 있는 객체에 대해서 더 이상 어떤 것도 말할 수 없게 된다. 이렇게 된다면 우리는 전체 세계의 부분으로서 더는 우리 자신과 우리의 기쁨과 슬픔, 우리의 관심과 고통에 대해서 말할 수 없게 된다. 이와 더불어 우리는 우리 자

신과는 다른 살아 있는 생물들을 진짜로, 다시 말해서 그들 자신과 동
일한 독립체들로 알아보는 것을 중지할 수밖에 없게 된다.

　우리는 홀로 우리 자신인 주관적인 존재로 있다. 하지만 이러한 홀로
있음은 저절로 생긴 것이다. 영혼을 부여받은 존재에 대한 인정을 필요
로 하는 '강요'는 윤리적인 필요성으로서의 강요, 곧 의무와 비교할 수
있다. 이 의무는 그 자체로 물리적인 강제를 부과하거나 심리적인 어떤
것을 짐 지우는 것이 아니라, 우리의 자유를 요구한다. 이로써 물리적
으로, 심지어 심리적으로 가능한 어떤 것은 우리에게 '정신적으로', 다
시 말해서 윤리적으로는 불가능하게 여겨지게 된다. 살아 있는 것, 곧
영혼을 인정하는 필요성은 인격으로부터 기인하는 윤리적 요구와 유사
하기는 하지만, 이와 같은 것은 아니다. 그렇지만 이는 우리가 윤리적
인 요구와 완전히 분리시킬 수 없는 고유한 요구이다. '생명'이 의미하
는 바를 서술하는 용어를 발견할 수 있는데, 이러한 용어를 우리는 우
리 자신의 의식적인 생명에 대한 경험, 다시 말해서 인격의 생명에 대
한 경험에 바탕을 둔 삭감과 유비의 방법을 통해서만 얻을 수 있다. 살
아 있다는 것이 의미하는 바를 우리는 자아 경험으로부터 알게 된다.
생물이 자기 스스로 움직인다는 것이 의미하는 것을, 우리 자신이 스스
로 움직이기 때문에 아는 것이다. 일반적인 의미에서 '움직인다'는 것
의 고유한 의미를 우리는 알지 못한다. 우리가 물리적인 움직임을 생각
하려고 시도할 때, 양자택일을 해야 한다. 그 중 하나는, 움직임에서 운
동의 특성을 걷어내어서, 이 운동을 일련의 극소의 짧은 단위의 비유동
적인 상태들로 분해하는 것이다. 아니면, '동인'과 같은 개념을 사용해
서 현재의 상황을 서술하는데 있어서 미래의 상황들을 예측함으로서,
움직임을 유비 혹은 유사성에 따라서 살아 있는 것들의 '지향성(Ausse-
ins-auf)' 곧, 이들이 추구하는 것을 이해하는 것이다. 바로 우리가 생
명의 마지막 순간에 죽는 것처럼, 어떤 움직임의 마지막 순간에 움직여

진 것은 더 이상 움직이지 않는다. 영혼은 물러나고, 나머지 남아 있는 구조는 외부로부터 지각되는 형태, 곧 시체일 뿐이다. 이제 시작되는 과정은 자기 구성의 과정이 아니라 형태의 해체 과정이다.

우리는 생명을 우리의 존재로, 곧 인격의 존재로 경험함으로써, 생명이 무엇인지 경험하게 된다. 생명은 우리의 존재여서, 우리는 생명을 지니고 있다. 인격들은 그들의 생명이다. 그러나 인격의 존재는 영혼이 부여된 육체를 소유하는 것이기 때문에, 인격은 이 육체 자체의 소멸과 더불어 소멸된다. 하지만 고유한 생명을 위험에 처하게 해서, 어떤 목적을 위해 '헌신'할 수 있다는 것은 인격의 가장 중요한 특징이며, 이렇게 하는 것은 인간이 인격으로서 최고로 인정받는 것이다. 자신의 고유한 생명으로부터 "무엇을 떼어낼" 수 있는 사람은 '주인'이다. 이는 헤겔이 자신의 유명한 장(章)인 〈주인과 종〉에서 말했던 것이다. 반면에 자신의 생명을 "꼭 붙잡고 있는" 사람은 종이다.[16] 인격의 존재가 소유를 의미하고, 이 소유가 놓아 버릴 수 있다는 것을 함축한다면, 자신의 생명을 놓아 버릴 수 있는 사람만이 진정으로 생명을 지닐 수 있다. 하지만 인격은 '존재를 넘어섬'을 의미한다. 인격은 '무엇을 향해 밖으로 나가 있는' 다른 비인격적인 생물들과는 다르다. 비인격적인 생물들이 밖을 향해 추구하는 것은 그 자체로 그들이 소유하고 그와 관련될 수 있는 어떤 것이다. 그들은 단순히 그들이 경험하는 바로 존재하지 않지만, 자신들이 경험에 있어서 주체들이다. 자기 자신과의 관계는 상호주관적으로 매개된 주관적인 경험과의 관계이다.

---

16 G. W. F. Hegel: *Phänomenologie des Geistes*, 같은 책, 153 이하.

IV

자기 관계의 기원에 대해서 말하자면, 오늘날 본질적으로 두 학파를 들수 있겠다. 이 중 하나는 상호 주관성이라는 사실로부터 출발해서, 주관성을 상호 주관성으로부터 나온 이차적인 현상으로 다루고 있다. 다른 하나는 이러한 의견을 불가능한 것으로 거부한다. 두 번째 학파에게 있어서 주관성과 의식은 각각의 상호 인격적인 관계에서 필수 불가결한 조건이다. 이 학파는 우선 자아의식을 자기중심적인 관점에서 재구성하려고 한다. 필자가 보기에 논쟁은, 우리가 한편으로는 자기 자신에 대한 직접적인 내적 경험과 다른 한편으로는 자기 자신에 대한 반성적인 의식을 구분할 때에만 극복될 수 있을 것 같다. 이는, 생명과 의식이 연속적인 형태를 이룬다는 것을 깨달을 때만 해결될 수 있다는 것을 의미한다.

이와 같이 본래적으로 내적인 존재는 그 주변에 자리 잡고 있는 살아있는 중요한 생물들과 더불어서 본래 그렇게 있는 현상으로서, 결코 상호 주관적으로 구성되어 있지 않다. 내적인 자아 존재는 자기 자신으로 향하는 주체의 구심적인 전환이 의미하는 자아의식과는 다른 어떤 것이다. 이렇게 자신을 발견하기 위한 전환으로서 자아의식은 다른 사람이 우리를 보는 것처럼 우리 자신을 보는 것을 배움으로써 시작된다. 아이들은 '나'라고 말하는 것을 배우기 전에는, 3인칭으로 자신에 대해서 말한다. 그래서 이러한 전환은 우리 자신을 '나'라고 말하는 것보다 더 근원적이다. 왜냐하면 이 전환에서 인간이라는 주체는 나의 세계의 중심에서 나의 단순한 체계-환경이라는 구도를 벗어나기 때문이다. 인간은 내 중심이라는 관점에서 벗어나서, 자기 자신을 처음으로 다른 사람들 가운데 하나로 지각하게 된다. 이렇게 해서 인간은 자신과의 관계를 획득하게 된다. 하지만 다른 사람들이 사용하는 고유한 이름에 따라서 우리가 부르는 존재가, 그에 대한 경험이 직접적으로 우리에게 접근 가능한 그 존재와, 곧 우리 자신과 동일하다는 것을 어떻게 배우게 되는가? 우리는 이러한 존재에 대해서 인칭 대명사 '나'를 적용한다. 이 인칭 대명사는 이를 사용하는 사람에 의해 오직 하나의 유일무이한 인격에 대해서만, 곧 나라고 말하는 사람 자신에 대해서만 사용된다. 그렇다면 우리는 이것을 어떻게 배우게 되는가? 더욱이 여기서는 자기 자신의 것으로 체험되는 복잡한 경험에 관계될 때, 특정한 이름이나 인칭 대명사 '너'는 항상 정확하게 불려진다. 더 낫게 말하자면, 이 복잡한 경험은 어떤 이가 고유한 이름이나 인칭 대명사로 불릴 때, 고유한 경험으로서 체험된다. 아이들은 자신의 경험을 자신의 것으로 이해하며, 자기 자신을 이 경험의 주체로 이해하는 것을 배운다. 아이는 사람과 사물들을 인지하고 식별하는 그러한 방식으로, 자신을 인지될 수 있고 식별될 수 있는 어떤 사람으로 만나게 된다. 그리고 이제까지 아이가 동일시한 경험은 이제 그 아이 자신의 경험이 된다. 왜냐하면 자신의 경험과 자기 자신을 직접적으로 동일시하는 것을 멈춤으로써만, 그는 '자기 자신과 동일하게' 될 수 있기 때문이다. 인간은 나로서 한갓 영혼이 주어진 존재라는 것을 멈출 때에야 비로소, 그의 영혼은 고유한 내적인 통일성, 나의 경험의 통일성, '나의 영혼'의 통일성을 얻게 된다.

V

이로써 인격의 존재를 구성하는 '소유'는 영혼도 포함하게 된다. 말하자면 인간은 하나의 영혼을 지니고 있다. 고대 문헌에서 자주 등장하듯이, 인간은 '자신의 영혼에게 말할' 수 있다. 여기서 말하는 사람은 육체와 영혼을 넘어서는 어떤 제3의 독립체가 아니라, 있는 그대로의 자신인 바로 관계할 수 있는 인간 자신이다. 따라서 그 반대도 참이다. 말하자면 인격의 정신적인 행위는 영혼의 사건들로서 경험하는 것이다. 자신의 본질에 따라서 고찰되는 의도적인 행위는 시간과 무관하다. 반면에 자신의 영혼의 현존재에 따라서 고찰되는, 심리학적인 의도적인 행위는 시간 안에서 일어나는 사건이다.

영혼의 불멸이라는 생각은 이 두 현상에 근거한다. 하나는 각각의 영혼처럼 영혼이 어떤 유기적인 육체의 구조로서 이 육체에 자신의 동일성을 확증하기만 한 것은 아니라는 사실이다. 영혼의 동일성은 그 주관적 경험의 동일성으로서, 물질적인 과정과의 내재적이거나 논리적인 연결을 넘어선다. 경험은 그러한 과정을 통해서 인과적으로 야기될 수 있기는 하지만, 이렇게 야기되거나 차단된 것은 그것을 야기하는 원인과는 전혀 다른 범주에 속한다. 오늘날까지도 이러한 연관성에 빛을 비춰줄 그 어떤 연구의 실마리도 없다. 아마도 이러한 연구 시도는 선험적인 것 같다. 따라서 이러한 시도는 논리적인 근거로부터는 번번이 실패할 수밖에 없을 것이다.

두 번째 현상은 첫 번째 현상에 따른 귀결로서 의도적인 행위에 대한 영혼의 경험이다. 예컨대 역사적이거나 수학적인 발견과 같은 의도적인 행위는, 자신의 객체가 되는 어떤 것을 예외로 한다면, 논리적으로 물리적인 사건에 의존하지 않을 뿐만 아니라, 원인론적으로 물리적인 사건의 결과로 생각될 수도 없다. 더욱이 이 의도적인 행위에는 그 어떤 특정한 뇌의 상태도 분명하게 속할 수 없다. 그러나 우리는 온갖 뇌의 활동성 없이는 의도적인 행위의 가능성에 대해서 알지 못한다. 그 때문에 유기적인 생명의 소멸로 인해 그 본질이 시간과 무관한 사건에 따라서는 더 이상 경험될 수 없으며, 그렇기에 모든 유기적 존재의 영혼처럼, 영혼이 영혼을 지닌 육체와 더불어 죽는다고 생각하는 것이 가능하다.

우리는 10장에서 유한한 인격, 곧 죽음에 대해서 살펴보았다. 여기서 죽음은 유한한 인격에게는 마지막이며, 시간을 넘어서는 의미에 대한 구성의 조건이다. 하지만 의미가 초시간적이기 위해서, 인간의 인격을 유한하지 않은 것으로 생각할 필요는 없다. 절대자인 신을 이러한 의미를 보존하는 장소로 생각하는 것으로 충분하다. 신이 존재한다는 것을 아는 것에 기꺼이 만족하는 구약 성경의 종교들이 있다. 우리는 불멸을 가정하는 것이 종교에 있어서보다 허무주의적이지 않은 무신론에 더 강요된다고 말할 수 있을 것이다. 왜냐하면 의미가 주관적인 의식에 의존한다면, 의식이 완전히 사라진다고 생각하는 것은 과거 차원뿐만 아니라, 아직 다가오지 않았지만 완결된 형태의 미래 완료(futurum exactum)가 사라진다는 것을 의미하기 때문이다. 하지만 우리는 이 점을 생각할 수 없다. 우리가 지금 일어나는 것이 언젠가는 멈추게 될 것이라고 생각하려고 할 때, 그것은 현재의 실재를 부인하는 것이 된다. 영혼의 불멸성에 대해 생각하는 것은, 의미에 있어서 유한하게 참여하는 것이, 비록 생물의 유기적인 자기 보존의 기능은 아니라고 하더라도, 이러한 참여가 생존을 위한 투쟁에서 실패로 돌아가는 것은 아니라고 생각하는 것이다. 초월적 존재로서 인격은 한편으로는 필연적으로 자신이 죽는다는 것을 생각한다. 그렇지만 인격은 분명히 '부정될 수 없는 너'로 상대에게 자신을 드러내는 자신 또는 다른 인격이 시간 속에서 허무하게 사라진다는 것을 생각할 수 없다. 인격은 시간이 다 되었다고 해서 단순히 '폐기되지' 않는다. 왜냐하면 인격의 실재는 '시간 안에' 있지 않기 때문이다. 사랑하는 사람과 만나서 대화하고 눈빛을 교환하면서, 동시에 그 사람이 곧 더 이상 존재하지 않을 것이라고 생각하는 것은 불가능하다. 우리는 우리의 삶을 이끌어가는 지향성 또는 의도성이 우리의 유기적인 생존 메카니즘의 기능이 아니라는 것을 알기 때문에, 죽음 후에도 이 지향성이 지속되리라고 생각할 수 있다. 구조화된 외면성으로서, 곧 물질성으로서의 우리의 본성은 그것을 구성하는 영혼으로부터 분리되며, 감소되는 엔트로피의 희생물이 된다. 아리스토텔레스에 의하면 코 없이는 '들창코'를 생각할 수 없듯이, 감각적인 지각은 지각하는 주체의 물질성 없이는 생각될 수 없다.[17] 이러한 감각적 지각은 소위 지각된 것의 정도에 따라 자리매김한다. 반면에 다른 한편으로 지향성은 순수한 구조이다. 앞에서 우리는 인격을 다양한 종류의 지향성과 동일한 주체로 정의했다. 이 주체는 의도적인 행위에서 구조적인 계기일 수만은 없다. 왜냐하면 주체는 자기 자신의 서로 다른 다양한 행위를 동반하기 때문이다. 이러한 행위와 신경 단위의 토대를 연결하는 우연적인 특징은, 영혼의 이러한 구조와 불멸성과 분리해서 어떤 것을 과학적으로 긍정적이거나 부정적으로 말하도록 허용하지 않는다. 과학은 그 정의에 의하면 조건에 대한 연구이다. 어떤 존재자가 생성 조건으로부터 벗어나는 것은 과학이 다루는 주제가 아니다. 이렇게 과학은 영혼의 불멸에 대한 사유에 도달하거나 그 사유를 반박할 수 없으며, 이러한 사유를 거부할 수 없다. 만일 이러한 사유가 거부된다면, 이는 어떤 특정한 상식에 근거해서 거부되는 것이다. 이 상식은 세계라는 큰 그림을 과학으로부터 광범위하게 이끌어 내어서, 과학적으로 다룰 수 없다면 그 어떤 것도 믿지 않는다. 이렇게 과학적 태도에 기반을 둔 상식은 특히 인간적인 눈으로 보자면, 예외적인 일탈 현상과 같다. 이와 같은 상식으로 각인된 것들은 자신과 인류 역사 간에 골을 만든다. 왜냐하면 그 시작부터 인류는 죽음 후에도 계속되는 삶에 대한 믿음과 이에 상응하는 죽음과의 통교에 의해 존재감을 새겨 왔기 때문이다.

　다른 사람이 더 이상 존재하지 않는다는 것을 상상할 수도 없다면,

17　아리스토텔레스, 『영혼론』 III, 4: 429 b 19.

이는 영혼의 인격적 생명이 지닌 지향적이고 의도적인 구조 때문은 아니다. 이 점은 불멸에 대한 생각을 가능하게 할 뿐이다. 불멸의 가능성이 실현된다고 가정하는 것은 인격의 초월성과 이와 연관된 것으로 인격적인 실존의 의사소통 상황을 요구한다. 앞서 보았듯이, 이 의사소통의 장에서 각 인격의 '자리'는 다른 모든 자리에 대해 선험적인 관계에 놓여 있다. 여기서 각 인격은 항상 배타적으로 인격 자신에 의해 정의되는 자리를 점유한다. 이제 이론적으로, '과거의' 인간도 자신의 기억이 살아 있는 한, 그러한 자리를 구성했다고 생각될 수 있겠다. 하지만 과거의 인간은 자신의 자리를 새로운 도착지에 배정하는 실존하는 인격이 아니다. 과거의 인간의 자리는 그를 기억하는 다른 사람들에 의해 분명하게 유지되지 않는다. 복합적인 상호 인정은 본질적으로, 모든 사람이 자기 자신의 실존에 의해 보편적인 인격공동체에서 그러한 자리를 점유할 것을 요구한다. 죽은 이들에 대한 경건함은 과도한 자비의 행위(opus supererogatorium)가 아니라, 오히려 요구를 충족시키는 것이다. 하지만 그 요구를 하는 사람이 더 이상 존재하지 않는다면 어떤 요구가 있을 수 있는가?

인격들 간의 관계에 있어서 인정은 토대가 되는 단계이다. 하지만 이러한 관계에서 가장 인격적인 단계는 사랑의 관계이다. 사랑은 실존적인 자기 초월로서, 이 초월을 통해서 정신과 영혼, 보편성과 구체적인 경험이 하나가 된다. 심지어 초월은 경험 자체를 변형시킨다. 말하자면 영혼은 사랑 안에서 더 이상 자기 보존이라는 생존의 생명유지 기능에 의해 정의되지 않는다. 사랑 안에서 영혼 자신은 정신의 실재가 된다. 사랑은 본질적으로 무한하다. 타인에 대한 절대적인 긍정은 그 개념에 부합하는 동안에는 결코 끝나지 않는다. 경험적인 무수한 반론들은 사랑하는 사람이 맹세를 하지 못하도록 만든다. 사랑받은 사람의 죽음뿐만 아니라 사랑하는 사람의 죽음은 불가분의 관계이며, 이러한 죽음의 유한성 없이는 인간적인 사랑은 있을 수 없을 것이다. 그러나 인간의 유한성은 사랑의 유한성과 동일하지 않다. 사랑하는 사람이 사랑받는 사람의 죽음을 최종적으로 받아들일 수 없는 것은 나약함으로 치부할 수도 있다. 하지만 고유한 사랑의 마지막을 생각하지 않고 받아들이려고 하지 않는 것은 나약함이 아니라 자기 초월의 본질에 상응한다. 자기 초월은 어떤 면에서 죽음을 자기 체험의 내적인 계기로서 자기 자신 안에 지니고 있다. 그래서 솔로몬은 사랑이 "죽음과 같이 강하다."[18]고 했으며, 사도 바오로는 '사랑의 찬가'에서 "사랑은 언제까지나 멈추지 않습니다."[19]라고 말했다.

영혼의 불멸은 사랑의 전제일 뿐만 아니라, 그 고유한 마지막을 생각하지 않으려는 사랑의 관계에 대한 전제이기도 하다. 왜냐하면 사랑은 자신의 고유한 관념을 부인하지 않고서는, 마지막을 생각할 수 없기 때문이다. 인류의 역사처럼 오래된 이러한 전제를 완성할 수 있다고 그 어떤 철학도 억지로 주장할 수는 없다. 철학은 오직 이 전제의 의미를 해명하고 이 전제를 완성하는 것이 불가능하다는 생각을 부인할 수 있을 뿐이다. 철학은 과학적인 상식에서 우리를 자유롭게 할 수 있다. 여기서 이 과학적인 상식은 과학적인 논거들에 근거되지 않으며, 이러한 의미에서 보편적인 인간 전통의 무게를 지니고 있다. 특히 이러한 사유가 죽은 이들의 부활과 연결될 때, 내면적인 일관성과 타당성에서 얻게 된다는 것을 덧붙여야 한다. 이것은 영혼이 '순수한 형상'으로서 인격의 실존을 회복하는 것과 연관되어 있다는 것을 의미한다. 순수한 의도로 생명을 지속시키는 것은, 비록 더 이상 생존에 대한 냉혹한 불안 아래서, 곧 체계 이론에 대한 환원적인 설명으로 의미될 수 없다고 하더

---

18 아가 8, 6.
19 1코린 13, 8.

라도, 다시 다양한 차원의 삶의 수행(Lebensvollzug) 형태로 복구된다. 다시 말해서 내연적이고 영적인 생명인 조에(zoe)가 외연적이며 육체적인 목숨인 비오스(bios)를 대체하게 된다. 마찬가지로 아레오파고스에 모인 사람들이 사도 바오로가 한 말을 들었을 때, 그들은 바오로를 칭찬하면서 점잖게 다음과 같이 말했다. "죽은 이들의 부활에 관해서는 다음에 다시 듣겠소."[20]

철학자들은 영혼의 불멸이라는 전제에 만족해야 하며, 이에 대해서는 소크라테스의 말로 대변할 수 있겠다. "그것이 그러하다고 생각하는 사람에게 있어서는, 그렇게 생각하는 것이 적절하며 모험을 할 가치가 있다고 생각된다. 왜냐하면 이런 모험은 훌륭한 것이기에 이와 같은 것들을 마치 주문을 외듯이 해야만 하기 때문이다."[21]

---

20 사도 17, 32.

21 플라톤, 『파이돈』, 115a; 플라톤, 『플라톤의 네 대화편: 에우티프론/소크라테스의 변론/크리톤/파이돈』, 박종현 역주, 서광사 2003, 451.

양심

I

우리는 인간을 인격들이라고 부른다. 그 이유는 인간이 특별하게 여타의 존재하는 생명체들과 다른 방식으로 존재하는 생명체이기 때문이다. 인격은 인간 본래의 본질이다. 인간의 본질은 대부분 다른 존재와 공유하는 특성들로 구성된다. 이러한 특성의 개별적 결합은 다분히 늘 고유한 것이 된다. 그런데 인격을 인격으로 만드는 것은 그 특성이 아니라 그 유일성이다. 유일성은 유일회성의 단순한 결과가 아니며 또한 시·공간을 점유함으로써 지시적으로만 정의되는 것도 아니다. 인격들은 오히려 그로부터 시, 공간의 위치를 유일하게 정의할 수 있는 '아르키메데스의 점'[1]이다. 그 이유는 이 아르키메데스 점을 통하여서만 '여기'와 '지금'이 정의될 수 있기 때문이다. 지금과 여기는 오직 인격들,

---

1 [고대 그리스의 수학자인 아르키메데스(B.C.287?-B.C.212)가 고정된 어떤 점이 주어지면 그 점을 받침점으로 삼아 지렛대를 이용하여 지구까지 들어 올릴 수 있다고 한데서 나온 표현이다.]

즉 생명체들을 위해서만 존재한다. 이들은 한편으로 그로부터 하나의
관점이 생겨나는 생명력이 있는 중심을 형성하고 다른 한편으로 이러
한 관점성(Perspektivität), 말하자면 이러한 중심의 상대성을 알며 그
때문에 '어딘가 다른 곳(woanders)'과 구별되는 '여기'와 '이전' 및 '이
후'와 구별되는 '지금'에 관하여 언급할 수 있다.

　인간적 행위 또한 어떤 관점에 의해 제약되어 있다. 이 행위는 세계
의 진행을 결정하는 힘들의 평행사변형 안에서 한 요인을 구성하기는
하지만, 이것은 행위자의 시야는 아니다. 행위자의 관점은 제한되어 있
다. 행위자는 목적에 따라 행동한다. 목적은 미래에 일어날 일의 전체
에서 유래하는 관점적인 단면(斷面)인데, 행위자는 이러한 미래의 사건
의 형성물 안으로 함께 수용된다. 행위자는 특정의 사건을 '행위의 목
적'으로서 분리하고 다른 사건을 부수 결과로 과소평가한다. 이러한 추
상에 앞서 그때그때 고유한 활동성은 '원인'으로서, 단순히 부수적 조
건으로 과소평가되는 사건의 모든 다른 조건들에 선행한다. 이러한 이
중의 관점적 추상이 행위를 구성한다. 짐승도 유사한 방식으로 생명력
이 왕성한 이익관심의 관점 아래 '추상한다'. 그런데 인간들은 일반적
으로 자신이 추상한다는 것을 알고 있고, 우리는 자신들의 행위에서 자
신들이 그것을 안다는 것을 인식하게 하는 그러한 인간들만을 책임 능
력이 있다고 간주한다.

　이를테면 이러한 지식을 토대로 하여 행위자는 타인을 자신의 고유
하게 현실적인 이익관심의 관점으로서 자신의 목적 설정 안으로 받아
들일 수 있거나 자신의 현실적인 목적을 따름에 있어서 자신을 제한할
수 있다. 그 이유는 행위자가 다른 목적들과의 일치를 고려하기 때문이
다. 이러한 다른 목적들은 단기적인 목적들과 경쟁하는 장기적인 고유
한 목적들일 수 있다. 또한 자신의 이익관심과 충돌하는 타인들의 그것
이 있을 수 있다. 마지막으로 오직 인격의 특징에서만 유래하는, 이를

테면 자기 자신을 위한 책임으로서 이해될 수 있는 이익관심, 즉 자신의 '고유한' 삶이 객관적으로 성공한다는 의미에서 '자기 실현'에 대한 이익관심이 있을 수 있다.

그러나 자기 자신의 삶의 '객관적 성공'은 주관적이고 현실성이 있거나 장기적이고 주관적인 만족감을 의미하지는 않는다. 자신의 생명에 대한 책임은 인격이 생명을 지닌다는 것을 전제한다. 물론 인격이 이러한 소유의 저편에 고유한 실재로 있다는 의미는 아니다. 그러므로 인격도 자체로 이러한 책임의 대상일 수는 없다. 자기 자신에 대한 책임은 원래의 의미에서는 있을 수 없다. 그 이유는 우리가 이러한 경우에 항상 자기 자신을 사면할 수 있기 때문이다. 나의 삶의 성공은 나에게 무의미한 것일 수 있다. 그러한 무의미한 기분, 즉 권태감은 가끔 병적인 특징을 지닐 수 있는 무기력의 결과이다. 그와 같은 기분은 인간이 자신을 자유에 맡겨 버리는 기분으로서 그리스도교의 고전적인 영성적 전통에서는 중죄 중 하나인 나태(acedia)로 간주되었다. 그리고 그 이유는 인간이 자신의 이익관심의 추구를 타인들 앞에서 책임을 져야만 하고 그런 자신의 장기적인 이익관심에 대한 척도를 발견하는 영리성의 규칙들이 자신에게 있을 뿐만 아니라 이러한 이익관심을 다시 한번 자기 자신에 대한 객관적 책임, 즉 '올바르게 살기 위한' 책임의 관점 아래 정당화해야 하기 때문이다. 그런데 이러한 올바른 삶의 척도들은 인간적 본성, 즉 인간적 공동생활의 법률로부터, 그리고 역사적으로 이미 주어진 의무로부터 획득된다. 그러나 인격을 위한 의무의 성격 자체는 이러한 내용 중 어느 것에서 생기지 않는다. 물론 인격은 이 모든 것에 대하여 성찰하면서 거리를 둔다. 이 내용 중 어느 것에서도 본능적 필요성이 나오지는 않는다. 오히려 우리 자신은 거리를 두는 성찰을 포기하고 우리 자신에게 책임을 인정함으로서 비로소 그러한 필요성을 만든다. 우리 자신을 위한 책임을 생각하는 가운데 인격이 모범적인 방

식으로 실현된다. 거리를 두는 성찰의 포기는 자연적 직접성으로 복귀
하는 것이 아니라 인간이 자신을 위해 가치가 있는 모든 이익관심, 즉
자신과 타인들의 이익관심으로부터 거리를 둠으로써 비로소 가능하게
되는 새로운 직접적 성찰인 것이다. 왜냐하면 그것은 전체로서의 자신
의 삶, 말하자면 자신의 이익관심과 행위를 주도하는 동기를 책임지는
것을 의미하기 때문이다. 성찰은 우선 이러한 이익관심의 척도에 방향
을 둔다. 이익관심 자체는 비로소 '올바른 삶'의 관점 아래 책임의 대상
이 된다. 내가 존재하는 대로 그렇게 존재한다는 사실은 최종적 논증이
기를 멈춘다. 그 이유는 내가 그것에 대한 책임을 지고 있기 때문이다.
이익관심은 자체의 직접성에서 성찰에 방향을 정해주는 척도이기를 멈
춘다. 아직도 이익관심에 정향된 본질적인 성찰을 앞지르는, 우리가 보
통 '양심'이라고 부르는 '음성'은 새로운 내용이나 경쟁 상태에 들어설
새로운 이익관심을 작동시키지 않는다. 음성인 양심을 그렇게 이해하
는 것은 '자연주의적 오류(naturalistic fallacy)'일 것이다. 그것은 인격
에 특징적인 어디에도 없는 전망(view from nowhere)에 상응하는 '어
디에도 없는 곳으로부터의 음성(Stimme von nirgendwo)'이다. 내용적
으로 이 음성은 상이한 원천들로부터 제공되는 것일 수 있는데, 심리학
이 말하는 초자아(das Über-Ich)에 기인할 수 있다. 그러나 초자아의
요구들도 거리를 두고 정당화와 책임의 지배 아래 있게 된다면 비로소
양심에 관하여 언급할 수 있는 것이다. 이러한 책임의 대상은 나 자신
일 수는 없다. 왜냐하면 그것은 오직 하나의 말함의 방식(eine façon de
parler)에 지나지 않는 것이기 때문이다. 책임의 대상은 실제로는 내가
나 자신을 묘사한 하나의 형상일 것이다. 나는 이러한 형상을 수정할
수 있을 것이다. 이러한 형상은 어디에서 유래하는가? 물론 다시 내가
이 형상을 만들어 내게 한 숨은 이익관심들이 있다. 그리고 내가 예컨
대 격정(Leidenschaft)의 몰아침 가운데 나 자신이 묘사한 형상에서 자

신을 해방할 때에 진정으로 나 자신에 대한 각성이 있을 수 있다. 전체로
서의 자신의 삶에 대한 책임의 대상은 이러한 삶 자체의 일부, 곧 이익관
심, 격정, 타인이나 자신의 이상과 같은 삶 자체의 일부일 수는 없다.

II

양심은 형이상학적 의미의 현상으로서 독립적이다. 그런데 의미들은
현상에 더 좋거나 더 나쁘게 상응할 수 있다. 그러므로 의미들은 진리
를 포함할 수 있다. 그리고 현상에 상응하지 않는 의미는 현상을 약화
시키고 양심의 효력을 약화시킬 수 있다.

  양심을 지니는 것은 인격의 명백한 표징이다. 양심은 인간을 철저하
게 개별화함과 동시에 모든 자아 중심적 개인주의에서 벗어나게 한다.
양심은 모든 속박과 의무, 책임과 연대성을 자기 자신에 대한 책임 아래
에 귀속시키므로 개별화하는 것이다. 인간들이 우선 자기들 자신에 대
한 책임을 지닐 것이라는 생각은 위선주의(Pharisaeismus)와 도덕적 이
기주의라고 지칭되어 버렸다. 그러나 이러한 시각은 첫째로 이러한 생
각의 불가피성과 둘째로 순수하게 형식적인 성격을 오인하는 것이다.
  이러한 생각은 불가피하다. 그 이유는 이러한 생각이 '가치들'을 포
함하는 유한한 내용들과의 관계에서 우리를 오직 모든 직접성에서 벗
어나게 하는 성찰에 대한 그런 성찰의 실천적 측면일 뿐이기 때문이다.
막스 셸러(Max Scheler)는, 행복은 직접적으로 의도될 수 없다고 가르
쳤다. 이것이 도덕(die Sittlichkeit)에도 적용된다고 가정한 것은 그의
몇몇 큰 오류 중의 하나다. 도덕은 오직 직접적 가치 응답의 망각 속에
서만 존재할 수 있다고 한다. 셸러는 우리가 이미 잃어버렸고 그것의

예찬이 부적절하게 되어버린 첫 번째 자연적 직접성과 클라이스트 (Kleist)의 '무한자'를 통과한 두 번째 직접성 사이의 구별을 오인하였 다.[2] 두 번째 직접성은 양심을 통하여 간직된 성찰의 직접성이다. 이 직 접성에서는 각자에게 도덕적 이기주의로서가 아니라 '자기 자신에 대 한 책임'이라고 지칭될 수 있는 어떤 방식으로 각자 자신이 중요하다. 그리고 이것은 모든 이기주의, 즉 자연적 자기 망각의 표면상의 무죄 (순결)안에 아직 숨겨 있는 바로 그것의 종말을 의미한다.

장 폴 사르트르(Jean Paul Sartre)는 그가 죽은 후에 출판된 『도덕을 위한 노트(Cahiers pour une morale)』에서 세계를 개선하는 일에 있어 책임을 떠맡기를 거부하는 것에 관하여 주의를 환기시켰는데, 이 거부 가 자기 자신에 대한 책임이라는 생각(Idee)에서 나온다면 도덕적 이 기주의는 아니다. 그 이유는 그런 경우에는 어떤 자신의 이익관심, 또 한 자기 만족이 중요하지 않고 나의 삶을 '아름답게' 사는 것, 즉 자신 의 창조주의 영광을 삶에서 표현하는 것이 중요하기 때문이다. 신앙 인에게는 자신의 영혼을 돌보는 것이 이기적인 것은 아니라고 사르트 르는 적고 있다. 오직 무신론자만이 공리주의(Utilitarismus)의 의무를 지고 있는데, 그 이유는 신이 그에게 세계를 위한 책임을 덜어 주지 않 기 때문이다. 그런데 사르트르에 의하면 무신론적 전제 아래 자기 자 신을 위한 우선적 책임은 어떤 의미를 갖지 않는다. 그 이유는 동시에 부담을 덜어주면서 의무를 부여하는 그와 같은 책임의 대상이 없기 때 문이다.[3]

양심의 형식적 성격은, 양심이 어떤 방식으로 특수한 관점을 통하여 도덕적 판단에 영향을 주거나 편견을 품게 하는 어떤 신탁(Orakel)이

---

2 H. v. Kleist: Über das Marionettentheater, 509; in: *Gesammelte Werke in zwei Bänden, Hrsg. von B.v.Heiseler*, 2. Bd, Gütersloh 1956, 501–509.

3 J. P. Sartre: *Cahiers pour une morale*, Paris 1983.

아님을 의미한다. 양심은 이러한 판단에 영향을 주지 않고 양심이 바로
이 판단이다. 양심은 임의(任意, Belieben)에서와 마찬가지로 인간이 그
것을 통해 자기 자신을 위한 책임에서 도망가는 그러한 가공의 책임성
에서 우리를 소환한다. 우리가 '양심'이라고 부르는 자기 경험의 방식
을 통한 인격의 철저한 개별화는 선과 악, 미와 추의 척도들과도 관계
가 있으며, 이러한 책임은 이들 척도에 방향을 두고 있다. 이러한 척도
들도 최종적 위계에서는 인격 자체가 책임질 수 밖에 없다. 이러한 척
도들을 위한 결정은 자체로 책임져야 할 삶의 한 부분이다. 이것은 이
제 악순환(circus vitiosus)으로 인도하는 것처럼 보인다. 우리는 또다
시 이러한 결정을 위한 하나의 척도를 필요로 하는 것처럼 보이고, 그
렇게 무한히 계속되거나 아니면 결정은 맹목적이며 임의적인 것처럼
보인다. 그렇다면 이러한 결정에서 귀결되는 모든 것도 기초적인 임의
성에 의해 각인되어 있다.

우리 행위의 척도에 대한 책임이 선택의 형식을 가진다면, 그것은 실
제로 그럴 것이다. 그렇다면 여기에서 실제로 무한한 반복의 문제가 생
겨날 것이다. 그러나 선택자가 왜 달리 선택하지 않고 그렇게 선택했을
지 모르거나, 어쨌든 왜 이러저러한 이유가 그에게 하나의 이유였다는
것을 모르는 선택이 중요한 것은 아니다.

어떤 사람을 예로서 보기로 하자. 이 사람이 의도적으로 비방하여 원
래 그에게 호감이 가지 않는 경쟁자를 경쟁에서 내팽개친다면, 그는 유
리한 사회적 지위를 마련할 수 있을 것이다. 이것을 행하는 어떤 이유
가 있고, 그것을 행하지 않을 다른 이유가 있다. 그것을 행하는 이유는
보장된, 풍족한 생계비에 대한 이익관심이다. 이익관심은 행위에 동기
를 부여하는데 있어서 더 이상의 이유를 필요로 하지 않는다.

이익관심은 그 자체로서 자명한 이유(prima-facie-Gründe)이다. 그
러나 이러한 경우에 확실한 이유는, 인간에게 타인을 비난하기를 금지

하는 대립되는 이유를 통하여 무력화된다. 이 두 번째 이유는 어떤 종류의 것인가? 이 인간은 어떻게 자신의 주장을 관철할 수 있는가? 인간은 자신의 경쟁자를 왜 비방하지 않는지를 정당화하기 위하여 그런 것을 행하는 것은 "아름답지 않은 거야." 혹은 심지어 "나쁜 거야."라고 말할 것이다. 그는 스스로도 비방받지 않기를 원하고, 그런 식으로 어떤 것을 행하는 어떤 사람이기를 원하지 않는다. 그가 이러한 방식으로 직업을 얻었다면 그 직업에 대하여 기쁘지 않을 것이라는 등 말이다. 그는 또한, 유감스럽게도 언젠가 양심의 가책에 무관심할 수 있을 정도로 그런 성향이 있거나 그렇게 교육받았다고 말할지도 모른다. "남들이 그 점에서는 더 나을거야." 라든가 아니면 심지어 그는 자신의 구령(救靈)이나 인연에 의한 이력(karmische Karriere)을 모험에 걸고 싶지 않다고 말할 것이다. 이 모든 정당화들은 "그와 같은 것을 행하는 것은 좋지 않아."라는 첫 번째 정당화로 귀결된다. 그 이유는 오직 어떤 사람은 그런 것을 행하는 사람이기를 원하지 않기 때문인데, 그는 그의 구령을 모험에 걸거나 하는 그러한 행위 이후에 편하지 않다. 어떤 짓이 '도덕적으로 혐오스럽다' 곧, 악하다는 것은 아주 중요한 이유이고 자체로 그것을 중지할 충분한 이유가 된다는 점이 공통적이다. 우리는 "왜 너는 악한 것을 행하기를 원하지 않느냐?"는 질문에 대하여 "왜냐하면 그것이 악하기 때문에."라고 대답할 수 있다. 도덕적 이유가 사정에 따라 다른 이유 앞에서 물러나야만 하는 표면상 확실한 이유는 아니다. 도덕적 이유는 일반적으로 그런 이유를 지각하는 모든 이가 결정적인 작용을 미치는 본질을 지닌 어떤 이유라고 지각한다. 도덕적 이유는 생활상 중요한 첫째 이유와 구별된다. 자신의 직업적 승진을 오직 배반을 통해서만 실현할 수 있는 경우에, 이 승진에 대한 이익관심을 보류하는 자는 이런 관심을 훼손하지 않았다. 또 그는 통찰에 있어 아무것도 그리고 자신의 성실함에서 어떤 것도 희생하지 않았음에 틀림없다. 일견 확실한 이유는 그러한 이유임을 중지하지 않은 채 때로는 다른 이유들에 굴복해야 한다. 우리가 도덕적 의미의 척도에 따르기를 '포기한다' 면 사정은 전혀 다르게 된다. 말하자면 이러한 행위의 이유는 경시되는 것을 참지 못한다. 행위의 이유가 결정을 하거나 행위자는 자체로 어떤 것을 침해한다. 그 이유는 행위자가 더 나은 통찰에 반대하여 행동하기 때문이다. 그는 이러한 두 개 행위의 동기 사이에서 결정하기 위하여 세 번째의 이유를 필요로 하지 않는다. 도덕적 이유는 다른 이유들과 경쟁 상태로 들어가 중재자(심판)를 필요로 하는 이유는 아니다. 도덕적 이유가 우리의 이익관심과 갈등하는 가운데 자신을 알리는 경우에 우리는 양심에 관하여 언급하는 것이다.

III

그러므로 양심은 인격의 존엄성을 형성한다. 그 이유는 양심만이 인간을 자신의 문제에 있어서 최종 심급의 심판자로 만들기 때문이다. 물론 인격은 도덕적인 것을 인정할 수 있는 능력이 있어야 하고, 실천적 이성을 지녀야 한다. 이성의 판단이 자주 직관적 정확성에 의해 선취될지라도, 양심은 이성을 대체할 수 있는 비이성적 신탁은 아니다. 이성은 그 자체로서 누구의 이성이 중요한지에 대해서는 중립적이다. 이성의 대상으로서 인간들은 원리적으로 한 사람이 다른 이에 의해 교체될 수 있다. 그리고 개인의 부분적이며 순간적인 이익관심이 자신의 판단을 흐리게 할 수 없다면, 실제로 각자는 언제나 자신의 일을 포함한 모든 일에 있어서 심판자일 수 있을 것이다. 이러한 혼탁과 대부분의 문제가 여러 가지 관점을 가진다는 사실에 직면하여 어떤 사람이 자신의 일에서 자신의 판단을 흐리게 할 수 없다면, 실제로 각자는 언제나 자신의 일을 포함한 모든 일에 있어서 심판자일 수 있을 것이다. 또한 이와 같은 사실에 직면하여 어떤 사람이 자신의 일에서 자신의 판단을 불신하여 의심스러운 경우에 타인들과 대화하며 그 판단을 검토할 준비가 되어 있다면, 그것은 물론 도덕적 정직(성)의 표징인 것이다. 그 이유는 바로 자신의 판단을 타인들의 판단보다 더 좋고 신뢰할만하다고 여길 어떤 이유가 없기 때문이다. 오히려 각각의 이성적 인간에 대해 늘 더 이성적인 인간이 있을 개연성이 높다. 철인왕의 통치라는 플라톤의 아이디어는 다음의 생각에 근거하고 있다: 이성이 지배하고, 인간이 인간을 지배하지 않아야 한다. 그리고 어떤 사람이 자기 자신을 지배한다는 사실은 플라톤에게는 오직 이성이 그를 지배한다는 것을 의미할 뿐이다. 그러므로 현명하지 않은 사람에게는 자기 자신, 곧 비이성적인 충동에 의하여 보다는 현인에 의하여 통치되는 것이 더 낫다. 양심의 발견은, 인격들이 개별자에 중립적인 이성의 더 낫거나, 더 나쁜 판단을 서열화하는 것이 아니며 이성 자체가 구체적이라는 발견이다. 이성은 이를테면 개별자에 대한 판단에서 제한된다. 특수한 것을 일반적인 것에 포함시키는 것은, 칸트가 지적했듯이 일반적인 것의 구조에 대한 통찰에서 저절로 생기지 않는 성과이다. 칸트는 이러한 성과를 '판단력'에 귀속시킨다. 판단력의 수행 능력은, 그것이 일반적인 명제들과 같은 진리의 요청을 제기한다 해도, 인격에 중립적이지는 않다. 그러므로 그 수행 능력은, 실천적 이성의 문제가 중시되는 경우에, 속임(수)에 약하다.

　편파성에 의한 판단의 흐름이라는 문제는, 장기적 이익관심에 대하여 자신의 일시적인 이익관심을 위한 것이든, 타인의 이익관심에 대하여 자신의 이익관심을 위하는 것이든, 대단하게 도덕적(윤리적) 규범에 대한 인식의 문제가 아니라 포함(포괄)의 문제이다. 우리는 보통 타인들 사이의 이익관심의 갈등을 우리 자신이 관련되어 있는 갈등보다 더 정의롭게 결정한다. 어쨌든 타인의 갈등이 우리 자신이 연관된 갈등과 중대한 유사성을 갖지 않는 경우에 그렇다. 편파성은 대개 규칙을 자신의 경우에는 들어맞지 않도록 편협하게 정식화하거나 자신의 경우가 상례(常例)가 아닌 '특별한 경우'로서 간주되도록 넓게 파악하는 데에 있다. 그러므로 존 롤즈(John Rawls)는 '무지의 베일'[4]을 생각해 내었다. 예언자 나탄(Nathan)이 이미 이 개념을 사용하였다. 예언자가 다윗 왕에게 강도 같은 양 우리의 주인에 관한 설화를 이야기하고 그 주인에게 사형을 선고하게 한 다음에야 유비(喩比) 도식의 도움으로 다음과 같은 가차 없는 추론을 했다: "당신이 바로 그 사람입니다."[5] 그런데 이 이야기에서 중요한 것은, 예언자가 이러한 말로 실제로 다윗의 양심을 일깨운다는 점이다. 즉 다윗은 이 추론에 동의한다. 그리고 바로 그 자신만이 이것을 할 수 있다. 어쨌든 이 경우에, 그가 왕이기 때문에 다음과 같이 말할 수는 있다. "나의 경우는 다르다."

양심의 판결은 자신의 행위를 도덕적 이성의 규칙에 복종시킴으로써 재구성된다. 이러한 이성은 그 편에서는 가치 통찰에 근거하고 있으며, 더 정확히는 요구의 성격, 즉 '음성'과 연결되어 있는 복종으로서 재구성된다. 이 경우에 중요한 것은 '음성'이 행위에 있어서도 그와 같은 복종의 판단에 따를 뿐만 아니라 판단 자체와 관계하는 점이다. 일반적인 가치 판단과 일반적인 도덕적 규범은 이성의 사안이고 통찰이며 그것들을 생성하는 데에는 수많은 요인들이 함께 작용할 수 있다. 여기에서 아직 양심은 요구되지 않는다. 그런데 복종, 곧 이러한 나의 행위가 다른 규칙이 아니고 이러한 규칙에 속한다는 판단, 즉 칸트가 판단력의

4 참조: J. Rawls: *A Theory of Justice*. Deutsch: Frankfurt a. M. 1975.
5 사무 하 12, 7.

능력이라고 지칭하는 바는 자체로 벌써 양심의 사안이다. 양심은 이성에 근거를 두면서 모든 '궤변'에 종지부를 찍는다. 양심이 말하는 바는 "너는 그 사람이다."이다. 그러므로 우리는 의미 충만하게 '양심의 판단'에 관하여 말한다. 이와 반대로 '양심의 결단'이란 말은 오히려 어리둥절하다. 결단은 양심에 상응하거나 반대될 수 있다. 그런데 결단이 양심에 상응한다면, 그것은 "양심이 결단하였다."는 것을 의미하지 않고 인간이 양심의 판단에 상응하는 대로 그렇게 결단하였다는 것을 의미한다.

종속에 관하여 언급하는 것은 물론 추가적인 재구성이다. 이를테면 우리는 보통 법률이 유래하는 규칙을 알기 전에 법률을 안다. 그리고 심지어 우리는 규칙의 보편성에 관계하는 확실성보다 더 큰 확실성을 가지고 법률을 안다. 내가 사기를 쳐서는 안 된다는 것은 [막연히] 어떤 이가 결코 사기를 쳐서는 안 된다는 것보다 나에게 더 확실하다. 그럼에도 불구하고 양심은 '이것'과, 결국에는 그러그러하게 규정된 것과 관계한다. 물론 그것은 바로 우리의 유일성을 (우리의) 고유성으로서 오해하여, 우리의 행위를 규칙의 보편성에서 벗어나지 못하도록 금지하는 양심이다. 인격은 개인적이며 반복할 수 없는 방식으로 '이성적 본성'이고 보편적인 것에 대한 무의식적 위계화(Instantiierung)로서뿐만 아니라 공통적인 것에 대한 의식적인 관여로서 한몫을 하는 데서 자체의 유일성을 실현한다. 우리가 이러한 공통적인 것에서 벗어나서 우리의 행위를 거기에 정향하기를 거부한다면, 단순한 야생(野生)으로 쇠퇴하고, 마찬가지로 단순한 '……의 경우'로 될 것이다. 개인주의에서는 인격의 본질이 표현되지 않는다. 인격들은 예외이기를 요구하지 않는 것에서 바로 '소통하기 어려운 존재(incommunicabilis)'로서 드러난다. 각자는 예외이고 싶어 한다.

예외에는 오직 한 가지 정당한 형태만 있을 뿐이다: 키르케고르(Kierkegaard)는 그것을 주제로 삼았다.[6] 그런데 이러한 예외는 다음과 같이 종교적으로서만 해석될 수 있는 한계 개념이다: 아브라함(Abraham)에게 자신의 아들을 제물로 바치라고 요구하는 이는 양심의 소리도 아니고 자신의 개인적 본성의 소리도 아니며 이러한 본성의 창조주로서 그리고 양심의 원천으로서 이 양자를 넘어서는 분의 음성이다. 이 음성은 하나의 존속하는 판단력으로서 복원되지는 않는다. 이 음성은 그것이 신의 음성인지 아닌지를 판단하는 어떤 기준에 따르지 않는다. 그러므로 이 음성을 따르는 자는 밖에서 보면 미치광이와 전혀 구별되지 않는다. 이러한 의미에서 예외는 도덕의 원천에 주목하게 하고 철저한 고독으로 인도하면서 도덕적인 것을 초월한다. 그런데 아들을 죽이기 위한 준비를 요구한 동일한 음성이 결국 이 죽임을 금지하고 도덕을 회복시키며 규칙을 잠재적 예외로서 확인하는 것이 바로 아브라함의 이야기이다. 이러한 확인을 통하여 비로소 개인에 무관심한 이 규칙은 인격을 구성한다. 인격들은 개인들과는 달리 결코 포괄적 전체의 한 부분이 아니고, 각 인격은 자체로 모든 것을 포괄하는 전체이다. 양심의 절대성은, 양심의 판단이 늘 옳듯이, 인정에 대한 객관적 요구와는 아무 관계가 없다. 그것은 오직 아무도 타인에게 자기 자신이 보편적 규칙에 종속하는 행위를 강요할 수 없다는 것만을 의미한다. 그 이유는 종속의 판단이 자체로 다시 어떤 규칙에서 도출될 수 없기 때문인데, 그렇지 않으면 무한한 반복이 생길 터이다. 우리에게 특정의 종속 절차를 지시하는 규칙은 다시 여기에 이 절차의 응용을 위한 경우 등이 있다고 인정하는 판단을 필요로 한다. 그러므로 판단력은 단순한 규칙의 추종이 아니다.

---

6 참조: S. Kierkegaard: *Furcht und Zittern* (Gesammelte Werke III), Jena 1923, 7 이하.

IV

양심의 절대성이 순수하게 형식적이라는 것은, 양심의 '자율'로부터, 예를 들면 이 자율(성)이 도덕적으로 중요한 결정에서 복종이나 종속을 배제한다는 (종)류의 어떤 내용적인 결과가 생겨나지 않음을 의미한다. 물론 누군가는 특정의 권위가 잘 근거 지어져 있고 정당하므로 그것에 대한 복종이 도덕적으로 필요하다고 확신할 수 있다. 게다가 양심은 이러한 복종을 금지하지 않고 그것을 요구한다. 부하가 스스로, 권위의 소유자가 자신의 권위의 한계를 넘어서거나 심지어는 자신의 권위 자체를 정당화하는 그러한 도덕적 규범들과 모순되는 어떤 것을 요구한다는 확신에 이르는 것이 아니라면, 첫째 경우에 불복종은 허용되고, 둘째 경우에는 심지어 양심에 의하여 요구된다.

도덕적으로 명령된 것에 대한 자신의 판단이 명령과 모순되어 있지 않고 타인의 판단과 모순되어 있는 특별한 경우가 있다. 양심의 음성은 그 절대성을 자체를 위해 전체를 대표하는 인격의 절대성에 의거한다. 그런데 인격은 스스로를 개인으로서 상대화할 수 있는 한에서만 전체를 대표한다. 도덕적 문제들에 있어서 자신의 명백한 판단을 타인의 판단보다 선험적으로(a priori) 선호할 근거는 없다. 타인의 판단에 대하여 나의 판단을 무시할 근거들은 종종 있다. 그 이유는 나 자신이 편파적이어서 나 자신에 대하여 불신할 근거를 가지기 때문이다. 아니면 나의 경험에 미루어 볼 때 타인이 나보다 더 현명하기 때문이다. 그러므로 내가 나의 판단 대신에 타인의 판단을 따른다면, 나의 양심을 거슬러서 타인의 양심에 따라 행위하는 것을 의미하지는 않는다. 오히려 타인의 판단이 나의 그것보다 더 믿을 만하다고 나 자신이 판단하는 것을 의미한다. 내가 타인의 판단에 따르게끔 하는 것은 바로 나의 양심이다. 타인이 잘못 생각한다고 내가 확신하는 경우에는 물론 그를 따라서는 안 된다.

그것을 지나쳐 가거나 반대해서는 인격의 표현으로서 간주될 수 있는 어떤 삶도 가능하지 않다는 의미에서 양심은 절대적이다. 하지만 양심에 따라 인도되는 모든 삶이 좋은 삶이라는 의미에서 그런 것은 아니다. 양심을 거스르는 선한 것은 없지만, 양심이 명령하거나 허용하는 모든 것이 그 때문에 반드시 좋은 것은 아니다. 어디에서 오는지 구별할 수 없는 음성, 신의 목소리와 자기 이성의 목소리인 음성으로서의 양심은 자기 자신과 일치하도록, 자세히 말하면 동시에 전체성이며 자체 이외에는 그러니까 (그것에 의해) 한 부분이거나 기능적이거나 혹은 그것으로부터 관찰할 때 양심의 의미 지평이 상대화될 어떠한 것도 갖지 않은 채로 일치하도록 인간을 다그친다. 이것을 지금 여기에서 행하는 것은 양심의 판단에 따라서 소급할 수 없고 상대화할 수 없는 의미에서 '좋다'는 것이다. 그런데 그것이 현실적(실제적)인지 양심이 보장하는가? 우리가 "양심과 늘 일치하는 것은 좋다."고 말한다면, 양심의 본질을 전적으로 놓칠 것이다. 그 이유는 우리가 실천 이성의 음성인 양심이 본질적으로 의미의 전체로 향하여 나아가며 바로 단순히 '자체에 머물러 있지 않다.'고 잘못 판단할 것이기 때문이다. 양심은 진리를 목표로 삼는 바로 그 이유 때문에 오류를 범할 수 있다. 단순히 직접적으로 자체에 머물러 있음인 양심의 음성은 임의의 개인적 원의와 전혀 구별될 수 없을 것이다. 그런데 이런 원의는 즉시 다른 원의 및 타인들의 원의와 마주친다. 이 원의는 타인들의 원의와 함께 자연적 경쟁 관계에 들어가고 개인들을 간섭하는 힘(세력)의 평행사변형을 형성한다. 하지만 우리는 이성적 존재로서 이 평행사변형을 생각한다. 우리는 우리 자신의 원의를 상대화한다. 우리는 공정하려고 노력할 수 있다. 우리는 개인인 우리 자신을 상대화함으로써 홀로 있는 개인 이상으로서 존재하며 이성적 존재인 것이다. 우리는 자체로 열린 성과와 함께 열린

260 왜 인격들에 대해 말하는가

토론에 들어간다. 그러나 우리는 자신을 무조건적으로 이 성과에 넘겨
주지는 않는다. 우리가 우리 행위에 대한 최종 결정을 이 성과에 맡기
는지 혹은 스스로 이미 자기 책임하에 결과를 예측하는지 어떤지는 다
음과 같다. 이것이나 저것을 행하는 것은 늘 자신의 결정이며, 이 '메타
결정'(결정의 결정)에서 양심은 우리에게 자신의 통찰을 따르라고 다
시 촉구한다. 통찰은 내성(Introspektion)의 결과가 아니고, 결국 합리
적 숙고에 달려 있거나 이런 숙고를 선취하는 직관의 결과이다. 양심은
타당성에 대한 요구와 함께 판단하므로 틀리게 판단할 수 있다. 오류를
범하는 양심은 오류를 범하지 않는 양심과 아주 똑같이 의무를 지게 하
고 양심을 따르는 자는 누구나 늘 선하게 행한다고 하는 견해가 있다.
하지만 그렇다면 양심의 판단은 양심 자체로부터 독립한 크기인 '선'과
'악'에 대한 판단은 전혀 아니다. 그것은 불투명한 개인적 성벽(Idio-
synkrasie)일 것이다. 그래서 양심은 그 자체로 인격성과 아무런 관계도
없을 것이고 '존엄'과 같은 어떤 것을 지니지 않을 것이다. 아마도 어떤
비인륜적(비도덕적) 의미에서 옳음이나 그름에 대한 오류를 범할 수 있
는 판단이 문제일 것이다. 그래서 옳음에 대한 자체의 판단에 따르는
모든 행위는 '선할' 것이고, 이 판단이 옳거나 그른지 어떤지는 중요하
지 않을 것이다. 그런데 '옳음'과 '그름'이란 말은 그 의미가 다양하
다. 옳음과 그름의 척도는 무수하다. 우리는 살인도 옳거나 그르게 행
할 수 있다. 그런데 도덕적으로 옳음과 그름은 바로 우리가 선과 악으
로 부르는 것이다. 이것에 관하여 모든 판단이 당연히 참이라면, 판단
은 전혀 문제가 되지 않는다. 그래서 자신의 판단에 따르는 것이 모든
경우에 '선'이라면, 선은 동시에 가능한 방식으로 그른 이 판단의 대상
일 수 없다.

다른 한편으로 우리는 자신의 양심 판단을 거슬러 행위하는 것이 늘
악하다는 것을 이미 확인한 바 있다. 자신의 양심이 오류를 범하는 자

는 전혀 선하게 행위 할 수 없다. 스콜라철학의 언어로 말하자면, 그의 상황은 '모호' 하다. 그러므로 양심의 오류는 그 자체로 도덕적 결함이며 단순히 지적 결함이 아닌 것이 틀림없다.[7] 그리고 그것은 물론 정말로 그렇다. 양심이 '깨어나서' 자신이 여러 해 동안 타인을 부당하게 취급한 것을 갑자기 알아차린 사람은 자신의 과거의 행위를 책임이 없는 것으로 여기지는 않는다. 그 이유는 그가 지금까지 부정을 알고 있지 않았기 때문이다. 오히려 그는 부정을 자기 책임이라고 생각한다. 그렇지 않으면 자신의 양심을 검토하거나 자신의 양심을 해명하는 경우에 타인을 도와주거나 혹은 그에게 도움을 청할 어떤 이유도 정말로 없을 것이다. 그렇다면 그것의 결과로서 생기는 갈등들을 자신과 타인이 모면하도록 해주는 것이 더 좋을 것이다. 어떤 사람이 부정을 저지를 때에 선한 양심을 가지는 한 선한 사람일 것이다. 여기에서는 일종의 '도덕적 쾌락주의' 가 문제가 된다. 그러므로 이 경우에는 쾌감을 느끼는 것, 즉 선한 양심을 갖는 것만이 중요할 것이다. 그것이 우리가 양심이라고 이해하는 것과 일치하지 않는다는 것은 명백하다. 그러므로 이것은 우리가 사람들에게 의무가 있는 일종의 인간관계와도 양립하기 어렵다. 양심이 말하는 것에 주목하지 않은 채 자기 자신과 모든 타인들을 '자신의 양심에 맡기는 것' 은 현실을 파악하는 인간을 초월의 존재로서 존경하지 않고 오히려 병적 혐오가 있는, 즉 본질적으로 책임 능력이 없는 존재로서 간주하는 것이다. 그것은, 인간에게는 도덕적 진리가 중요하지 않고 오직 자신의 주관적 양심만이 중요하다고 간주함을 의미한다.

　결국 인간이 어떻게 자기 자신을 양심의 오류로부터 해방시킬 수 있

7　참조: R. Schenk: Perplexus supposito quodam. 잊혀진 주요개념에 관한 주해…; in: *Recherches de Théologie ancienne et médiévale*, Bd. 57, Loewen 1990, 63 이하.

느냐는 문제가 남는다. 인간은 그런 오류에 사로잡혀 있는 한, 그 오류를 오류로서 보지 않으므로 해방을 위해 노력할 어떤 이유도 발견하지 못한다. 그와 같은 자기 해방의 가능성은, 양심의 오류 자체가 도덕적 결함이라는 사실, 그리고 그 오류에 사로잡힌 인간은 자기 자신과 일치하지 않음과 동시에 자신의 이익관심으로 제한된 관점에 사로잡힘을 극복하기 위하여 원칙적으로 준비가 되어 있다는 사실을 전제한다.

이론적 오류에 대해서와 같은 유사함이 양심의 오류에 해당된다. 이론적 계몽이라는 소크라테스적 방법은, 실제로 일관되고 정합성 있는 오류는 없다는 데서 출발한다. 오류를 범하는 자는 언젠가는 경험 혹은 자기 자신과 모순에 빠져들게 된다. 그 이유는 그가 이를테면 자신의 오류에서 생기는 모든 결과를 실제로 떠맡을 준비가 되어있지 않기 때문이다. 소크라테스는 대화 상대자가 이런 모순을 발견하게 한다. 이는 양심의 오류와도 사정이 유사하다. 이 오류의 가장 빈번한 원인은 어떤 사람이 자신의 양심에 전혀 실제적으로—'격정의 침묵 안에서'[8]—묻지 않은 데 있다. 이를 넘어서 그는 자주, 인간이 우선 자신의 양심을 거슬러 행위를 한 다음 차츰 양심을 침묵하게 했거나 정상 상태로 되돌린 사실로까지 거슬러 올라간다. 오류를 범하는 양심은 차츰 계속하여 실천 이성이 명하는 것으로부터 인간을 멀어지게 하는 경향을 지닌다. 그런데 그가 일반적으로 인격으로서 살아 있는 한, 그가 움직이고 발견하며 '회심하는' 험준한 방향에 처할 가능성이 있다. 그러나 자신을 양심의 오류로부터 해방시킬 가장 확실한 방식은 양심을—즉 우리가 선으로서 인식했다고 믿는 것을—가능한 대로 '양심적으로' 따르는데 있다. 그 다음에 양심은 자체 해명이라는 고유한 역동성을 발휘한다. 인

---

8 D. Diderot: Artikel "Droit naturel", Encyclopédie III; in: Œuvres complètes VII, Paris 1976, 28.

간은 자신의 양심의 오류를 도덕적 결함으로서 즉, 인격이 되어가는 도
중의 장애로서 발견하기를 배운다. 이런 양심적임에는 타인과 대화 가
운데, 정확하게는 인간에게 아첨하는 그런 사람들 즉, 공범자들이 아니
라 검증된 친구들과 대화하는 가운데 자신의 확신을 검토할 준비 태세
도 속한다.

V

양심은 역설(Paradox)이다. 바로 자체 역설에서 양심은 인격이 형성하
는 것만을 표현한다. 우리가 양심에서 목표로 삼는 것은 객관적인 것
자체와 절대적인 것이다. 즉 우리에게 그저 좋게 보이는 것이 아니고,
지금 여기에서 우리가 행하여야 하는 선 자체이며 금해야 할 악이다.
양심의 판단은 절대적 타당성을 요구한다. 도덕적 판단력으로서 양심
은 자체의 이런 요구를 논증적으로 옹호할 수 있기는 하지만 확실히 근
거 지을 수는 없다. 인간들이나 공동체들이 타인들의 행위나 행위 중단
에 의해 손해를 입는 경우에, 그 때문에 '양심에 의한 행위자'가 문제가
되는지 아닌지는 이런 무리한 요구를 정당화하기 위해 아무 차이를 만
들지 않는다. 첫째로 양심 안에서 어떤 이가 어떤 것을 행하거나 행하
지 않는 것을 의무로 생각하는지 아닌지를 확인하게 하는 타인을 위한
분명한 기준이 없다. 둘째로 다음의 사실은 특히 법적 요구들의 본질에
속한다. 즉 그런 요구들은 자의(恣意)에 맡겨지거나 타인의 양심에 맡
겨질 것은 아니다. 어떤 국가가 '양심을 이유로 하여' 특정한 시민 의무
의 불이행을 감수한다면, 그것은 관용이며 그것의 허용은 이런 불이행
때문에 생기는 손해가 얼마나 클지에 달리지 않으면 안 된다. 법과 일
치하지 않는 양심이 명하는 행위를 어떤 국가도 용인할 수 없다. 오히

려 행위자가 예견된 형벌을 감수하는 것이 거꾸로 양심의 행위를 위한 기준이다. 양심은 병적 혐오가 아니고 실천 이성의 소리로서 이해될 수 있으므로, 의견을 달리한 양심의 행위자는 그를 심판하는 법을 부당하다고 하고 입법자가 오류를 했다고 간주할 수밖에 없다. 정확히는 입법자가 의견을 달리하는 자를 존경하지 않기 때문이 아니고, 그 사람이 부당하다고 생각하는 바로 그 법을 옳다고 간주하기 때문이다. 양심의 행위자는 관용을 원할 수 없고, 그가 옳다고 간주하는 것이 일반적 법의 기초가 될 것을 원하지 않으면 안 된다. 인격을 그 신성함과 양심에서 존경한다고 해서 어떤 사람이 자신의 양심을 거슬러 행위 하게끔 하는 것조차 우리가 배제하지는 않는다. 우리가 그의 행위나 행하지 않음을 객관적으로 잘못되고 부당하다고 간주한다면, 우리는 그것이 그의 양심과 어떤 관계에 있는지를 묻지 않고 그가 옳은 것을 행하고 옳지 않은 것은 행하지 않게끔 해볼 수 있다. 또한 우리는 테러리스트를 매수함으로써 암살을 저지하려고 할 것이고, 그를 위협함으로써 그의 공범자를 배반하게끔 할 것이다. 당연히 선(善)을 중시하는 그의 양심은 자신의 오류를, 혹은 그런 것으로 간주하는 것을 시정할 것이라고 우리는 늘 희망할 수 있다. 상호 간에 관심을 불러일으키는 행위들이 있다. 타인의 양심은 우리에게 늘 감추어져 있는 것이다.

물론 인격의 존중을 통하여 불가능하게 되는 다음의 행위방식이 있다. 그것은 신체적 고문이다. 이 고문은 행위 주체로서의 타인을 굴복시키고 더 이상 자유롭다고 부를 수 없는 행위를 하게끔 하는 것을 목표로 삼는다. 죽음으로 협박하는 것은 자유를 없애는 것이다. 특정의 행위는 목숨을 걸고서라도 금지하도록 모든 사람에게 요구될 수 있지 않으면 안 된다. 그리고 거꾸로 죽음에 대한 준비는 늘, 누구인가 양심을 따르는 것에 대한 기준이었다. 그런데 고문은 자유를 시험하는 것이 아니고 그것을 없애는 것을 목표로 한다. 이것은 인격들 사이에 선험적으로(a priori) 존재하는 관계들과 일치하지 않는다.

그 밖에 타인의 양심을 존중하는 것은 갈등의 경우에 특히 상징적 성격을 갖는다. 갈등의 경우는 싸움의 경우이다. 싸움은 생사를 거는 싸움일 수 있다. 선한 양심은 이 싸움에서 자기 쪽이 옳다는 확신이다. 그러나 이 정당성의 집행은, 법의 정신적 힘이 스스로 타당하게 만든다는 것을 뜻하지는 않는다. 그것은 상대방이 확신하거나 사람들이 자기의 잘못된 생각을 고칠 것이라는 사실을 통해서만 발생할 수 있을 것이다. 측정할 수 있는 물리적 힘으로도 바뀔 수 있는 정치적 싸움은 정신적인 힘, 강제 없는 진리의 힘이 스스로 타당하게 만들기에 충분하지 않는 경우에만 비로소 시작한다. 그런데 물리적 폭력이라는 매개물은 양심, 법, 불법의 내용에 대하여 냉담하다. 물리적 싸움에서는 강자의 법이 유효하고 더 힘센 자가 더 선한 자인지 어떤지는 필연적인 것이 아니다. 칼을 빼 든 자는 그 칼에 죽을 수도 있다. 또 싸움이 우선 인격적 교제일 수 있기 위해서는 물리적 무기가 도덕적 무기와 혼동되지 않을 필요가 있다. 상대편(적)을 물리적으로 없앨 수 있는 것이 동시에 도덕적으로 없앰을 요구해서는 안 된다. 우리는 이제 물리적으로 없애지 않는 어떤 사람만을 도덕적으로 없애도 좋다. 최초의 동생 살해자인 카인을 도덕적으로 없애는 것은 다음의 계명과 함께 나타난다: "카인을 죽이는 자는 일곱 배로 속죄해야 한다."[9] 물리적 싸움은 다음의 경우에만 인간답다. 즉 그 싸움이, 상대편들이 위기에 처할 때, 자신들의 양심에 따르도록 서로 승인하는 사람들을 서로 존경하는 것과 손을 맞잡을 경우에만 그렇다. 그렇지 않으면 싸우는 자는 사형 집행인으로 품위가 깎인다.

---

9 창세 4, 15.

인정

I

인격들과 인격들이 사귀는 방식은 인격들이 상호 간에 지금 있는 방식으로부터 생긴다. 우리가 이런 현존방식을 자연적 사물들의 인식 패러다임으로부터 이해하려 한다면 이것을 이해하지 못한다. 이 현존방식은 오히려 거꾸로 자연적 사물들이 우리에게 주어져 있는 방식을 위한 패러다임이다. 다시 말해서 이 사물들은 자체의 주어져 있음에서 의식(인식)되지 않는다는 것, 그러므로 자연적 사물들의 존재(esse)는, 우리가 늘 이 이상의 것(dieses Mehr)을 이해하고 싶듯이, 꼭 지각됨(percipi)과 같은 뜻은 아니다. 철학 학파들은 이것에 관한 해석을 달리하고 있다. 본질적으로 대상화에서 벗어나는 자기 존재(Selbstsein), 내면성인 이 이상의 것에 관한 해석은 생명체, 적어도 고등 동물과의 관계에서 우리 모두에게 분명하다. 실러(Schiller)가 지속적인 삶의 기쁨을 표현하듯이[1]

---

1   F. Schiller: *An die Freude*. Werke (Nationalausgabe) II/1, 185.

"관능적 쾌락은 벌레에게 주어졌고 케루빔[2]은 신 앞에 서 있다." 연속에 관하여 말하는 것은 이와 관련해서는 물론 역설적이다. 그 이유는 생명체의 고유한 것은 바로 모든 다른 것에 대한 자체의 단독자적 구분이기 때문이다. 충동과 그 결과로서 쾌락과 고통은 풀기 어려운 내면을 구성한다. 생명체가 아닌 각자는 생명체의 고통이나 욕구를 지각할 수 없다. 그 이유는 고통을 지각한다는 것은 자체로 이 고통을 느끼는 것이기 때문이다. 그러므로 데카르트주의자들은 동물들이 느낀다는 것을 부정할 수 있었다. 동물들의 행태에 의거하여 유비 추리(ein Analogieschluß)가 우리에게 끈질기게 달라붙는다고 해도, 우리는 그것에 억지로 강요될 수는 없다. 모든 생명체를 인간과 그리고 인간을 모든 생명체와 연결하는 내면성은 동시에 인간들이 이런 공동체로부터 고립되어 동물들을 단순한 대상으로서 간주하고 다루게 한다. 자기 존재의 인정은 늘 자유의 행위이다.

　이것은 이제 질적으로 다시 한번 전적으로 새로운 의미에서 인격과 관련해서도 타당하다. 인격 존재(Personsein)는 우선 내면성의 상승된 형식, 곧 반성(Reflexion)이라고 이해될 수 있다. 이런 반성에 의거하여 인간들은 자신들의 활력있는 내면성에 태도를 취할 수 있다. 그런데 자기 이해의 이런 방식을 다시 내면성이라고, 말하자면 헤겔의 용어로 "대자 존재(Für-sich-sein)"라고 규정하는 것은 부적절하다. 인격들이 자기 자신을 대자 존재라고 알고 있다면, 그들이 대자 존재인 것은 그들에게 실제로 있는 어떤 것임(an sich)을 뜻한다. 인격들은 cogito(나는 생각하다)로부터 sum(나는 존재한다)으로 한 걸음 나아간다. 그리고 다른 한편으로 그들의 존재가 타자에 대해 존재한다는 것, 곧 인격들은 외면을 지닌다는 것을 자각함을 뜻한다. 인간 언어의 기초에 있는

2　[성경에서 앎의 천사 다음가는 제2계급의 천사로서 신의 앎과 정의를 나타냄.]

내면-외면-차이에 대한 지각은 언어 자체의 구조처럼 단순히 '내면 세계'에 분류해 넣을 수 없다. 인격을 '어떤 사람(Jemand)'으로서 인정하는 것은, 동물들이 충동에 의해 규정되고 고통을 느낄 수 있다는 사실에 대한 확실성처럼 유비 추리나 오직 객관적으로 개연적인 것에 대한 주관적 확실성은 아니다. 우리가 양자를 어떻게든 '증명할' 수 없다고 해도, 현재 존재하고 있거나 존재하고 있지 않은 고유성들을 거리낌 없이 인정하는 것이 여기에서는 중요하다. 우리가 그들이 고통을 지니고 있는 것이 참된지 어떤지를 사람들에게 묻는다면 ― 물론 우리는 이것을 사람들에게 물을 수 있다. ― 그들은 이에 대하여 알려줄 수 있다. 모든 사람은 자신의 내면성과 관련하여 접근할 수 있는 특권을 소유한다.

인격 존재와 관련해서는 그렇지 않다. 인격 존재는 고통 감각처럼 객관적 사건이 아니다. 그리고 자신의 인격 존재에 이르는 특혜받은 접근도 존재하지 않는다. 어떤 이가 고통을 지니는지 어떤지에 대하여 그 자신만이 확실하게 정보를 줄 수 있다. 그와 반대로 그가 '고통'이란 말을 옳게 이해하는지 어떤지에 대해서는 그 혼자서가 아니라 그의 대화 상대자와 공동으로 판단할 수 있다. 두 사람은 말의 도움을 받아 고통에 대하여 서로 의사소통이 되는지 어떤지를 보지 않으면 안 된다. 그래서 인격을 특징 짓는 자기 자신의 본질에 내적으로 거리를 취할 수 있는 반성의 본질인지 어떤지 그리고 이 본질이 지향적 행위들이냐 아니냐는 문제와 관련해서도 그렇다. 우리가 보았듯이, 그런 행위들은 우리가 객관적으로 확인할 수 있는 심리적 사건은 아니다. 우리는 이런 사건들을 공동 수행에서만 지각할 수 있다. 그래서 어떤 본질이 반성할 수 있느냐 어떠냐는 '예'나 '아니오'로 대답할 수 없고, 이 대답은 이 문제가 이해되는지 어떤지 그리고 터무니없느냐 어떠냐를 말하는 데서 생긴다. 그러므로 인격 존재는 추측되는 어떤 것이 아니고 강하게 추측할 경우에 이른바 법률적으로 인정되는 어떤 것이 아니다. 그것은 오히려 일반적으로 인정의 행위에서만 주어져 있다. 그래서 이런 인정은 자신의 고통으로부터 다른 생명체의 고통을 추론하는 것과 같은 유비 추리는 아니다. 오히려 우리에게 우리 자신의 인격 존재는 타인들의 그것보다 더 일찍 주어진 것이 전혀 아니다. 우리 스스로가 어떤 언어를 이해하느냐 아니냐는, 타인들이 그 언어를 이해하는지 어떤지를 우리가 알기 전에는 알지 못한다. 인격 존재는 다른 인격들이 그들의 자리를 갖고 있는 공간 없이는 전혀 존재할 수 없는 자리를 받아들인다. 이 자리를 받아들이는 것은 이미 우리 앞에 있던 타인들에 의한 할당(자리배치)에 의거하지 않는다. 모든 인간은 자신의 권리에 의하여 이 자리를 토박이 구성원으로서 받아들인다. 그런데 인간은 경험적으로 이 자리에서 발견되지 않고, 이 공간은 일반적으로 인정의 방식에서만 지각된다. 그러므로 어떤 이에게 인격 존재가 귀속되는 것으로 인정하는 (내가 이미 처음에 지적한) 문장은, 사람들이 인격들을, 왕들을 존경하듯이 그렇게는 존경하지 않는다고 거기에 덧붙여 말할 어떤 문장은 아니다. 오히려 인격의 지위를 인정하는 것은 이미 인격 상호간에 주어져 있듯이 특별한 방식인 존중의 표현이다. 이 안에 역설이 들어있다. 존중, 인정은 능동성의 방식이다. 인격들이 인격들로서 지각되는 수용성이 이들 방식을 앞서가는 것으로 보인다. 특히 자기 존재의 지각이 문제인 경우에, 지각하는 자는 순수하게 수용적인 태도를 취할 수밖에 없는 것으로 보인다. 그런데 지금 사정은 그렇지 않고 이해할 수 있는 이유에서 그렇지 않다. 그 이유는 자기 존재가 확실히 현상으로서 주어져 있지 않기 때문이다.

현상으로서 주어져 있는 것은 대상적 질적 특성(Qualität)이다. 그런데 그와 같은 질이 향해 있는 행위는 행위의 측면에서는 대상적으로 주어져 있지 않다. 행위는, 우리가 그것을 능동적으로 공동으로 수행하거나 공감하면서 이해하는 만큼만 주어져 있다. 정말로 남의 생명은 확실히 공감하는 공동 실행에서만 우리에게 주어져 있다. 생명은 생명체에 의해서만 지각될 수 있다. 그런데 이 공동 실행은 무의식적 공명(Mitschwingen)에서 일어나고, 이런 진동은 우리가 지성적으로 그것으로부터 거리를 취할 수 있는 만큼만 자유롭다고 불릴 수 있다. 인격의 주어져 있음과는 사정이 다르다. 인격을 단순한 대상성으로 격하하는 것은 자체로 악의라는 특별한 질을 갖는 인격적 행위이다. 나는 자신을 다른 모든 인격과의 관계에서만 인격으로서 정의할 수 있다. 인격은 그와 함께 다른 인격들이 대화할 수 있는 본질이다. 인격들을, 그것들에 대하여 오직 언급될 수 있는 사물들로 폄하하는 것은 쉽게 성공하지 못한다. 타인의 눈길이 나와 마주쳤을 때 이 눈길을 물리치는 것은 타인을 업신여기는 냉담 없이는 불가능하다. 이런 냉담함은 다시 자체로 인격적 질적 특성을 갖는다.

이런 멸시의 반대는 자기 존재의 인정이다. 이런 인정은 사실로 존재하는 수동적인 소여(Gegebensein)를 전제한다. 타인은 나의 감각적 경험에 주어져 있고, 생명체가 우리에게 주어져 있듯이, 특별한 방식으로 '인간' 생명체로서 주어져 있지 않으면 안 된다. 그런데 그의 인격 존재는 본질적으로 사실로 주어진 것이 아니고 자유로운 인정에서 지각된 것이다. '지각'이란 말의 이중 의미는 여기에서 효력을 발휘한다. 그래서 우리가 어떤 인간의 이익관심을 터득하여 자기 것으로 만들고 제3자에 대하여 그것을 대표하는 경우에, 그 인간의 이익관심을 지각한다고 말한다. 이런 의미에서만 인격들은 '지각된다.' 모든 당위(Sollen)는 그와 같은 지각에 근거를 둔다. 어떤 명령이나 규범이 특정한 방식으로 인격들과 교제할 것을 요구하지는 않는다. 오히려 우리는 모든 명령에 대하여, 왜 그것에 복종해야 하느냐는 물음을 제기할 수 있다. 그래서 자체로 다시 당위의 형식을 갖는 모든 최종 근거 지음은 똑같은 질문을 초래한다. 그러나 자기 행위의 논리적 정합성(Kohärenz)의 원리로부터

당위를 도출하는 근거 지음도, 정합성이 요구로서, 당위로서 제시되는
경우에는 실패한다. 아우를 죽인 카인에게 들려오는 하느님의 음성은
그가 도덕적 규범을, 즉 살인 금지령을 어겼는지를 묻지 않고, "네 아우
아벨(Abel)은 어디에 있느냐?"라고 묻는다. 이 음성은, 카인이 그의 동
생이 어디에 있는지를 알고 있다고 추궁한다. 카인은 이런 추궁을 "제
가 아우를 지키는 사람입니까?"라고 대답하면서 물리친다.[3] 타인의 자
리를 알지 못하는 것은 역사에서는 이미 죽음을 자백하는 것이나 마찬
가지 의미이다.

II

인격에 대한 모든 의무는 인격을 인격으로서 지각해야 하는 의무로 귀
착된다. 그런데 원래 이런 지각을 의무라고 정식화하는 것은 적절하지
않다. 그 이유는 의무가 근거 지음을 필요로 하지만 인격의 지각은 자
체로 의무에 대한 최종 근거 지음이기 때문이다. 인격 외적인 가치들이
있다. 행위는 더 좋을 수 있거나 더 나쁠 수 있다. 행위는 그와 같은 가
치들에 일치하느냐 않느냐의 정도에 따라서 도덕적이고 비도덕적일 수
있다. 그러나 우리는 인격들과의 관계에서만 의무에 관하여 말한다. 우
리는 인격들이 인격들에 대하여 권리를 갖는다고 말한다. 그러나 그것
은 인격들이 인격들에 대하여 의무를 갖는다고 말하는 다른 방식일 뿐
이다. 아무도 어떤 인간에 대하여 상응하는 의무를 갖는다고 불릴 수
없고 또 불이행의 의무만이 문제가 된다면, 이 인간의 권리를 언급하는
것은 의미가 없다. 그렇지 않으면 그릴파르처(Grillparzer)의 다음과 같

---

3 창세 4, 9.

은 말이 들어맞는다: "인간의 권리는 굶주림, 친구 그리고 괴로움이다."[4] 다른 인격들에 대한 인격들의 의무들은 이 인격들을 인정하면서 지각하는 것에서 생긴다. 이들 의무는 이 지각에 선행하는 당위의 경험에 근거를 둘 수 없다. 당위의 경험은 오히려 인격을 지각하는 것에서 생기고, 이런 지각은 남을 '나와 같은 사람'으로서 인정하는 인격들의 행위와 일치한다. 그럼에도 인정은, 인격이 타인에 의한 인정의 덕을 입고 있듯이, 어떤 규정이 아니다. 인정이 자체로 당연하다고 알지만, 이런 앎은 인정의 행위에 선행하지 않고 다시 이 행위와 일치한다.

어떤 인간을 나와 같은 인간으로서 인정하는 것은 이중의 의미에서 오해될 수 있다. 이 인정은 호모 사피엔스와 같은 종에 속하는 것으로서 이해될 수 있다. 인정이 이것만을 뜻한다면, '종 차별'(Speziesismus)이라는 비난은 정당할 것이다. 그렇다면 인정은 단지 자기 종을 위한 편파적 태도와 같은 것일 것이다. 어떤 인간을 인격으로서 인정하는 것은 다른 것을 뜻한다. 정확히 말하면, 우리가 원칙적으로 더 이상의 자격을 요구하지 않고 모든 인간을 인격으로서 인정한다고 해도, 심지어는 인격 개념이 확장되어 인간 개념과 일치한다고 해도 그렇다. 자기 종에 속함은 그 자체로서 여타의 세계에 대하여 일종의 특수하지 않은 연대성을 근거 짓지만, 이 개인을 종의 이익관심에 희생할 것을 우리에게 금지하는 인정을 왜 우리가 모든 개인에게 빚지고 있는가를 근거 짓지는 못한다. 이런 금지는, 인간의 가치가 다른 모든 생명체의 그것보다 더 크다는 것에서가 아니고, 인간이 일반적으로 모든 다른 인간과의 관계에 있어서도 비교할 수 없는 존재라는 점으로부터 생긴다. 그러므로 우리는 인간의 가치에 관해서가 아니고 그의 존엄(성)에 관해 말한

---

4 F. Grillparzer: *Ein Bruderzwist in Habsburg*; in: Werke II, München 1971, 327.

다. 열 사람의 생명 가치가 한 사람의 그것보다 더한 것을 뜻하지는 않는다. 인격들은 일반적으로 보탤 수 있는 것이 아니다. 인격들은 상호 간에 관계의 체계를 형성하고, 이 체계는 모든 다른 인격과의 관계에서 각 인격에게 고유한 자리를 할당한다.

'나와 같은 사람'으로서 인정하는 것에 대한 두 번째 가능한 오해는 바로 이런 관계를 잘못 판단하는 데에 있다. 여기에서 '나와 같은 사람'이란 말은 실제로 역설적 의미를 갖는다. 이 말은 타인의 나와 닮음이 아니라 동일한 비교 불가능성과 일회성을 가리킨다. 인간들은 인간으로서는 다소 닮은 데가 있다. 그들은 인격으로서는 비슷하지 않고 동일하다. 더 정확히 말하면 인간들은 언제나 일회적이고 그들의 존엄성에 있어서 측정할 수 없다는 바로 그 점에서 동일하다. '나와 같은 사람'이란 말은 또, 우리가 처음에 우리 자신을 인격으로서 지각하고 난 다음에―유비를 통하여―타인들을 지각할 것처럼 오해될 수 있다. 그러나 '인격'이 인격들에 의해 구성된 관계 공간 안에서 일회적 장소의 상관어(der Platzhalter)를 뜻한다면, 우리는 처음에 우리 자신과 타인을 계속하여 그런 상관어로서 지각한다. 인간을 인격으로서 지각하는 것은 인격성(Persönlichkeit)에 의해 구성되는 이런 선험적 관계 공간을 지각함을 뜻한다. 그래서 우리는 어떤 관계 공간과 함께 함으로써만 우리 자신을 인격으로서 발견한다.

이 공간 안으로 들어서는 것이 무엇을 뜻하는 가를 칸트는 정언 명령의 둘째 문장에서 다음과 같이 표현한다: "너 자신의 인격과 다른 모든 사람의 인격에 있어서 인간성을 항상 동시에 목적으로서 대하고 결코 단순한 수단으로서 사용하지 않도록 행위하라."[5] 여기에서 표명되는 요

---

5 I. Kant: *Grundlegung zur Metaphysik der Sitten*, Akademieausgabe Bd. IV, 429. 참조: 이원봉 역주, 칸트, 『도덕 형이상학을 위한 기초 놓기』, 책세상, 2013, 84.

구는 관점을 바꾸어 자제하라는 요구이다. 동물과 동물인 인간은 종에 특별한 환경을 구성하고 그 환경의 중심에 있다. 모든 일어나는 것(만나는 것)의 중요성은 생명체의 본능 체계에 의해 미리 규정되어 있고 그것의 체계 프로그램의 범위 안에 있는 기능성에 의해 규정되어 있다. 인간은 생명체이다. 인간도 그때그때 자신의 환경을 구성한다. 이 환경 안에서 중요성은 기능성과 같은 뜻이고, 이 기능성은 다시 그때그때의 개인의 이익관심에 의해 정해진다. 이 이익관심은 결코 순수하게 이기적으로 해석되어서는 안 된다. 종의 보존 내지는 자기 유전자의 확산은 충동 구조에 근거를 두고 있다. 마찬가지로 가족적이며 문화적 유대감을 통하여서나 자발적 공감에 의해, 우리에게 친밀한 것들과의 어떤 연대성, 물론 약한 의미에서 심지어는 모든 동료 종(種)들과의 연대성은 충동 구조에 근거를 둔다. 어느 정도까지의 우리의 건재함은 실제로 그것들의 건강에 의존한다. 이에 비하여 인격적 공간 안으로 들어섬은 전혀 새로운 종류의 관계로 들어서는 것이다. 이는 이런 발걸음이 단절의 성격을 지닌다는 의미여서는 안 된다. 정말로 자연적인 자기중심적 사고방식은 이기적이 아니고 자신을 넘어가는 경향을 포함한다. 자비의 사랑(amor benevolentiae)은 연속한다는 인상이 생겨날 정도로 직접적으로 욕망의 사랑(amor concupiscentiae)으로부터 발전할 수 있다.

그러므로 인격적 관계의 새로움은, 그런 연속이 곧바로 이루어지지 않는 경우에, 곧 이런 관계가 정의의 근본적인 형태로 드러나는 곳에서, 따라서 자기중심성을 버리는 것이 칸트의 어떤 '병적'인 동기에 의해서가 아니고 말하자면 동정심에 의해서 뒷받침되지 않는 경우에,[6] 명백하게 드러날 수 있다. 인격을 인정하는 것은 다음과 같은 의미를 갖

---

6 I. Kant: *Kritik der praktischen Vernunft* A 133; 백종현 역주, 『실천이성비판』, 아카넷, 2009 (개정판 1판 1쇄).

는다. 곧 우선 원칙적으로 무한한 자기 자신의 팽창의 경향을 단순히 거두어들이는 것, 타인이 나의 삶의 관계에서 갖는 중요성의 관점에서만 그를 바라보는 것을 포기하기, 내게 결코 대상적으로 되지 않는, 자신의 중요한 관계의 중심으로서 타인을 존중하는 것이다.

III

그런데 그런 존중은 무엇을 뜻하는가? 존중을 실천적 중요성에서 규정하는 것은 결코 쉽지 않다. 대부분의 시도는 과도한 정의나 미흡한 정의에 이르고 만다. 우리가 그것을 해석하는 데 따라 모든 인격을 자체 목적, 즉 목적들의 주체로서 존경하라는 요구는 거의 공허한 것으로 보이고, 행위의 여지를 일반적으로 제한하지 않거나 매우 제한하는 것으로 보여서, 이 제한은 자신의 삶의 자체 주장과 일치하지 않는다.

"인격을 자체 목적으로서 존중한다."는 것은 무슨 뜻인가? 인격에 자체의 목적을 추구하도록 허용하고 가능하게 한다는 뜻인가? 그런데 우리는 이것을 유용한 동물에 대해서도 행한다. 어쨌든 우리가 그런 동물을 죽이지 않는 동안은 그렇게 한다. 그런 동물은 음식물을 섭취하지 않는다면 즉시 우리에게 유용하지 않을 것이고, 성적 활동이 없이는 씨가 마를 것이다.

아니면 '존중'은 이제 거꾸로, 아무도 자기 자신의 목적을 위해 타인의 활동을 이용하지 않는 것, 즉 아무도 타인을 '도구화하지' 않는다는 것을 뜻한다는 것인가? 이런 사정 아래에서 인간적 삶은 전혀 가능하지 않을 것이다. 그 이유는 인간의 인격은 자연 본성을 지니면서 존재하기 때문이다. 그래서 자연적 본성은 다른 모든 자연처럼 다른 것들을 희생시켜 살아가는 방식에, 또 동일한 자연의 다른 본질에 의존한다. 순수한 협동의 이상은 언제나 있었다. 즉 인간들은 자신들의 상호 의존에 근거하여 자신들의 이익관심을 공동의 것으로서 이해하고 그 때문에 상호 간에 도구화하고 경쟁하지 않고 담론하는 의사소통에 따라 가능한 대로 효과적으로 협력하기 위해 자신들의 공동 작업을 조직해야 한다. 이런 이상을 실현하려는 시도는 언제나 좌절되었다. 그래서 인격 존재가 무엇을 뜻하는가를 우리가 이해했다면, 이런 시도는 언제나 좌절할 수밖에 없다는 것을 이해하게 된다. 그것은 공통성이라는 바로 이 이상이 인간들을 상호 대립하게 자극함으로써 가장 명백하게 알려진다. 바로 이 이상의 이름으로 인격으로서 인정하는 것이 이 이상의 적대자(반대자)들에게 거부되는 일이 발생한다. "그런 교훈을 기뻐하지 않는 자는 인간일 자격이 없으리라."[7] 어떤 사적 이익관심의 평범한 갈등도 이 갈등의 극복이라는 이상처럼 그와 같은 수 많은 희생을 요구하지 않았다. 이 본성 안에 특별한 것, 즉 이성을 통하여 인간적 본성을 지양하려는 이상이 있다. 이성은 플라톤 이래 개별적 이익관심에 대하여 무관심한 것, 즉 공통적인 것(das Koinon)으로서 간주된다. 그러므로 순수한 이성적 존재인 인간들은 자신들의 이익관심을 공통적인 것으로서 해석할 수 있다. 『고르기아스(Gorgias)』에는 "선은 드러나는 경우에 만인에게 공통적이다."[8]라고 쓰여 있다. 그런데 인격들은―바로 인격들이 각각의 인격을 그들 자체, 즉 공통적인 것으로서 생각하는 한―외적인 의미에서 개별자들이다. 그래서 공통적인 것을 이해하는 각각의 개별적 방식은 인격을 자체의 개별적 이익관심보다 더 상호 대립하게 한다. 여기에 인격의 개별적 이익관심은 그때그때마다 공통적인 것을 이해함에 있어서 불투명한 방식으로 함께 작용한다는 점이

---

7 모차르트, 『마술피리』, 2.Aufzug, 13. Auftritt.

8 플라톤, 『고르기아스』 505e.

추가된다. 이것이 이데올로기 비판의 주제이다. 역사에서 큰 정치적 진영들 사이의 갈등들은 그들의 상반되는 보편주의에 근거하고 있었다.

그러면 그와 같은 대결에서 '인격의 인정'은 무엇을 뜻할 수 있는가? 분명히 자기 자신에게 자신의 목적을 이루게 해 주듯이 타인에게도 자기 목표를 달성하게 해주는 그런 준비 태세는 아니다. 그것은 단순한 이유에서 가능하지 않다. 왜냐하면 이들 경우에서는 한 목표의 달성은 다른 목표의 달성을 단호하게 배제하기 때문이다. 근대 법치 국가는 정치적 투쟁을 정당하다고 인정했고 그와 동시에 그것을 길들였다. 이런 국가는 그러한 투쟁에 경기 규칙들을 부여했고 이들 규칙을 인정하는 것을 이 인정된 투쟁에 참여하기 위한 조건으로 만들었다. 이들 경기 규칙의 인정과 준수는 정치적 대결에서 인격을 인정하는 제도화한 형태이다. 왜냐하면 그런 형태는 이성의 차원에 대하여 더욱 깊은 차원, 즉 인격의 차원이 발견되었다는 것을 뜻하기 때문이다. 플라톤과 18세기에 있어서 보편적 이해와 모든 대립을 중화시키는 매체인 이성은 자체로 시민 전쟁의 시대에 의견의 불일치의 매체가 되었다. 이성의 이름을 내세우는 하나의 보편주의가 마찬가지로 이성의 이름을 내세우며 등장하는 다른 보편주의에 대립하여 있다. 이런 상황에서 근대 법치 국가는 그와 같은 갈등의 해결을 위한 기본권과 절차규칙을 동시에 정식화했다. 기본권과 절차규칙은 밀접한 관련이 있다고 생각되지 않으면 안 된다. 절차규칙이 순수하게 실용적으로 이해되는 경우에 오해가 생긴다. 내용이 중립적인 절차규칙으로 정의에 대한 문제를 대체하는 것이 중요한 문제는 아니다. 정의를 둘러싼 모든 다툼에 연루된 인격들을 인정하는 것이 중요한 문제이다. 이런 인격들은 정의에 관한 자신들의 관점을 다른 관점에 대하여 내세우고, 이런 경기 규칙의 범위 안에서 자신들의 관점이 관철되도록 도울 권리를 갖는다.

물론 이와 함께 보편주의적 비전들에 대한 모종의 모욕이 생긴다. 이들 비전은 자기이해(das Selbstverständnis)와는 전혀 반대로 개별적 이익관심과 유비 관계에 있게 된다. 그런데 이런 사정은 다르게 될 수 없다. 인간 이성의 본성이 인간들의 대립적인 이해관계를 지양할 것이고, 마르크스(Marx)가 생각했듯이 인간을 순수한 유적 존재로(zum Gattungswesen) 되게 할 것임이 틀림없다는 상상은 인간 존재를 잘못 아는데 기인한다. 인격들은―즉 각 인격은 자기를 위해 자신의 부분적 이익관심 뿐만 아니라 일반적인 것과 공통적인 것에 대한 비전을 내세우기 때문에―다른 모든 생명체보다 비교할 수 없이 더 높은 정도에서 '개별자' 이다. 사적 이익의 대립은 인격들에게는 다시 한번 공통적인 것을 정의하는 수준에서 재현된다. 그 이유는 바로 이 정의가 그 자체로 공통적인 정의는 아니기 때문이다. 그래서 공통적인 것에 대한 정의가 다원주의적 법치 국가에서처럼 어느 정도 공통적인 것이라면, 그 이유는 오직 법치 국가가 보편주의들의 대립을 지양하라고 요구하지 않고 그것을 인정하고 길들이기 때문이다. 이 국가에서 인격들은 자연적 개별성과 자기 관점을 지니고 있고 단순하지 않은 존재로서 인정된다. 그러므로 인격들은 사람들이 지닌 어떤 것을 다루듯이, 이 개별성을 다룰 수 있다. 인격들은 타인의 확신과 일치하지 않는 확신을 가질 수 있다. 자신들의 확신을 문제시하지 않고서 인격들은 틀리다고 간주하는 확신을 존경한다. 어떤 확신을 가진 사람을 존경한다는 의미에서 그렇게 한다. 그 이유는 이 사람도 자신이 지닌 모든 것과 단순히 일치하지는 않기 때문이다. 그가 이 내용 중 어느 것과 정말로 일치되기를 원하는지는 그 자신의 자유의 소관이다. 자신의 모든 견해에 일치하는 자는 인격인 자신을 볼 수 없게 된다. 이는 자유를 다 써버리지 않기 위해 실존적 일치 일반을 위한 자신의 자유를 사용하지 않는 자와 똑같은 경우이다.

그런 최종적이며 실존적인 결정이 문제인 경우에는 물론 절차의 규칙에 대한 존중은 끝이 난다. 그래서 이런 사정은 자신들의 실존적 결정이 이 규칙들과 일치하지 않는 이들에게 뿐만 아니라 이 규칙들을 옹호하는 이들에게도 해당된다. 규칙들은 갈등을 길들여야 하며 인격들의 존중에 대한 관계에서 그것에 낮은 등급을 할당해야 한다. 그러나 그것은 그것에 의해 생사를 건 싸움이 배제될 것이라는 사실을 뜻하지는 않는다. 그 이유는 법치 국가에 대한 결연한 공격에 대하여 사정에 따라서는 그 추종자들에게도 다음의 양자택일만이 남기 때문이다. 즉 인격을 인정하는 이 체제를 포기하거나 불가피하게 자신들의 적들을 죽여야 하는 지경에 이르기까지 적들의 폭력에 폭력으로 맞서는 것이다.

　이로써 인격의 인정이 끝나는가? 이런 인정이 마침내 자연발생적인 대립 앞에서 손 놓고 물러서야만 하는가? 이런 인정이 존중받는 자의 특정한 올바른 태도라는 조건에, 혹은 최소한 상호성의 원리에 연결된, 오직 조건적인 인정일 뿐인가? 그것이 그런 경우가 아니라는 점을 주목하는 것이 가장 중요하다. 내 안에 있고 동시에 타인의 안에 있는 '인간성'을 결코 수단으로서만 사용하지 말라는 것은 본질적으로 인격들의 지각과 일치하는 인정의 문구이거나 모순되는 문구이거나이다. 내가 인격의 인정을 조건들과 연결한다면, 그것은 이미 타인을 자체 목적으로서 간주하는 것이 아니고 결국 그의 삶의 표현과 의지의 표현들이 나의 것들과 일치하는 관점에서 고찰된, 따라서 나의 목적에 종속되는 존재로서 간주하는 셈이다. 그런데 그것은 싸움이 불가피한 바로 그런 상황이 있기 때문에 불가피한 것은 아닐까? 인격의 인정이 무조건적인 것이어야 한다면, 그것은 생사를 건 싸움과 일치하지 않으면 안 된다. 그러므로 이런 싸움의 가능성을 모르거나 오직 정면으로 거부할 수 있는 어떤 인격 이론은 신뢰할 수 없다.

IV

인격들 사이의 특별한 관계를 위한 명칭은 '평화'이다.

'평화가 너와 함께(Friede mit dir)'라는 셈족 사람의 인사는, 타인과 평화를 '맺다'와 타인 자신에게 '평화 안에 머물기'를 (기)원한다는 이중의 의미를 갖는다. '평화'란 말은 성찰의 개념이다. 어떤 대조와 관계 없이 '평화'라고 서술될 수 있을 어떤 상태나 관계는 없다. 평화는 전쟁, 충돌, 전투의 부재를 뜻한다. 그래서 자세히 말하면 예컨대 무관심이나 피로에 의거한 순수한 부재가 아니라 전쟁의 분명하고 적극적인 종결, 따라서 '맺어진' 평화이다. 평화의 체결은, 인격들이 자신들의 존재를 그 안에 들여놓고 그 존재로부터 떨어지지 않기 위해 지닌 것을 서로 간에 인정하는 것을 뜻한다. 인격의 존재가 소유라면 인격은 다음의 경우에만 인정될 수 있다. 즉 인격이 자체로 가진 것에서, 자체의 생명에서, 자체의 신체에서, 자체의 평판에서, 자체의 소유에서 그리고 그것이 자기 실현을 위해 요구하는 활동 공간에서 인정되는 경우에 그럴 수 있다. 이 요구는 우선 그 도달거리에 있어서 미정의 상태이며 언제나 다른 인격들의 요구와 충돌할 수 있다. '맺어진' 평화는 법률 상황이라고 부르는 것이다. 이런 상황은 요구들을 제한하면서 동시에 법률로 변화시킨다. 이 상황은 소유를 재산으로 변화시킨다. 모든 인격이 (그 안에서) 오직 자체에만 걸맞으며 자체를 통하여 표현된 자리를 차지하는 선험적 공간은 그 자체로부터 법률 상황으로 될 것을 요구하며, 이런 상황에서 모든 인격의 측정할 수 없음은 다름(Anderssein)에 대한 만인의 동등한 권리의 형태를 받아들인다. 그 이유는 인정이, 나의 존재가 타인에게 의존하고 있지 않듯이 타인을 자기 존재가 내게 의존하지 않은 어떤 사람(Jemand)으로서 간주함을 뜻하기 때문이다. 실제적 인정은 이런 독립을 다음의 내용에 의해 보장하는 데서 성립한다. 즉 인정됨은 인정하는 자의 임의에서 벗어나, 다시 말하면 강제된다는 것이다. 법질서의 강제 성격은 법률 소비자들(die Rechtsgenossen)이 실제적으로 서로 인정하고 단순히 자발적 자선 행위를 보여주려는 것이 아니라는 것을 표현한다. 자신의 인정을 취소하기를 유보하는 자는 전혀 인정하지 않은 것이다.

18세기 이론가들이 법률의 상황을 '자연 상태'에 반대하여 내놓았다면,[9] 인격 개념은 이런 이행에 신화적인 것의 경향을 받아들이도록 허용한다. 그래서 인격 개념은 동시에 법률 상황의 범위 안에서 자연 상태가 계속하여 약화된 형태로서 지속한다는 것을 이해하게 만든다. 이 지속적인 이원론(Dualismus)을 위해서는 '국가'와 '사회'라는 개념이 있다. 자유주의적 이론과 전체주의적 이론들은 국가를 오직 사회적 세력의 대리 집행자로서만 간주하고—전체주의의 경우에는—사회를 전체적인 국가적 행정 기구 안에 포함한다는 점에서 아주 자주 일치한다. 그런데 인간이 인격이라면 그리고 인격 존재가 인간이(그 안에서) 자기 자신, 자신의 본성, 자신의 인간적 본질을 소유하는 그런 내적 구조를 뜻한다면, 우리는 이 구조가 이른바 이원론에서 어떻게 묘사되는지를 이해하게 된다. 인정의 질서는 본질적으로 평등의 형식적 질서이다. 그런데 이 질서는 이 질서 안에서 인간의 삶이 전개함으로써 비로소 현실적으로, 따라서 생동하게 되고, 이 전개는 늘 경쟁과 갈등의 성격을 가질 것이다. 이 갈등의 해결을 위한 법적 범위 질서에 관계되는 그런 경쟁과 갈등에 이르기까지 그런 것이다. 그 이유는 이 범위 질서는, 그것이 늘 그럴 수 있다고 해도, 사회적 과정의 진행을 위한 결과를 갖는다. 평화 자체가 갈등의 저편에 있는 것이 아니라, 평화의 형태가 그 자체

---

9 참조: R. Spaemann: *Rousseau – Bürger ohne Vaterland. Von der Polis zur Natur*, München 1980 (2. Aufl. 1992).

로 다시 논쟁거리이다. 그러므로 어떤 법질서도, 모든 모순이 지양되고 따라서 파괴 불가능성의 성격을 지닌 하느님의 나라와 같은 그런 어떤 것은 아니다. 어떤 법질서도 스스로 결정적으로 보장할 수 없다. 그 이유는 법질서 안에서 형태를 갖추는 공통적인 것은 그 자체로 이 질서의 모든 개별적 구성원의 의식의 내용이고, 결과적으로 모든 구성원은 이 형태를 문제시하고 갈등 해결의 규칙들을 갈등의 내용으로 만들 수 있기 때문이다. 그와 반대로 자라날 수 있는 잡초는 인격 존재를 폐지하고 인간을 이성적 동물로 변하게 할 것이 틀림없다. 인격들은 위험한 상태에 있고 계속 그런 상태로 있을 것이다.

V

문제를 다시 언급하자면, 인격의 인정, 즉 그것의 지각이 법적으로 보장된 평화 질서의 저편에서, 이 질서가 그런 인정의 유일한 형태이므로, 중지한다는 것을 뜻하는가? 투쟁이 비인격적 사건이라는 것을 뜻하는가? 그런 것은 화제의 대상이 아니다. 인간들 사이의 모든 실제적 갈등은 결국 실제적 의사소통의 단절에 기인한다. 이런 의사소통 안에서 우리는 그때그때의 관계자들에게서 찬성을 얻는 것만을 상호 간에 기대한다. 그런데 우리가 인격들과 관계하는 경우에 그것은, 우리가 갈등의 경우에 요구, 즉 정의의 문제를 더 이상 제기하지 않는다는 것을 뜻하지 않는다. 그것이 오직 뜻하는 것은, 우리가 이제 일방적이며 홀로 이 문제에 대답하지 않으면 안 된다는 것이다. 사적 이익관심이 문제가 되는 경우에 인격을 계속하여 인정하는 것은, 우리가 이 이익관심을 관철하는 경우에 법적 규칙들의 범위에서 움직인다는 것을 뜻한다. 그러나 더 근본적인 종류의 갈등이 문제가 되는 경우에, 이런 갈등에서는 적대자의 노력이 좌절되는 것이 투쟁의 본래적 의미이다. 여기에서 인격들에게 계속하여 필요한 것은 자기 문제의 정의(正義)에 대한 확신이다. 즉 그것은 자신의 목표 달성의 결과가 편파적이지 않은 견지에서 보면 모든 관계자에게 공정하게 요구될 수 있다는 확신을 뜻한다. 요구의 기준은 물론 실제적 기준일 수 없다. 그 이유는 첫째로 모든 사람이 찬성을 거부함으로써 자의적으로 모든 정당한 요구를 피할 수 있기 때문이고, 둘째로 사람들은 나약함이나 몽매함이란 이유에서 요구할 수 있는 것에 찬성할 수 있기 때문이다. 정의에 대한 의무는 모든 의무처럼 우선 인격의 자기 자신에 대한 의무이다. 그 밖에 중단된 의사소통은, 올바르게 생각하는 자가 또 계속하여 공개적으로, 또 적대자에게 그에 대한 자신의 투쟁을 설명할 준비가 되어있는 한에서 잠재적으로 유지된다. 그래서 그것이 늘 뜻하는 것은, 가능한 새로운 반대 이유들에 귀를 기울이고 숙고하는 것이다. 이로부터 물론 역설이 생겨난다. 의사소통을 중단하고, '다른 수단들은 취하기' 위해서는 특별히 확고한 확신이 필요하다. 그리고 자기 일의 정당성에 대해 의심을 하는 것은 투쟁의 성공에 불리하다는 것이 투쟁의 논리에 포함되어 있다. 다른 한편으로 이 의심은 이런 상황에 있어서 보다는 더 당연하다고 생각 된다. 그 이유는 중단된 의사소통의 경우에 불편부당성에 대한 계속된 검사가 없어지기 때문이다. 그래서 '항구 불변한 이성을 위한 의지(ein stet pro ratione voluntas)' 혹은 '옳든 그르든 나의 조국(right or wrong, my country)'이란 말로써 의심을 밀어내는 것이 분명하다.

그러므로 근대의 국제법에서 "정의로운 소송(die 'gerechte Sache')"은—여전히 도덕적 요구로서 인정된다 할지라도—법률적으로 "정의로운 적이라는 이념(die Idee des 'gerechten Feindes')"에 의해 상대화되었고, 자기 소송의 정의에 대한 좋은 믿음이 이런 적에 종속되는 것은 현저한 진보였다. 그러므로 전쟁은 원칙적으로 더 이상 처벌 행위로서 간주되지 않고 동등한 자들 사이의 경쟁이라고 간주된다(그러므로 교전하는 한 파당으로서 인정받으려는 치안 교란자들의 관심이 있다).

존중의 인격적 관계를 위한 최종 기준은 죽은 자, 또한 바로 죽은 적이 취급되는 방식이다. 죽음에서는 인간들을 적대적이게 선동하는 모든 '질적인 것이' 없어진다. 죽은 자에게, 모든 죽은 자에게 표하는 경의는 그의 유일무이한 정체성(Identität)에서, 즉 인격으로서 그에게 인정된다. 이런 추상을 할 수 있는 능력은 (그것을 통해) 다시 한번 살아남은 자가 자기 자신을 인격으로서 알아차리게 하는 것이다.

VI

이제까지의 이 장의 숙고에는 우리의 역사적 상황의 비현실적인 어떤 것이 수반되는 것으로 보인다. 국가 내적인 평화의 질서는 상호 간 인격의 구조라고 간주되고, 국가 간의 갈등과 정치 권력의 사용은 개인들과 개인들이 우열을 가리는 고대 전쟁의 문제처럼 간주된다. 카인과 아벨, 크레온(Kreon)과 안티고네(Antigone)에 관한 언급이 있는 반면에, 현대 세계에서 제도들은 오래전부터 다음과 같은 내용의 방식으로 독립했다. 즉 개인들에 대한 제도의 관계와 제도적으로 조정된 개인 상호 간의 관계가 일반적으로 개인적 범주에 어떻게 포괄되는가를 아는 것은 어렵다. 정치적 단위 상호 간의 관계들은 늘 부득이 주창자들(중심 인물들)의 수준에서 개인적으로 해석할 수 있었던 어떤 논리에 따랐다. 오늘날 그런 논리는 더는 없다. 통치자들이 '서로 할 수 있고' 혹은 할 수 없다는 것은 체계적 절차들의 더 순조로운 기능이 (그것에) 의존하는 한 요인이지만, 이들 과정에 방향을 제공하는 본질적 자료는 그것에 의존하지 않는다. 시장의 세계화는 계속 밀어붙이는 탈인격화의 추동력을 뜻한다. 물론 정치적인 것은 아직 인격적 범주이다. 그 이유는 그것이 인격적 정체성을 가능하게 하고 순수하게 경제적으로 규정된 전문적 논리를 제한하기 때문이다. 마르크스적 체제들의 붕괴와 함께 이 제한들은 없어졌다. 대부분 발생하는 것은 더 이상 아무에게도 책임이 있지 않은 듯 하고 야생의 성격을 취하는 것으로 보인다. 인격 일반에 관한 어떤 책에서 중요한 제도들에 관하여 언급하는 것은 시대착오적으로 보인다. 그것은 우리가 물리학에 관하여 언급하는 것과 흡사하다. 왜냐하면 개인들은 물론 인간이고 그 자체로서 이 세계의 모든 물질적 사물처럼 물리학의 법칙에 지배당하고 있기 때문이다.

그런데 우리는 실제로는 개인들과 관련하여 물리학에 관하여 말하고, 자세히 말하면 중심되는 영역들에서, 예를 들면 자주적 의지 결정이 (질량 에너지의) 보존 법칙과, 즉 예외 없는 물리적 작용 관계의 전제와 어떻게 일치할 수 있느냐는 문제가 중요한 경우에 물리학에 관하여 언급한다. 제도들이 인격성에 대하여 전형적으로 중립적인 법칙성을 지닌 조직이라면 이 제도들은 한층 더 모든 인격의 이론에 대한 도전을 뜻할 것이다. 그 이유는 이 제도들의 인격에 대한 관계가 물질에 대한 관계와 같아질 것이고, 물질의 법칙적이거나 우연적인 반응은 부분들의 내재적 경향들에 대하여 관심이 없는 발생을 위한 재료만을 만들어 내기 때문이다. 그것이 인격의 자기 이해에 대한 거부를 뜻하는가? 이는 다음의 이유에서 그렇지 않다. 인격이 상황을 장악하지 못하는 경우에 사라질 정도로 발생하는 것과 함께, 곧 사물들의 특정한 상황과 함께 결코 융합하지 않기 때문이다. 어려운 상황을 잘 이겨내려고 하는 것은 모든 생명체의 경향이다. 인격들은 자신들이 아닌 것에 대해 자유롭게 태도를 취할 수 있다. 이런 태도는 매우 다양한, 정말로 대립되는 형태를 받아들일 수 있다. 그것은 단념에 있을 수 있고, 어쨌든 간

에 발생하는 것의 낭만적 미화에, 무정부적 저항에 있을 수 있다. 혹은
'정치적인 것'을 외부 상황에 의한 강제들에 맞서 인격적인 것으로서
옹호하고 인격들에 대한 이런 강제들이 오직 유사 강제들일 수 있도록
의식을 생생하게 유지하려는 참을성 있는 노력에 있을 수 있다. 왜냐
하면 이런 외부 상황에 의한 유사한 강제들에는 늘 기본적 선택들이
기초가 되어있기 때문이다. 물론 다시 침묵한 다수의 선택과 그 조직
적 은폐는 개인에게는 그가 그것을 거슬러 아무것도 할 수 없는 운명
의 성격을 갖는다. 그래서 참으로 이미 주어진 조건들과 체제에 의해
공급된 생존 수단들 아래에서 단순히 연명하는 것은 개인에게 동의라
고 해석될 수 있다. 그러나 아무도 이런 해석을 받아들이라고 사람들
에게 강요할 수 없다. 자연 상태를 제거하고 모든 생존 가능성을 사회
화한 현대 문명의 체제들은 기생적(parasitär) 태도를 더 이상 원칙적으
로 멸시할 수 없거나 어쨌든 관계자들이 이런 멸시를 내면화하기를 기
대할 수 없다.

　개인에게 충성을 요구하는 것은 대형 제도들의 사회적 실적이 아니
라 그와 같은 제도들의 정치적 및 법적 성격이다. 제도들에서 출발하는
규범화들 자체가, 역사적 공동체의 의지이든 합법적 권위의 의지이든,
개인적 의지의 표현인 한 이 제도들은 정치적이다. 물론 이런 의지의
표현은 자기 책임이 있음을 인정하고 양자택일의 비난을 확실히 하지
않으면 안 된다. 한 나라는, 예컨대 자체의 경계선을 임의로 개방할 수
있고 다문화 사회를 위한 결정을 할 수 있다. 그런데 기본적인 종류의
그런 결정들이 내려지지 않고 합의가 '비밀리에' 이루어질 것으로 예상
된다면, 충성의 요구는 녹슬어 삭는다.

　니클라스 루만(Niklas Luhmann)은 현대적 국가성(Staatlichkeit)이
더 이상 합법성(Legitimität)의 요구를 드러내는 개인들 안에서 명백히
하지 않고 합의된 절차 규칙의 교정으로부터 이끌어 내는 것을 이 국가

성의 장점이라고 불렀다.[10] 체계들의 안정성과 관련하여 그런 견해는 확실히 옳다. 적응은 순종(Gehorsam)으로서 신뢰할 말한 훈육의 한 형식이다. 왜냐하면 순종은 늘 거부될 수 있는 인격적 행위이기 때문이다. 단지 분명히 하지 않으면 안 되는 것은, 그렇게 얻어지는 안정성은 합법성과 같은 것은 아니고 그것의 소멸과 마찬가지라는 사실이다. 합법성은 (그것에 의해) 개인들의 충성(준법)이 요구 되는 개인적 범주이다. 탈인격화는, 그것이 또한 잘 기능하고 심지어 더 잘 기능 한다는 근거 있는 기대에서 이런 요구를 포기한다.

이런 상황에서 특히 하나의 현상, 즉 사방에서 우리에게 조수처럼 밀려오는 집요한 인격주의적 어휘는 난처하고, 인격적인 것의 차원에서 그 자체의 표현을 박탈하기 십상이다. 도처에서 현수막과 컴퓨터는 우리에게 안녕을 바라고, 도처의 확성기는 우리에게 미리 감사하며 그런 지시들을 알린다. 호의, 친절, 배려, 타인의 행복에 대한 관심, 감사하는 마음, 그리고 이와 비슷한 태도들, 특히 윤활유의 역할을 하는 것들이, 개인들 사이의 관계와는 거의 아무 관계가 없는 경과들의 기능을 위해 있다는 것을 모든 아이는 알고 있다. 사리적으로 올바르며 비개인적인 어휘로 되돌아가는 것은 개인들이 체계 프로그래머들에게 요구할 수 있는 존경일 것이다. 그렇게 해서 실제로 대면하고 있는 어떤 사람에게 짓는 여성 계산원의 미소는 다시 가치 있게 될 것이다. 더 정확히 말하면 회사가 여직원의 친절로부터 이익을 얻는 경우에도 그럴 것이다. 그럼에도 불구하고 여직원의 미소는 그 자신의 것으로 남아 있을 것이고, 감사하는 고객의 마음은 회사가 아니고 그 여성에게 소중한 것이다.

물질적이거나 정신적 힘을 행사하는 제도들은 우선 자체의 정치적

---

10   참조: N. Luhmann: *Legitimität durch Verfahren*, Frankfurt 1963.

성격을 명백히 하지 않으면 안 된다. 특히 제도들이 충성이나 심지어 도덕적 동의를 요구하는 경우에 그렇게 해야만 한다. 두 번째 조건은 제도의 기본적인 법적 성격이다. 나는 이런 성격을 우선적으로 절차규칙들의 준수라고 이해하지 않고 이 제도, 곧 이 국가의 권력 범위 안에 있는 모든 사람의 인격 지위에 대한 실제적 보호라고 이해한다. 개인적 관계 범위의 보편적 성격으로부터 다음의 결과가 생긴다. 즉 한 개인이라도 이런 인정의 구조에서 제외하는 것은 전체 체계의 인격적 구조를 사라지게 한다. 그와 같은 제외는 이후의 장에서 취급하게 되듯이, 늘 다음과 같은 경우에 생긴다. 즉 순수하게 인류 사회에 소속됨을 넘어서, 어떤 사람이 비로소 어떤 사람으로서 인정되어 인격공동체 안으로 받아들여지는 어떤 질적인 기준이 제시되는 경우에 생긴다. 그런 제한을 두는 모든 정치 체제는 자체의 법적 성격과 개인들의 충성에 대한 요구를 상실한다. 그런 체제에 대한 태도는 오직 현명의 규칙에 의해서만 지시될 수 있다. 모든 국가는 국가가 원하는 자에게 자유롭게 시민권을 줄 수 있다. 여기에서는 결코 동등한 대우나 자의(恣意)의 금지가 없다. 그런데 한 국가의 시민법은 다음의 경우에만 가치가 있다. 즉 이 국가 안에서 인권이, 즉 특히 생명권이 어떤 제한이 없이, 해당 국가의 권력이 충분히 허용하는 전체적 보호를 받는 경우에 가치가 있다.

16

자유

I

인격에 관한 생각은 자유에 관한 생각과 밀접하게 연결되어 있다. 더 자세히 말하면 다음과 같다. 즉 인격에 관한 생각은 자유 개념에 새로운 차원인 '의지의 자유'라는 차원을 제공한다. 인간이 의지의 자유를 갖는다고 인정하는 자는 동시에 인간이 그럴 수밖에 없는 자기 행위의 '자체' 원인이라고 생각하는 것과 같다. 그래서 결국 이 행위가 행위자의 가능한 영향력에서 벗어나 있는 전제 조건들의 필연적 결과일 뿐만 아니라(전제 조건들이 행위자의 영향력에 앞서 존재하므로), 인간의 본질이 자신의 행위에 의해 각인되고 특정한 행위의 결정이 동시에 어떤 사람이 누구인가로 있으려고 하는 데 대한 결정들인 한, 인간은 스스로 자신의 본질(Sosein)에 대해 책임을 진다.

자유 개념의 이런 극단화를 이해하고 평가할 수 있기 위해서는 우리가 자유에 관하여 말하는 경우에 무엇을 의미하는지를 먼저 묻지 않으면 안 된다. '자유'는 성찰의 개념이다. 이 개념은 적극적으로 제시할 수 있는 사태를 가리키지 않고 그런 사태의 부재, 더 정확히는 보통 방해의 부재에 관하여 숙고한다. 인간은 열이 없거나, 의존증에서 벗어난다. 어떤 지방은 말라리아로부터 벗어나고, 어떤 민족은 외세의 지배나 독재자로부터 벗어난다. 그런 부재가 분명히 알려지기 위해서는 먼저 방해물이 실제적 가능성으로서 체험되지 않으면 안 된다. 이 방해물은 실제로 미리 존재한 것이어야만 하거나 위협이 되어야만 한다. 아니면 그것은 타인들에게 현실로서 지각되지 않으면 안 되고, 게다가 우리가 방해받지 않은 자들과 비교하는 그런 타인들에게 현실로서 지각되어야만 한다. 우리는 근처에 빈대가 전혀 없는 경우에 의미에 맞게 어떤 방에 "빈대가 없다."고 말한다. 노예 신분이나 노예제가 없는 사회와 관련하여 우리는 '자유인'에 관하여 말한다. 자유는 언제나 어떤 것 '으로부터 자유롭게 있음'이다. 그렇지 않으면 그것은 빈말이다.

방해와 그것의 부재에 대한 성찰은 자발적으로 어떤 것을 목표로 하는 본질에게만 있다. 그러므로 자유는 늘 자기 자신의 경향을 전개하기 위한 자유이다. 동물을 위해서 사냥을 허용하지 않는 금렵구가 있다. '자유 낙하'에 관하여 언급하는 아리스토텔레스의 화법이 있는데, 이는 아래로 떨어지는 물체의 '경향성', 즉 저항이 거슬러 맞설 수 있는 경향을 전제한다. 자유에는 종(種)에 알맞은 발전의 가능성이 속한다. 물속에 있는 제비와 강 언덕에 있는 송어는 자유롭지 않다.

그런데 이제 발전의 가능성이 자유를 뜻한다는 것은 모든 내재적 경향성에 해당되지는 않는다. 예컨대 의존증은 내적 경향성이지만 그것을 따르면 자유롭지 않게 된다. 왜 그럴까? '본성'을 가진, 즉―아리스토텔레스의 정의에 있어서는―'정지와 운동의 시초를 자체 안에' 지닌 본질만이 자유롭거나 자유롭지 않을 수 있다.[1] 자발적으로 어떤 것을 목표로 하고 있는 본질들은 우선 존재(Sein)안에 있으려고 한다. 이제 인간의 본성은 비교할 수 없을 정도로 유연하고 가능한 '운동들'의 큰 활

동 공간을 갖는다. 활동 공간은 교육, 언어, 도덕과 습관 등 우리가 '제2
의 본성' 이라고 부르는 것을 통하여 구조화한다. 이 제2의 본성, 즉 습
관에 따라 살 수 있는 것은 기원전 6세기의 희랍인들에게는 자유(eleu-
theria)와 같은 의미였다. 자유를 방해하는 자는 폭군으로 간주되었다.
오빠를 매장하라는 옛 계명이 안티고네의 자유를 박탈한 것이 아니고
크레온(Kreon)의 새로운 금지가 이것을 하도록 한 것이다.

　비로소 소피스트들과 함께 새로운 혁명적 숙고가 등장하고, 그 다음
에 플라톤이 그것을 심화했다. 자세히 말하면 그것은 제2의 본성이 제1
의 본성에 대립하는 경우에 도덕도 자유스럽지 못하게 만들 수 있다는
생각이다. 그래서 이것은 심지어 어떤 사람이 제1의 본성을 전혀 지각
하지 못할 정도로까지 이 제2의 본성을 이미 내면화 했을 경우에도 해
당된다. 그렇다면 그는 이제 내적으로 노예가 되어 그 다음에 다시 자
유롭게 되지는 않았다. 자유롭게 있기 위해서 인간은 자신이 원하는 바
를 행할 수 있지 않으면 안 된다. 다음에 원하는 바를 행할 수 있기 위
해서 그는 무엇을 원하는지를 알아야만 한다. 부자유는 무조건적으로
타인에 의한 결정에만 있는 것은 아니다. 의존증 환자의 예에서처럼
'비본래적인' 자신의 원의가 문제이다. 플라톤에 의하면 그런 비본래적
원의의 밑바탕에는 현실과 원하는 가치들에 대한 왜곡된 지각이 놓여
있다.

　그리스인들은 다양한 습관들을 평가하는, 즉 이들 습관을 언제나
'나' 에게 속하는 것으로서 인정하는 척도를 '본성' 이라고 불렀다. '인
간에게 적합한 것' 인 본성적인 것(das Natürliche)은 자유에 관한 해방
적 이해를 가능하게 한다. 그것은 제1본성이 제2본성으로부터 해방되
는 것을 가능하게 한다. 아니면 적어도 아리스토텔레스에 있어서처럼

1　Aristoteles : Physik II, 1 : 192 b 13-15.

제1본성의 골자가 되는 조건들과의 일치라는 척도에서 제2본성을 평가
할 수 있게 한다.

그런데 그런 재검토가 무의미하지는 않을까? 도대체 인간 본성과 같
은 어떤 것을 말하는 것이 의미를 갖는다면, 우리는 모든 이차적 습관
과 동기들에 대하여 자연스럽게 추진되는 것을 '자연'이라고 부르지 않
을까? 2차적 체계들— 'Software'—은 인간의 유연한 본성— 'Hard-
ware'—과 일치할 수 있는 경우에만 일반적으로 자리 잡을 수 있고 유
지될 수 있다. 모든 고등 생명체들의 본성은 해로운 것을 밀쳐 내든지
그것의 희생이 되든지 하는 양자택일 앞에 있지 않으므로 이의(異議)
제기는 맞지 않는다. 고등 생명체들은 아리스토텔레스가 말하듯이, 단
순한 삶과 선한 삶 사이의 차이에 의해 특징 지어져 있다.[2] 이들 생명체
에는 즉각적 파괴와 같은 뜻이 아닌 삶의 쇠퇴가 있다. 의존증 환자는
살고는 있지만 나쁘게 살고 있다. 그는 건강을 해치고 있고, 그의 관심
범위는 좁아지며 의존은 더욱 커진다. 우리가 덕이라고 부르는 습관들
과는 달리 악덕, 즉 '나쁜 습관들'이 있다. 이들 습관은 우리 자신이 이
습관으로부터 독립하여 자신의 통찰로 기꺼이 행할 수 있게 하지 않고
방해한다. '제2의 본성'은 일반적으로 제1의 본성과 조화로운 관계나
조화롭지 않은 관계에 있을 수 있다. 우리는 이 관계가 조화로운 사람
들을 '자유롭다'고 부른다. 조화로운 관계에서 결과적으로 제1의 본성
이 제2의 본성에 의해 억압되지 않고 잘 훈육이 되어 자신의 통찰에 상
응하여 자신을 발전시킬 수 있고 특정한 역사적 형태를 얻을 수 있다.

동일한 것이 사회적 규범에 해당된다. 자연적인 것의 '자연주의적'
개념을 위해서는 모든 사회적 질서가 자연적이라고 간주된다. 그 이유

---

2   참조: Aristoteles, *De anima*, 434 b 21; 유원기 역주, 아리스토텔레스, 『영혼에 관
하여』, 궁리, 2001, 247-250.

는 그런 질서가 늘 자연적 '힘의 평행사변형(ein Kräfte-Parallelo-gramm)'의 결과, 즉 더 약한 자들을 예속하거나 배제하는 더 강한 자들의 자연적 권력 추구의 표현이기 때문이다. 영양이 사자에게 잡아먹힌다면, 그런 죽음은 영양에게는 자연적인 것이 아니라 폭력적 죽음이다. 그런데 영양을 잡아먹는 것은 사자에게는 자연적이다. 그래서 우리는 사자가 영양을 잡아먹는 생태학적 체계도 '자연적'이라고 부른다. 모든 지배 관계는 자연적인 동시에 그 반대인 것으로 보인다. 자연은 '만물이 서로 관계를 맺고 있는 상태'[3]이다.

그런데 이제 만물이 관계를 맺듯이 어떤 관계를 맺을 수 있는 것은 인간의 본성에 속하고 먹음과 먹힘과 같은 과정이 사자의 입장과 동시에 영양의 입장으로부터 고찰될 수 있다. 마지막으로 인간들이 행위자로서 정의의 척도를 세우는데 포함되어 있는 경우에도 그렇다. 이런 능력은 자신을 자신의 본성, 즉 자신의 본질과 관계를 맺게 하는 인격의 특징으로부터 유래한다. 이 관계는 우리가 '소유'로서 규정한 것이다. 그런데 자신의 본성, 자신의 본질은, 있는 그대로의 다른 모든 것과의 관계 없이 규정될 수 없다. 그러므로 자기 자신과 관계를 맺는다는 것은 전체로서의 세계와 관계를 맺는 것과 같다. 스토아학파의 철학자들은 우주와의 동일시를 자유 문제의 해결이라고 생각했다. 어차피 발생하는 것에 동의하는 것은 인간을 희생자의 역할로부터 해방시킨다. 말하자면 인간은 희생자의 '연기를 하는' 셈이다. 현자의 본래 관심은 드라마가 전체적으로 성공하는 데 쏠려 있다. 내가 나의 의지를 운명에 일치시키고 나의 자연적 보존의 관심을 어차피 위태롭지 않게 존속하는 전체로 확장하는 경우에 아무것도 나의 의지에 반하여 일어나지 않는다.

---

3 참조: R. Spaemann: *Das Natürliche und das Vernünftige*, München 1987.

스토아학파의 철학자들이 자신들의 본성의 한계라는 개별성으로부
터 자유롭게 되는 것은 그 자체로 자유의 행위는 아니고, 즉 동기화의
방향을 자유롭게 전환한 결과는 아니고 다음의 인식, 즉 필연성에 대한
인식, 따라서 지혜의 결과이다. 자유에 이르는 자는 현자이고, 그러므
로 자유는 다시 자유로운 결정의 결과는 아니다. 개인적 자유가 아니라
이성만이 해방 가능성의 조건이다.

비로소 그리스도교와 함께 세계 안으로 방향을 전환하는 사상이 등
장한다. 이런 방향 전환은 새로운 인식의 결과가 아니고 그런 인식의
조건이다. 사도 바오로(Paulus)는 명백히 스토아의 지혜를 거슬러 이런
사상의 방향을 바꾸었다. 그는 다음과 같이 적고 있다. 곧 "내가 모든
지식을 가졌다 하더라도", "내가 비록 모든 재산을 남에게 나누어 준다
하더라도, 또 남을 위하여 불 속에 뛰어든다고 하더라도, 사랑이 없으
면 모두 아무 소용이 없습니다."[4] 스토아 철학자는, 그리스도교 신자가
준비하고 있는 모든 것에 대하여 준비되어 있다. 그것을 위해 그는 의
지를 근본적으로 전환할 필요가 없었다. 그것은 자기 주장을 위한 본성
적 의지로서 마침내는 자아의 우주적 확장에, 곧 자기 본성의 개별성을
극복하게 하는 통찰에 의해 좌우된다. 이와는 달리 신약 성경의 의미에
서 사랑인 아가페(Agape)는 자기 것으로 만들기(oikeiosis)의 확장, 곧
자아에 의한 세계의 자기 소유화가 아니고, 바오로가 '죽음'의 개념으
로 지칭한 입장의 철저한 변화를 뜻한다.[5] 이런 변화는, 내가 내 자신에
게 있듯이, 타자가 타자로서—곧 '나의 세계의 일부'로서가 아니고—
나에게 마찬가지로 현실적이며 중요하게 된다는 것을 뜻한다. 여기에서
갈등의 가능성이 생긴다. 그리스도교적 태도가 스토아학파의 현자의 태

---

4 1코린, 13, 2 이하.
5 예컨대 다음을 참조: 골로 3, 3.

도와 구별되는 것은, 그리스도교 신자들은 청하지만 그런 요청의 실현을 강력히 요구하지 않는다는 점이다. 스토아학파의 현자는 불운의 회피를 빌지 않는다. 도대체 그는 청하지 않는다. 그는 두려움을 극복했다. 그는 죽음을 두려워하지 않고 자살로 고통에 찬 죽음에서 벗어난다. 그는 타자의 의지를 위해 자신의 의지를 포기하지 않고, 다른 의지가 더 강한 것일 경우에, 이 의지를 앞지른다. 곧 그는 가망 없는 저항에 직면하여 늘 자기 자신의 의지인 양 다른 의지에 찬성함으로써 그렇게 한다. 그러기 위해서는 결단과 사랑이 아니라 오직 통찰만이 필요하다.

이런 차이의 이유는 쉽게 알아챌 수 없다. 말하자면 스토아학파의 철학자들에게는 실제로 어떤 신적인 의지가 중요한 문제는 아니다. 그 이유는 신적인 것은 인격적인 것이 아니고 따라서 세계는 우연적인 것이 아니라 의지의 작품으로서 생각되기 때문이다. 전체는 그것이 존재하는 바와 달리 존재할 수 없다. 그리고 나는 이 전체의 일부이다. 이런 존재들은 자신들이 그 안에서 한 역할을 맡아 해야 하고, 그 때문에 이 역할을 역할로서 의식적으로 맡아 행할 수 있는 드라마를 알고 있다. 그들은 이것을 수행하는 동안은 단순한 부분 이상의 것들이다.

이 전체가 우연적인 것으로서 생각되고, 더구나 자유로운 창조 행위의 산물이라고 생각되는 경우에는 사정이 다르다. 이런 행위에 대해서도 필연성에 대한 통찰과 같은 어떤 것은 존재하지 않는다. 여기에서 질문, 요청, 감사, 의심, 싸움, 반항 혹은 사랑과 신뢰와 같은 태도가 가능하다. 여기에서는 보편적인 자기 것으로 만들기, 곧 자아와 세계의 전체와의 동일시가 있지 않고 그대신 변경할 수 없는 타자와의 관계가 있다. 그리고 이 관계에는 서로 환원되지 않는 다음의 두 가지 가능성이 있다. 그것은 자기 주장의 가능성과 자기 초월의 가능성이다. 하나의 경우에 인간은 자신의 중심적 지위를 주장하는데, 이런 지위로부터 모든 중요성의 구조들이 기능적으로 도출된다. 또 다른 경우에 인간은 다른 하나의 중요성의 중심이나 다수의 다른 중요성의 중심들이 있다는 것을 인정한다. 이들 중심은 서로 통합되지 않고 인간은 이런 중심들에 대해 자기 자신에 대해서처럼 긍정적인 관계를 가질 수 있다.

'절대적', 즉 신적인 중요성의 중심이 받아들여지는 곳에서는, 이 중심으로부터 무조건적 긍정에 대한 요구가 나오고, 이런 긍정에 대하여 자기 주장은 다음과 같이 항복한다. 예컨대 아우구스티누스는 자기 자신을 멸시하기까지에 이르는 하느님에 대한 사랑을 말한다.[6] 유한한 다른 인격들에 대한 지각이 문제가 되는 경우에, 그 지각은 멸시까지는 아니지만 자기 상대화로 이끈다. 인간은 다른 인격들을 '자기 자신처럼 사랑해'야 한다. 그것은 우선 다음의 내용을 뜻한다. 인간은 인격들을 마주하여 정의의 관계로 들어서고, 이 관계에서는 자신의 이익관심이 선험적으로 타인들의 이익관심의 중요성에 대하여 결정하지 않는다. 경향성과 이익관심이 조정되지 않으면 안 되는 곳에서만 정의가 존재한다. 그러나 또 개인의 행위가 단순히 자기 자신의 이익관심의 입장의 표현이 아니고, 이 행위에 관련된 자들의 이익관심을 고려하여 이 타인들 앞에서 정당화될 수 있는 곳에서만 정의가 존재한다.

타인들의 이익관심을 고려하는 것은 어느 정도까지는 우리들의 본성의 채비에, 곧 자기 자신의 본성적 이익관심에 속한다. 소속과 공감의 관계들은 '본성적'(자연적) 관계이다. 이 본성적인 것을 두 방향에서 넘어설 수 있는 것은 인격에 속한다. 즉 인격은 이 본성적인 것을 두 방향에서 넘어설 수 있다. 인격은 모든 본성적 유대감과 배려로부터 해방되어 철저하게 제한이 없는 이기주의를 지지하여 결단할 수 있다. 그러기 위해 인격은 공감에 의거하는 모든 관계를 결코 포기하지 않아야만 한다. 그런데 인격은 오직 그런 관계에서 이끌어 내는 물질적이거나 정

---

6 아우구스티누스, 『신국론』 XIV, 28.

신적인, 감정적인 이익의 관점에서만 이런 종류의 모든 관계를 고찰할 수 있다. 심지어 정열의 도취 상태에서는 이런 입장의 과제가 실제로 문제가 되지 않는다. 이런 입장으로부터 타인은, 인격이 이런 정열을 체험하는 가운데 느끼는 바로 그런 만족감의 한 기능이다. 원래 타인은 향유(das frui)의 대상과 기쁨의 내용이 아니다. 우리의 실제적 목적은 우리의 정열의 향유이다. 그러므로 그런 공감은 경험에 따르면 곧장 잔인함으로 변할 수 있다.

자연적 태도의 직접성으로부터 이렇게 반성하면서 벗어나는 것에서 인격이 자체 본성을 지니며 단순하지 않다는 것이 분명해진다. 단지 자연적인 존재들은 늘 옳은 의도(intentio recta)의 순진성 안에서 살고 있다. 이런 의도는 외향적이다. 이 의도는 타자를 향하고 있지만 타자인 타자를 향해 있지는 않다. 타자는 본래의 자기화에서 자신의 것이 되고 타자로 향해 있는 존재의 삶의 맥락 안에서 자체의 중요성을 받아들인다. 자신의 체험에 대한 반성과 타자를 이 체험의 단순한 기능으로 격하하는 것은, 타자를 타자로서 그리고 자신을 그와 구별할 줄 알며 자기 자신에 대하여 반성하면서 스스로를 최종 목적으로서 되돌리는 존재에게만 가능하다. 아우구스티누스적 전통은 '자체로 굽은(정직하지 못한) 마음(Cor curvatum in se ipsum)'에 관하여 언급한다. 인격들만이 철저한 이기주의자일 수 있다. 그런데 인격들은 또한 타자를 바로 타자로서 알고, 나의 삶의 맥락에 의해 정의된 자로 알지 않는 똑같은 반성에 의하여 타자를 명백히 이런 사람으로서 원하고 존경하고 사랑하며 자신의 관점을 다른 여러 개의 관점 중 하나로 상대화할 수 있다. 인격들은 이기적이지 않은 호의를 지닐 수 있는데, 이것은 그런 호의의 가장 낮으며 기초적인 단계인 정의와 함께 시작된다.

이 두 개의 동기 사이의 결정은 이제 실제로 그런 결정이 다시 한번 더 기초적인 동기로 되돌아갈 수 없다는 의미에서 '근거가 없다.' 양 편

중 한 편이 더 중요한 것으로서 측정되어 제시할 수 있을 공통된 파라미터(매개 변수)는 없다. 사실 선을 원하는 자는 자신이 왜 원하는지를 안다. 그 이유는 그것이 선이기 때문이다. 그런데 이것이 그에게 한 이유라는 사실은 다시 다른 방법으로 근거 지어지지 않는다. 확실히 다른 방법으로 근거 짓는 모든 것은 이 이유를 약화시킬 것이다. 확실히 인간의 본성에는 도덕적인 것의 요구에 대한 선험적인 확증이 이미 들어 있다. 자발적인 동정심이 있으며 마찬가지로 상호성의 기본적인 요구들을 위해 이성적이고 언어적으로 서로 간에 의사를 소통하는 존재의 자발적인 느낌이 있다. 철저한 이기주의는 주된 것이 아니고 자발적인 것도 아니다. 그래서 플라톤 이래 그 자체로 선한 것과 내게 선한 것의 기본적 동일성을 증명해 보이려는 철학의 노력이 있어 왔다. 언뜻 보기에 응보 사상이 신을 자기애의 한 기능으로 만드는 것처럼 보일지라도, 종교들의 약속은 같은 방향으로 나간다. 물론 응보 사상이 "내가 너의 보상이 될 것이다."[7]라는 신의 말씀에 의해 수반된다면, 이런 의심은 없어진다. 정의와 사랑이 독립된 동기로서 낯선 자에게는 이런 보상이 매력이 없을 것이다. 왜냐하면 이런 보상은 이미 신의 사랑을 전제하기 때문이다. 이기주의의 완전한 과제는 인격의 자체 과제가 아니고 인격의 본래적 자기실현이다. 보상의 약속은 미지의 것을 향한 도약에 대한 두려움을 제거한다고 한다. 그 이유는 실제로 도약이 중요한 문제이기 때문이다. 이성적 존재인 우리는 도약을 '본래적으로' 이미 수행한 셈이다. 우리는 이미 "그분께서 이 세상에 오시어 모든 사람을 비추는 빛"[8] 안에 있다. 그런데 우리는 늘 우리가 우리를 자유롭게 할 경우에 어떤 것을 잃을 수 있다는 염려에서 이 빛으로부터 등을 지고 있다. 우

---

7 창세 15, 1.
8 요한 1, 9.

리가 두 개의 동기 중 어느 것을 따르는지에 대한 기초적 결정은 '선택'
이 아니다. 선택하기 위해서는 이유가 필요하다. 여러 이유를 가지고
선택할 수 있는 것 안에는 인간을 인격으로서가 아니라 이성적 동물로
서 특징짓는 그런 자유가 내재해 있다. 아리스토텔레스는 이와 같은 자
유를 묘사했다.[9] 이 자유는, 인간들의 생물학적 기능이 활동들 자체에
숨겨져 있을 것처럼 그들이 본능적으로 그런 활동들을 수행하도록 프
로그램에 짜 넣어져 있지 않은 데 있다. 인간들은 굶주림과 성 충동의
생물학적 기능을 알고 있다. 인간들은 자신들이 왜 집을 짓는지를 안
다. 그리고 인간들이 그것을 알고 있으므로 여러 가지 다른 행위들 사
이에서 선택할 수 있다. 어떤 목적에 이르는 수단의 선택은 단순히 명
백한 유용성의 기능에서 생기지 않는다. 그 이유는 힘과 시간에 있어서
자원의 한계에 근거하여 모든 다른 목적들의 전체 또한 늘 모든 활동에
의해 영향을 받게 되기 때문이다. 그러므로 신중한 검토, 숙고가 그로
부터 행위의 명령이 강제적으로 생기는 연역의 성격을 가질 수 있는 경
우는 매우 드물다. 이 목적들의 각 목적은 계속되는 반성에서 다시 다
른 목적들을 위한 수단으로서 파악된다. 그런데 우리가 목표로 삼고 있
는 것의 전체는 목적으로서 표현되지 않고, 이 목적과 관련하여 개별
적 행위들이 수단의 성격을 가질 것이라고 한다. 그 이유는 이 개별적
행위들이 총체적으로는 우리 삶의 전체이기 때문이다. 전체는 이들 행
위 전체의 총괄 개념이고 '인생의 성공'과 같은 막연한 개념으로만 이
해된다. 그리스인들은 '행복(Eudaimonia)'에 관해 말했다. 이 개념은
—명백한 사용 기능을 가능하게 하는 것과는 매우 거리가 멀다—자체
로 한 문제, 즉 원래 어디에 도대체 그런 성공이 있어야만 하느냐는 문

---

9 참조: Aristoteles, *Nik. Eth*. III, 1-5; 이창우·김재홍·강상진 역주, 아리스토텔레
스, 『니코마코스 윤리학』, 이제이북스, 2006, 1장-5장.

제를 나타낸다.

중세에 계속된 고대의 전통은, 목적을 지향하는 의지가 수단들과 관련하여 열어 놓는 여지 안에 선택의 자유의 영역이 있다고 보았다. 행복은 '최종 목적'이라고 이해되었지만 이 목적은 선택 가능한 대상으로서 이해되지는 않았다. 우리는 오히려 최종 목적인 행복을 '본성적으로' 원한다. 그런데 이 목적은, 원칙적으로 어떤 사용 기능에 의해 한정될 수 없는 여지를 열어 놓는다. 왜냐하면 이른바 '수단'의 선택과 목적에 관한 해석이 여기에서는 일치하기 때문이다. 그래서 이런 선택에서 우리는 동시에 누가 우리 자신인지에 대하여 결정한다. 그렇지 않으면 우리는 다음과 같이 말해야 한다. 선택에서 우리 자신이 누구인지가 드러나는가?

고대 철학은 이 문제를 결코 명확히 제기하지 않았다. 그 이유는 이 문제의 제기가 존재론적으로 최초의 것인 자연(physis) 개념의 배후로 되돌아가기 때문이다. 플라톤은 한 인간의 본질은 그 자신에게 행복으로서 나타나는 것 안에서 분명해진다는 것을 아주 제대로 파악했다. 이런 의미에서 토마스 아퀴나스도 다음과 같이 적어 놓았다. "어떤 이에게 목적으로서 나타나는 것은 그가 어떤 사람이냐에 달려 있다(Qualis unus quisque est, talis finis videtu rei)."[10] 그런데 왜 어떤 이는 그가 있는 그대로 있는가? "행위는 존재에서 나온다(Agere sequitur esse)."라는 문장은 또 다른 중세의 격언이다.[11] 그런데 인격들에게는 반대의 것도 해당되지 않는가? 즉 인격들의 행위가 역으로 그들의 존재에 영향을 미치는가? 행위의 성향인 덕들, 즉 습관이 되어버린 태도들이 행위에 의해 습득된다는 것을 그 당시의 사람들이 알았던 한에서 앞에서의

---

10   Thomas von Aquin: Quaestiones disp. de malo 2, 3 ad 9.
11   예컨대 토마스 아퀴나스, 『대이교도대전』 III, 69.

질문은 고대에 친숙한 것이었다. 그런데 왜 어떤 이는 덕을 습득하고 다른 이는 안 그런가? 경험적으로 좋은 근거를 제시하는 답변은 다음과 같다. 즉 어떤 이는 그렇게 하도록 촉구되고 다른 이는 그렇지 않았기 때문이다. 또 어떤 이는 다른 이보다 더 나은 소질이 있기 때문이다. 교육과 유전은 행위에 선행하는 존재에 대하여 책임이 있는 두 개의 요소이다. 우리가 그럼에도 불구하고 어떤 인간의 양친과 교사뿐만 아니라 선한 행위와 악한 행위에 대해 그 인간에게 책임을 묻는 것은, 물론 우리와 아리스토텔레스에게 잘 알려져 있다. 그런데 고대에는 이런 사실에 대한 이론적 근거 제시가 없다. 그리고 근거 제시가 없는 것 자체가 새로운 숙고의 출발점이 되지는 않는다.

아우구스티누스가 처음으로 분명하게 의견을 말한 것은, 두 가지 사랑의 저편에 두 가지 의견 방향 사이의 결정이 거기에서 도출되는 제 3의 것은 없다는 사실이다. 그는 행복에 관한 고대의 개념을 고수하기는 하지만, 그에게 또한 분명한 것은 자기애(amor sui)가 아니고 신에 대한 사랑(amor Dei)만이 행복으로 이끈다는 점이다. "당신은 모든 무질서한 정신 자체가 벌을 받도록 마련해 놓으셨다."고 고백록(Confessiones)에 적혀 있다.[12] 계몽된 자기 이익관심은 신에 대한 멸시를 정당화할 수 없다. 또 자기 자신 안에서 정직하지 못함(curvatio in se ipsum)은 행복하지 못하게 하고 잃어버린 아들이 돼지 여물통 곁에서 지내는 한, 회심을 향한 강한 자연적 동기가 있게 된다. 그런데 자기애에서만 자신의 전 재산을 가난한 이들에게 나누어 주는 사람은 누구라도 아직 사랑을 지니고 있지 않다. 마음의 전환은 '유기체적 발전'의 문제가 아니고, 그런 전환 안에서 비로소 가능한 발전의 방향이 결정된다. 그런 방향은 이차적 의지의 차원, 즉 우리가 구체적으로 원하는 것에 어떤

---

12 아우구스티누스, 『고백록』 I, 12, 19.

태도를 취하는 방식의 수준과 관계된다.

II

두 가지 질문은 내가 즐겨 '일차적 원의(primäres Wollen)'라고 부르는
이 이차적 의지(secondary volitions)와 관련하여 다음과 같이 제기된다:

　1. 이 원의는 자유로운가, 또는 우리가 어떻게 의지의 자유를 생각해
야 하는가?

　2. 이 원의는 구체적 원의에 실제적 영향을 미치고 있는가, 그렇지 않
으면 아마 자유스럽긴 하지만 결과 없는 반성만이 문제가 되는가, 다시
말하면 무력한 원함만이 문제인가?

　아리스토텔레스는 인간의 이 첫 번째 원의를 '또—달리—할 수 있
음'이란 의미에서 자유롭다고 여기지 않았다. 물론 행복하려고 하는 이
'메타의지'는 구체적 행위와 의지행위에 대한 명백한 확정을 뜻하지 않
는다. 다양한 사람들의 행복에 관한 표상은 다양한 방향으로 향해 있지
만은 않다. 곧 우리가 앞에서 이미 보았듯이, 이성은 인간에게 또한 원
칙적으로 심사숙고의 여지를 열어 놓는다. 그것은 추리하는 지적 능력
의 일이 아니고 실천적 판단력의 일이다. 이 판단력은 행복을 향한 우
리의 기본 원의와 일치하는 행동을 하도록 하는 결단력과 연결되어 있
다. 그래서 결단력이 그것을 행하면, 그런 행위를 "자유롭지" 않다고 부
를 아무 이유가 없다. 행위의 결단은 자주 직접적으로 심사숙고의 결과
로 생기지만 늘 그렇지는 않다. 말하자면 우리는 이 결과를 거슬러 행
동할 수 있다. 우리는 이것을 두 가지 방식으로 할 수 있다. 즉 나약함
으로부터—즉 우리가 습득된 통찰을 따를 수 없게 만드는 충동 경향으
로부터—혹은 바로 그 기본적 원의 자체를 본능적으로 관철하는 데서

그것을 거슬러 행할 수 있다. 어떤 것이 들어맞지 않고 다른 결정이 마침내는 올바른 것이라고 밝혀지는, 더 정확히 말하면 늦게서야 의식의 문턱을 넘어서게 되는 이유들로부터 옳다고 밝혀진다는 직관적 확신에서 기본적 원의는 숙고의 결과를 옆으로 밀어낼 수 있다. 우리가 일상적으로 얻은 확신과 일치하는 어떤 행위를 부자유스럽다고 할 아무 이유가 없다. 우리의 기본적 원의나 '메타원의(Metawollen)'는 자유스럽지 않고 '본성적으로(von Natur)' 그렇다는 아리스토텔레스의 견해에 우리가 동의한다고 해도 그렇다.

의지의 자유가 있느냐 없느냐는 토론처럼 수백 년에 걸친 토론(논증들을 주고 받음이 마침내는 늘 무승부로 끝나는 토론)에 직면하여, 사람들은 문제를 잘못 제기했다고 추측된다. 추측컨대 그것의 있음과 없음이 문제가 되는 대상을 사람들이 적절하지 않게 규정한 것 같다. 우리가 어떤 것을 원하므로 자주 그것을 실행한다는 것은 아무도 의심하지 않는다. 그래서 우리가 자주 다른 어떤 것이 아니라 이것을 원하고 행하였음에 대하여 스스로 책임이 있다는 것을 아무도 의심하지 않는다. 왜 우리가 이것이나 저것을 행하였느냐는 질문에 대하여 우리는 우리를 그렇게 하도록 한 이유들로써 대답하고, 왜 이들 이유가 우리에게 이유였는가를 설명하는 원인들로써 대답하지는 않는다. 우리가 그런 이유들을 배제한다는 뜻인가? 그리고 우리 '스스로'가 책임이 있다는 것은 무슨 의미인가?

두 가지 해석의 가능성이 있다. 존 에클스(John Eccles)와 카를 포퍼(Karl Popper)처럼 우리는 '자신(ein Selbst)'을, 결정에 책임이 있고 인간의 뇌와 상호 작용의 관계에 있는 본질(Entität)로서 받아들일 수 있다.[13] 혹은 우리는 인간 전체를, 충동을 갖춘 모든 존재들처럼, 자체의

---

13 참조: J. Eccles und K. Popper, 같은 곳.

성립 조건들로써 어떤 연속을 이루고 있지 않고 이들 조건으로부터 벗어난 본질로서 고찰할 수 있다. 이원론, 즉 이 벗어난 본질의 고립과 신체적-정신적 전체인 인간 자체와 본질의 동일시 대신 본질을 인간 안에 국한하는 것은 자유 문제의 해결과 관련하여 아무 이점도 제공하지 않는다. 그 이유는 인간 전체에게와 마찬가지로 이 '자신', 이 '자아(dieses 'Ich')' 혹은 이 '정신'에게는 성립 조건들에서 벗어난 그런 자율이 무슨 의미를 가질 수 있고 어떻게 생각되느냐는 물음이 제기되기 때문이다.

자유가 결정론(Determinismus)과도 일치할 수 없다면, 그럼에도 불구하고 비결정론(Indeterminismus)과 우연의 여지에 대한 용인은 자유에 대한 충분한 조건이 아니다. 우연에 의한 결정은 바로 자유로운 결정과 반대이다. 그런데 다음의 경우에는 결정이 자유롭다고 할 수 없다. 즉 필연성을 가진 결정이, 그쪽에서는 자체의 성립 조건들의 필연적 결과이거나 우연적인 행위자의 존재로부터 나오는 경우에 결정은 자유롭지 않은 것이다. 그러므로 이원론적인 상호 작용주의를 가정해서는 우리가 '자유'라는 말로써 의미하는 것에 대해서 아무것도 얻어진 것이 없다. 그 이유는 질문이 미루어지기만 하여 다음의 내용을 갖기 때문이다. 곧 그런 '자신(Selbst)'이 스스로를 결정한다는 것은 무슨 의미인가? 에클스의 가장 중요한 논증은 또한 전체적 맥락에서 바뀐다. 신경 단위의 진행 과정(neuronale Prozesse)이 에너지 보존 법칙을 위반하지 않고 자체 방향에서 자체로 물리적 결정이 아니고 '정신적' 결정에 의해 결정될 수 있다는 증명은 다음의 경우라면 중요하다. 즉, 이 결정이 부가적 인과 요소인 '자신'에 기인하지 않고, 이 진행 과정이 바로 신경 단위적인 것으로서 인간의 삶의 실현에 속하므로 단지 물리적 과정이 아니라는 사실에만 기인하는 경우이다. 아리스토텔레스적으로 말하면, 형상적 원인성이 문제가 되고, 작용적 원인성이란 의미에서 인과성이 중시되는 것은 아니다. 더욱이 에클스의 양자 역학적 숙고는 여기에서 더욱 큰 중요성을 갖는다. 그 이유는 그런 숙고가—부가적 본질을 가정하지 않고—부분들에 대하여 전체의 형상적 인과성을 생각할 수 있게 만들고 물리학의 에너지 보존 법칙과 일치하게 하는 가능성을 열어 놓기 때문이다.[14]

그러나 내가 이미 말했듯이, 양자 역학이 그런 가능성을 허용한다는 사실은 자율과 같은 어떤 것의 현실성에 대하여 아무 것도 결정하지 않는다. 자율은 '자신'에 의한 인간의 결정 혹은 '자기 자신'에 의한 인간의 결정이라고 이해된다.

실제로 자율 개념, 즉 의지의 자유라는 개념은 다음의 사정에 따라 두 가지 다른 의미를 갖는다. 즉 아리스토텔레스가 주목한 그런 결정들, 달리 말하면 심사숙고의 결과인 그런 결정들은 우리가 생각하는지 어떤지하는 사정에 따라서, 혹은 선과 악이 중시되는 그런 결정들과 행위자가 더 적게 심사숙고했을 수 밖에 없을수록 더 확신하게 되는 그런 결정들을 숙고하느냐 아니냐에 따라서 의미가 다르다.

우선 첫째 결정들을 보기로 하자. 이 결정들에서는 이미 있었던 동기부여의 구조에 의거하여 이들 결정 자체에 대해 결정되지 않는다. 그러나 이런 구조로부터 결정의 기준으로서 타당할 수 있는 것이 비로소 생겨나고 동시에 그런 기준들의 가능한 지위 등급이 생긴다. 많은 경우에 이 지위의 등급은 이미 명백한 결정으로 이끈다. 다른 경우에 심사숙고는 명백한 결정으로 이끌지 않는다. 이런 사정은 대체로 다음의 경우이다. 즉, 결정이 광범위한 결과를 갖지 못하고 무엇 때문에 내가 순간적으로 욕구를 갖느냐만이 중시되는 경우이고, 그렇지 않으면 결과들이

---

14 참조: J. Eccles: *How the Self Governs Its Brain*. Deutsch: *Wie das Selbst sein Gehirn steuert*, München 1994.

지속하는 전체적 삶에 중요하기는 하지만 장기간의 지속성 때문에 개관할 수 없는 경우이다. 여기에서 우리는 곧바로 결정하고 위험을 감수하지 않으면 안 된다. 후자의 결정들은 때때로 옳은 것을 행하려는 확실한 감정에—논박할 수 있는 감정에—의해 수반될 수 있지만, 때로는 좋은 이유를 발견할 수 없는 감정에 의해서도 수반된다. 이런 종류의 결정들은 원래 우연을 발생하게 하는 어떤 내적인 것에 맡기는 결심이고, 그 다음에 또 그런 내적인 것 대신에, 동전 던지기의 예처럼, 외적인 우연의 기제가 들어설 수 있다. 여기에서 문제의 결정은 '자유롭다'고 불릴 만하지는 않고 기껏해야 이유가 제시된 결정, 이유를 밝히지 않은 결정을 내리는 것이라고 불릴 만하다. 그런데 우리가 다시 말해 이렇게나 저렇게 결정하도록 강요받고 있고 기권이 불가능한 경우에 이것 또한 우연에 의한 결정일 수 있다.

이제 결정론의 주장은, 우리의 모든 즉각적 주장들, 또 숙고와 고려의 모든 결과들이 신경 생리학적인 경과를 통하여 분명히 결정되어 있다는 것이다. 그래서 실제로 우연의 여지가 있을 경우에 그런 결정들에 있어서는 바로 우연이 문제가 된다. 어떤 것이 우리에게 강제된 것으로서 논증된 것으로 보이는 경우에, 이 경우에는 그것도 우연이라는 것이다. 물론 더 새로운 결정론은 정보에 의한 결정이 있다는 사실을 고려한다. 여기에서 결정론은 정보 개념에 대한 두 가지 해석 가능성을 이용한다. 그것은 한편으로는 순수하게 물리적으로 정보 원천의 중간적 '정보내용(Negentropie)'이라고 이해되어 정보는 그것의 디지털식의 이동과 동일시된다. 그런데 다른 한편으로 여기에서 이동되는 것은 의미와 같은 어떤 것이 있고 오직 의미론적으로만 해석될 수 있다. 이유들에 의한, 즉 의미에 의한 결정은 결정론의 견해에 따르면 '실제적으로는' 물리적 인과성이다. 자유는 이런 방식으로 만들어진 자기 해석이다. 이런 자기 해석은 스스로를 이해하지 못하는 동안만 유지될 수 있다.

III

자율에 관한 엄격한 개념이 전혀 요구되지 않아야만 하는 통상의 실생활에 대한 결정론적 해석을 반대하는 세 가지 논증이 있다.

첫째 논증은 다음과 같다: 확신의 획득과 이런 확신에 근거한 행위가 이 확신을 만들어낸 과정들의 필연적 결과라면—이 경우에 행위자의 본질은 결정되는 요소들에 속한다.—이 이론 자체는 이론을 대표하는 본질의 표현일 것이고 진리에 대해 아무 요구를 할 수 없을 것이다. 그 이유는 이런 요구 또한 진리 개념이 뜻하는 것이 아니라, 우리가 요구하는 진리 개념에 대한 정보로서 경험적으로 알 수 있을 사실에 지나지 않기 때문이다. 그래서 이 정보 또한 스스로 의미론적으로 오해하거나 하는 디지털식의 과정일 뿐이다. 경쟁하는 진리 요구들 사이의 논쟁은 실제로는 두 개의 전자 체계 사이의 물리학적 논쟁이다. 심지어 체계들에 관한 언급조차도, 특정의 물리적 과정을 체계화함과 동시에 유기체와의 유사성이란 관점 아래 고찰할 수 있는 생명체들과 관련해서만 의미를 갖는다 그렇기 때문에만 물질주의적 결정론의 귀류법(*reductio ad absurdum*)[15]이 이런 입장을 전적으로 없어지게 하지는 않는다. 그 이유는 그 주창자 중 한 사람인 데넷(D. C. Denett)이 최근에 이것을 명백히 인정했듯이,[16] 물리적 세계상의 통일을 향한 독단적 의지는 모든 논

---

15 [어떤 명제를 반대로 가정했을 때, 모순을 이끌어내어 그 가정이 거짓임을 증명하는 간접적 논증 방법.]

16 참조: D. C. Denett, 같은 책, 같은 곳. 데넷은 여기에서 "나는 이 책을 쓸 때 한 교의(Dogma)에 복종한다. 곧 나는 모든 이원론을 피하려고 한다. 이 경우에 나는 근

증을 거역하기 때문이다. 그러므로 반결정론적 입장은 계속하여 매우
취약하다. 그 이유는 그것이 물질주의의 설명의 요구와 결코 경쟁할 수
없기 때문이다. 물질주의에 대한 이 설명의 요구가 자체로 유토피아적
이고 결코 이행되지 않는다는 사실이 결정적으로 중시되지 않는 것은
기이하다.

　다음과 같은 결정론에 관한 물질주의적 변형만이 있는 것은 아니다.
우리는 심리적 동기의 발생도 엄밀하게 결정론적으로 생각할 수 있다.
심사숙고는 근본적 선호 구조의 토대에 의거하여 동기들(Motive)이 힘
의 평행사변형 안으로 들어가는 한 과정으로서 생각할 수 있다. 그 경
우에 힘의 평행사변형의 끝에 명백한 결정이 위치해 있다. 그래서 동기
들의 중요성 결정이 그렇게 명백하게 되지 못한다면, 그 경우에 우리는
비로소 자신을 '우연'에 맡기게 된다. 이 경우에 동기 수준에서 우연인
것이 신경 단위의 '하부 구조(Infrastruktur)'의 수준에서 결정되느냐
그렇지 않느냐 혹은 다시 우연의 반응에 맡겨져 있는지 어떤지는 중요
하지 않다. 동기들의 중요성 결정에 대하여 다시 한번 '스스로' 결정하
는 인격적 주체를 요구하는 것은 모든 경우에 불필요하다는 생각이다.
이 심리적 결정론은 물질주의적 결정론처럼 직접적으로 불합리한 것으
로 논증되지는 않지만 그것과 마찬가지로 유토피아적이다. 즉 심리적
결정론은 원리적 근거들에서 결코 이행할 수 없는 약속이다.

　따라서 이것은 다음의 두 번째 논증이다. 생각과 원의가 심리적 힘의
평행사변형 안에서 효과적 '동기들'이라고 생각하는 것은 잘못된 상상
이다. 동기들은 동기 부여를 하기 전에는 동기가 아니다. 행위의 동기
들을 심사숙고하는 것은 '동기들의 투쟁'과는 전혀 다른 어떤 것이다.
서로 경쟁하는 원의들은 확실히 있고 이 경쟁은 '투쟁'으로서 체험될

본적으로 이원론을 반박할 어떤 논증을 예비해 두지 못한다."고 설명한다.

수 있다. 그러나 원의 중의 하나가 이루어지기 전에, 그 원의가 '더 강한 동기'라고 말하는 것은 아무 의미가 없다. 이성적 논증이 심리적으로 더 약한 원의의 편을 들어, 이 원의가 결정적 작용을 미치는 동기가 되게 하는 것은 전적으로 가능하다. 동기가 동기를 부여하기 전에 우리가 그것을 독립 변수로서 인지하고 그 다음에 이 변수의 상호 작용의 결과를 미리 말할 수 있을 경우에, 결정론적 약속의 이행이 비로소 주어져 있을 것이다. 그래서 이것은 불가능하다. 자세히 말하자면 우유적인, 우리 인식 능력의 한계에 놓여있는 이유들에서 뿐만 아니라 우리의 정신 생활의 고유성, 더 자세히는 그 고유성의 시간성과 관계있는 원리적 이유들로부터 볼 때 불가능하다. 모든 사유 법칙론적인 인과적 진술(Jede nomologische Kausalaussage)은 요인들(die Faktoren)이 시간의 경과와 무관한 또는 시간적으로 불변하는 '종류들'의 경우로서 동일시될 수 있다는 것을 당연히 전제한다. 법칙에 관한 진술들은 달리는 정식화되지 않는다. 그런데 이제 정신 생활의 흐름은, 그것 안에서 실로 시간적으로 불변하는 구조들이 제시될 수 있는 그런 종류의 것이다. 그런데 그런 구조들은 늘 어떤 과정에서 유래하는 추상일 뿐이다. 이 과정은 전체로서 일회적이어서 그 전체 단계들은 반복될 수 없다. 이전의 감정, 이전의 생각, 혹은 이전 행위의 모든 반복은 정신적 사건으로서 원천적이고, '반복된 그런 사건'과는 다른 어떤 것이다. 더 자세히 말하면 바로 정신생활의 시간성에 의거하여, 즉 이전의 것 그 자체가 기억되고 혹은 잊혀진 것이나 배제된 것으로서 현재의 질을 결정한다는 사실에 의거하여 그렇다. 그래서 현재적인 것은 이렇게 과거에 의해 함께 결정된 것으로서 결코 과거와 같은 것일 수 없다. 현재적인 것은 그 본질에 있어서 과거에 의해 결정되어 있으므로 과거로부터 독립해서는 전혀 정의될 수 없다. 이것은 결과에는 원인이 있어야 하는 것과 같은 이치일 것이다. 만일 어떤 특정 인물의 특정한 반응이 여덟 번 반복되는 일이 이전에 아직 없었다면, 그런 여덟 번의 반복에 대한 모든 결정론적 진술은 불가능하다. 그 이유는 이전의 경우들이 '여덟 번의 반복'은 아니었기 때문이다. 그 밖에 유사한 종류의 선행하는 경우들은 습관과 함께 권태감도 생기게 할 수 있다.

이런 논증은 본질적으로 베르그송(Bergson)에 의해 면밀하게 만들어졌다.[17] 물론 베르그송이 그런 논증으로 자유에 대한 증명 같은 것을 제공했다고 믿은 것은 잘못 생각한 것이다. 결정론에 반대하여 논증이 옹호하는 것은 자유의 의미에서, 자유가 아니라 사건의 자발성이다. 이 사건은 그것 안에서 사건들이 아마 서로 분리되지 않고, 한 종류의 사건들이 다른 종류의 사건들과 법칙적인 인과적 관계가 있음 직한 방향으로 흘러간다. 정신적 전체 상태는 일회적인 것으로서 어떤 종류에 분류되는 것과 같은 어떤 것은 결코 아니다. 그래서 그것은 더 강하게 확신하는 이유에 따라서(a fortiori) 인격들의 정신적 상태에도 해당된다. 그런 상태들은 그들의 상태들의 반복의 성격에 대한 반성에 의해서만 이전이나 이후의 상태들과 비교할 수 없게 한다. 심사숙고는 바로 그런 반성을 내포하고 그 때문에 모든 결정론으로부터의 해방을 뜻한다. 그 밖에 심지어 전적인 '시초'로서 생각되는 전적으로 자유로운 자체 규정이라는 결정론으로부터의 해방을 뜻한다. 우리는 심사숙고하면서 시작하지 않고 언제나 목적을 향한 추구의 지평 안에서 움직인다. 이 목적(Um-willen) 자체는 아마 우리에 의해 고의로 주어지지 않은 채, 언제나 우리에게 어떤 것으로서 문제가 된다. 우리는 고의로만 어떤 범위를 가득 채운다. 이것이나 저것은, 우리가 있는 존재이고 최선의 것으로서 존재한다는 사실을 전제로 하여 우리에게 나타난다. 이런 결정으로 이

---

17 특히 다음을 참조: Kapitel III "Von der Organisation der Bewußtseinzustände. Die Freiheit" in: H. Bergson: *Zeit und Freiheit*, 같은 곳.

끈 과정들의 결과가 필연적이냐 아니냐는 질문은 잘못 제기된 것이다.

그리고 그것과 함께 나는 세 번째 논증에 처해 있다. 결정론은 필연성이란 개념을 전제하고 이 개념은 다시 가능성의 개념을 전제한다. 그 이유는 필연성이 양자택일의 가능성을 부정하는 의미와 같기 때문이다. 그런데 자유로운 행위에 대한 질문이 문제가 되는 경우에, 현실적으로 되지 않는 가능성을 원리적으로 부정하는 것은 의미가 없다. 우리는 현실적이지는 않으면서 현실적일 수 있을 어떤 것을 가능한 것이라고 이해한다. 개념에 반대하여 메가라학파의 철학자들(die Megariker)[18]은 다음과 같은 이의를 제기한다. 곧 그것의 현실적 발생을 위해 모든 조건들이 채워진 것만이 가능하다. 그런데 조건들이 채워지면 발생은 일어나지 않을 수 없고, 그 때문에 일어난 일은 필연적이다. 그런데 다른 종류인 가능성에 관한 경험인 할 수 있음(das Können)의 체험이 있다. 우리는 원한다면 특정 행위들을 수행할 수 있음을 의식하고 있다. 이런 할 수 있음은 실재하는 성질로서 기술할 수 없고, 우리가 그것의 할 수 있음을 마음대로 처리할 수 있는 행위와 독립하여 정의할 수 없다. 이 행위는 가능성이다. 그래서 "나는 피아노를 연주할 수 있다."는 피아노 연주자의 문장은, 피아노가 없을 경우에 그가 연주할 수 없다는 사실에 의해 부정될 수 없다. 물론 그는 피아노가 준비되어 있을 경우에만 연주할 수 있다는 것은 시인할 것이다. 그런데 할 수 있음이 양자택일적 가능성이며 다시 말하면 실현되지 않음의 가능성을 열어 놓는 그런 종류의 가능성이라는 사실에는 변함이 없다. 모든 조건이 채워지지 않는 동안에 양자택일을 열어 놓는다는 것은 한 사건(발생)의 모든 조건에 해당하기는 한다. 그러나 행위들은 그것들의 수반에 의해 결정되

---

18 [소크라테스의 제자인 Megara의 Eukleides(기원전 450-380)가 세운 철학 학파에 속한 이들.]

는 사건들의 어떤 조건들은 아니다. 사건은 행위 자체의 일부이다. 그
래서 이 행위를 원하는 것은 다시 행위 실현의 다른 조건들 중 하나가
아니고 행위 실현의 직접적 '시초'이다. '할 수 있음'은 '하지 않으면
안 됨'('할 수 밖에 없음')과 구별되어 다음의 뜻을 갖는다. 곧 모든
조건이 채워지는 경우에, 행하거나 행하지 않는 것은 우리에게 달려 있
다. 사람들은 실제로 행하는 것보다 더 많은 것을 할 수 있다는 의식을
갖고 있다. 그런데 이제 현실에 일치하지 않는 가능성이란 개념은 은밀
한 방식으로 인과적 필연성에 대한 우리의 모든 진술의 기초를 이루고
있다. 사건 B가 사건 A 다음에 실제로 일어났다는 진술을, A는 B의 원
인이나 공동 원인, 곧 B가 A+X의 필연적 결과라는 진술과 구별하는
것은 무엇인가? 구별은 다음의 사실에 있다. 곧 우리는 A가 일어나지
않았다면 B가 일어나지 않았을 것이라고 두 번째 주장으로써 말한다.
그런데 일어난 모든 것이 그 자체로 필연적이라면, 이 조건문은 어떤
의미를 가질 수 있는가? "만약 그런 경우라면, 어떤 일이 일어날 것인
가?(was wäre, wenn?)"라는 물음은 제시할 수 있는 모든 의미를 상실
한다. 그런데 우리는 행위자로서 이런 질문을 전적으로 제기하지 않을
수 없으므로 이 질문은 피할 수 없다. 우리가 묻는 것은 다음과 같다.
즉, 우리가 이것이나 저것을 행할 경우에 무엇이 일어나며, 행하지 않
을 경우에 무엇이 일어나느냐는 것이다. 우리는 행위할 수 있기 위해
우리 자신을 사건들의 원인이라고 생각하지 않으면 안 된다. 그래서 우
리가 이것을 할 수 있는 것은, 우리를 필연적 관계들의 연관 안에 있는
일원으로서가 아니고 그런 연관의 시초라고 생각하는 경우 뿐이다. 그
밖에 결정론은 자체로 이런 실용적 관점을 전제하고 있다. 결정론이 관
심을 갖는 것은, 일의 경과에 개입하는 우리 행위의 효과의 조건들이
다. 우리 자신의 행위에 적용하면, 물론 결정론은 자체로 효과를 중시
하는 바로 그런 행위의 전제들을 없애 버린다. 결정론은 행위를 개입하

는 타인들의 행위를 위한 영역으로 객관화함으로써 고작해야 문제를 뒤로 미룬다. 그러면 이 타인들의 행위는 무엇인가?

이제까지의 숙고의 결론은, 인간의 행위가 자연주의적 범주에서는 이해될 수 없다는 것이다. 인간의 행위는 법칙적으로 결정된 전제 조건들의 결과라고 이해될 수 없다. 원인들에 관한 지식은 바로 이 원인들의 결과일 수 없다. 그래서 원의의 원인들에 관한 지식은 이 원인들로부터 즉시 그 원인의 특징을 빼앗게 될 것이다. 우리는 원인들과 관계가 있을 수 있다. 그런데 어떤 원인과의 관계는 바로 이 원인에 의해서 생길 수 없다.

IV

그것의 기원을 초기 그리스도교에 신세를 지고 있는 의지의 자유와 자기 결정이란 근본적 개념으로 되돌아가 보기로 한다. 우리는 이미 다음의 내용을 살펴보았다. 즉 우리의 일상적 행위의 해석을 위해 우리는 그러한 근본적 자유의 개념이 필요하지 않다. 여러 이유에서 규정되고 원인들에 의해 결정되지 않는 행위인 자유로운 행위의 분석으로 충분하다. 이 경우에 동기들이나, 이유들은 자기 자체를 자유로운 결정에 신세지지 않고 미리 주어진 심사숙고의 지평을 형성하는 기본 존재의 성격을 근본적 목적 지향에서 얻는다. 우리는 미리 주어진 관점들 가운데 우리에게 더 나은 것으로 보이는 것에 몰두한다. 그래서 우리가 존재하고 누구로서 존재하므로 우리에게 그렇게 보인다.

자기 결정의 근본적 의미에서 자유에 대한 질문은 비로소 다음의 경우에 제기된다. 우리가 이러저러한 행위나 하지 않음을 결심하면서 동시에 우리가 누구이며 '근본적으로 무엇을 원하는' 가에 대하여 결정하는 경우에 그렇다. 즉, 내가 '최초의 원의'라고 부르는 '두 번째 의지'에 대해 스스로 결정되거나 새롭게 결정되는 경우에 그렇다. 비로소 이 결정에서 인간은 원래 의미에서 인격으로서 드러나므로, 고대에는 그런 결정이 역시 알려지지 않았다. 이런 행위들은, 주어진 기준에 따르는 어떤 선택의 성격을 지닌 일상적 결정과 삼중적 방식으로 다음과 같이 구별된다.

이 행위들은 생명의 흐름과 의식의 흐름의 연속 가운데 있는 계기들이 아니다. 그런데 이들 행위 안에서 이 생명 전체의 의미 방향에 대한 결정이 내려진다. 인간이 자신의 환경으로서 정의되지 않은 어떤 세계로 자신을 초월할 정도로 이 생명을 자기 것으로 만드는 가운데, 자신을 인격으로서 실현하느냐 하지않느냐 혹은 인격 외의 단순한 생명의 자기 중심성으로 되돌아가느냐 마느냐가 결정된다.

자신의 생명의 전체가 그 안에서 결정되는 이런 행위들은 생명의 연속 안에서 시초들의 성격을 갖는 단면들을 만든다. 방향 전환, 즉 방향을 바꿈이 문제인 경우에 시초의 성격은 널리 알려져 있다. 자기 중심성으로 되돌아가는 경우, 즉 자기 자신으로 방향을 전환(curvatio in se ipsum)할 경우에는 이와 반대로 본래적으로 시초가 아니다. 자연적 연속 안으로 다시 침전하는 것이 문제가 된다. 방향 전환은 또한 오래 전에 이루어진 도덕적 선정(先定)에 머물러 있음, 즉 늘 '시초'의 성격을 갖는, 따라서 자연적 연속과의 관계 안에서 새로운 것의 성격을 갖는 어떤 차원에 머물러 있음을 뜻하기도 한다. "사랑 안에 머물러 있음"에 대한 이유는 관성의 법칙이 아니고 이와 반대된다.

3. 원의의 기본 방향에 대한 결정은 그 자체로 의지행위의 성격을 갖지는 않는다. 그것을 아리스토텔레스는 올바르게 파악했다. 의지의 행위는 동기를 필요로 한다. 그런데 무엇이 내게 동기인가에 대한 결정은 어떤 동기에 의해 좌우되었어야 하는가? 여기에서 우리는 무한 퇴행에

직면하게 될 것이다. 원의의 방향은 다시 의지행위에 의해 결정되지 않고, 가장 좋게는 막스 셸러(Max Scheler)를 따라서 사랑과 미움으로서 기술할 수 있는 태도에 의해 결정된다. 아우구스티누스(Augustinus)는 사랑의 두 가지 방향에 관하여 언급했다. 이 두 방향에 의해 모든 인간적이거나 인간 외적인 위격(Person)의 생명의 의미가 결정된다고 한다. "너희의 재물이 있는 곳에 너희의 마음도 있다."고 신약 성경에 적혀 있다.[19] 우리가 사랑하는 것에 대하여는 원의가 결정하지 않지만, 우리가 원하는 것에 대하여는 사랑이 결정한다. 사랑은 의지와 분리되어 있다는 바로 그런 이유에서 칸트는 사랑을 자유롭지 않은, 따라서 도덕적으로 중요하지 않은 감정으로 간주했다. 그런데 칸트는, 또한 원의를 원함은 있을 수 없고, 그 때문에 의지에 동기를 부여하기 위해서는 칸트가 생각했듯이, 원의에 선행하는 행위, 즉 '감정'이 필요하다고 보았다. 칸트는 사랑을 비합리적이라고 간주했으므로, 그것을 '법칙 존중'의 '이성이 작용한 감정'으로 대치했다.[20] 존중의 감정은, "모든 오만을 억누름"[21]으로써 칸트가 통틀어 단순히 주관적 상태라고 간주한 모든 다른 감정들과 구별되어야 하고 그런 감정이 이성에 근원을 두고 있음을 증명해 보여야 한다. 이런 감정은, 아우구스티누스에 있어서 하느님께 대한 사랑(amor Dei)이 자기 자신을 멸시하기까지에 이르도록 하는 것과 전적으로 같다.[22] 법칙의 존중과 구별되는 사랑은 인간의 이성적 본

---

19   마태 6, 21.

20   참조: I. Kant, *Kritik der praktischen Vernunft*, A 136; 백종현 역주, 칸트, 『실천이성비판』, 아카넷, 2009. (개정판 1판 1쇄), 157: "… 이 감정은 오로지 이성에 의해 생긴 것이다. 이 감정은 … 순전히 윤리 법칙을 자기 안에서 준칙으로 삼기 위한 동기로만 쓰인다… 그것은 오로지 이성의, 그것도 실천적인 순수이성의 지시 명령 편에만 서 있는 것으로 보이는 매우 독특한 것이다."

21   I. Kant, 같은 책, 130.

22   아우구스티누스, 『신국론』 XIV, 28.

성의 표현이 아니라 인격성의 표현이다. 사랑은 인격들의 선험적 우주 공동체의 모든 구성원들을 자발적으로 긍정하는 가운데 인격을 개방하는 것이다. 이런 개방은 모든 개별적 의지행위에 선행한다. 이 개방은 일반적으로 원의의 성격을 갖지 않고 모든 원의가 거기에서 나오는 인간의 존재를 직접적으로 평가한다. 비로소 구체적 상황과의 연관에서, 특히 다양한 인간들의 이익관심이 충돌하는 그런 상황에서 일반적으로 사랑의 두 가지 방향 사이의 양자택일이 있게 된다. 실러는 「아름다운 형식의 사용에 있어서 필요한 한계에 대하여」라는 자신의 논문에서 일찍이 다음과 같이 설명했다. 즉, 인간은 장차 자신을 자유로운 존재로서 발견할 수 있고 '자기 사명의 존엄성'을 깨닫기 위해 최소한 '의무와 경향성' 사이의 일회적 갈등은 피할 수 없다.[23]

그런데 모든 의지에 선행하는 사랑 자체가 원의의 성격을 갖지 않는다면, 우리는 사랑을 그리고 그것과 함께 그 '마음'의 기본 방향과 관련하여 어떻게 인간(인격)을 '자유롭다'고 부를 수 있는가? 자유라는 개념은 바로 중용을 지키는 아리스토텔레스적 의미와 의지에 기본 방향을 부여하는 것, 곧 동기화의 기본적 구조에 대한 인간의 책임을 뜻하는 것 같지는 않다. 인간(인격)의 자율이라는 생각은 모순에 빠지는 것 같이 보인다. 우리는 사랑하기를 원하기 때문에 사랑하지 않고, 우리가 사랑하거나 사랑하지 않는 상태에 있다는 것을 발견한다. 사랑은 진정한 경우에 타인들의 현존(Dasein)과 본질(Sosein)에 대한 자연 발생적인 대답으로서 자체를 체험한다. 나는 나 자신이 아니고 타인을 나의 사랑의 근거로서 경험한다. 다른 한편으로 우리는 사랑 받음에 있어서 우리 자신을 타인의 사랑의 필요한 근거로서 경험하지 않는다. 다시 말

---

23 F. Schiller: Über die notwendigen Grenzen beim Gebrauch schöner Formen, 432; in: *Werke* (*Nationalausgabe*) XXI, 27.

해 우리가 그것을 생각하고 드러나게 한다면, 그의 사랑을 불가능하게
만들 것이다. 우리는 타인의 사랑과 마찬가지로 선물에 대하여 감사하
고 있다. 비록 그가 우리를 사랑하기를 원하므로 우리만을 사랑한다고
믿지 않을 지라도—혹은 오히려 믿지 않기 때문에—우리는 감사하고
있다. 우리의 존재가 타인 안에서 사랑을 불러일으킨다는 사실에 우리
는 감사하고 있다.

　우리가 여기에서 그럴 것이라고 믿는 자유는 '의지의 자유'가 아니
다. 자유는 또한 자율(Autonomie)로서 이해될 수 없다. 처음에 보았듯
이 우선 그리고 특히 자유는 무엇으로부터의 자유이다. 인간은 무엇으
로부터 자유로운가? 인간은 자기 본성으로부터 자유롭다. 인간은 이 본
성을 지니고 있지만 본성은 아니다. 인간은 본성에 대하여 자유로운 태
도를 취할 수 있다. 그런데 인간은 자신으로부터가 아니고 타인들과의
만남을 통해서만 그렇게 할 수 있다. 타인의 자기 존재(Selbstsein)를 인
정, 정의, 사랑으로서 긍정할 때에 비로소 우리에게 인간의 본질을 구
성하는 자기와의 거리 유지와 자기 소유(Selbstaneignung), 즉 '우리
자신으로부터의 자유'가 가능하게 된다. 이 자유는 자체를 선물로서 체
험한다. 이 자유는 열려있는 것, 즉 빛(die Lichtung)의 정서적이며 실
천적인 측면일 뿐이다. 인간(인격)은 자신이 조명 안으로 들어가 서 있
음을 보고 그 안에서 만나는 자(das Begegnende)는 자신의 유기체와
자신의 이익관심의 기능성에 의해 정의되어 있는 환경의 요소로서 뿐
만이 아닌 것으로서 인격에 자신을 드러내 보인다. 또한 인간의 진리추
구의 능력은 자율과는 정반대이다. 이 능력은 열려 있는 것을 향한 걸
음, 즉 '야외를 향한' 걸음인데, 여기에서 우리에게 존재자(Seiendes)
가 그 자체로서 나타난다.

　이런 관련에서 자율의 개념이 자주 자유에 대한 동의어로서 관여하
게 된다면, 그 이유는 우리가 자율을 거부할 수 있는 것이 명백히 이 자

유의 본질에 속하기 때문이다. 열려 있는 것(개방)의 선물은 강요된 것
이 아니다. 우리는 예를 들어 우리가 원한다면, 우리가 만나는 생명체
를 생동하고 느끼는 존재로서 인정하기를 거부할 수 있다. 우리는 생명
체를 그것의 모의실험(Simulation)의 유비(Analogie)에 따라 기계로서
관찰하고 이에 상응하게 취급할 수 있다. 우리가 이성의 사용에 도달하
고 우리의 처음의, 모든 현실적인 것과의 공생적 일치를 깨뜨린다면,
우리에게 명백해지는 다른 자기 존재에 대한 인정을 거부하고 왜곡된
자기 자신으로 되돌아올 수 있다. 우리는 그렇게 할 수 있기 때문에, 스
스로 이른바 선과 악의 구별보다 상위에 있는 것으로 보이며 '자율적으
로' 이 양자 중에서 선택하거나 결정해야만 하는 것으로 보인다. 그렇
다면 이 결정은 다시 한번 어떤 동기를 가질 수 있는 것으로 보이지는
않는다.

　하지만 그것은 틀린 생각이며, 의지의 자유라는 개념이 초래하는 대
부분의 이율배반은 이런 착각에 기인한다. 우리는 단 한번의 결단으로
우리를 현실에 개방하지 않는다. 우리는 현실이 자신을 우리에게 개방
한다는 것을 체험하고 이 체험은 이미 사랑의 시초이다. 그런데 이런
경험을 거부할 가능성이 있다. 우리는 언제나 개방되어 있는 것안에 있
으나 또한 언제나 거부와 우리 자신으로 후퇴하는 경향과 함께 있다.
이렇게 말할 수 있을 것이다. 이렇게 거부하도록 재촉하는 것은 우리의
본성이다. 그 이유는 우리의 본성이 모든 생명을 지닌 자연처럼 자기중
심적, 즉 '이기적이기' 때문이다. 그런데 자연적 '이기주의'는 그 자체
로는 전적으로 순수하며 도덕적으로 중립적이다. 이 이기주의는 모든
다른 인간의 자연적 이기주의와 나란히 있고, 우리는 인격으로서 이들
이기주의를 통틀어, 우리가 실제로 원하고 행하는 것에 대해 아무것도
예단하지 못하는 사실로서 간주한다. 물론 우리의 본성은 이런 '중립
화'에 대해 저항하여 사랑의 동기를 거스르는 어떤 동기를 만든다. 그

것은 '이성적' 동기는 아니다. 그 이유는 모든 타인보다 자기 자신을 더 중요하게 여길 이성적 이유가 없기 때문이다. 사실 자신과 여러 관점에서 가까운 사람들을 우선하는 좋은 이유들은 있다. 왜냐하면 그것은, 우리가 사랑의 질서(ordo amoris)에 의거하여 모든 타인에게도 인정하는 본성의 자기 실현의 일부이기 때문이다. 그런데 우리가 우리 자신을 또한 이차적 원의의 수준에서 어떤 타인보다 실제로 더 중요하다고 여기기 때문에 정당화의 한계를 넘어선다면, 그 이유는 본성이 아니라 어떤 의지에 있다. 이 의지는 인격공동체의 개방된 공간에 의해 언제나 상대화 되어있는 그런 중심적 위치를 자기 본성에 부여한다. 그저 자연적이고자 하는 의지는 자연적이지 않고 근거가 없으며 그 때문에 악하다.

그러므로 악에 대한 모든 '설명'은 순환적이거나 늘 악의 가능성만을 설명하지만 그 가능성의 실현은 설명하지 않는다. 어떤 인간이 악을 행하는 이유들이 있을 수 있다. 심지어 그에 대한 이유들은 늘 있다. 그 이유는 바로 악이 근거를 떠나서 스스로 다시 원인들의 세계로 되돌아가게 하기 때문이다. 그런데 이에 대한 어떤 근거가 다시 있을 수는 없다. 그에 대한 결정적 원인이 실제로 있다면, 우리는 더 이상 악에 관하여 언급하지 않고 이런 인간을 책임 능력이 없다고, 즉 스스로 인격으로서 드러낼 수 없다고 간주한다. 악은 무근거이므로 이해할 수 없는 것이다. 악에 대하여 이해할 수 있는 것은 그것과 관련하여 악하지 않는 것이 있다는 점이다. 그래서 이런 의미에서 악만이 있는 것은 아니다. 모든 사람은 더 원할 가치가 있는 것을 단념할 때, 원할 가치가 있는 어떤 것이 보인다. 자율인 자유는 근거 없는 거부를 향하는, 문밖으로 나가는 자유이다. 이런 가능성이 있기 때문에 문밖으로 내딛는 발걸음 자체도 자율과 결합될 수 있다. 이런 발걸음을 내딛는 자는, 물론 정반대로 플라톤처럼 이 발걸음을 빛을 향한 눈뜸으로써 체험한다. 그런데 인간은 자신을 스스로 눈뜨게 할 수 없다.

V

'의지의 자유'라는 특별한 문제의 소재는 이제 좀 더 정확하게 확인될 수 있다. 주어진 동기화들에 의거한, 지속적으로 숙고된 선택 행위들이 문제가 되는 것도 아니고 기초가 되는 동기화 자체에 대한 결정이 중시 되는 것도 아니다. 우리의 첫 번째 원의─H. 프랑크푸르트의 '두 번째 원의들'─가 실제로 우리의 구체적 원의를 결정할 수 있는지 아닌지, 혹은 이 구체적 원의와 관련하여 무력한 반성(ein ohnmächtiges Reflektieren)과 소원만이 중요시 되느냐 아니냐는 것이 문제이다. 우리는 원하는 것을 원할 수 있는가? 인격의 자기 자신에 대한 거리, 자기 본질과의 거리는 인격이 자신을 현실적으로 지닌다는 의미를 갖는가 아니면 인격이 원하고 행하는 모든 것으로부터 줄곧 거리를 둘 수 있다는 것을 뜻하는가? 우리는 거리두기의 가능성이 전적으로 추상적이며 멀리 떨어진 가능성으로 침강할 정도로 우리를 우리 자신과 동일시할 수 있는 경우에만, 대체로 '자유롭다'고 체험한다. 이와 반대로 부자유로서 체험되는 비동일성의 상태들이 있고, 사도 바오로는 그것을 고전적인 어록으로 다음과 같이 정곡을 찔러 간명하게 표현했다. "나는 원하는 것은 행하지 않고 도리어 미워하는 것을 행한다."[24] 이어서 그는 다음과 같이 덧붙여 말한다: "그것을 행하는 자는 내가 아니라 내 안에 사는 죄이다."[25] 행위에 실제로 동기를 부여하는 첫 번째 원의의 무력(함)을 우리는 '의지의 나약'이라고 부르기도 한다. 이 말이 수수께끼를 풀기 보다는 더 복잡하게 만들지라도 말이다. 그 이유는 이 말이, 사랑이 우리의 구체적 원의에 실제로 동기를 부여하지 않는 경우에, 우리가 정말로

---

24 로마 7, 15.
25 로마 7, 17.

사랑하느냐 아니냐는 질문이기 때문이다. 바로 그렇기 때문에 우리는 우리의 나약함을 우리의 탓으로 돌린다. 우리 혹은 타인들이 더 중요한 것을 행하기를 잊어버렸을 경우에, 우리가 그것을 우리와 남에게도 죄라고 탓을 돌리는 것과 마찬가지의 이치이다. 그것은 고의로 일어난 것은 아니지만, "우리에게 그렇게 중요하지 않았다."는 것을 알려 준다.

　여기에서 언급된 내용에서 의지의 자유의 문제는 다분히 주의를 돌리는 문제이다. 인격은 자체의 잠재적 에너지(ein eigenes Energiepotential)를 갖고 있고, '자연적' 잠재성에 대하여(gegenüber dem 'natürlichen' Potential) 그것을 활성화하여 이용할 수 있을 것이다. 생명의 필연성에서 독립하여 인격이 할 수 있는 것은 사상과 표상의 내용인 어떤 대상에 주목하여, 아마 자신도 모르게 오래 계속되는 것 보다 더 오래 이 내용을 계속 유지하는 것이다. "그것은 (거기에서) 우리의 의지가 시작되는 이념이다. 즉 우리가 그것을 떼어 놓으면 우리에게서 멀어질, 그러나 우리가 떼어 놓으려고 하지 않는 어떤 이념이다. 이 이념의 온전한 현존에 대하여 동의가 이루어질 것이라는 사실, 그것은 의지의 노력의 유일한 업적이다."[26] 이 윌리엄 제임스(William James)의 명제는 여전히 의지의 자유라는 주제에 관해 언급된 것 중 가장 납득이 가는 것이다. 어느 시기에 우리가 이미 행한 것보다 더 큰 주의의 노력을 경주할 수 있었을 것이라는 우리의 확신은, 제임스가 다시 적고 있듯이, 어떤 경험 과학에 의하여 그리고 어떤 종류의 순수한 심리학적인 숙고를 통하여 검토되고 확인되거나 반박될 수 없다. 그런데 우리가 이미 본 것처럼 이런 확신이 철회되는 경우에 모든 것의 중요성이 감소하는 것을 철학이 보여준다. 예를 들면 그것 때문에 사람들이 이 확신을 망치게 하려고 애쓰는 그런 이유들의 중요성도 함께 감소한다.

26　참조: W. James: *Psychologie. Deutsch*: Leipzig 1909, 453.

자유와 주의(Aufmerksamkeit)의 관계는 인격 개념에 대한 우리의
숙고 안에서 결합된다. '첫 번째 원의'는 프랑크푸르트가 가정하듯이 직
접적으로 구체적 원의에 영향을 주거나 효과 없이 오직 그것을 관찰하
여 판단할 수 있는 양자택일에 직면해 있지는 않다.[27] 그러나 첫 번째
원의도 구체적 원의를 무시할 수 없고 자체로 이 원의와 모순되는 결정
을 내릴 수 없어서 구체적 원의의 역할을 떠맡을 수 있다. 첫 번째 원의
는 상고심과 평결을 내리는 법원의 관계에 비유하는 것이 가장 낫다.
상고심은 하급 법원의 판결을 파기할 수 있으나 자체의 판결에 의해 그
것을 대체할 수 없고, 소송 사건(causa)을 하급 법원에 반송함으로써
상고심의 견해로 볼 때 충분히 고려되지 않았던 관점에 주의를 돌리게
할 수 있다. 두 번째 원의의 상고심은 바로 이것을 행할 수 있다. 그래
서 그것은 우리가 보통 '의지의 자유'라고 이해하는 것이다. 그런데 이
경우에 이 장에서 언급한 근본적 의미에서 실제로 자유가 문제가 되는
지 아닌지는 우리가 주목하는 이념에 달려 있다. 만일 어떤 사람이 연
애 중에도 줄곧 거래소 시세를 억지로 눈여겨본다면 그 이유는 자기 재
산의 증가나 유지에 관심이 있기 때문이다. 이 관심은 생각을 늘 다시
사랑하는 연인에게 끌리게 하는 관심처럼 '자연 발생적(naturwüch-
sig)'이다. 그것은 덜 부담을 주지만, 그렇기 때문에 이 사람에 있어서
는 아마도 더 약한 것은 아니다. 그것은 자체 관철력을 오직 이성의 도
움으로만 얻는 장기간의 관심에 속한다. 여기에서 이성은 자기 편에서
는 본성을 위해 일하고, 본성은 이성에 의해 변화되지 않으며 전적으로
생명의 자기중심적 사고방식 안에 머물러 있다.

이념들은 다른 종류의 것들로서 자연 발생적 주관적 관심을 표현하
지 않고 자체로 이념들로 향하는 주의의 근거이다. 이런 주의는 생명의

---

27 참조: H. Frankfurt, 같은 책, 같은 곳.

관심들로부터 이끌어 낼 수 없다. 이 주의는 일반적으로 인간의 관심에 가 아니라 중시되는 것, 즉 이념 자체 안에만 근거해 있다. 어차피 우리가 보지 못할 러시아의 마지막으로 남은 호랑이들이 멸종되지 않아야 한다는 것에 갖는 관심은 어떤 종류의 관심인가? 언젠가는 아마 아무도 알아보지 않을 작품의 개선에 매달려 예술가가 기력과 수명을 고려하지 않고 작업을 하도록 하는 그런 관심은 어떤 종류의 관심인가? 어떤 사람에게 바로 타인의 약속과 신뢰 이외의 어떤 것도 장애가 되지 않는 가장 멋진 전망을 지닌 양자택일이 열려 있음에도 불구하고, 그가 타인에게 약속한 신의를 지키게끔 하는 것은 어떤 종류의 관심인가? 더욱이 속임이 임종의 자리에서 일어나서 중요하지 않게 되는 경우에도, 어떤 사람이 친절한 거짓말을 통하여 위안을 받기보다 자신에게 큰 타격을 주는 진실을 알기를 원하게끔 하는 것은 어떤 종류의 관심인가?

이 모든 경우에 우리가 이념에 주목하도록 하는 것은 이념 자체의 진리에 근거해 있다. 자신을 진리의 요구에 내맡기는 것은 바로 자기 자신으로부터 벗어나는 것, 따라서 자율에 대한 자연 발생적 요구를 포기한 것을 뜻한다. 그렇게 하는 것이 비로소 인격적 자유의 개념을 충족시킨다.

약속과 용서

I

인격들은 약속할 수 있는 존재이다. 달리 말하면 인격들은 약속하는 자에 대하여 기대와 이 기대의 충족에 대한 요구를 정당화하는 다른 인격들과의 관계를 스스로 만들어 낸다. 짐승들도 기대를 갖는다. 그리고 자연적 및 인공적 사물들과 마찬가지로 짐승들에 대해서도 우리 자신은 기대를 갖는다. 이런 기대들은—아침에 또 해가 뜬다는 기대처럼—경험에 근거를 두고 있으며 세계의 규칙성이 갑자기 변하지 않을 것이라는 가정에 기초해 있다. 기대들은 일반적 자연법칙과 특정 사물들의 특수한 종의 성격에 의거한다. 우리가 그런 기대에서 가끔 실망하게 된다면, 그에 대한 근거를 우리 자체 안에서 찾지 않으면 안 된다. 우리의 계산은 어떤 오류를 범했다. 아니면 우리는 의식적으로 모험을 행하고 운이 나빴던 셈이다. 어쨌든 우리는 기대의 충족에 대한 어떤 요구도 갖지 않았다. 어떤 사람이 다음과 같이 배운 것은 성숙의 표징이다. 세계는 자체의 기대를 충족시킬 의무가 없다. 짐승들도 이런 의무는 없

다. 짐승들의 '징벌'은 이제 학습 능력이 있는 존재의 조건 반사(Kon-
ditionierung)로서의 의미만을 갖는다.

　약속에 의해 근거 지어진 기대는 경험의 구성 요소도 갖는다. 우리는
경험에 따라 불가능한 것이 약속된 어떤 약속의 이행을 믿고 기대하지
않는다. 그리고 우리는 경험에 따라 자신의 약속을 안 지키곤 하는 사
람을 신뢰하지 않을 것이다. 약속을 기반으로 하는 기대의 원래 근거가
바로 약속 자체라는 사실에는 변함이 없다. 약속은 우선 기대를 근거
짓고 그것을 정당화한다. 왜냐하면 기대가 어떤 요구를 근거 짓기 때문
이다. 그리고 약속의 이행이 쉬울 경우에, 낯선 사람의 약속도 신뢰하
여, 예를 들면 가까운 우체통에 편지를 넣어 달라고 하면서 그에게 편
지를 줄 것이다. 낯선 사람은 우리에게 그것에 대해 약속한 어떤 근거
도 없이 그렇게 한다. 편지가 특히 중요하고, 낯선 사람이 우리에게 특
별히 신뢰할 만한 인상을 주지 않았다면, 우리는 물론 그렇게 하지 않
을 것이다. 약속에 의해 정당화되는 요구는 특유의 무조건성을 갖는다.
어떤 특정의 인간이 이 무조건성에 어떤 태도를 취하는지를 우리가 알
지 못하기 때문에, 요구 충족에 대한 기대가 똑같이 무조건적이지 않
다. 도덕적 강요는 육체적 강요가 아니다. 도덕적 강요가 육체적 강요
와 똑같이 강하냐 아니냐는 전적으로 어떤 의무를 지고 있는 자에게 달
려 있다.

　"… 그에게 의존해 있다."는 것은 무슨 뜻인가? 그 의미는 그가 어떤
사람이냐에 달려 있다. 그러니까 약속 불이행에 대한 사과로서 "나는
그런 사람이야."라는 단언을 우리가 받아들인다는 뜻인가? 그런 뜻이
아니라는 것은 명백하다. 오히려 우리는 "너는 그런 존재여서는 안 된
다."라고 생각한다. 즉 우리는 다음과 같이 가정한다. 사람들은 스스로
약속을 이행했는지에 대하여 책임이 있다. 아니면 최소한 사람들이 약
속을 이행할 수 있는 경우에만, 다시 말하면 그들이 자기 자신을 신뢰

할 수 있는 정도의 그런 존재인 경우에만 약속하느냐 아니냐에 대하여
책임이 있다. 약속은 특별한 요구들을 근거 짓는다. 그런데 약속에 의
해 오도되지 않아야 한다는 요구는 모든 인격이 다른 모든 인격에 대해
갖는 요구이다. 그 이유는 그런 요구가 인격들 상호 관계의 본질을 구
성하기 때문이다. 우리는 모든 인격이 다른 인격에 대하여 선험적으로
(a priori) 공동체의 관계 안에 있다는 것을 이미 보았다. 이 공동체는
특히 다음의 특성이 있다. 즉 모든 인격은 다른 인격에 대하여 "나는
약속을 지킨다는 약속을 지킬 것을 약속한다…."는 무한 반복되는 문
제를 여기에서 제기하지 않고, 어떤 것을 약속할 수 있다. '메타약속'
(Metaversprechen)의 이런 연속은 끝없이 계속될 수 없다. 결국 약속하
는 자가 지킬 것을 다시 한번 약속하지 않는 약속이 있고 그런 약속과
관련하여 그는 다음과 같이 말할 수 있다. "확실히 나는 약속을 했지만,
그것을 지켜야 할 어떤 이유가 내게는 없다." 모든 약속은 그것의 이행
을 시인하는 것과 뜻이 같다는 대답을 그는 똑같은 행동으로 거부할 수
있을 것이다. "물론 나는 그것을 지킨다고 약속을 했다. 그런데 나는 방
금 이 약속을 합목적성의 고려(Zweckmäßigkeitserwägungen)에서 했
다. 나는 이 약속에 매여 있지 않는다고 느낀다." 여기에서 우리가 불만
을 갖게 되는 것은 무엇인가? 무엇이 이 무한 퇴행의 구성에서 잘못되
어 있는가? 왜 약속은 약속을 지키려는 계속되는 약속을 필요로 하지
않고서도 구속력이 있는가? 그리고 그럼에도 불구하고 어떻게 그런 무
한 반복을 요구할 수 있는가, 모든 약속을 구속력이 없다고 말하기가
불가능해서 무한 반복하나?

  도덕적 의무의 특성은 바로 다음의 사실에 있는 것으로 보인다. 곧
도덕적 의무는 그 가능성에도 불구하고 특정의 반성, 인격들이 모든 구
속성으로부터 벗어나 숙고할 수 있는 반성을 허용하지 않는다. 이런 반
성을 포기하는 것이 원래 도덕적 행위인 것으로 보인다. 이를테면 이런

포기에서 인간이 인격으로서, 곧 반성 자체의 배후로 갈 수 없는 조건으로서 실현된다. 인간은 이미 인격의 존재이므로 약속을 떠맡는다. 인간은 말하고 이해되기를 요구하면서 이미 모든 특정의 약속에 전제되어 있는 인격적 관계 안으로 들어선다. '최종적 근거 지움(eine Letzt-begründung)'에 대한 질문은 더는 제기되지 않는다. 이 질문을 포기하는 것이 최종 논거 제시이고, 이 포기는 사람들이 상호 간에 인격으로서 인정하거나 이런 인정을 요구하는 경우에 지금까지 늘 이루어진 것이다. 인격은 약속이다. 인격 존재는 모든 인격의 공동체에서 한 자리를 차지함을 뜻한다. 이성적 생명체들은 자리와 연결되어 있는 의무 및 요구와 함께 이 자리를 받아들이느냐 아니냐는 선택을 갖지 않는다. 이들 생명체는 요구들을 포기할 수도 없고 의무를 거부할 수도 없다. 인격의 자율은 그 자체로 자율에서 유래하지 않고 그 자체의 자율적 평가의 지배를 받지 않는다. 어떤 사람이 타인에 대하여 자신의 모든 시민권과 인권을 단념하게 하는 계약을 우리의 법질서는 무효라고 간주한다. 그리고 어떤 사람이 모든 자신의 의무를 해결할 수 없는 것은 당연하다. 인격공동체, 따라서 자유민의 공동체에 가입하는 것은 자체로는 결코 자유롭지 않다. 그런데 보통 새롭게 동료가 되는 모든 사람을 자신의 동료로서 인정하는 모든 타인들의 합의와 마찬가지로, 합의는 간단히 전제되어 있다. 여기에서는 공동 선택의 행위는 없다. 이 공동체에서 각자는 '태생적 구성원'으로서 자신의 자리를 차지한다. 이것은 다른 연관에서 이미 언급한 매우 중요한 특징이다: '자연적'이지 않은 인격공동체는 그저 생겨날 뿐이고 자연 발생적 방식으로만 지속된다. 일반적으로 특정한 약속을 말할 수 있게 하는 그런 본래의 약속은 오직 다음의 이유에서 더 이상 그 근거를 물을 수 없다. 그것은 전혀 시간에 속하는 자유행위가 아니고, 모든 인격들의 의사소통 공동체 안에서의 우리의 처지와 동의어인 '예지적 행위(eine intelligible Handlung)'이기 때문이다.

II

약속이라는 현상은 우리가 인격이라고 부르는 것에 특히 명백한 빛을 비춘다. '원칙적 약속'을 시간 안에 국한할 수 없다는 것은 다음의 사실을 알려준다. 인간은 상호 간 특정의 고유성에 의거하여 인격으로서 간주하지만, 인격성(Personalität)은 이 고유성 중 하나가 아니고 이것에 앞서 존재하는 것으로 생각되며 인격성 자체는 그것을 인정하는 방식으로만 주어져 있다는 점이다. 그런데 다른 한편으로 사람들이 약속하는 경우에 자신들이 시대 조류에 자연적으로 침잠해 있음을 극복한다. 그들은 미래의 시점에서 행하게 될 것을 사태의 경과와 분위기에, 곧 자신들이 이 시점에 갖게 될 의식의 상태와 소원 및 우선순위에 맡기지 않고, 이제 후에 행하거나 그만 두게 될 것을 결정하면서 시간을 앞질러 예측하고 행동한다. 자세히 말하면 그렇게 하여 사람들은 자신들의 현재의 결정에 대한 이후의 수정을 도덕적으로 불가능하게 만든다. 곧 그들은 이 결정이 실행되게 타인이 요구하도록 하면서 그 일에서 손을 뗀다. 이 경우에 계약은 약속의 특수한 경우를 만든다. 정확히 말하자면, 타인이 이미 약속된 것에 대한 요구를 강화하는 반대급부를 지불한 경우에 그렇다. 그런데 이것이 사태의 핵심을 언급하는 것은 아니다. 물론 예컨대 증여 계약과 상속 계약처럼 계약의 형식으로 된 일방적 약속도 있다. 이 계약들은, 여기에서 타인에게 도덕적 요구가 주어질 뿐만 아니라 이 이상으로 법률적 요구가 주어진다는 점에서 일반적인 약속과 구별된다. 그러므로 약속하는 자는 이 요구에 추가하여 약속의 이행을 강요하는 제재들을 갖추어 준다.

이로써 그는 자신의 약속을 지킬 것이라는 기대에 덧붙여 그 자신의 '본성'의 현실에서뿐만 아니라 세계의 현실에 있어서도 심리적이며 육체적으로 실재의 인과 구조에 안착한다. 우선 우리가 한번 제재를 갖춘 계약들을 고려하지 않는다면, 약속에 의해 만들어지는 현실을 묘사하기가 전혀 쉽지 않다. 타인이 나에 대해 특정한 기대를 하고 있다는 사실은 이 타인이 나와 가까운 사이라면, 나에게 달리 행하지 않을 어떤 것을 행해야 하는 동기일 수는 있다. 그런데 그와 같은 기대는 약속에 의한 것과는 다른 방식으로도 실현될 수 있다. 그런 기대는 예컨대 내가 이미 자주 어떤 특정의 방식으로 타인의 마음에 듦으로써 실현될 수 있다. 모든 규칙성처럼 행위의 어떤 규칙성은 불가피하게 특정의 기대를 만들어 낸다.

그런데 약속은 다른 어떤 것, 즉 기대의 실현에 대한 요구를 만들어 낸다. 요구의 범주는 의무의 범주와 마찬가지로 전혀 다른 질서에 속한다. 이 범주는 일반적으로 심리적 본성이 아니라 도덕적 본성을 지니고 있다. 요구와 마찬가지로 의무는 해당 인물들이 순간적으로 그것을 의식하느냐 하지않느냐와는 전혀 관계없이 존재한다. 약속을 잊는 것은 약속 이행의 의무를 무효로 만들지 않는다. 사람들은 그것을 잊어서는 안 되었을 것이다. 그래서 권리를 가진 자가 자신의 권리를 기억하지 못한다고 해도 요구는 효력을 잃지 않는다.

그럼에도 불구하고 의무는 심리적 동기에 의해서만 작용한다. 이와 관련하여 칸트는 '이성이 작용한 감정'[1]인 '존중'에 관하여(von der 'Achtung' als einem 'vernunftgewirkten Gefühl') 언급한다. 공리주의가 원하듯이, '약속 이행'이라는 관습의 신뢰성에 의해 이익을 얻는—나 자신을 포함한—불특정 소수의 인간들에 대한 책임이 우선 문제

---

1 칸트, 『실천이성비판』, A 136.

가 되는 것은 아니다. 약속에 의해 만들어졌고 이제 사정에 따라서는 나의 원의, 욕구와 취향을 방해하는 특정 인간에 대한 인격적 관계가 중요한 문제가 된다. 바로 그것이 소유의 방식에서 자체의 자연적 존속과 관계를 맺는 인격이 결정하는 것이다. 많은 철학자와 신학자가 세계와 신의 관계를 생각하듯이, 즉 신은 결코 '범주적으로(Kategorial)' 세계 안에서 작용할 수 없다고 생각하듯이, 이 관계는 기존의 존속을 불변하게 하는 순수하게 형식적이거나 초월적인 것은 아니다. 약속을 지키려는 의지는 절대자(ein Unbedingtes)와 관계를 갖지만 자체로는 제한된 의지이며, 교육, 소질, 심지어는 순간적 기분에 의해 제한되어 있다. 이러한 사정은, 순간적 기분을 초월하는 것이 바로 약속을 지키는데에 본질적일지라도 그렇다. 자신이 약속에 매여 있다는 의식은 정신적 조건의 구조 자체 안에서 요인(Faktor)으로서 작용한다. 이것은 인격으로서 이미 본래의 약속이라는 의식, 따라서 양심과 똑같은 것이다.

양심을 신뢰할 만한 요인으로, 갈등이 있는 경우에 이 조건의 구조 안에서 결정적 작용을 미치는 요인으로 만드는 것은 하나의 과제이다. 이 과제는 부차적 욕구들을 처리하는 존재에게만, 즉 자기 충동의 전체에 다시 한번 태도를 취할 수 있는 인격들에게만 제시된다. 이런 노력의 목표는 '덕'이란 말이 뜻하는 다음의 내용이다. 자신의 본성을 신뢰할 만한 자기 결정의 목적과 일치시키는 것, 곧 우리가 원하는 것을 실제로 행하도록 하는 목적과 함께 자신의 부분적 충동들을 통합하는 것이다. 자기 자신에 의지할 수 있는 것이 중요하다. 자체에 존재하는 의식의 통일성의 직접성은, 우리가 이미 보았듯이, 시간적 연장이 없이 빨리 나타난다. 우리 자신의 내면성은 외면적으로 우리에게 기억된 것으로 되지만 사실상 내면적으로 된다. 우리는 자신이 그 사이에 다르게 되어버린 것을 확인할 수 있다. 그래서 의식과 관련하여 우리는 다르게 됨을 '타인으로 됨(Ein-anderer-werden)'이라고 이해할 수 있다. 물론 그와 동시에 우리는 인격으로서 타인과의 관계에서 우리를 사라지게 할 것이다. 그 이유는 우리가 타인들에게 이와 같은 방식으로만 시간과 공간 안의 다른 사물들과 생명체처럼 동일함을 증명할 수 있기 때문이다. 그러한 사물들도 끊임없이 다르게 되기는 한다. 그 사물들은 변화한다. 그래서 인격들도 변화한다.

약속은 그 자체 안에서 표현되는 결단을 변하지 않게 한다. 결단이 타인에게 이 결단의 실행에 의지할 권리를 허용함으로써, 즉 이 결단의 고유한 행위 기획안에 이 실행을 확고한 데이터로써 투입할 수 있는 권리를 허용하여 그렇게 한다. 무엇을 통하여 자기 스스로를 그렇게 시간에 의한 변화에서 벗어날 수 있게 하는가? 특히 우리가 법적인 계약들을 통해 약속을 거슬러서 행위할 육체적 가능성을 금하지 않는다 해도 그런가? 우리는 그렇게 하는 것이 도덕적으로 불가능하다고 생각할 수 있다. 그것은 무엇을 뜻하는가?

그것은, 약속의 내용을 직접적으로 우리가 인격으로서 존재하는 그런 약속과 연결하는 것을 뜻한다. 그런 약속을 어기기 위해서는 나는 인격 존재임을 파기하지 않으면 안 된다. 나는 인격인 나를 사라지게 한다. "한 번 속이는 자는 다시 진실을 말한다 해도, 사람들은 그를 믿지 않는다."는 속담은, 참회와 회심의 가능성도 고려하지 않는 경우에, 이런 진실을 이른바 '이상형적으로(idealtypisch)' 표현한다. 그런데 자신의 이전의 약속 위반을 후회하지 않고, 이번에는 약속을 지킬 것이라고만 우리에게 약속하는 어떤 사람의 약속을 우리가 진지하게 받아들일 것인가? 기껏해야 우리는, 이번에 그의 이해관계의 상황이 달라졌다고 추측할 수 있을 것이다.

나는 여기에서 약속의 결의론(決疑論, Kasuistik)[2]을 다루려고 하는

---

2 [일반적 도덕 원리를 개별적인 경우에 적용하는 기술. 개인의 도덕적 결정의 윤리

것이 아니다. 물론 우리가 지키지 않아도 될 약속이 있다. 그 이유는 긴급한 곤경 때문에 약속의 이행과 충돌하는 행위의 의무가 우리에게 당연히 필요하기 때문이다. 이런 경우에 우리는, 타인 자신이 약속의 이행을 강력히 주장하지 않는다고 가정할 수 있을 것이다. 그러나 약속하는 자가 그 사이에 생각을 바꾸었다고 단순히 주장하는 것은 약속 불이행의 이유일 수 없다. 왜냐하면 바로 이것을 배제하는 것이 다름 아닌 약속의 의미이기 때문이다. 약속에서 인격이 특수한 방식으로 구체적으로 드러나는 것은 특히 우리가 죽어가는 자들에게 한 약속에서 명백해진다. 죽어가는 자들은 사후에는 어떤 요구도 더 이상 주장하지 못한다. 그런데 바로 그 때문에 우리 자신에게는 이 약속을 이행할 책임이 있다. 다른 경우에 우리의 약속은 임시방편적 조치일 것이다. 이 조치는 타인을 인격으로서 초월의 존재로서 존경하지 않고, 오직 돌봄을 필요로 하는, 기분을 맞춰 주는 자연 존재로서 다룰 것이다. 타인의 인격은 우리가 고유한 인격성을 실현하는 경우에만 인정된다. 그런데 반대의 경우에도 마찬가지이다. 인격들의 인정에 있어서만이 우리는 우리 자신을 인격으로써 실현한다.

III

고유한 동시에 본보기가 되는 약속의 사례는 혼인 서약이다. 어떤 이에게 요구되지 않고, 또 어떤 이를 약속하게 한 우선권을 우리가 더 이상 갖지 않는다면 적어도 가져올 수 있는 특정의 이행만이 이 혼인 서약에서 약속되지는 않는다. 혼인 서약에서는 두 사람이 약속의 의도에 따라

원칙과의 부합 여부를 판별하기 위한 윤리 규정집.]

철회할 수 없는 방식으로 자신들의 운명을 서로 결합한다. 우리가 실제로 기본적으로 생각을 바꾼다면, 이 약속은 전혀 지켜질 수 없다. 그러므로 그것은 약속이 다른 의미로 바뀌지 않을 경우에만 가능하다. 그런데 어떻게 그것이 가능한가? 그것은 자체의 본질, 곧 '본성'에 다시 한번 태도를 취하는 인격의 특징에 의거해서만 가능하다. 그러므로 '발전(Entwicklung)'은 단지 인격에만 일어나는 어떤 것이 아니고 인격이 자신을 이런 발생에 맡기는 정도에 따라 일어나는 어떤 것이다.

이제 생명체의 본성에는 발전이 속한다. 그리고 인격의 존재는 본성의 소유에 있으므로, 인격은 이 본성의 법칙에서 쉽게 벗어날 수 없다. 그러나 인격은 이 발전을 자체의 순수한 자연적 바탕에서 벗어나게 하여 인격적 동일성의 상위 법칙에 굴복하게 한다는 의미에서 본성의 법칙에 태도를 취할 수 있다. 혼인 서약은 자기 인격성—즉 자기의 인격적 개별성—의 발전을 더 이상 다른 인격성의 발전과 어느 정도 양립할 수 있거나 그렇지 않을 독립 변수로서 이해되지 않아야 한다. 그렇지 않으면 이를테면 운명 공동체의 지속 가능성은 행복과 우연의 문제일 것이다. 이 경우에는 아무것도 약속될 수 없을 것이다.

그러나 자신의 발전과 타인의 발전의 양립 가능성을 자유롭게 이미 정해진 원칙으로 만들 수 있고, 이 원칙 안에서 자신의 발전이 유지된다. 그렇다면 이 발전의 모든 행보는 이 행보가 타인과 그의 발전에 갖는 중요성을 의식하는 데서 생겨난다. 이것은 활동의 여지에 대한 매우 큰 제한이다. 그러나 그것은 '자유의 제한'은 아니다. 그 이유는 우리가 어쨌든 간에 가능한 전체적 활동의 여지를 다 소진할 수 없기 때문이다. 그래서 우리가 선택하는 가능성으로써 결정적으로 다른 가능성을 없앤다. 값을 지불하려고 하지 않는 자는 가능성 중의 하나도 잡을 수 없고, 따라서 자신의 자유를 실제로 실현할 수 없다. 혼인 서약은 무수히 많은 가능성을 없앤다. 그런데 혼인 서약을 실현하는 무수한 가능성은 이런 방식으로만 실현될 수 있다. 이중창을 위한 작곡이 두 음성으로만 실현될 수 있는 것과 같은 이치이다. 두 음악가가 서로 경청하면서 특수한 음색을 내는 즉흥곡이 문제가 되는 경우에도 그렇다. 두 음성이 이런 맥락에서 어떤 결과를 내는 것과 마찬가지로 두 음성 중 어느 것도 다른 음성과 독립하여 어떤 결과를 내지 못할 것이다. 이것은 물론 은유(eine Metapher)일 뿐이다. 특정한 음악을 연주하는 음악가들의 협동은 늘 되풀이하여 종결될 수 있다. 그런데 결혼의 본질적인 것은, 여기에서 두 생명, 두 전기(zwei Biographien)가 하나의 역사가 될 정도로 상호 간에 결속되는 데에 있다.

결혼은 모든 예견할 수 없는 사건들에서 독립하여 자체의 삶에 어떤 구조를 주는 개인적 능력을 전제한다. 이 구조는 이들 사건을 다루는 방식에 대하여 마지막으로 미리 결정하고 그 점에서 자체를 우연으로부터 독립하게 한다. 그 밖에 이것은 종교적 서원(das religiöse Gelübde)에도 해당된다. 결혼에서는 또 타인의 현실을 타인의 것으로서 다음의 방식으로 실현하는 개인적 능력의 활성화가 추가된다. 이것은 타인의 삶을 위한 자신의 삶의 중요성이 이 자신의 삶의 중심적인 구조 요소로 되는 방식이다. 이것이 의식적으로 발생하고, 정서적이며 고의로 수긍된다면, 우리는 사랑(Liebe)에 관하여 말할 수 있다. 사랑은 결혼의 본질을 구성하지는 않지만 오직 그것을 통해서만 결혼의 의미가 실현된다.

이제까지 말한 것은 원칙적으로 우정 관계에 해당된다. 그럼에도 불구하고 모든 우정 관계가 부부 관계인 것은 아니다. 평생의 운명 공동체를 구성하는 것이 우정 관계에 본질적이지는 않다. 부부 공동체의 특수한 일치는 신약 성경에서 부부가 '한 몸(ein Fleisch)'이라는 말로 표현되어 있다. 평생을 목표로 한 이 공동체의 성격과 부부가 밖으로는 법률적 개인으로서 등장하는 사실은 성(性)의 다름과 그 안에 기초해 있는 두 사람의 자연적 보완성과 관련이 있다. 부부 사이의 관계는 성적 관계와 공유하는 자식들에 있어서 일치의 객관화를 향한 선험적 질서를 포함한다. 아버지임과 어머니임의 동일한 자식과의 관계는 객관적으로 한 남성과 한 여성의 평생 동안의 관계를 의미하고, 이 관계가 공동의 자식의 인격적 정체성에 상응한다는 것은 선험적으로 자식의 관심에 내재한다. 혼인 서약의 고유성은 성이 다른 개인들의 특수한 보완성에 의거해서만 가능하고, 이 두 이성에 생명의 연속과 인류의 존속이 의거한다. 인격성이 인간적 본성의 소유에 있다면, 늘 이미 여성적이거나 남성적인 본성의, 즉 어떤 본성의 소유에 있다. 이 본성은 다른 성의 인격을 적합하게 조정하는 것을 내포한다. 인격 자체는 성적인 것이 아니다. 인격은 그저 선험적으로 다른 인격과 결부되어 있다. 그런데 어떤 대체 가능성이 없이, 바로 두 인격의 새로운 지속적 일치를 가능하게 하는 약속에 의해 이루어지는 인간들 사이의 특별히 독점적인 결합은 성이 다른 두 개인 간의 성적 관계를 전제한다. 동성의 인간들도 서로 에로틱한 기분으로 매력을 느낄 수 있다. 그러나 이들의 성적 관계는 자신들의 '사적인 일'로 남는다. 이들의 관계는 두 사람 모두가 마음에 드는 동안엔 지속된다. 이런 관계는 객관적이고 새로운 일치를 가능하게 하지 않는다. 두 사람은 '한 몸'이 되지 않는다.

성적인 관계들은 어떤 관점에서는 가장 비개인적인 것이다. 이들 관계는 탈개체화의 요소, 개인 이전의 생명의 흐름 속을 향한 침잠의 요소를 갖는다. 성의 영역에 대한 일종의 경멸은 자율이상에 정향된 철학적 전통에 기인한다. 성 상호 간의 매력은 분명히 개인 자율의 약화를 초래하고, 반해버림의 상태는 주지하는 바와 같은 극단적인 약함과 '의식 불명'의 상태이다. 그런데 바로 이 약함이 인격적이며 육체적인 일치에서 생겨 나는 그런 새롭고 강한 일치를 위한 전제로서 의미가 있다. 자유롭게 약속에 의해 만들어지는 인격적 생활 공동체는 하나의 틀을 만들어 내는데, 이 틀 안에서 두 사람은 자신을 상실하지 않으면서 '방종할' 수 있다. 그 이유는 두 사람이 결정적으로 '서로' 신뢰할 수 있기 때문이다. 여기에서 혼돈은 결실이 풍부한 혼돈으로, 생동하는 질서의 원천으로 될 수 있다.

　부부 간의 신의의 약속은 본질적으로 성적 독점의 약속이다. 이 독점은 우선 자식들에게 가정의 안전한 공간을 보장하는 의미와 형제자매의 명백함이 의존하는 양친 중 각자의 부-모-관계의 일회성을 가지고 있다. 그런데 이 독점은 그 이상으로 그러한 것을 통하여 부부 관계의 특정한 위험성을 배제하는 의미를 갖는다. 그 이유는 성적인 합일로까지 이끄는 인격에 합당한 사랑의 관계는 그 자체 안에 독점, 지속, 운명의 결합을 향한 정향을 포함하고 있기 때문이다. 사랑하는 이들의 서약은 매우 자연스럽게 이 방향으로 향하여 있다. 그와 같이 이 관계는 보통 배우자에 의해 체험되고, 그 때문에 대개 혼외 관계는 배우자에게 비밀에 부친다. 모든 결혼이 그 때문에 실제로 파탄이 나지는 않을지라도, 우리는 독일어로 '간통'이라고 말한다. 비밀스런 간통이 문제가 되지 않고 부부가 심지어 각자의 성적 자유를 약속하는 경우에 사정은 다르지만 더 좋은 것은 아니다. 영구히 계획된 생활 공동체와 운명 공동체의 의미에서 결혼은 전혀 문제가 안 되거나 아니면 약속이 모든 관계를 균형잡히지 않게 만든다. 곧 다른 모든 관계를 전혀 인격적 관계로서 이해하지 않거나 아니면 원칙적으로 사람이 주는 것보다 더 많이 취하거나 다른 모든 파트너를 기만한다. 그러므로 성적인 독점의 약속은, 자주 지키기가 그만큼 어렵고 또 자주 깨어지지만, 결혼 약속은 어떤 다른 약속과 달리 '자연적 인격들'의 본질을 표현하는 약속의 본질적 구성 요소이다.

IV

이렇게 인격을 자기 것으로 소유하는 것은 동시에 자기 소외의 성격을 갖는다는 것은 그럴 만한 이유가 있다. 약속을 하면서 우리는 우리의 일부를 포기한다. 우리는 타인이 우리에게 요구하는 것을 용인한다. 그런데 우리는 그렇게 해서만 자연 상태라는 우연에 넘겨져 있음으로부터 자신을 해방한다. 비트겐슈타인(Wittgenstein)은 순수하게 사적인 규칙을 따르는 것의 불가능함을 보여 주었다. 그런데 이제 우리는 규칙들을 통해서만 단순한 자연법칙성의 타율적 규칙에 넘겨져 있는 상태를 넘어설 수 있다. 그러므로 자유는 상호 간의 요구들, 즉 우리가 인정하거나 스스로 만들어 낸 요구들에 의해 구성되어 있는 생활 연관으로 들어감으로써만 있게 된다.

그와 같은 규칙들을 따름에 있어서 신뢰성은 그 모델을 늘 자연법칙성의 신뢰성에 의지하여 취할 것이다. 칸트의 정언 명법의 문장은 다음과 같다: "너의 행위의 준칙(die Maxime)이 너의 행위에 의해 보편적 자연법칙으로 되어야 할 것처럼 그렇게 행위 하라."[3] 더 알려진 첫째 문장과 다르게 여기서는 이제 물론 '~ 처럼(als ob)'에 관한 언급이 있다. 첫째 문장의 내용은 다음과 같다. 즉 우리는 우리 행위의 준칙을 보편적 입법의 준칙으로서 원할 수 있도록 행위 해야 한다. 우리는 이 보편적 입법이 새로운 자연법칙이라는 것을 원하지 않을 수 있다. 그 이유는 그것이 불가능하다는 것을 우리가 알고 있기 때문이다. 어쨌든 우리는 그것을 원하지 않을 수 있다. 그 이유는 이것이 다음의 내용을 뜻할 것이기 때문이다. 즉 어떤 규칙을 따름에 있어서 나타나는 자유는 이 규칙이 자연법칙으로 변함으로써 즉시 다시 사라지기 때문이다. 준

---

3 I. Kant: *Grundlegung zur Metaphysik der Sitten*, 같은 책, 421.

칙은 자연법칙으로 되어서는 안 되고 자체의 신뢰성에 관해서 가능한 대로 자연법칙에 유사해야 한다. 자연법칙이 준칙의 모델로서 유용해야 한다.

모델과의 유사성, 즉 약속에 의거하는 신뢰성은 다음과 같은 이중의 근원을 갖는다.

신뢰성의 특수하며 고유한 근원은 인격적 신뢰, 즉 언약과 언약의 자유로운 자체 의무(구속)에 대한 믿음이다. 이 신뢰의 대상은 타인의 자유이다. 또 신뢰가 더 순수하고 확고하게 있을 수 있는 것은, 타인이 실제로 충동 경향에서 벗어나고 모든 자연의 결정 요소에서 독립하여 '자기 자신의 주인'이라는 믿음이 그 배후에 있는 경우이다. 그것은 다음의 내용을 뜻한다. 즉 의지가 '자연'(본성)에서 독립해 있으면 있을수록 자연법칙성의 모델에 더 정확하게 상응할 수 있다.

다른 근원은 첫째 근원에 정확히 대립되어 있다. 그것은 인간적 자기 결정의 현실적인, 즉 회의적인 평가에 의존한다. 그러므로 그것은 바로 약속하는 자의 자연(본성)에 있다. 즉 다음의 가정에 있다. 약속은, 그것을 지키는 것이 큰 폐를 끼치고 약속하는 자의 본성 안에 지속적 긴장을 일으킬 정도로 그의 본성적 경향에 대립되어 있지는 않다. 약속한 말을 지키는 것이 어차피 약속한 자의 관심사와 더 적게 모순되면 될수록, 우리는 그만큼 더 쉽게 언약을 신뢰한다. 물론 이런 종류의 자기 신뢰는 원래 신뢰란 이름에 걸맞지 않는다. 이런 자기 신뢰는 특별히 개인적 성격에서 오는 것은 아니고 오히려 우리 모두가 경험을 통해 배워 갖게 된 불신을 상쇄하며, 이 불신은 바오로가 로마인들에게 보낸 편지에서 인용하는 시편의 다음과 같은 문장에서 가장 단순하게 표현된다: "모든 사람은 거짓말쟁이이다."[4]

---

4   로마 3, 4: 여기서 시편 116, 11이 인용된다.

"별자리들은 경향성을 따라 움직이지, 필연적으로 움직이는 것은 아니다(Sidera inclinant, non necessitant)."라는 이 고대 천문학자들의 지혜로부터 토마스 아퀴나스는 천문학은 통계학적 진술을 가능하게 한다는 결론을 내린다. 그 이유는 대개의 사람들이 자신들의 경향성을 따르고, 개별적 사례에 대한 더욱 확실한 예보를 따르지 않기 때문이다. 그 이유는 또 아무도 자신의 경향성을 따를 필요가 없기 때문이다.[5] 약속하는 자는 이것을 알면서 자기 자신을 불신하지 않으면 안 된다. 그가 약속한다면, 약속의 이행에 도움이 되는 경향을 자신 안에서 향상할 준비가 되어 있지 않으면 안 된다. 그래서 그는 이를 넘어서 자신에 대한 약속의 파기를 불리하게 만드는 법적 제재에 동의할 것이다. 그가 약속을 깨뜨릴 의도를 갖지 않는 경우에 불리는 당연히 그에게 해당되지 않는다. 그런데 불리가 그에게 해당 된다는 것은 그가 약속을 근거로 행하려고 하는 것을 용이하게 행하도록 한다. 여기에서 또한 인격의 존재가 인간 본성에서 독립된 실재가 아닌 한 본성의 소유로서 기술되지 않으면 안 된다는 것이 분명해 진다. 자유는 자기 본성의 저 너머와 밖에 있는 자기 실현이 아니고, 자기 본성을 다루는 특정의 방식이다.

약속이 깨질 수 있다는 것은 약속의 본질에 속한다. 약속이 만들어 내는 것은 결코 본성이 아니다. 본성과의 최대 가능한 유사성이 이상이라고 해도 그렇다. 약속의 파기에는 인격적 정체성 형성의 좌절, 곧 자유에 대한 엔트로피의 승리가 존재한다. 어떻게 그와 같은 승리가 가능한가? 약함이 최종적으로 '자기 탓'이 아니라면, 곧 자유에서 유래한다면, 약속과 같은 어떤 것은 전혀 불가능할 것이다. 그래서 또 다시 인격들에 대해서만 가능한 행위인 용서도 가능하지 않을 것이다.

---

5 참조: 토마스 아퀴나스, 『신학대전』 I, 115, Sc G III, 82-87; De judiciis astrorum; De sortibus, cap. 4.

V

한편으로 용서는 과오를 곧, ―그래서 인격에 미리 주어진 본질이 아닌
―인격의 특정한 행위의 '자체' 근거인 인격의 자유를 전제한다. 다른
한편으로, 용서는 인격이 자체의 결정으로 결정적인 본질이 되지 않았
음을 전제한다. 확실히 나는 이것을 행한 자이며 계속하여 그렇게 존재
한다. 인격적 정체성은 모든 선천적이고 획득된 술어(述語)들과의 관계
에서 저쪽 편(ein Jenseits)은 아니다. 그것은 이 술어들을 자신의 규정
으로서 갖는 인간의 전체이다. 그런데 이 규정들의 의미는 전체에, 즉
인격의 존재(das Sein der Person)에 결코 확정적이지 않다. 인격은 늘
자체의 술어들의 총계 이상이다. 인격은 발생한 것을 발생하지 않은 것
으로 만들 수는 없다. 인격은 이미 자체로 되어 버린 것을 고려해야만
한다. 그런데 인격이 이것을 어떻게 행하는가는 인격 자체에 달려 있
다. 자기 행위를 거부하는 것도, 후회(die Reue)도 발생한 것을―결국
재평가(Umwertung)를 통하여―새롭게 통합하는 하나의 방식이다.

　우리가 보았듯이, 다른 사람들과 관련하여 자기초월(Selbsttranszen-
denz)은 그것을 통해 사람들이 자신을 실현하는 것이다. 자기초월, 즉
생명력이 넘치는 자기중심성을 넘어가는 것은 인간 스스로가 타인들에
의해 인정받는다는 것을 경험함으로써 가능하게 된다. 사람들은 복수
로(im Plural)만 존재한다. 그래서 그것은 이제 사람들이 사는 동안, 그
위에 존재하는 그런 길의 재획득이라고도 여겨지며 그 길은 자기 자신
안으로 휘어짐(curvatio in se ipsum)으로써, 즉 죄에 의하여 차단된다.
이 차단이 제거되기 위해서는 밖으로부터의 도움이 필요하다. 이 도움
의 본질은 타인의, 즉 특히 언제나 죄의 엄습을 당한 자의 준비 태세에
존속한다. 이 준비 태세는 죄인을 그의 사실상의 본질과 동일시하지 않
고, 그가 행한 것과의 관계에 있어서 자신을 새롭게 정의하도록 허용한

다. 이런 허용을 우리는 '용서'라고 부른다. 용서는 청하여 얻어지지 않으면 안 된다. 우리는 여기에서 특이한 불균형, 즉 용서할 의무와 관계가 있다. 이 의무에는 용서에 대한 상응하는 권리가 서로 대립되어 있지 않다. 죄인은 용서를 요구하지 않는다. 그는 용서를 청하여 얻을 수 있을 뿐이다. 그런데 '신자'는 이런 청에 응할 의무가 있다는 것을 잘 알고 있다. 그가 이런 의무를 이행하지 않으면, 스스로 인격의 존재를 볼 수 없게 하는 휘어짐에 빠진다. 한 인격을 그것의 서술어 중 하나와 확실하게 동일시하는 것은 인격으로서 그것을 인정하는 것, 즉 모든 자체의 서술에 대하여 자유로운 본질임을 거부하는 것과 마찬가지이다. 그러나 죄인은 이 자유를 실현하기 위해 타인의 허락(용서)을 필요로 한다. 이것이 그에게는 형벌이다. 그런데 이 허락이 거부되는 경우에는, 거부하는 사람은 스스로 원칙적으로 무한한 인간공동체에서 제외된다.

용서는 조건들과, 예를 들면 끼친 손해를 변상하는 조건과 연결되어 있을 수 있다. 그래서 국가 공동체가 관계되어 있는 경우에, 이런 변상은 사정에 따라서는 그 집행이 유사한 형벌 행위의 일반적 저지를 위한 수단인, 즉 위협의 수단인 그런 형벌을 떠맡는 것이다. 그런데 형벌은, 헤겔(Hegel)이 글로 표현하듯이, '범죄자에 대한 존경', 즉 인격의 존재인 범죄자에 대한 존경이다.[6] 범죄자는 형기를 마친 다음에는 다시 동등한 권리를 갖는 국가적 인격공동체의 일원으로 있게 된다. 죄는 '말소되었다.' 심지어 종신형조차도 원칙적으로는 '죄의 말소'로서 이해된다. 이런 말소는 인격이 사물처럼 취급되게 하는 단순한 조치로서가 아니라 인격으로서의 인간에게 요구된다. 인격의 주체의 위치는 파기되지 않는다. 옛날의 망나니의 칼 위에는 다음과 같은 말이 적혀 있

---

6 G. W. F. Hegel: *Rechtsphilosophie* (Sämtliche Werke, Bd. 7), 155 이하.

다: "나는 칼을 들어 올리면서 딱한 죄인에게 영원한 삶을 바란다."

물론 어떤 제도가 본래의 의미에서 용서할 수는 없다. 제도는 용서의 가능성에 대해 투명하고, 즉 이 절차가 인간에게 자기 행위로부터 거리를 두는 것을 허용하고 가능하게 해야만 할 정도로만, 자체의 절차를 만들어 낼 수 있다.

다음과 같은 문제는 남아 있다. 허가(die Erlaubnis)가 내적인 거리 둠에 시간상으로 선행하는가 아니면 허가가 이런 거리 둠을 전제로 삼는가? 이 양자는 사례인 것으로 보인다. 모든 다른 사람들에 의해 이것이나 저것을 행한 자라고 규정된 것을 아는 자에게는, 사람들이 말하곤 하듯이, 자기 자신이 '자기 행위에 책임지는' 자라고 표현되는 것에 긍지를 갖는 것 외에 별 도리가 없다. 이런 사람은, 아마 이런 인정을 요청할 수 없이, 자신이 그런 존재이고 싶은 어떤 사람으로서 인정받기를 계속하여 요청할 수 없다. 그는 실제로 이것을 행한 자이고, 그에게 허용된다면 그 자신이 계획할 그와 관련된 재평가에 착수하도록 아무도 강요할 수 없다. 다른 한편으로 그가 스스로 그것을 행하지 않으면, 우리는 어떻게 그에 대하여 그와 같은 재평가에 착수할 수 있는가? 모욕이 계속되는 한, 나는 어떻게 그것을 용서할 수 있을까? 우리는 용서를 청하지 않는 어떤 사람을 어떻게 용서할 수 있는가?

여기에서 상호 간의 우위라는 역리(die Paradoxie)에서 벗어나게 하는 일시적 해결이 있다는 것은 이미 언급된 악의 본성과 관계가 있다. 우리는 다음의 내용을 알 수 있었다. 악은 자기에게 책임이 없는 무지에 기초해 있지는 않다. 그와 같은 무지에서 생겨나는 것은 결코 악할 수 없다.

그럼에도 불구하고 악은 행위자에게서 시선의 맑음을 빼앗는 일종의 무지에 늘 잡혀 있다. 바로 이 사실이 회심을 가능하게 만든다. 그 이유는 회심은 명료함을 향하는 길과 같은 뜻이고, 그 때문에 자연적 매력이 회심의 방향으로 영향을 미치기 때문이다. 바로 이것은 또한 용서의 준비 상태의 최초의 운동이 심지어 용서의 움직임을 다음과 같이 가능하게 만드는 것이다: "저 사람들을 용서하소서. 저들은 스스로 무슨 짓을 하고 있는지 모릅니다."[7] 소크라테스적 '주지주의자(Intellektualist)'는 용서할 것이 없다. 왜냐하면 악은 그에게 오직 오류로만 보이기 때문이다. 모든 악을 악마화하는 자는 용서할 수 없다. 그 이유는 악한 것으로서 원해지는 악은 용서될 수 없고 악에 의해서는 어떤 회심도 가능하지 않기 때문이다. 그러나 그것 때문에 악이 유한자 안에서 나타나는, 그런 책임이 있는 분별의 상실은 늘 끌려들어 감의 계기를 포함한다. 이런 끌려들어 감에서 해방되는 것은 어떤 사람이 '용서받는다'는 전제 아래 가능하다. 당사자가 그 사람을 타인으로서 이것이나 저것을 행한 자로서 인정할 준비가 되어 있는 경우에, 즉 그가 용서받는 경우에 가능하다. 용서하는 자는 타인을 직접 경험하는 대로 그렇게 그를 보는 것을 포기하고, 그와 동시에 타인에게 자기 자신을 다르게 볼 기회를 제공한다. 이 기회가 잡혀지기까지는 용서가 철회할 수 있는 시도로서 남아있게 된다. 그 이유는 "나는 네가 그런 사람이 아니라는 것을 안다."는 말이 당사자가 "나는 그런 사람이며 또 그런 사람이기를 바란다."고 말하는 경우에 무효가 되기 때문이다. 그렇다면 용서는 무의미하게 된다.

용서가 심정의 변화에 선행하고 동시에 그런 변화를 비로소 가능하게 할 수 있다는 내용은 내가 나의 저서인[역자 첨가] 『행복과 선의(Glück und Wohlwollen)』에서 '존재론적 용서'라고 부른 것에 기초해 있다.[8] 용서는 그 근거를 다음의 사실에 두고 있다. 즉, 그것은 우리가

---

7 참조: 루카 23, 34.
8 참조: R. Spaemann: *Glück und Wohlwollen, Versuch über Ethik*, Stuttgart 1989, 242.

유한하고 자연적인 본질로서 원칙적으로 인격으로서 존재한다는 약속보다 뒤쳐져 있다는데 근거를 두고 있다. 그것은 우리가 모든 사람에게 동일한 방식으로 '공정하게(gerecht)' 될 수 없다는 의미이다. 사람들이 특정한 사례들에서 우리를 신뢰할 수 있기 위해서 우리가 일반적으로 어떤 것을 약속하지 않으면 안 된다는 사실은 우리가 존재한다는 것을 통하여 이미 우리를 신뢰할 근거를 충분히 제공하지 않는다는 것에 그 근거를 갖는다. 우리의 존재인 '존재론적 약속'은 우리가 한 약속을 신뢰하기 위한 근거일 뿐이다. '존재론적 용서'는 타인의 유한성의 인정인데, 유한성에 의거하면 이 타인은 우리에게 본질적으로 부합될 수 없다. 그러므로 유한한 자연인들은 원칙적으로 관대함이 필요하다. '선불 형식의(aus Vorschuβ)' 도덕적 용서는 초월적 용서에서 범주적 용서로, 존재론적 용서에서 도덕적 용서로 이행하는 것이다. 용서는 화해에서 비로소 자체 목표에 완전히 도달한다. 그래서 목표에 도착하면 용서는 스스로 중지된다. 용서는 그것의 전제인 불균형을 사라지게 하고 상호 간 인정의 동등성을 다시 복원한다. 그런데 동등성은 결코 완전히 파괴된 것은 아니므로 복원될 수 있다. 늘 어떤 태도를 통해서라도, 아무도 자신이 살아 있는 동안에 인격으로서 전적으로 또 확실하게 자신을 사라지게 할 수 없고 '비인격(Unperson)'으로 될 수 없으며 자신의 인격적 동일성과 본질(So-sein) 사이의 차이를 없애 버릴 수 없다. 그러므로 그는 살아 있는 동안에 용서 받을 수 있는 어떤 사람으로 존재한다. 그러나 다른 한편으로는 아무도 모든 자연적이며 유한한 관점성(Perspektivität)을 극복했을 정도로 절대적 자유이고 순수한 주관성이지는 않다. 아무도 악을 행할 경우에 자신이 행하는 것을 완전히 알고 있지는 않다. 그러므로 우리는, 우리의 관점들이 융합되고 사물들에 대한 시각의 차이가 없어질 때까지 용서로써 기다리지 않아야만 한다. 모든 사람은 스스로 이 관점성에 사로잡혀 있으므로 화해할 수 없음은 자

체로 악하다. 즉, 다음과 같이 초월을 거부하는 것은 나쁘다. 초월의 거
부는 자신을 자기의 유한성 안에 가두어 두고, 그와 동시에 자기 자신
을 용서할 수 없게 하는 무능함을 뜻한다. 그러므로 주의 기도에서 용
서를 청하는 것이 스스로 용서하기를 원하는 선언과 직접적으로 연결
되는 경우에 그 이유가 없는 것이 아니다.

따라서 용서는 인격의 표징이며 약속을 보완하는 것이다. 이 양자는
인격적 동일성과 시간 안에서 사실상의 본질 사이의 차이를 정해 놓는
다. 약속은 동일성이 사실성(die Faktizität)에 넘겨짐에서 독립하게 한
다. 용서는 이 독립을 반사실적으로 다시 실현시킨다. 용서는 탁월한
의미에서 창조적 행위이다.

모든 인간들이 인격인가

I

우리가 인간들을 '인격들'이라고 부르게 하는 인간의 고유한 특성들이 있다. 그러나 우리가 인격들이라고 부르는 것은 이 고유성들이 아니라 그것의 소유자이다. 그런데 이 고유성들을 지닐 수 없는 인간들이 있는 것은 분명하다. 그러므로 이 인간들은 인격들이 아니고 인격들로서의 인정을 요구할 수 없는 것으로 보일 수 있다. 이것은 피터 싱어(Peter Singer)와 노베르트 회르스터(Norbert Hörster)가 로크(Locke)에 의거하여 내세운 명제이다.[1] 만일 인격들이 '이성적 본성'의 개별적 소유자들이라면, 아직 더 이상 혹은 결코 이성성(Rationalität)과 지향성(In-tentionalität)을 지니지 않은 아동들, 중증 정신박약자와 자고 있는 자와 같은 인간들은 마찬가지로 인격들이 아닌 것으로 보인다. 인격 존재

---

[1] 참조: P. Singer: *Praktische Ethik*. Deutsch: Stuttgart 1984; 황경식·김성동 옮김, 피터 싱어, 『실천윤리학』, 철학과 현실사, 1991; N. Hörster: *Neugeborene und das Recht auf Leben*, Frankfurt a. M. 1995.

가 어떤 개념의 심급화나 어떤 계급의 요소를 뜻하지 않고, 인정공동체의 구성원을 뜻한다면, 사람들이 어떻게 이 공동체 안으로 들어오는지를 묻게 된다. 그래서 인격의 지위가 일반적으로 인정공동체 안으로 받아들여짐으로써 비로소 실현되는 어떤 것이라고 생각하는 것은 당연하다. 아동은 받아들여지고 모성애를 경험할 때에 비로소 인격들에 특유한 특징을 발전시킨다. 애정은 시초에 있고 인격 존재는 그것에 근거하는 것으로 보인다. 그렇다면 애정을 거부하는 것은 전혀 정당화할 필요가 없을 것이다. 오직 인격들만 정당화할 수 있기 때문이다. 애정을 인정할 때 비로소 인격성이 만들어 진다.

이런 견해는 인정의 의미를 오해하는 것이다. 인정이 자유로운 자발성의 행위이기는 하다. 사람들은 그것을 거부할 수 있다. 그런데 인정하는 자는 누구나 인정을 자의적인 규정으로서가 아니고 적절한 대답이라고 이해한다.

우리가 어떤 논증을 인정하는 경우에도 그렇다. 인정은 결코 강요할 수 없다. 원하지 않는 자는 '가장 확고한 논증'도 인정하지 않는다. 그래서 거꾸로 사람들이 피로, 공포와 호의에 기인하는 이의들을 없어지게 하는 포기가 있게 된다. 실제적 인정은 어떤 논증으로부터 나오는 요구에 대한 대답으로서 이해되는 그런 것이다. 사람들은 어떤 사람이 정당하기 때문에 자발적으로 그의 말이 옳다고 인정한다.

인격들의 인정에 관해서도 이와 다르지 않다. 이런 인정은 이미 존재하는 인격공동체안의 한 자리를 요구하는 것을 인정하는 것이지, 이미 인정된 것들에 의해 정의되는 기준들에 따르는 공동 선택(Kooptation)은 아니다.

누가 이 요구를 관철할 수 있거나 그것이 누구를 위해 관철될 수 있는가? 어떤 사람이 인격으로서 인정에 대한 권리를 갖기 위해 어떤 자격을 가져야만 하는가? 이 질문은 잘못 제기되었다. 그 이유는 '어떤 사람'이란 말이 잘못 사용되었기 때문이다. 만일 '어떤 것'이 '어떤 사람'이라면 그는 인격이다. 질문은 다음과 같다. 즉, 언제 어떤 것이 '어떤 사람'인가? 그런데 다시 이 질문은 잘못 표현된 것이다. 어떤 사람은 결코 '어떤 것'이 아니다. '어떤 사람임'은 우리가 그 전에 이미 식별했을 어떤 것에 관하여 술어로 개념을 규정하는 어떤 사물이나 생명체의 고유성은 아니다. 오히려 우리는 처음부터 '어떤 사람'을 혹은 '어떤 것'을 식별한다. 우리는 소음을 들으면, "거기 어떤 사람이 있습니까?" 혹은 "누가 거기에 있습니까?"라고 묻는다. 그래서 바람이 창의 덧문을 흔들거나 개가 문을 긁었다는 것을 우리가 안다면, 첫째 질문에는 '아니오'라고 답해야만 하고 둘째 질문은 잘못 제기되었다는 것을 알아채게 된다. 그 이유는 이 질문이 '무엇'이 아니라 '누구'에 관해 물었기 때문이다. 물론 우리는 개를 보고서 당황하게 된다. 개는 어떤 사람이 아니지만 어떤 것도 아니다. 개는 별도의 연구가 필요한 어떤 방식으로 우리에게 속한다. 인격 존재가 실존 양식(modus existendi)이라면, 인격 개념을 통해 상세하게 설명될 범주적 상위 개념, 즉 가장 가까운 유개념(genus proximum)은 존재하지 않는다. 그런데 우리가 도대체 "몇몇의 생명체는 인격들이다."라고 말할 수는 없을까? 이 문장은, 인격성이 어떤 유 안의 종(Art), 즉 종차(differentia specifica)로 특징지어져 있는 어떤 종이라는 점에서 우리를 헷갈리게 만든다. 그러나 이것은 인격 존재에는 해당되지 않는다. 우리가 인격 존재라고 인정하는 종은 '인간'인데, 이런 인정으로 인간들 외에 또 다른 인격들이 있을 수 있다는 것을 배제하려는 것은 아니다. 이제 질문은 다음과 같다. "모든 인간은 인격인가?" 인격권들은 인권인가, 혹은 우리가 일부 인간을 인격의 범위에서 제외하지 않을 수 없어서 최근에 제안되듯이 '인권들'이란 말을 버려야만 하는가? 이 제안의 이유는 다음과 같다. 합리성과 자아의식이 그것에 의거하여 우리가 본질을 인격들이라고 지칭하는 고유성이라면 이 고유성을 지니지 않은 인간들도 '인격'이라고 부르고 인격으로서 인정하는 것은 비이성적이다.

이런 이의는 자연적 종들과 관련해서는 유명론적이다. 이 이의는 결국 '자기 의식적' 및 '이성적'과 같은 술어를 보편 개념들(Universalien)로서 인정하고 마찬가지로 인격 개념에도 보편적 의미를 요구한다. 그럼에도 불구하고 이 이의가 부정하는 것은 '인간의 본성'이라는 보편 개념과 같은 어떤 것이 있다는 점이다. 이 개념은 다른 개인들과의 계통학적 관련의 내용과는 다른 내용을 지녔을 것이고, 이 개인들 중 대부분의 성인은 우리가 그들을 인격이라고 부르게끔 하는 특징들을 통하여 두드러지게 구별된다. 그런데 이 계통학적 관련은 그들이 개인 자체로서 존재한다는 사실에 대해서는 중요하지 않다. 이런 관련은 우리가 보통 '인류'라고 부르는 인간공동체를 설립하는 것은 아니라고 한다. 우리는 생식과 출생에 의해서가 아니라 오히려 이 공동체의 다른 구성원에 의한 자아의식과 공동 선택을 통하여 이 공동체 안으로 들어온다는 것이다.

나는 이어서 이 견해를 유지할 수 없는 여섯 가지 이유와 동시에 모든 인간은 인격이라는 우리의 직관적 확신의 진리를 위한 여섯 가지 이유를 제시하고자 한다.

II

1. 자연적 종의 개념은 실제로 한편으로는 물리적 대상들과 인공의 생산물, 다른 한편으로는 생명체와 관련하여 동일한 의미를 갖지는 않는다. 살아 있지 않은 대상들은 상호 간에 유사성에 의거하여 어떤 종의 하나로서 연결되어 있다. 유사성의 관계는 병렬적(parataktisch)이다.

이 관계는 어떤 직접적 방식으로가 아니라 간접적 방식으로만 유사한 것을 서로 연결한다. 유사성의 관계는 어떤 것이 다른 것을 기억하게 하는 의식을 통하여 서로 연결하고 그렇게 이 다른 것과 함께 단일성 (Einheit)으로 통합된다. 아니면—플라톤적으로—개별자, 즉 개개의 사례가 보편자의 실례로서 간주되고 그 때문에 동일한 보편자와 동일한 부류의 다른 실례와 함께 한 요소들이 분류됨으로써 그렇게 된다. 게다가 이 요소들이 상호 간에 어떤 관계를 갖는다는 것은 필연적이 아니다. 또 다른 본보기가 있고, 만일 그렇다면 얼마나 많은 수의 본보기가 있느냐 없느냐는 하나의 보기를 위해서는 중요하지 않다.

생명체의 종에 있어서는 사정이 다르다. 이들 종의 본보기들은 상호 간에 같은 계통의 관계 즉, 계통학적 관계에 있다. 이 관계는 생명체의 종의 본질을 구성한다. 다른 종들이 없고 이 다른 종들과의 특정한 계통적 관계에 있지 않다면, 종의 개별적 본보기는 없을 것이다. 고등 생명체들에 있어서 이 관계는 또한 성적인 관계이다. 종의 공동체는 동시에 생식의 공동체이다. 이에 대하여 표현형의(phänotypisch) 유사성은 이차적이다.

이것은 인간들에게도 적용된다. 모든 인간은 서로 유사하고, 그것도 고생물학적 조사 결과가 추측하게 하는 것보다 더 많이 유사하다. 유전학자의 조사 결과에 의하면 현재 살아 있는 모든 인간은 약 20만 년 전에 살았던 한 여성의 후손이다. 그것은 우리와 관련하여 무엇을 뜻하는가? 여기에서는 모든 인간의 인격체로서의 지위에 관한 물음의 중요성이 없이 순수히 생물학적 사실이 문제되지 않는가?

생물학적인 것과 인격적인 것의 이런 분리는 인격들의 존재가 인간들의 생명에 있다는 것을 잘못 아는 것이다. 인간에 있는 기본적인 생물학적 기능과 관계는 비인격적인 것이 아니라 특별히 인격적인 실행이며 관계이다. 먹는 것과 마시는 것은 인격적 행위이다. 스콜라학자들이 말했듯이 단지 무의지의 행위(actus hominis)가 아니고 자유 의지에 의한 행위(actus humani)이다.[2] 먹고 마시는 일은 전례 안에 깊숙이 들어 있고 공동체 생활의 수많은 형식의 중심을 이루고 있으며 수많은 종교 의식의 중심에 있다. 유비적인 것이 성적 교섭에도 적용된다. 여기에서도 생물학적 기능은 자주 인격적 관계의 최고 표현 형식으로서 인격적 연관 안으로 통합된다. 부모와 자녀, 조부모와 손자 및 손녀, 형제자매와 먼 친척들 상호간의 친족 관계는 단순히 생물학적인 사실이 아니라 그때그때 전형적인 종류의 인격적 관계, 즉 보통 평생 계속되는 관계이다. 인간의 동물성은 오히려 처음부터 단순한 동물성이 아니라 인격을 실현하기 위한 매개체이다. 그래서 인간이 처해 있는 가깝고 먼 관계들은 그 때문에 인격적인 중요성, 즉 윤리적 중요성이 있다.

피터 싱어(Peter Singer)와 같은 극단적 공리주의자들이 ─ 재원이 부족한 경우에 ─ 어떤 사람들을 도와야 하느냐는 결정을 위한 도덕적 기준으로서 생물학적으로 고정된 가까운 관계들을 제외해야만 한다고 생각한다면, 그것은 이런 사실을 잘못 아는데 기인한다.[3] '종 차별'이란 표제어 아래 인간으로서의 인간의 특전(부여)에 대한 그의 비판도 동일한 논리를 따른다. 현생 인류(homo sapiens sapiens)라는 종족의 구성원들은 어떤 종의 본보기인 것만은 아니고 친족이며 그 때문에 처음부터 상호 간에 인격적 관계에 있다. '인류(Menschheit)'는 '동물들'처럼 단지 어떤 유(eine Gattung)를 지칭하기 위한 추상적 개념이 아니고 동시에 구체적 인격공동체의 이름이다. 이 공동체에는 어떤 사람이 실제로 확인할 수 있는 특정의 고유성에 의거해서가 아니라 '인류 가족'과의 계통학적 연관에 의거하여 속한다. 칸트에 있어서 '인류'는 다음의

---

2 예컨대 토마스 아퀴나스: 참조: 『신학대전』 I-II, 1, 3 c; 17, 4.

3 P. Singer, 같은 책, 같은 곳.

두 가지 의미를 갖는다. 인간의 가족과 인간을 인격으로 만드는 것이라는 의미이다. '너의 인격과 모든 타인의 인격에 있어서 인간임'을 뜻한다. 인류 가족에 속함에 있어서 경험적 특성은 중요하지 않다. 이 가족은 처음부터 인격공동체이거나 아니면 '어떤 사람'에게 고유한 권리인 인격의 개념이 아직 전혀 발견되지 않았거나 다시 잊혀진 것이다. 이교적 로마의 아버지들은 신생아에게 자신들의 아이라는, 따라서 인간이라는 법적 지위를 승인하기를 원하는지 그렇지 않은지를 실제적으로 결정할 권리를 소유했다. 그런데 이것은 다음의 사실만을 보여준다. 즉 로마인들은 인격공동체의 발견을 아직 미래에 두고 있었고, 이 공동체 안에서는 아무도 자신의 권리를 타인에게 의거하지 않고 각자가 자립적이며 오직 태생의 구성원이라고 할 수 있다.

2. 인격으로서 인정하는 것은 애초에 특별히 인격적 고유성의 존재에 대한 반응일 수 없다. 그 이유는 우리가 사람들에게 보이는 그런 사랑을 아이가 경험하는 경우에 이 고유성이 비로소 일반적으로 나타나기 때문이다. 기본적인 인격적 상호성을 가능하게 하기 위해서는 어머니에 있어서 심지어 자의적이지는 않지만 자발적인 어느 정도의 퇴행(Regression)의 모습이 나타나는데, 이 덕택으로 어머니는 자신을 아이와 동등한 수준에 놓는다. 어머니나 어머니의 자리를 대신하는 사람은 아이를 처음부터 교묘하게 다루는 대상이나 조건 반사를 일으키는 생물체로서가 아니라 인격적 상대로서 다룬다. 어머니는 아이의 면전에서 무언가 혼잣말을 함으로써가 아니고 아이에게 말을 건네면서 말하기를 가르친다. 사람들은 비디오 프로그램을 통하여 청각과 언어 장애가 있는 어린이들에게 말하기를 가르치려고 시도했으나 성공하지 못했다. 단어들의 이해, 곧 말로써 파악하는 것은 전혀 가르칠 수 없다. 우리는 '어떤 것'이 '어떤 것을 뜻하는'지가 무엇을 뜻하는지를 설명할 수 없다. 상징에 관한 이해는 이미 모든 설명 안에 전제되어 있다. 우리가 젖

먹이와 말을 할 경우에 전제가 실제로 얻어지기 위해서 이 전제를 이미 사실과 다르게 전제하지 않으면 안 된다. 그런데 어머니는 여기에서 어떤 것을 모의 실험하려는 의식은 갖지 않는다. 다시 말하면 어머니가 실제로 먼저 초래하려고 한 것을 자기 앞에서 본 것처럼 행위할 의식은 갖지 않는다는 것이다. 우리는 결코 인격들을 만들 의식은 갖고 있지 않다. 인격 존재는 오히려 탁월한 의미에서 외부로부터의 꾸며냄에서 벗어나 있는 자기 자신의 고유한 근원에서 유래하는 존재이다. 어머니는 아이가 정신적으로 건강하게 자라기 위해 아이를 대하는 태도에서 참된 것이 좋고 또 그래야만 한다. 그래서 인격들이 비로소 인정을 통하여 생긴다는 이론이 참이라면 우리는 이 인정이 유래하는 최초의 사람들이 이 이론에 관하여 아무것도 알지 못하도록 배려해야만 할 것이다. 그렇지 않으면 결국 인정의 진정성과 자발성은 위태롭게 될 것이다.

이에 대하여 우리는 다음과 같이 이의를 제기할 수 있을 것이다. 이것은 오직 실용적인 논증일 뿐이다. 철학은 순진한(자명한) 관점과의 단절을 전제한다.

그런데 순진한 관점과의 단절은 오직 다음의 경우에만 해가 없다. 이 단절로 인해 이제까지 전혀 알려지지 않은 새로운 차원이, 즉 그 등장이 어떤 경우에도 순진한 관점에서 발생하고 발생해야 하는 것을 바꾸지 않는 어떤 '메타차원(eine Metaebene)'이 열리게 되는 경우이다. 그런데 우리가 여기에서 자세히 설명하는 인격에 관한 이론은 철학적이며 현상학적인 이론이 아니라 실천을 바꾸려는 실천적 이론이다. 실천적 이론은 순진한 관점에 숨겨졌다고 한 자발성과 인정의 창의력에 대하여 숙고하지 않고, 인정의 행위를 매우 단순하게 틀렸다고 기술하며 사람들이 그것을 달리 이해하여 보통과는 다르게 실천해야 할 것이라고 가르친다. 그래서 이 이론은 스스로 아직 순진한 관점의 기반 위에서 움직이고 자체의 고유한 기반 위에 있는 현상을 없애려고 한다.

우리는 우리의 이의를 다음과 같이 요약할 수 있다. '어떤 것'으로 부터 '어떤 사람'으로까지 미끄러지는 이행은 없다. 단지 우리는 사람들과 늘 그리고 처음부터 어떤 것으로서가 아니고 어떤 사람으로서 사귀기 때문에, 대부분의 사람들은 이런 사귐을 나중에 정당화하는 특성을 발전시킨다.

3. 더군다나 우리는 지향성(Intentionalität)의 존재에 대하여 의심이 없는 확실성에 도달할 수 있고, 직접적인 인격적 의사소통을 시작한다면 이것을 언제나 이루는 셈이지만 비슷한 정도로 확실하게 지향성의 부재에 대해 결정할 수 없다. 합리성의 인정, 즉 행위를 행위로서 해석하는 것은 늘 평가의 요소를 포함한다는 것이 명백해진다.[4] 어떤 사람이 이성적 행위를―즉 일반적으로 행위를―한다고 믿는 것은 이미 그가 지니고 있다고 간주하는 몇몇의 견해에 찬성함을 뜻한다. 그러므로 행위의 지향성은 최소한 행위의 부분적 합리성에 의하여 우리가 인식할 수 있게 된다. 그런데 실제로는 관찰자가 그것을 인식함이 없이도 어떤 사람이 지향적으로 행동하는 것이 가능하다. 다시 말해, 예를 들면 그의 균형 잡힌 견해가―즉 원하는 효과적인 결과가 나오기 위해 발생해야만 하는 것에 대한 그의 가정이―모두 틀린 것일 수 있다. 이런 경우에 우리는 그가 어떤 결과에 도달하기를 원했고 일반적으로 어느 것을 획득하기를 원했느냐 아니냐를 전혀 알 수 없다. 그런데도 그는 지향적으로 행동했을 수 있다. 그러므로 셸러(Scheler)가 말했듯이 책임성과 귀책 능력(Zurechnungsfähigkeit)은 서로 명백하게 구별되어야만 한다.[5] 우리는 정신 질환자가 어떤 행위에 부여하는 의미를 전혀 식별할 수 없고, 따라서 그에게 행위의 결과를 책임지게 할 수 없다는 것

---

4 D. Davidson: *Essays on Actions and Events*, Oxford 1980, 83 이하.

5 참조: M. Scheler: *Der Formalismus in der Ethik und die materiale Wertethik*, 같은 책, 478.

은 가능한 일이다. 그의 실천적이고 이론적인 지향, 의도 그리고 세계가 어떻게 만들어졌느냐에 관한 견해들은 하나의 사실에서 다른 사실들을 추론할 수 없는 것과 사정이 같다. 그러므로 그는 자신의 행위의 합리성을 가장 잘 지닐 수 있고 또한 선과 악을 분명히 구별할 수 있으며 더구나—인간 앞에서는 아니지만 신 앞에서—각각의 '이성적인' 인간과 같은 방식으로 책임질 수 있다.

4. 그런데 정신박약이 심하여 비정신박약자와 같이 활동할 수 없는 사람들, 혹은 아직 배우지 않은 젖먹이들의 처지는 어떤가? 우리는 그들을 '어떤 사람'으로서 간주하고 오직 공리주의적 관점 아래 멋대로 사용하기보다는, 결국 더 많은 돈이 들고 더 많은 희생도 마다하지 않는 그런 존재로서 취급해야 할 어떤 이유를 갖는가? 우리가 그와 같은 희생의 경향을 지닌 것을 피터 싱어는 '종 차별'이라고 지칭하는데, 이것은 순수하게 생물학적으로 우리 자신의 종에 속하는 모든 존재를 위한 근거 없는 편파성을 뜻한다.

먼저 중증 정신박약자들에 관한 문제를 생각해 보자. 우리는 그들을 어떻게 지각하는가? 사물로서? 고유한 종류의 동물로서? 물론 아니다. 우리는 그들을 병자로서 지각한다. 그들이 '어떤 사람'보다 다른 어떤 것이라면, 어떤 종적인 정상 상태, 즉 인격의 존재방식이 아닌 존재방식, 세계 안의 생태학적 지위를 가져야만 할 것이다. 그러나 우리가 상호 간에 인격적 의사소통을 할 수 없는 정신박약자는 어쩔 수 없이 '정상적'이 아니라 병들었다고 간주하게 된다. 우리는 흠이 있는 의자를 의자와 다른 어떤 것이라고 지각하지 않고 바로 하나의 의자로서 지각하듯이, 인격적 표현들, 즉 지향성의 표현들을 할 수 없는 사람을 병든 그리고 그 때문에 도움이 필요한 자라고 간주한다. 우리는 할 수 있는 대로 그를 치유할 수단을 찾는다. 그의 '본성'을 회복하고 그를 위해 죽을 때까지 미리 마련된 인격공동체안의 자리를 차지할 수 있게 하는 수

단을 찾는다. 중증 정신박약자들은 동물처럼 자신들의 본성, 즉 본질
(Sosein)과 일체이지는 않다. 그들 또한 본성을 갖는다. 그러나 그들의
본성은 결함이 있으므로 본성의 소유도 결함이 있다. 그와 같은 인간으
로서 존재하는 것이 어떠한가를 우리는 알지 못한다. 우리는 정신박약
자의 존재방식을 모른다. 우리는 박쥐로서 존재하는 것이 어떠한 지도
알지 못한다. 그러나 우리는 정신박약자가 동물의 왕국 안으로 돌아가
지 않는다는 것을 직접적으로 알아차린다. 고대에 그와 같은 사람들은
경이롭고 성스러운 존재로서 숭배의 대상이었다. 그 이유는 이들과의
교제에 방향을 정해 줄 수 있었을 어떤 다른 범주들이 없었기 때문이
다. 우리가 인격 존재라고 부르는 것에 이르는 적절한 통로를 가지고
있느냐 아니냐는 매우 특별한 방식으로 이런 사람들과 교제하는 것에
서 입증된다. 그들의 존재는 인간다움(Humanität)에 대한 경도 시험
(der Härtetest)이다. 그들은 사람이다. 사람들은 일종의 피조물이며,
그것의 본성은 단순히 '존재하는 것'이 아니라 '소유되기'를 필요로 한
다. 본질을 지닌 존재인 인간은 동시에 늘 신비이다. 인간은 단순히 자
신에 대한 설명어의 총계는 아니다. 실어증(Aphasie)의 경우에 우리는
그것의 사유(Denken)에 접근할 수 없다. 운동할 수 없음이 추가된다
면, 우리는 일반적으로 지향적인 내적 활동에 대한 외적 증거를 갖지
않는다. 그런데도 우리는 그런 내적 삶이 지속한다고 가정한다. 우리는
중증 정신박약자들의 경우에 무엇을 가정해야 좋을지를 알지 못한다.
그런데 인격적 방식으로 소유되는 것이 인간적 본성의 고유성이므로,
이 본성이 심하게 변형되어 있다고 해도 이것을 전적으로 다르게 생각
할 근거는 없다.

　이와 관련하여 우리는 쉽게 검증할 수 있다. 인간에 의해 출생했으나
다른 인간들과 매우 닮지 않은 어떤 존재를 생각해 보자. 그의 태도가
상호 간에 독립적인 어떤 실천적이고 이론적인 지향성에 대한 아무런

암시도 포함하지 않는다고 상상해 보자. 그리고 나가서 이 존재가 우리에게 전적으로 건강하게 보인다고 상상해 보자. 이 존재는 동물로서 이 세계에서 정상적으로 움직이고 있고, 생존에 필요한 모든 본능이 갖추어져 있는데, 이 본능의 결여가 결정적 인간의 특징 중 하나이다. 이 존재는 생존하기 위해 타인의 도움이 필요하지 않다고 한다. 이 존재는 타인과의 커뮤니케이션(의사소통)에 의지하지 않고 본성으로도 그것을 할 수 없다. 우리는 그러한 존재를 병든 존재로서 지각하지 않으므로, 이 존재는 우리에게 실제로 이제까지 알려지지 않는 새로운 종의 동물로서 나타나야만 할 것이다. 이 존재는 인간은 아닐 것이며 인류에도 속하지 않을 것이다. 정신박약자들은 인정(die Anerkennung)과 이로부터 따라오는 모든 것을 스스로 감당할 능력이 없이 보편적 인격공동체 안에서 직접적으로 물리적이며 정신적인 혜택의 수혜자로서만 인류에 속한다.

그런데 그들은 실제로는 받는 것보다 더 많은 것을 준다. 그들이 받는 것은 생활 차원에서의 도움이다. 그런데 인류의 건전한 일부가 이런 도움을 준다는 사실은 이들 전체에도 매우 중요하다. 그것은 인격공동체의 깊은 의미를 나타나게 한다. 우리가 본 것처럼, 한 사람에 대한 사랑 혹은 인정은 그의 고유성을 통해서만 지각한다. 특히 모든 우정 있는 사랑이나 에로틱한 사랑(성애)은 사랑받는 자의 특별한 고유성이 없이는 생겨나지 않을 것이다. 정신박약자는 그런 고유성을 지니고 있지는 않다. 인류의 인정공동체에서는 정말로 자기 존재의 인정이 문제가 되고 실제로는 유용하거나 쾌적한 고유성에 대한 평가가 관심사가 아니라는 것은 그런 고유성을 전혀 지니지 않은 이들과의 교제에서 본보기로 볼 수 있게 된다. 그런 고유성은 인간에 있어서 최상의 것을 요구하고 인간의 자기 존경에 대한 본래적 근거를 일깨운다. 그래서 이 고유성이 자체의 요구에 의해 이런 방식으로 인류에게 제공하는 것은 그것이 받는 것보다 더 많다.

5. 소아들과 관련하여 유명론(der Nominalismus)의 논거의 내용은 다음과 같다. 소아들은 겨우 잠재적 인격일 뿐이다. 그들은 인격이 되기 위해 먼저 인정공동체의 일원이 될 수 있는 선출이 필요하다. 논거의 일부에 대하여 나는 이미 답변했다. 인정은 인정받는 자를 이미 전제하고 있다. 그런데 잠재적 인격에 관해서는 또 어떤 것이 언급되지 않으면 안 된다.

잠재적 인격은 존재하지 않는다. 인격은 능력, 즉 잠재력을 갖는다. 그래서 인격은 발전할 수 있다. 그러나 아무것도 인격으로 발전할 수는 없다. 어떤 것에서 어떤 사람이 되지는 않는다. 인격성이 어떤 상태라면, 그것은 점차로 생길 수 있을 것이다. 그런데 인격이 이러저러한 상황에 처해 있는 어떤 사람이라면, 인격은 이 상황들에 선행한다. 인격은 변화의 결과가 아니라, 아리스토텔레스가 말한 실체(die Substanz)처럼 발생(eine Entstehung)의 결과이다. 인격은 인간이 존재하는 방식이므로 실체이다. 인격은 인간보다 더 늦게 존재하기 시작하지 않고 더 일찍 끝나지도 않는다. 인간은 긴 시간 뒤에야 비로소 '나'라고 말하기 시작한다. 그런데 그가 '나'로서 뜻하는 자는 어떤 '나'가 아니라 바로 '나'라고 말하는 인간이다. 그래서 우리는 다음과 같이 말한다. "나는 어느 땐가에 태어났다."거나 심지어는 임신되었거나 출생된 존재가 그때에는 '나'라고 말하지 못했다고 해도 "나는 어느 땐가에 임신되었다." 그러나 그럼에도 불구하고 우리는 그 때문에 다음과 같이 말하지는 않는다. "그 당시에 어떤 것이 태어나게 되었고, 그것으로부터 내가 되었다." 나는 이런 존재였다. 인격성은 발전의 결과가 아니라 늘 발전의 특징적인 구조이다. 인격은 자체의 현실적 조건으로 설명되지 않으므로, 자체의 고유한 발전을 시간을 넘어선 통일된 자아의 발전이라고 이해할 수 있다. 통일된 자아가 인격이다.

잠재성이란 개념은 일반적으로 인격성을 전제로 해서만 생기므로, 잠재적 인격을 말하는 것 역시 의미가 없다. 인격은 가능성(Möglich-keit)의 초월적 조건이다. 실제로 존재하지 않는 어떤 것을 가능하다고 말하는 것은 메가라학파 이래 늘 거듭하여 비판되었다. 단지 가능한 것에는 바로 지금 실현을 위한 조건이 결여된 것처럼 보인다. 그런 한에서 그것은 지금은 불가능하다. 만일 모든 조건이 주어진다면 그것은 가능하다. 그렇다면 가능한 것 또한 현실적이다.

이런 추론에 대해서는 하나의 반대 사례인 자유의 의식이 있을 뿐이다. 내가 어떤 것을 행할 자유를 실제로 갖는 것은 그것을 하게 허용하는 것이 나에게 가능할 경우뿐이다. 그래서 이 사례가 뜻하는 것은 일반적으로 단지 순환적일 수 있고, 따라서 다시 자유 의식을 원용하여 정의될 수 있다. 그런데 그것의 개념이 조건인 가능성의 개념의 기초가 되고 있는 그러한 것은 스스로는 단순한 잠재성으로서 생각될 수 없다. 인격들은 존재하거나 그렇지 않거나이다. 그런데 만일 인격들이 있다면 늘 현실태적이다. 즉 현실태 안에(in actu) 존재한다. 인격들은 아리스토텔레스의 실체처럼 최초의 현실태(prote energeia, erste Wirklich-keit)인데, 이 현실태는 계속되는 현실태화(Aktualisierung)의 다양함에 이르는 가능성을 자체 안에 내포하고 있다. 가능적 지향성과 현실적 지향성에 관하여 언급하는 것은 큰 의미가 있다. 지향적 행위들은 의식의 흐름으로부터 나와서야 비로소 점차적으로 명제적(propositional) 구조를 수용할 수 있다. 이런 구조에 입각하여 이 행위들은 개별적이며 원자와 같은 통일체(Einheit)가 된다. 그런데 늘 잠재적 지향성에 관한 언급이 있는 경우에 우리는 현실적 인격들을 가정한다.

6. 인격 존재를 인정하는 것은 무조건적 요구를 인정하는 것이다. 요구 자체는 무조건적이지만 그것의 실제적 존재가 언제나 가정적인(hy-pothetisch) 경험적 조건들에 의존되어 있다면 요구의 무조건성은 잘못

일 것이다.

이론적 문맥에서는 이런 경우가 실제로 존재한다. 문장들이 참이라면, 그 때문에 논리상 필연적으로 참인 문장들이 있는 것이다. 산수(die Arithmetik)의 모든 문장들은 이런 종류의 것들이다. 그런데 어떤 문장이 이들 참 문장에 필연적으로 속하느냐 아니냐는 매우 논쟁거리가 될 수 있다.

동일한 것이 실천적 문장들에는 해당되지 않는다. 실천적 문장들은 필연적(apodiktisch)이지만, 그 필연성(Apodiktizität)은 불확실할 수 있다. 구체적인 도덕적 의무에 관하여 아는 것은 언제나 가능하지 않으면 안 된다. 우리가 의무를 지울 수 없다. 객관적 불확실성의 상황에서는 자체로 불확실하지 않은 그런 불확실성을 다루는 규칙들이 있어야만 한다. 데카르트의 '잠정적 도덕'은 그런 규칙들을 요약한 것이다. 이미 언급 되었듯이, 인격 존재에 대한 기준들의 인정이 논란의 여지가 많거나 이 경우에 기준들의 충족에 대하여 의심이 있기 때문에, 어떤 사람이 인격임을 인정하는 것이 개인적 재량의 문제라면, 인격들을 무조건적으로 인정하는 의무는 착각일 것이다. '무조건성'이란 말은 단순한 화려한 수사(façon de parler)가 될 것이다.

그런데 실제로는, 인격들을 무조건적으로 존경해야 하는 일반적 규칙들이 먼저 있고 그 다음에 이 규칙들을 개별적 경우들에 적용하는 것, 즉 늘 의심스러울 수 있는 적용이 있는 것은 결코 아니다. 무조건적 존중에 대한 인격의 요구는 오히려 우선적이며 기본적으로 특정한 사람이나 다수의 특정한 사람으로부터 유래하는 요구라고 이해된다. 이 요구는 일반적으로, 이것이 이 무조건성의 한 사례라는 확신과 일치해서만이 무조건적인 것이라고 이해된다. "너는 살인해서는 안 된다."는 내용의 무조건성은 그때그때 어떤 인간의 얼굴에서 유래한다. 내가 이 남성, 이 여성 그리고 이 사람들을 죽여서는 안 된다는 것은 내가 아무도 죽여서는 안 된다는 것 보다는 더운 분명하다. 인격은 종 개념이 아니라 '인간'이란 종의 개체들이 존재하는 방식이다. 그래서 각 개인은 우리가 '인류'라고 부르는 인격공동체 안에서 바뀔 수 없는 자리를 차지하고 오직 이 자리의 소유자로서만 스스로 그런 자리를 차지하는 어떤 사람의 인격들로서 인정된다. 우리가 그런 자리의 인정을 이전의 어떤 질적인 조건들의 충족에 의존하게 한다면 요구의 무조건성을 이미 파괴한 것이다. 누구나 이 자리를 새로운 선출에 의해서가 아니라 인류의 구성원으로서 태어남으로써 차지한다. 인격권들은 부여되고 인정되는 것이 아니고 동일한 권리를 가진 각자에 의해 요구된다. '각자의 이해'는 최소한 각 인간들에 의한다는 뜻이다. 인격권들은 어떤 질적인 조건들의 충족에 의존하게 되지 않고, 이 조건들에 대하여 이미 있는 권리 공동체의 구성원들이 결정하지 않는 경우에만 일반적으로 무조건적 권리이다. 인류가 문 닫힌 가게라면 권리의 공동체일 수 없다. 그 이유는 심지어 "약속(조약)은 지켜져야 한다."는 문장마저도 다수에 의해 권리의 주체로서 인정되어 있는 자들에 대해서만 유효할 것이기 때문이다.

그래서 인격성에 대한 유일한 기준은 다음과 같은 것일 수 있고 아마 그런 내용일 것이다. 인류에 생물학적으로 속해있음이 그 기준이다.[6] 그러므로 인격이란 존재의 처음과 끝도 인간 생명의 시작과 끝으로부터 분리될 수 없다. '어떤 사람'이 존재한다면, 이 개별적인 인간의 유기체가 존재한 이후에 존재했고 이 유기체가 살아 있는 동안 존재할 것이다. 인격의 존재는 한 인간의 생명이다. 그래서 예를 들면 뇌사가 아

---

6 참조: D. Wiggins: *Sameness and Substance*, Oxford 1980, 188: "인격은 자기의 종이 종의 전형적 구성원들을 이성과 성찰을 지닌 사유하는 예지적 존재를 구성하고, 전형적으로 그들을 스스로 다른 시간과 공간 안에서 사유하는 동일한 것으로 간주하게 하는 육체적 구성물인 어떤 동물이다."

마 인간의 죽음은 아니지만 인격의 죽음일 것이라고 말하는 것은 의미가 없다. 그 죽음이 아마 인간의 죽음이 아니라면, 마찬가지로 인격의 죽음도 아닐 것이다. 왜냐하면 인격은 인간이고 인간의 특성이 아니기 때문이다. 그러므로 인격은 인간에 앞서 죽을 수 없다. 그러므로 인격의 시작과 끝에 대한 문제는 인간 생명의 생물학적 시작과 끝에 대한 문제에 결정권이 있는 사람들의 소관이다.

인격권은 인권이다. 그래서 살아 있고, 느끼는 내면성(Innerlichkeit)을 가지고 있으며 그 성인 구성원들이 자주 합리성과 자기의식을 통솔할 수 있는 다른 자연적 종들이 우주에서 발견된다면, 우리는 이런 종들뿐만 아니라 마찬가지로 이 종의 모든 구성원을, 어쩌면 모든 돌고래도 인격으로서 인정하지 않으면 안 될 것이다.*

이 책의 저자 로베르트 슈패만(1927년-2018년)은 독일 베를린에서 출생했으며 독일 학계뿐만 아니라 국제적으로도 널리 알려진 출중한 철학자이다.

'신(新)아리스토텔레스주의자'라고 불리기도 하는 슈패만은 독실한 가톨릭 신자이고 하버마스, 슬로터디예크와 함께 왕성한 학술 활동을 하는, 생존하는 가장 중요한 독일의 철학자로 손꼽히기도 한다. 또 그는 한스 요나스와 함께 생태(계) 윤리학의 발전에 크게 이바지한 철학자로서 높은 평가를 받는다.

그는 독일 뮌스터대학교의 철학 교수였던 요아힘 리터(Joachim Ritter)의 제자로서 연학기에 스승의 저술들을 비판적으로 독해했고, 대체로 플라톤, 아리스토텔레스, 아우구스티누스와 토마스 아퀴나스의 사상을 그의 이론의 원천으로 삼고 있다. 그는 특히 플라톤의 저서로부터 오늘날 제기되는 문제에 대한 해답을 직접 얻으려고 한다. 그 밖에 그는 칸트, 헤겔, 쉘링, 마르크스, 니체, 프랑크푸르트학파의 호르크하이머와 아도르노 등의 사상을 섭렵했다. 나아가서 현대 영미권의 분석철학자들과도 비판적 대화와 토론을 시도한다. 그는 자신의 학문적 관심을 사회 과학과 자연 과학, 특히 생물학 분야로까지 넓혀 간다. 예를 들면 사회학자 니클라스 루만의 체계 이론과 진화론에 주목하기도 한다. 그는 비판적이며 회의적인 방법으로 문제를 제기하면서 끊임없이 해답을 찾으려고 하므로 '독일의 소크라테스'라는 별명을 얻었다.

슈패만은 상아탑만을 지키는 책상물림은 아니다. 그의 활발한 학술 활동, 언론 매체를 통한 사회의 현안 문제에 대한 토론과 해결책의 제시가 이것을 입증한다. 그는 뮌스터대학교, 슈투트가르트공과대학교를 거쳐 현대 해석학의 거장인 하이델베르크대학교 H.G. 가다머의 후임 교수로, 마지막으로 토마스 아퀴나스의 사상과 실존주의에 정통한 뮌헨대학교 막스 뮐러 교수의 후임 교수로 재직하였다. 1992년에 은퇴하여 슈투트가르트 교외에서 여생을 보내다가 2018년 12월 별세했다. 그는 한때 바티칸 교황청 생명위원회 위원을 역임한 바 있으며 오랫동안 교황 베네딕토 16세의 사상적 동지였다.

슈패만의 철학적 토대는 형이상학적 존재론 혹은 형이상학적 실재론이다. 또 그는 자신의 이론 전개에서 고전적 목적론의 관점을 취한다. 알다시피 형이상학은 아리스토텔레스가 '제1 철학'이라고 지칭한 현실적으로 존재하는 것에 관한 학설이다. 슈패만에 의하면 형이상학적 확신들은 증명할 수는 없지만 근거 지을 수는 있다. 이것은 마치 모순률이 증명될 수 없는 것과 마찬가지이다. 그런데 모든 증명은 이 모순률을 전제한다. 따라서 이 원리는 잘 근거 지어진 것이다. 형이상학은 최종적으로는 현실적인 것의 현실(성)에 대한 기본적 신뢰에 의거한다. 목적론이란 주제는, 그가 자신의 박사 논문에서 취급한 드 보날(de Bonald)의 사상 이후 그의 모든 저술을 관통한다. 인간이 자신의 신체적이며 정신적인 보존(유지)의 수단을 완성하기 위해 지상(현세)에 있다는 내용은 이미 드 보날의 사상에서 발견된다. 그런데 우리는 여기에서 '보존'을 넘어서는 어떤 것, 즉 '자기실현'이 있다는 것을 염두에 두

어야 한다. 자기 보존과 자기실현은 상보적이다. 사회에 대한 목적론적
해석에서 '보존'과 '실현'은 목적 개념 안에서 일치한다. 생명체인 자
연도 단순히 사실적으로 존재할 뿐만 아니라 '목적 지향적'이다. 여기
에서 그가 사용하는 '목적론'이란 개념은 자연 전체가 목적을 가진다거
나 진화가 목적 지향적이라는 것을 뜻하지 않는다. 그가 강조하는 것은
개별적인 자연적 존재들이 어떤 목적론적 구조를 갖는다는 점이다. 보
편적 목적론은 스토아철학에 기원을 두지만, 슈패만의 관점은 오히려
아리스토텔레스의 관점에 더 가깝다고 볼 수 있다.

  그는 철학의 토대를 형이상학이라고 간주하므로 윤리학도 형이상학
없이는 존재할 수 없다. 모든 윤리학에는 기본적인 형이상학적 가정이
숨어 있다. 그는 '선'이라는 무조건자를 고수하는 윤리학만이, 또 선을
상대화하거나 유용성과 같은 다른 규정들에 의해 대치하지 않는 윤리
학만이 도덕의 의미, 인간의 자기 이해와 모든 인간의 현실에 합당한
것으로 간주한다. 그가 오늘날 공리주의적 윤리학을 대표하는 피터 싱
어와 자연주의적 사상가인 다니엘 대닛과 리처드 도킨스의 주장에 반
대하는 것도 바로 이런 맥락에서 이해해야 할 것이다. 생태계 윤리 사
상과 관련하여 고찰할 때, 인간과 자연이 공생한다는 전통적 이해방식
은 근세에 와서 파괴되었다는 것이 슈패만의 서양 근세 사상에 대한 진
단이다. 그는 서양 근대 과학의 영향을 깊게 받은 현대인의 의식 혹은
사유방식을 염려하면서 근대성의 위기, 특히 생태계 파괴에 대하여 경
고한다. 그에 의하면 현대의 생태계 위기는 근세 초기 이후 반목적론적
사상의 이데올로기적 측면이 지녔던 인간의 자연 지배가 폭발적으로
팽창한 결과이다. 결과적으로 이러한 진보적 자연 지배 사상은 인간 자
신조차도 거역하게 되어버렸다. 슈패만의 윤리학적 숙고와 자연철학적
숙고는 일치한다. 즉 인간의 인격 성격에서 타인과 모든 생명체와의 관
계를 위한 의무가 생기고, 인격 개념은 자연을 중시하는 관점을 포함한

다. 그런데 이른바 인격주의자들은 이런 관계를 충분히 고려하지 않았다고 슈패만은 지적하여 말한다. 슈패만의 생태계 윤리 사상에서 인간을 포함하는 모든 존재가 '동급의 목적'을 가진 존재는 아니다. 그는 목적의 위계질서라는 관점에서 인간, 동물, 식물 등을 바라본다. 인간은 인간 이외의 존재자들의 종의 유지를 위해 힘써야 할 의무가 있지만 그들은 어디까지나 인간에 봉사하는 존재로서 간주되어야 한다. 이런 점에서 슈패만은 만물 평등론자는 아니다. 인간들은 다른 인간들과 함께 있는 인격들의 공동체에 속해 있다. 따라서 '어떤 것'으로부터 '어떤 사람'으로의 논리적 이행은 불가능하다. 어쨌든 인간은 만물 중에서 특별한 지위를 차지하는 인격적 존재이다. 생태계 문제와 관련하여 슈패만은 과학주의와 환원주의를 반대하지만 과학적 연구 성과를 경시하지는 않는다. 그는 과학주의가 자연에 대한 인간의 지배를 확장하고, 마침내는 인간의 존엄성까지도 침해할 수 있는 위험에 대해 비판하며 경고한다. 같은 맥락에서 그는 18세기의 서양 철학에서 두드러지게 드러나는 가설적 내지는 기능주의적 사유방식에 이의를 제기한다. 그 이유는 과격한 기능주의적 사유가 인간과 그의 삶에 적용되면, 상호 인격성의 영역과 도덕의 영역, 심지어는 종교적 영역 자체 조차도 가설적인 기능 구조 안에서 해체되기 때문이다.

마지막으로 그의 윤리 사상은 목적론적이며 인간의 이성을 중시하는 고전적 자연법 사상에 의거한다고 볼 수 있다. 여기에서 자연법은 규범들의 카탈로그가 아니라 메타적 차원의 이해방식이다. 그것은 모든 법률적 행위의 정당화를 다시 한번 비판적으로 검토하는 사유방식이다. 자연법은 인간 존엄성이란 개념을 인권 개념보다 더 근원적인 것으로서 근거짓는다. 그에 의하면 인간 존엄성은 인격의 절대성에 뿌리내리고 있다. 인격은 인간 자신의 유한한 자아와 욕구, 이해타산의 마음 등을 상대화하면서 확장되어 절대적인 것으로 된다. 인격은 마침내는 자신을 희생할 수도 있기에, 인격은 계량적으로, 기능적으로 이해되어서는 안 된다. 슈패만이 강조하는 인간의 존엄성은 성스러운 것으로서 근본적으로 종교적, 형이상학적 성격을 지닌다. 그의 인간 이해의 바탕에는 존재의 근거인 '그리스도교적' 신에 대한 신앙의 확신이 굳게 자리한다. 그는 신의 실존이 참된 판단과 양심의 확신의 존재론적 근거라고 말한다. 그래서 신을 부정하는 것은 모든 진리의 요청과 도덕적 확신의 토대를 배제하는 것이라고 주장한다.

이 책의 독해를 위해서는 서양 철학사 전반에 관한 예비 지식이 필요하다. 슈패만의 글쓰기는 논리적이고 수사학적인 강점을 지니므로 긴장하면서 끈질기게 사유하도록 독자들을 초대한다.

공역자들은 공역의 어려움을 새삼 실감하면서 적지 않은 토의와 수정 과정을 거쳐 이 번역서를 난산하였고, 이 번역서에 대한 모든 비판을 겸허하게 받아들일 준비가 되어 있다. 꼼꼼하게 교정을 해주신 이상복 박사님과 공역자들이 함께 모여 작업을 할 수 있도록 숙식을 제공하고 환대해 주신 부산 가톨릭대학교 신학대학장 홍경완 신부님, 교수 신부님들과 직원 여러분께 감사를 표하고 싶다. 또한 작년에 한국판 저자 서문을 보내 주신 슈패만 교수님께서 최근 별세하셨단 소식에 안타까운 마음을 전하고 싶다. 특히 이 책을 번역할 수 있도록 연구비를 지원하신 가톨릭대학교의 "강 엘리사벳 학술연구기금"의 관계자 여러분께 충심으로 감사를 드린다. 끝으로 이 책의 출판을 맡아주신 서광사 대표님과 편집부 직원분들께 감사를 드린다.

이 번역서가 제시하는 주제와 문제점들이 한국 학계에서 활발히 논의되고 비판적 대화의 한마당이 마련될 수 있기를 기대한다.

2019년 10월
공역자: 박종대, 김용해, 김형수 일동

: 참고 문헌

* 본문에서 인용된 아래의 참고 문헌은 저자가 따로 출판 사항을 표기하지 않았지만, 역자가 독자들을 위해서 참고가 될 수 있는 출판 사항을 보충해 넣었다. 그리고 우리말로 번역이 된 책도 병행 표기했다.

Aristoteles, Metaphisica, in: *Aristotelis Opera* Becker(ed.), Academia Regia Borussica, Berlin, 1831: Ross, Aristotle's Metaphysics, 2 vols, a revised text with introduction and commentary, Oxford 1924: 아리스토텔레스, 『형이상학』, 김진성 역주, 이제이북스 2007.

Aristoteles, De anima. English & Greek with translation, introduction and notes, Cambridge University Press 1907: (Clarendon Aristotle Series) Reprint Edition, Oxford University Press 2016: 아리스토텔레스: 『영혼에 관하여』, 유원기 역주, 궁리 2002.

Aristoteles, Physica (Oxford Classical Texts Series) (Greek Edition), Oxford University Press 1951: Barnes(edit.), The Complete Works of Aristotle, The Revised Oxford Translation, Vol. 1, 1991: 아리스토텔레스, 『자연학 소론집(Parva Naturalia)』, 김진성 역, 이제이북스 2015.

Aristoteles, Ethica Nicomachea (Oxford Classical Texts), Ingram Bywater/I. Bywater (Editor), Clarendon Press 1963: 아리스토텔레스, 『니코마코스 윤리학』, 김재홍/강상진/이창우 공역, 길 2011.

Aristoteles, De generatione et corruptione, in: Aristoteles Opera (Bekkeri ed. Academia Regia Borussica, ed. altera quam curavit O. Gigon, 2 Bde., Berlin 1960) I.

Aristoteles, De interpretatione, in: Aristoteles Opera I: 『범주들 명제들에 관하여』, 김진성 역, 이제이북스 2009.

Augustinus, Aurelius, Confessiones, in: CCSL[=Corpus Christianorum Series Latina] 27[Turnhout, 1953-]: CreateSpace Independent Publishing Platform 2014: 아우구스티누스, 『고백록』, 성염 역, 경세원 2016: 최민순 역, 2010.

Augustinus, Aurelius, De civitate dei, in: CCSL 47-48(1954-1955): 아우구스티누스, 『신국론』 1-3(교부문헌총서 15-17), 성염 역, 분도출판사 2004.

Bergson, Henri-Louis, Zeit und Freiheit: Versuch über das dem Bewußtsein unmittelbar Gegebene, Jena 1920, Meiner 2016: Essai sur les données immédiates de la conscience, Paris, Alcan 1889, PUF 2013: 앙리 베르그송/프리드리히 니체, 『시간과 자유의지/자라투스트라는 이렇게 말했다』, 삼성출판사 1990.

Berkely, George, Alciphron, or The Minute Philosopher, 1732: CreateSpace Independent Publishing Platform 2017.

Boethius, Anicius Manlius Severinus, De consolatione Philosophiae, in: CSEL[=Corpus Scriptorum Ecclesiasticorum Latinorum] 67, 1934, Reprinted in 2018: Claudio Moreschini (Herausgeber), De Gruyter(2nd revised ed.) 2005: 보에티우스, 『철학의 위안』, 박문재 역, 현대지성 2018: 정의채 역, 바오로 딸 2007.

Boethius, A. M. S., Contra Eutychen et Nestorium, in: Boethius: *Opuscula Sacra* (*Theological Treatises*): The Perfect Library (Herausgeber), CreateSpace Independent Publishing Platform 2014.

Brentano, Franz, Psychologie vom empirischen Standpunkt, Leipzig 1874: Hamburg 3. Aufl. 1955: Buch 1, Meiner 1973, Buch 3, Meiner 1974.

Cicero, Marcus Tullius, De finibus bonorum et malorum (B.C. 45): Julia Annas, Gábor Betegh(eds.), Cambridge University Press 2015.

Claudius, Matthias, Worauf es ankommt. Ausgewählte Werke, nach Gattungen geordnet, Gerlingen 1995: Winfried Freund (Herausgeber), WBG 2004.

Davidson, Donald, Essays on Actions and Events, Oxford 1980: Clarendon Press 2001.

Dennett, Daniel Clement, Consciousness Explained, Boston 1992: Deutsch, Philosophie des menschlichen Bewußtseins, Hamburg 1994.

Descartes, Rene, Antwort auf die Zweiten Einwände, in: *Œuvres et Lettres*. Ed. A. Bridoux, Paris 1953: Meditationen über die Grundlagen der Philosophie mit sämtlichen Einwänden und Erwiderungen, Hrsg. v. A. Buchenau, Hamburg 1994.

Descartes, R., Discours de la Méthode, 1637: éd. Cousin, Levralut 1824: Französisch / Deutsch, Christian Wohlers (Herausgeber, Übersetzer), Meiner 2011: 르네 데카르트, 『방법서설』, 김진욱 역, 범우사, 2009: 이현복 역, 문예출판사 2019.

Descartes, R., Brief an Marquis de Newcastle, Oktober 1645, in: *Œuvres et Lettres*.

Descartes, R., Brief an Elisabeth vom 28. Juni 1643, in: *Œuvres et Lettres*.

Descartes, R., Brief an Elisabeth vom 18. August 1645, in: *Œuvres et Lettres*.

Diderot, Denis, Artikel "Droit naturel", Encyclopédie III; in: Œuvres Complètes VII, Paris 1976: Encyclopédie: Articles Ame, Beau, Certitude, Droit naturel (Intégrales), Nathan 2002.

Diels, Hermann, Die Fragmente der Vorsokratiker (Griechisch/deutsch), Hrsg. von W. Kranz, Hildesheim 18. Aufl. 1989, 2010-2013(Volume 1-3).

Eccles, John und Popper, Karl, The Self and Its Brain, Springer 1977; Routledge 1984: Das Ich und sein Gehirn, Piper Taschenbuch, o. J. N.-A., Nachdruck 1989.

Eccles, John, How the Self Controls Its Brain, Springer 1995: Deutsch: Wie das Selbst sein Gehirn steuert, München 1994.

Epikur: Fragmente. Diogenes Laërtius, Laërtius, Diogenes (1925d). "Epicurus", Lives of the Eminent Philosophers. 2:10. Translated by Hicks, Robert Drew (Two volumes ed.). Loeb Classical Library. §1-154: Klaus Reich / Hans Günter Zekl (Herausgeber), Leben und Meinungen berühmter Philosophen, Meiner 2015.

Epikur, Brief an Menoikeus: Text, Übersetzung und Kommentar, von Jan Erik Heßler, Wolfgang Rother / Michael Erler (Herausgeber), Schwabe Verlag 2014.

Frankfurt, Harry, Freedom of the Will and the Concept of a Person; in: The Journal of Philosophy 68(1971), Deutsch in: Analytische Philosophie des Geistes. Hrsg. von P. Bieri, Königstein 1981.

Fichte, Johann Gottlieb, Über den Grund unseres Glaubens an eine göttliche Weltregierung(1798), in: Sämmtliche Werke, ed. I. H. Fichte (Berlin: Veit & Company, 1845.[= 1971]), Bd. V.

Fuhrmann, Manfred, Artikel "Person", in: Ritter/Gründer: Historisches

Wörterbuch der Philosphie Bd. 7, Basel 1989.

Gaius, Gaius, Institutiones, E. Poste(transl.), The Clarendon press (Oxford) 1946, Forgotten Books 2019: Herausgegeben, deutsch, übersetzt und kommentiert von Ulrich Manthe, WBG 2015.

Goethe, Johann Wolfgang von, Sprüche, nr. 61, in: *Werke*, ed. E. Trunz, Bd. 1, Hamburg 1948: Maximen und Reflexionen. Sprüche, Manesse-Verlag 2001.

Gorgias von Leontinoi, Reden, Fragmente und Testimonien, Hrsg. von Th. Buchheim, Meiner(Hamburg) 1989, 2. Auflage 2012.

Gregor von Nyssa, Rede über die Göttlichkeit des Sohnes und des Heiligen Geistes, in: *Migne: Patrologia Graeca* Bd. 46.

Grillparzer, Franz, Ein Bruderzwist in Habsburg, in: *Werke* II, München 1971: *Sämtliche Werke*: Neunter und zehnter Band: Ein Bruderzwist in Habsburg, Die Jüdin von Toledo, Blanka von Kastilien, Die Schreibfeder, Wer ist schuldig?, Aischines Verlag 2015.

Hartmann, Nicolai, Philosophie der Natur, Berlin 1956: De Gruyter Reprint 2010 (aus 1980 Reprint).

Hegel, Georg Wilhelm Friedrich, Phänomenologie des Geistes (1807), ed. Glockner (*Sämtliche Werke*. Jubiläumsausgabe), Fromann(Stuttgart) 1927-40: Nikol 2019 (Nachdruck): 게오르그 빌헬름 프리드리히 헤겔, 『정신현상학』 1-2, 임석진 역, 한길사 2005.

Hegel, G. W. F., Vorlesungen über die Philosophie der Geschichte, 1822-1831 (1837), ed. Glockner (*Sämtliche Werke*. Jubiläumsausgabe): Suhrkamp Taschenbuch Wissenschaft Nr. 612 (*Hegel Werke* Band 12), Eva Moldenhauer / Karl Markus Michel (Herausgeber), Suhrkamp 1986: 게오르그 빌헬름 프리드리히 헤겔, 『역사철학강의』, 권기철 역, 동서

문화사 2016.

Hegel, G. W. F., Rechtsphilosophie (*Sämtliche Werke*, Bd. 7), Frankfurt a.
M. 1979 (Erstdruck: Nicolai(Berlin) 1820): 게오르그 빌헬름 프리드리히
헤겔, 『법철학』, 임석진 역, 한길사 2008.

Hegel, G. W. F., Grundlinien der Philosophie des Rechts (Philosophische
Bibliothek), Meiner 2018(Sonderausgabe): 게오르그 빌헬름 프리드리히
헤겔, 『법철학 강요』, 서정혁 역, 지만지 2009.

Heidegger, M., Die Zeit des Weltbildes, in: *Holzwege*. GA I, 5, Frankfurt a.
M. 1977.

Herder, Johann Gottfried von, Ideen zur Philosophie der Geschichte der
Menschheit (1784 und 1791), 1. Teil. *Sämtliche Werke*, Hrsg. von B.
Suphan, Bd. XIII (Erstdrucke: Riga (Hartknoch) 1784 (1. Teil), 1785
(2. Teil), 1787 (3. Teil), 1791 (4. Teil). Vom nicht mehr ausgeführten
5. Teil liegt nur ein Plan vor. Erstdruck in: *Herders Werke*, 30. Band,
Stuttgart (Cotta) 1820), Berlin und Weimar 1965: CreateSpace Inde-
pendent Publishing Platform 2017.

Hohenlohe-Waldenburg, M. G. v., Zwischen Frauen und Pfauen. Roman,
Stuttgart 1996.

Hölderlin, Friedrich, "In lieblicher Bläue..." (1806), in: *Sämtliche Werke* II, 1,
Stuttgart 1951.

Homer, The Odyssey, Robert Fagles (Translator), Bernard Knox (Introduc-
tion), Penguin Classics (Reprint edition) 1997: 호메로스, 『오디세이아』,
천병희 역, 도서출판숲 2015.

Hörster, Norbert, Neugeborene und das Recht auf Leben, Frankfurt a. M.
1995.

Hume, David, A Treatise Of Human Nature (1739): CreateSpace Independent Publishing Platform 2011.

Huizinga, Johan, Homo Ludens. Proeve eener bepaling van het spel-element der cultuur (1938), translated as Homo Ludens, a study of the play element in culture (1955): Homo ludens. Vom Ursprung der Kultur im Spiel. Deutsch: Reinbek, 1987.

Husserl, Edmund, Logische Untersuchungen II (1900 bzw. 1901). Bd., Halle a.d. Saale 1901: FB&C LTD 2018 (Reprint).

James, William, The Principles of Psychology (1890), CreateSpace Independent Publishing Platform 2017[Psychology (1892, die lehrbuchmäßige, kürzere Darstellung)]: Psychologie. Deutsch: Quelle & Meyer (Leipzig) 1909.

Johannes Duns Scotus, Rep. Paris. [=Reportatio parisiensis (Paris Lectures, 1302-07)], in: Giovanni Lauriola (hg.), *Opera Theologica* VI, Alberobello 1999: Reportatio Parisiensis examinata I 38-44. Pariser Vorlesungen über Wissen und Kontingenz. Lateinisch. Deutsch. Hrsg., übers. u. eingel. v. J. R. Söder, Herder(Freiburg-Basel-Wien) 2005.

Kant, Immanuel, Kritik der reinen Vernuft (1781), in: *Werkausgabe* in 12 Bänden: III/IV, Suhrkamp Verlag 1974: 칸트, 『순수이성비판』1(한국어 칸트선집 전4권), 백종현 역, 아카넷 2017.

Kant, Immanuel, Kritik der praktischen Vernunft (1788), in: *Werkausgabe* in 12 Bänden: VII, Suhrkamp Verlag 1974: 칸트, 『실천이성비판』 2(한국어 칸트선집 전4권), 백종현 역, 아카넷 2017.

Kant, Immanuel, Der einzig mögliche Beweisgrund zu einer Demonstration des Daseins Gottes (1763), *Akademieausgabe* Bd. II (in zwölf Bänden), Frankfurt a. M. 1977: CreateSpace Independent Publishing Platform 2013.

Kant, Immanuel, Grundlegung zur Metaphysik der Sitten (1785), *Akademieausgabe* Bd. VII (in zwölf Bänden), Frankfurt a. M. 1977: Christoph Horn / Corinna Mieth / Nico Scarno (Kommentar), Suhrkamp 2007: 이마누엘 칸트, 『도덕 형이상학을 위한 기초 놓기』, 이원봉 역, 책세상 2013.

Kible, Brigitte, Artikel "Person", in: Ritter/Gründer: *Historisches Wörterbuch der Philosphie* Bd. 7, Basel 1989.

Kierkegaard, Sören, Furcht und Zittern (*Gesammelte Werke* III), Jena 1923: CEP Europäische Verlagsanstalt 2016: 쇠렝 키르케고르, 『두려움과 떨림: 변증법적 서정시』, 임규정 역, CommunicationBooks 2014.

Kleist, Heinrich von, Über das Marionettentheater (1810), 509; in: *Gesammelte Werke* in zwei Bänden, Hrsg. von B.v.Heiseler, 2. Bd, Gütersloh 1956: Studienausgabe (Reclams Universal-Bibliothek), Reclam 2013.

Lévinas, Emmanuel, Autrement qu'être ou au-delà de l'essence, Le Haye 1974: 에마누엘 레비나스, 『존재와 다르게 - 본질의 저편』, 김연숙 역, 인간사랑 2010.

Leibniz, Gottfried Wilhelm, Nouveaux essais sur l'entendement humain (1704), *Philosophische Schriften*, ed. Gebhardt, Bd. V (7 vols), Weidmann(Berlin) 1875-1890 [Reprinted Olms(Hildesheim) 1978]: Leibniz Werke. Band III/1 + III/2: Erste und zweite Hälfte. Neue Abhandlungen über den menschlichen Verstand, Buch I. II. III. und IV. in zwei Einzelbänden (Nouveaux Essais sur l'entendement Humain / Deutsch/Französisch), 1985.

Leibniz, G. W., Animadversiones (1854), *Philosophische Schriften*, ed. Gebhardt, Bd. IV (7 vols), Weidmann(Berlin) 1875-1890 [Reprinted Olms(Hildesheim) 1978]: Animadversiones Ad Cartesii Principia Philosophiae Aus Einer Noch Ungedruckten Handschrift Mitgetheilt Von G. E. Guhrauer (Englisch), Nabu Press 2012.

Lichtenberg, Georg Christoph, Sudelbücher II, Heft K 76 (1793-1796), in: *Schriften und Briefe*, 2. Bd., München/Wien 1971: *Schriften und Briefe*. Zweiter Band: Sudelbücher II. Materialhefte, Tagebücher. (Bd. 2), Hanser(München) Bd.1: 3.Aufl. 1980 / Bd.2: 2.Aufl. 1975 (1980).

Lipps, Hans, Untersuchungen zu einer hermeneutischen Logik, Frankfurt a. M. 2. Aufl. 1959: *Werke*/Band 2 - Untersuchungen zu einer hermeneutischen Logik, Vittorio Klostermann 1976.

Locke, John, An Essay concerning Human Understanding II (1690), Ed. by P. H. Nidditch, Oxford 1975: Books 1 and 2, Adamant Media Corporation 2001: 존 로크, 『인간지성론』, 추영현 역, 동서문화사 2011.

Luhmann, Niklas, Legitimität durch Verfahren, Frankfurt 1963: Neuauflage. edition, Suhrkamp 2001.

Mann, Thomas, Bekenntnisse des Hochstaplers Felix Krull, in: *Gesammelte Werke* 7. Band, Frankfurt a. M., 1960: FISCHER Taschenbuch 1989: 토마스 만, 『사기꾼 펠릭스 크룰의 고백』(아카넷 한국연구재단총서 학술명저번역 604), 윤순식 역, 아카넷 2017.

Meister Eckhardt, Predigt, in: *Deutsche Predigten und Traktate*. Hrsg. von J. Quint, München 3. Aufl. 1969: Werke 1: Sämtliche deutschen Predigten und Traktate sowie eine Auswahl aus den lateinischen Werken. Kommentierte zweisprachige Ausgabe; Werke 2: Sämtliche deutschen Predigten und Traktate sowie eine Auswahl aus den lateinischen Werken. Kommentierte zweisprachige Ausgabe, Deutscher Klassikerverlag 2008: 마이스터 에크하르트, 『마이스터 에크하르트: 독일어 설교 1』, 요셉 퀸트 편집과 현대독일어 역, 이부연 역, 누멘 2010.

Montesquieu, Charles-Louis, Lettres Persanes (1721). Ed. P. Vernière, Paris 1963: Lettres persanes/Persian Letters (French-English Bilingual Text), Tony J Richardson (Editor), John Davidson (Translator), JiaHu Books 2013: 몽테스키외, 『페르시아인의 편지』, 이수지 역, 다른세상 2002.

Moore, George Edward, Principia ethica (1903): Digireads.com, 2012. Deutsch: Stuttgart 1970.

Mozart, Wolfgang Amadeus, Die Zauberflöte (KV 620), Eine deutsche Oper in zwei Aufzügen-. Klavierauszug, Urtextausgabe, Bärenreiter Verlag 2010: 모차르트, 『마술피리』(세계오페라전집 3), 태림출판사 편집부 역, 태림출판사 2001.

Nagel, Thomas, "What Is It Like to Be a Bat?", in: *The Philosophical Review* 83 (1974). Deutsch in: *Analytische Philosophie des Geistes*. Hrsg. von P. Bieri.

Parfit, Derek, Reasons and Persons, Oxford 1984.

Platon, Nomoi, in: *Platon Werke*. Buch Viii-xii, Vandenhoeck & Ruprecht Gmbh & Co 2012: 플라톤, 『법률』 1-2(나남 한국연구재단 학술명저 번역총서 서양편), 나남출판 2018.

Platon, Gorgias, in: *Platon Werke*. Buch VI 3, Vandenhoeck & Ruprecht Gmbh & Co 2004: 플라톤, 『고르기아스』(정암학당 플라톤 전집 11), 김인곤 역, 이제이북스 2014.

Platon, Phaidon, in: *Platon Werke*. Buch I, 4, Vandenhoeck & Ruprecht Gmbh & Co 2004: 플라톤, 『파이돈』(정암학당 플라톤 전집 15), 전헌상 역, 이제이북스 2013.

Plessner, Helmuth, Die Stufen des Organischen und der Mensch (*Gesammelte Schriften* IV), Frankfurt 1. Aufl. 1981.

Popper, Karl und Eccles, John, The Self and Its Brain, Berlin 1977: Routledge 2014 (Deutsch, Das Ich und sein Gehirn, München 1989).

Pseudo-Dionysios Areopagita, De divinis nominibus, IV PG Corpus Diony-
siacum - Band 1 Pseudo-Dionysius Areopagita, De Divinis Nominibus
(Patristische Texte und Studien 33), De Gruyter 1990: 위-디오니시우
스, 『위 디오니시우스 전집』, 엄성옥 역, 은성 2007.

Portmann, Adolf, Neue Wege der Biologie, München, 1960.

Rawls, John, A Theory of Justice (1971). Deutsch: Frankfurt a. M. 1975: 존
롤스, 『정의론』, 황경식 역, 이학사 2003.

Reid, Thomas, Essays on the Intellectual Powers of Man (1785). Ed. B. Bro-
dy, London/Cambridge (Mass.) 1969: in *Three Volumes*, Gale Ecco,
Print Editions 2018.

Richard von St. Viktor, De trinitate [*Migne's 'Patrologia'*, vol. cxcvi]: Martin
Schniertshauer, Consummatio caritatis: Eine Untersuchung zu Richard
von St. Victors De Trinitate (Tübinger Studien zur Theologie und Phi-
losophie), M.-Grünewald Verlag 1996.

Rilke, Rainer Maria, Rose, oh reiner Widerspruch, in: *Sämtliche Werke 2.*
Bd., Wiesbaden 1957: 12 gedichten gebaseerd op Rilkes grafschrift,
Tortuca, 2000.

Rorty, Richard, "Mind-Body, Identity, Privacy and Categories", in: *Review
of Metaphysics* 19 (1965), Deutsch in: Analytische Philosophie des
Geistes. Hrsg. von P. Bieri.

Rousseau, Jean-Jacques, Les Confessions (1765-1767, 1769-1770). *Œuvres
Complètes* II I, Paris 1959: Independently published 2019.

Rousseau, J.-J., Emile. *Œuvres Complètes* IV, Paris 1969: 루소, 『에밀』, 정영하
역, 연암사 2003.

Sartre, Jean-Paul Charles Aymard, Cahiers pour une morale (1947-1948),

Paris 1983: Notebooks for an Ethics, David Pellauer (Translator), University of Chicago Press 1992: Entwürfe für eine Moralphilosophie, Hans Schöneberg / Vincent von Wroblewsky (Übersetzer), Rowohlt Buchverlag 2005.

Strawson, Peter Frederick, Individuals - An Essay in Descriptive Metaphysics (1959), Routledge 1991: Einzelding und logisches Subjekt. Deutsch, Stuttgart 1972.

Scheler, Max Ferdinand, Der Formalismus in der Ethik und die materiale Wertethik (1913) in: *Gesammelte Werke* Bd. 2, Bern 6. Aufl. 1971: Meiner 2014: 막스 셸러, 『윤리학에 있어서 형식주의와 실질적 가치 윤리학』, 이을상 역, 서광사 1998.

Scheler, M. F., Liebe und Erkenntnis (1916), in: *Gesammelte Werke* Bd. 6, Bonn 1986.

Scheler, M. F., Die Stellung des Menschen im Kosmos (1928), in: *Gesammelte Werke* Bd. 9, Bern 1976: 막스 셸러, 『우주에서 인간의 위치』, 진교훈 역, 아카넷 2001: 『우주에서 인간의 위치』, 이을상 역, 지만지 2012.

Scheler, M. F., Idealismus - Realismus, in: Philosophischer Anzeiger 2 (3) (1927).

Schenk, Richard, Perplexus supposito quodam, in: Recherches de Théologie ancienne et médiévale, Bd. 57, Loewen 1990.

Schiller, Friedrich, An die Freude (1786), in: *Werke* (Nationalausgabe), (Hg.) Thalia. 3 Bde. Göschen(Leipzig) 1785-1791, 1. Bd. 1785-87.

Schiller, F., Über die notwendigen Grenzen beim Gebrauch schöner Formen (1795), in: Luserke-Jaqui, Matthias (Hrsg.): *Schiller-Handbuch Leben - Werk - Wirkung*, Metzler(Stuttgart, Weimar) 2005.

Seneca, Lucius Annaeus, De clementia (55/56): S. Braund (Edited with translation and commentary), Oxford University Press 2009.

Singer, Peter, Praktische Ethik. Deutsch: Stuttgart 1984: 피터 싱어, 『실천윤리학』, 황경식·김성동 옮김, 철학과 현실사 1991.

Spaemann, Robert, Glück und Wohlwollen, Klett-Cotta(Stuttgart) 1989.

Spaemann, R., Das "sum" im "Cogito sum", in: Zeitschrift für philosophische Forschung 41 (1987).

Spaemann, R., Rousseau - Bürger ohne Vaterland. Von der Polis zur Natur, München 1980 (2. Aufl. 1992).

Spaemann, R., Das Natürliche und das Vernünftige. Essays zur Anthropologie, Piper(München) 1987.

Steiner, Rudolf, Wie wirkt man für den Impuls der Dreigliederung des sozialen Organismus?, Dornach 1986.

Symbolon Chalcedonense: in: H. Denzinger, A. Schönmetzer: *Enchiridion Symbolorum* (= DS), Barcelona/Freiburg/Rom, 36. Aufl. 1976.

Tertullianus, Quintus Septimius Florens, Adversus Praxean (213), in: *CCSL* 2: Adversus Praxean = Gegen Praxeas: Im Anhang: Hippolyt, Contra Noetum = Gegen Noet (*Fontes Christiani* 2. Folge, Leinen), Hermann-Josef Sieben (Vorwort, Übersetzer), Herder 2001.

Thomas Aquinas, De princ. nat.[=De principiis naturae ad Fratrem Sylvestrum](1252-56), in: *Opera Omnia*, iussu Leonis XIII P.M. edita, Editori di San Tommaso, Roma, 1976, t. xun: 토마스 아퀴나스, 『자연의 원리들』, 김율 역, 철학과현실사 2005.

Thomas Aquinas, Summa contra Gentiles (1259-1264), in: *Opera omnia*, vol. 4-12: 토마스 아퀴나스, 『대이교도대전』 I(중세철학총서 1), 신창석 역 (2015), II(중세철학총서 2), 박승찬 역(2015), III-1(중세철학총서 3), 김율 역(2019), 분도출판사.

Thomas Aquinas, Sententia libri ethicorum (1271-1272), in: *Opera Omnia*, vol. 47, 1969: Sententia libri Ethicorum I et X. Kommentar zur Nikomachischen Ethik, Buch I und X. Lateinisch – Deutsch (Herders Bibliothek der Philosophie des Mittelalters), Herder 2014.

Thomas Aquinas, Quaestiones disputatae de malo (1270/1272), in *Opera Omnia*, vol. 23, 1982: Doctoris Angelici Divi Thomæ Aquinatis Sacri Ordinis F. F. Prædicatorum Opera Omnia, Vol. 13: Quæestiones Disputatæ, De Potentia, De Malo (Classic Reprint), Forgotten Books 2018.

Thomas Aquinas, Quaestiones disputatae de potentia Dei (1265-1266), in *Opera Omnia*, vol. 8, 1856: in: *Quaestiones disputatae*, vol. 2, 7-276, P. Pession(ed.), Marietti(Turin/Rome) 1953.

Thomas von Aquin, Über die Sittlichkeit der Handlung (S. th.[Summa Theologiae (I, II 1266-1272; III 1272-1273)] I-II q. 18-21). Einleitung von R. Spaemann. Übersetzung und Kommentar von R. Schönberger (Collegia. Phlosophische Texte), Weinheim 1990: 토마스 아퀴나스, 『신학대전 2』(라틴-한글 대역판), 제1부(제13문제-제19문제), 정의채 역, 바오로딸 2014.

Thomas von Aqiun, De unitate intellectus contra Averroistas, in: *Opera Omnia*, vol. 43, 1976: 토마스 아퀴나스, 『지성단일성』(중세철학총서 006), 이재경 역, 분도출판사 2007.

Wiggins, David, Sameness and Substance, Oxford 1980.

Wittgenstein, Ludwig Josef Johann, Tagebücher 1914-1916, in: *Schriften* 1, Frankfurt a. M. 1960: Geheime Tagebücher 1914-1916, Wilhelm Baum (Herausgeber), Hans Albert (Vorwort), Turia & Kant 1991: 루트비히 비트겐슈타인, 『전쟁일기』, 박술 역, dleek 2016: 루트비히 비트겐슈타인, 『비트겐슈타인 철학일기』, 변영진 역, 책세상 2015.

A. 인명 색인

B. 내용 색인

: 옮긴이 소개

옮긴이

박종대

서강대학교 철학과 명예 교수. 서울대학교 철학과를 졸업하고, 가톨릭대학교 신학부 3년 과정을 이수했다. 독일 뮌헨 예수회 철학대학에서 철학석사 학위를, 뮌헨대학교에서 슈패만 교수의 지도로 철학박사 학위를 취득하였다. 박사 학위 논문 제목: 『종교와 사회─현대 가톨릭 자연법 이론에서 종교의 자유』. 『진정한 휴머니즘과 사회윤리의 모색』, 『휴머니즘과 실천철학』 등의 저서와 논문 다수가 있다. 『윤리학』, 『정치윤리의 합리적 모색』, 『정의』, 『현대 사회의 그리스도교 신앙』, 『정치윤리학』 등의 역서가 있다.

김용해

김용해는 법학, 철학, 신학, 사회학, 심리학을 공부하고, 독일 뮌헨 예수회 철학대학에서 철학박사 학위(2002)를 취득하였고 현재 서강대학교 신학대학원 교수로서 사회철학, 윤리학, 인간학 등을 가르치고 있다. 생명문화연구소 (Institute of Life and Culture) 소장(2008-13)을 역임하였고, 사회와 철학회, 동학학회, 한국종교교육학회 등에서 활동하고 있다. 저서로 *Zur Begruendung der Menschenwuerde und Menschenrechte auf einer interreligionen Metaebene*

(종교 간의 대화를 통한 인권과 인간존엄성의 근거 Frankfurt a. M. (London 2005), 『젊은이의 행복학』(서광사 2014), 『인간존엄성의 철학』(서강대학교 출판사 2015), 역서로 『일반윤리학』(Friedo Ricken 저, 서광사 2006), 『알프레드 델프』(시와 진실 2011)와 철학과 종교 관련 논문 다수가 있다.

김형수

독일 뮌헨 예수회 철학대학에서 철학박사 학위를 받고, 부산 가톨릭대학교 신학대학 철학교수를 역임하고, 현재 가톨릭대학교 신학대학에서 철학사, 형이상학, 토미즘, 정치철학 등을 가르치고 있다. 저서로는 『니콜라우스 쿠사누스의 신 인식과 자기 인식』이 있고, 역서로는 로베르트 슈패만 & 롤프 쉔베르거, 『신앙과 이성적 통찰: 신의 존재에 대한 이성적 증명』, 바이어발테스/발타사르/하스, 『신비주의의 근본문제』, 니콜라우스 쿠자누스, 『신의 바라봄: 신을 통한 인간의 바라봄과 인간을 통한 신의 바라봄에 대한 쿠자누스의 신비주의』, 마인라트 림베크, 『예수의 유산: 그리스도교 정신을 새롭게 생각하다』, 요셉 피퍼, 『그리스도교의 인간상』이 있으며, 그 외 다수의 철학 관련 논문이 있다.